Simone de Beauvoir

Kate Kirkpatrick

Simone de Beauvoir
uma vida

Tradução
Sandra Martha Dolinsky

CRÍTICA

Copyright © Kate Kirkpatrick, 2019
Copyright © Editora Planeta do Brasil, 2020
Todos os direitos reservados.
Esta tradução de *Becoming Beauvoir: A Life* foi publicada em acordo com Bloomsbury Publishing Plc.
Título original: *Becoming Beauvoir: A Life*

PRODUÇÃO EDITORIAL: Nine Editorial
CAPA: Departamento de criação da Editora Planeta do Brasil
IMAGEM DE CAPA: Irving Penn/The Irving Penn Foudation

DADOS INTERNACIONAIS DE CATALOGAÇÃO NA PUBLICAÇÃO (CIP)
ANGÉLICA ILACQUA CRB-8/7057

Kirkpatrick, Kate
  Simone de Beauvoir: uma vida / Kate Kirkpatrick; tradução de Sandra Martha Dolinsky. – São Paulo: Planeta do Brasil, 2020.
  416 p.

ISBN: 978-85-422-1886-2
Título original: Becoming Beauvoir: A Life

1. Beauvoir, Simone de, 1908-1986 – Biografia 2. Filósofas – França - Biografia 3. Feministas – Biografia I. Título II. Dolinsky, Sandra Martha

20-1125   CDD 194

Índices para catálogo sistemático:
1. Filósofas francesas

2025
Todos os direitos desta edição reservados à
EDITORA PLANETA DO BRASIL LTDA.
Rua Bela Cintra 986, 4º andar – Consolação
São Paulo – SP CEP 01415-002
www.planetadelivros.com.br
faleconosco@editoraplaneta.com.br

"Todas as relações entre mulheres, pensei – recordando rapidamente a esplêndida galeria de mulheres fictícias –, são muito simples. Tanta coisa foi deixada de fora, sem que se tentasse. [...] quase sem exceção, elas são mostradas em sua relação com os homens."
Virginia Woolf, *Um quarto só seu*

"Emancipar a mulher é recusar-se a encerrá-la nas relações que ela mantém com o homem, mas não as negar a ela."
Simone de Beauvoir, *O segundo sexo*

A Pamela
in memoriam amoris amicitiae

Sumário

Lista de figuras 10
Abreviações das obras de Beauvoir 11

Introdução: Simone de Beauvoir – Quem é ela? 13

1. Criada como uma garota..34
2. A moça bem-comportada...43
3. Amante de Deus ou amante dos homens? 70
4. O amor antes da lenda..83
5. A valquíria e o playboy...95
6. Um quarto só seu..100
7. O trio que era um quarteto 128
8. Guerra dentro, guerra fora 149
9. Filosofia esquecida..171
10. Rainha do existencialismo..186
11. Dilemas americanos 206
12. O escandaloso *O segundo sexo* 226
13. Dando um novo rosto ao amor 245
14. Sentindo-se enganada 278
15. A velhice revelada 317
16. O ocaso da luz 343
17. Posfácio: O que será de Simone de Beauvoir?..............359

Notas 366
Bibliografia selecionada 400
Agradecimentos...406
Créditos das imagens..408
Índice remissivo..409

Lista de figuras

1. Simone cercada por sua família paterna em Meyrignac 33
2. Françoise de Beauvoir com Hélène e Simone 39
3. Simone e Zaza 81
4. Desenho de René Maheu, "O universo de *Mlle* Simone de Beauvoir" 114
5. Desenho de Jacques-Laurent Bost 142
6. Beauvoir e Sartre em Juan-les-Pins 148
7. Beauvoir trabalhando no café Les Deux Magots 184
8. No ar em 1945, o ano da "ofensiva existencialista" 194
9. Simone de Beauvoir e Nelson Algren em Chicago 217
10. Simone dando autógrafos em São Paulo 285
11. Claude Lanzmann, Beauvoir e Jean-Paul Sartre em Gizé 309
12. Beauvoir com Sylvie Le Bon e Sartre na Piazza Navonna, Roma ... 318
13. Beauvoir em casa, em Paris 322
14. Uma cena da vida ativista de Beauvoir: no debate sobre mulheres e o Estado em Paris 356

Abreviações das obras de Beauvoir

A	*Adieux: A Farewell to Sartre*, trad. Patrick O'Brian, Londres: Penguin, 1984.
ADD	*America Day by Day*, trad. Carol Cosman, Berkeley: University of California Press, 1999.
AMM	*All Men Are Mortal*, trad. Euan Cameron e Leonard Friedman, Londres: Virago, 2003.
ASD	*All Said and Done*, trad. Patrick O'Brian, Londres: Penguin, 1977.
BB	*Brigitte Bardot and the Lolita Syndrome*, trad. Bernard Frechtman, Londres: Four Square, 1962. Primeira publicação em *Esquire*, 1959.
BI	*Les Belles Images*, Paris: Gallimard, 1972.
BO	*The Blood of Others*, trad. Yvonne Moyse e Roger Senhouse, Londres: Penguin, 1964.
CC	*Correspondence croisée*, Paris: Gallimard, 2004.
CJ	*Cahiers de jeunesse*, Paris: Gallimard, 2008.
DPS	*Diary of a Philosophy Student: Volume I, 1926-27*, ed. Barbara Klaw, Sylvie Le Bon de Beauvoir e Margaret Simons, Urbana: University of Illinois Press, 2006.
EA	*Ethics of Ambiguity*, trad. Bernard Frechtman, Nova York: Citadel Press, 1976.
FC	*Force of Circumstance*, trad. Richard Howard, Londres: Penguin, 1987.
FW	*Feminist Writings*, ed. Margaret A. Simons e Marybeth Timmerman, Urbana: University of Illinois Press, 2015.
LM	*The Long March*, trad. Austryn Wainhouse, Londres: Andre Deutsch and Weidenfeld & Nicholson, 1958.
LS	*Letters to Sartre*, trad. Quentin Hoare, Nova York: Arcade, 1991.
M	*The Mandarins*, trad. Leonard Friedman, Londres: Harper Perennial, 2005.
MDD	*Memoirs of a Dutiful Daughter*, trad. James Kirkup, Londres: Penguin, 2001.

MPI	*Mémoires*, tome I, ed. Jean-Louis Jeannelle and Eliane Lecarme-Tabone, Bibliothèque de la Pléiade, Paris: Gallimard, 2018.
MPII	*Mémoires*, tome II, ed. Jean-Louis Jeannelle and Eliane Lecarme-Tabone, Bibliothèque de la Pléiade, Paris: Gallimard, 2018.
OA	*Old Age*, trad. Patrick O'Brian, Harmondsworth: Penguin, 1977.
PL	*The Prime of Life*, trad. Peter Green, Londres: Penguin, 1965.
PW	*Philosophical Writings*, ed. Margaret Simons, com Marybeth Timmerman e Mary Beth Mader, Chicago: University of Illinois Press, 2004.
PolW	*Political Writings*, ed. Margaret Simons, com Marybeth Timmerman, Chicago: University of Illinois Press, 2012.
QM	*Quiet Moments in a War: The Letters of Jean-Paul Sartre and Simone de Beauvoir 1940-1963*, trad. Lee Fahnestock e Norman MacAfee, Londres: Hamish Hamilton, 1993.
SCTS	*She Came to Stay*, trad. Yvonne Moyse e Roger Senhouse, Londres: Harper Perennial, 2006.
SS	*The Second Sex*, trad. Constance Borde e Sheila Malovany-Chevallier, Londres: Vintage, 2009.
SSP	*The Second Sex*, trad. H. M. Parshley, Nova York: Random House, Vintage, 1970.
TALA	*A Transatlantic Love Affair: Letters to Nelson Algren*, Nova York: New Press, 1998.
TWD	*The Woman Destroyed*, trad. Patrick O'Brian, Londres: Harper Perennial, 2006.
UM	*"The Useless Mouths" and Other Literary Writings*, ed. Margaret A. Simons e Marybeth Timmerman, Urbana: University of Illinois Press, 2011.
VED	*A Very Easy Death*, trad. Patrick O'Brian, Nova York: Pantheon, 1965.
WD	*Wartime Diary*, ed. Margaret A. Simons and Sylvie le Bon de Beauvoir, Urbana: University of Illinois Press, 2009.
WML	*Witness to My Life: The Letters of Jean-Paul Sartre to Simone de Beauvoir, 1926-1939*, ed. Simone de Beauvoir, trad. Lee Fahnestock e Norman MacAfee, Londres: Hamish Hamilton, 1992.
WT	*When Things of the Spirit Come First: Five Early Tales*, trad. Patrick O'Brian, Londres: Flamingo, 1982.

Introdução
Simone de Beauvoir – Quem é ela?

Certo dia, em 1927, Simone de Beauvoir teve um desentendimento com o pai sobre o significado do amor. Em uma época em que a expectativa para as mulheres era desejar o casamento e a maternidade, Simone, de 19 anos, lia filosofia e sonhava em encontrar uma pela qual pudesse viver. Seu pai alegava que "amor" significava "serviços prestados, carinho, gratidão". Ela tinha que discordar; objetava, com espanto, que o amor era mais que gratidão, não algo que devemos a alguém por causa do que fez por nós. "Muitas pessoas", escreveu Beauvoir em seu diário no dia seguinte, "nunca conheceram o amor!".[1]

Essa garota de 19 anos não sabia que se tornaria uma das mulheres intelectuais mais famosas do século XX, que se escreveria copiosamente sobre sua vida e que seria amplamente lida. Só suas cartas e autobiografia somariam mais de 1 milhão de palavras,[2] e ela publicaria ensaios filosóficos, romances premiados, contos, uma peça de teatro, diários de viagem, ensaios políticos, jornalismo – sem falar de sua *magnum opus*, *O segundo sexo*, celebrado como "a bíblia feminista". Ela foi cofundadora de revistas políticas, fez bem-sucedidas campanhas por nova legislação, opôs-se ao tratamento desumano dos argelinos, deu palestras em todo o mundo e liderou comissões governamentais.

Simone de Beauvoir também se tornaria uma das mulheres mais infames do século XX. Ela e Jean-Paul Sartre formavam um controverso casal de poder intelectual. Mas, infelizmente, em grande parte da percepção popular do século XX, ele contribuía com a parte do poder intelectual e ela com a de casal. Quando ela morreu, em Paris, 1986, a manchete do obituário do *Le Monde* se referiu a seu trabalho como "mais popularização que criação".[3] Lendo as biografias existentes dela,

Toril Moi escreveu em 1994: "Podemos ser perdoados por concluir que o significado de Simone de Beauvoir deriva majoritariamente de sua ligação relativamente heterodoxa com Sartre e outros amantes".[4]

Nas décadas que se passaram desde que essas palavras foram escritas, surgiu uma série de revelações sobre Beauvoir, surpreendendo leitores que achavam que a conheciam. Mas eles também – ironicamente – haviam obscurecido a Beauvoir pensadora, perpetuando a ilusão de que sua vida amorosa era a coisa mais interessante nela. Afinal, foi sua filosofia que a levou a viver – e a continuamente refletir e reavaliar – a vida que ela vivia. Em suas palavras: "Não há divórcio entre filosofia e vida. Cada passo é uma escolha filosófica".[5]

Quando a figura pública Simone de Beauvoir tomou a caneta, escreveu não só para si mesma, mas também para seus leitores. Suas autobiografias, campeãs de vendas, foram descritas como obras que personificavam uma ambição filosófica de mostrar "como o eu sempre é moldado pelos outros e relacionado aos outros".[6] Mas o que Beauvoir queria dizer ia além do "ninguém é uma ilha" de John Donne. Pois, além de serem relacionadas a outros, as autobiografias de Beauvoir são sustentadas pela convicção de que ser "si mesmo" não significa ser o mesmo desde o nascimento até a morte. Ser "si mesmo" implica mudanças perpétuas com outras pessoas que também estão mudando, em um processo de devir irreversível.

Filósofos desde Platão discutiram a importância da autocompreensão para viver uma vida boa. Sócrates afirmava que para ser sábio é preciso "conhecer a si mesmo!"; Nietzsche escreveu que a tarefa de cada pessoa é "Tornar-se quem você é!". Mas a réplica filosófica de Beauvoir era: e se, como mulher, "quem você é" for proibido? E se transformar-se em si mesmo significar ser visto como um fracasso em ser o que deveria ser – um fracasso como mulher, ou como amante ou como mãe? E se transformar-se em si mesmo fizer de você alvo do ridículo, despeito ou vergonha?

O século de Beauvoir viu mudanças sísmicas nas possibilidades disponíveis para as mulheres. Durante sua vida (1908-1986), as mulheres passaram a ser admitidas nas universidades nos mesmos termos que os homens e ganharam o direito a voto, divórcio e contracepção. Ela viveu o florescimento boêmio da década de 1930 em Paris e a revolução sexual da década de 1960. Entre esses pontos de reviravolta cultural, *O segundo sexo* marcou um momento revolucionário na maneira como as mulheres pensavam – e, com tempo, falavam francamente – sobre si mesmas em público. A educação filosófica de Beauvoir não tinha precedentes em sua geração, mas, mesmo assim, quando tinha trinta e poucos anos e começou a pensar na pergunta "o que significa ser mulher para mim?", ficou chocada com suas próprias descobertas.

Em um século durante o qual "feminismo" passou a significar muitas coisas diferentes, ela escreveu *O segundo sexo* porque estava irritada com os "volumes de idiotices" que eram lançados sobre as mulheres, cansada da tinta que fluía na "briga sobre o feminismo".[7] Mas, quando Beauvoir escreveu sua agora famosa frase "Não se nasce mulher; torna-se mulher", não sabia quanto *O segundo sexo* afetaria o resto de sua vida e das mulheres que vieram depois dela.

Muita tinta foi dedicada ao significado dessa frase, ao que significa "tornar-se" uma mulher. Este livro é dedicado a como Beauvoir *se tornou* ela mesma. Aos 18 anos, Beauvoir escreveu que havia chegado à conclusão de que era impossível "colocar sua vida em ordem no papel" porque era um devir perpétuo; ela dizia que quando lia o que havia escrito em seu diário no dia anterior, era como ler "múmias" de "eus mortos".[8] Ela era uma filósofa, com tendência a refletir e a questionar eternamente os valores de sua sociedade e o significado de sua vida.

Devido ao papel que Beauvoir atribuía à passagem do tempo na experiência do ser humano, esta biografia segue a cronologia de sua vida. Segundo ela, à medida que envelhecia, o mundo mudava e seu relacionamento com ele também. Quando Beauvoir escrevia sua vida com o propósito de que outras pessoas a lessem, queria "mostrar as transformações, os amadurecimentos, a deterioração irreversível dos outros e de mim". Visto que a vida se desenrola com o tempo, ela queria seguir "o fio que os anos desenrolavam".[9] Nisso, ela se parecia com a jovem que havia sido, a adolescente que lia a filosofia de Henri Bergson. O "si mesmo" não é uma coisa, escreveu Bergson; é um "progresso", uma "atividade viva",[10] um devir que continua mudando até atingir seu limite, na morte.

A mulher que Beauvoir se tornou foi, em parte, resultado de suas próprias escolhas. No entanto, Beauvoir estava ciente da tensão entre ser causa de si mesma e produto de outras pessoas, do conflito entre seus próprios desejos e as expectativas dos outros. Durante séculos, os filósofos franceses debateram se é melhor viver a vida sendo visto ou sendo invisível aos outros. Descartes afirmava (tomando emprestadas as palavras de Ovídio) que "para viver bem, devemos viver invisíveis".[II] Sartre escreveria resmas sobre o "olhar" despersonalizador dos outros – que achava que nos aprisiona em relações de subordinação. Beauvoir discordava: para viver bem, os seres humanos devem ser vistos pelos outros – mas da maneira certa.

O problema é que ser visto da maneira certa depende de quem nos está vendo e do momento. Imagine que você é uma mulher de cinquenta e poucos anos e recentemente decidiu escrever sua história de vida. Você começa com sua infância e juventude, a transição a mulher, e publica dois livros de sucesso um atrás do outro. Neles você descreve duas conversas que teve aos 21 anos com um homem, agora famoso, que já foi seu amante. Você também é bem-sucedida e conhecida internacionalmente. Mas é final da década de 1950, e a vida de escritora para as mulheres ainda não atingiu o momento decisivo do século XX em que elas começaram a admitir publicamente que tinham ambições, e raiva, e muito menos que tinham notáveis conquistas intelectuais ou um apetite sexual que poderia não ser atendido mesmo por um homem muito famoso. Imagine que suas histórias se tornam lendárias – tão lendárias que se transformam em uma lente através da qual as pessoas leem sua vida inteira, mesmo que essas histórias sejam apenas momentos nela.

A personalidade pública de Beauvoir foi moldada – a ponto de ser deformada – por duas dessas histórias que ela contou em suas memórias. A primeira nos leva a Paris, em outubro de 1929, quando dois estudantes de filosofia estavam sentados em frente ao Louvre definindo seu relacionamento. Eles haviam acabado de tirar o primeiro e segundo lugar (Sartre em primeiro, Beauvoir em segundo) em um exame nacional altamente prestigioso e competitivo e estavam prestes a embarcar nas suas carreiras de professores de filosofia. Jean-Paul Sartre tinha 24 anos, Beauvoir tinha 21 anos. Sartre (conforme a história é contada) não queria a fidelidade convencional, de modo que fizeram um "pacto" segundo o qual eles eram o "amor essencial" um do outro, mas consentiam que cada um tivesse amores "contingentes" paralelamente.[12] Seria um relacionamento aberto, mantendo reservado o primeiro lugar no coração um do outro. Eles contariam tudo um ao outro, disseram; e, para começar, seria um "contrato de dois anos". Esse casal se tornaria, como disse Annie Cohen-Solal, biógrafa de Sartre, "um modelo para se imitar, um sonho de cumplicidade duradoura, um sucesso extraordinário, pois, aparentemente, parecia reconciliar o inconciliável: os dois parceiros permaneciam igualmente livres, e honestos um com o outro".[13]

Seu "pacto" poliamoroso provocou tanta curiosidade que foram escritas biografias sobre seu relacionamento tanto quanto sobre a vida individual de cada um; ganharam um capítulo inteiro em *How the French Invented Love*; eram chamados de "o primeiro casal moderno" nas manchetes.[14] Carlo Levi descreveu *A força da idade,* de Beauvoir, como um livro que conta "a grande história de amor do século".[15] Em seu livro (2008) sobre o relacionamento de Beauvoir e Sartre, Hazel Rowley escreveu: "Como Abélard e Héloïse, eles estão enterrados em um túmulo conjunto, seus nomes ligados por toda a eternidade. Eles são um dos casais lendários do mundo. Não podemos pensar em um sem pensar no outro: Simone de Beauvoir e Jean-Paul Sartre".[16]

Em certo sentido, este livro existe porque é difícil pensar em um sem o outro. Depois de trabalhar com a filosofia inicial de Sartre durante vários anos, eu fiquei cada vez mais desconfiada das assimetrias no modo como a vida de Beauvoir e a de Sartre foram consideradas. Por que razão, quando Beauvoir morreu, todos os obituários dela mencionaram Sartre, ao passo que quando Sartre morreu, alguns não fizeram o mesmo.

Durante grande parte do século XX, e até mesmo no século XXI, Beauvoir não foi lembrada como filósofa por mérito próprio. Em parte, isso se deve a uma segunda história significativa que a própria Beauvoir contou. No início de 1929, também em Paris, diante da Fontaine Medicis nos Jardins de Luxemburgo, Beauvoir decidiu contar a Sartre suas ideias sobre a "ética pluralista" que estava desenvolvendo em seu caderno; mas Sartre "a criticou", e, de repente, ela se sentiu insegura acerca de sua "verdadeira capacidade" intelectual.[17] Há poucas dúvidas de que ela foi uma das estudantes de filosofia de maior destaque em uma época famosa por tantos prodígios; naquele verão – aos 21 anos –, ela seria a pessoa mais jovem a passar nos altamente competitivos exames de *agrégation*. Assim como Sartre, o filósofo Maurice Merleau-Ponty procurou Beauvoir por causa de sua conversa, e a valorizou o bastante a ponto de se envolver com ela pessoal e profissionalmente durante as próximas décadas. No entanto, mesmo mais tarde, Beauvoir insistiria: "Não sou filósofa... [Eu sou] uma escritora literária", afirmava; "Sartre é o filósofo".[18]

Essa conversa diante da Fontaine Medicis levou as gerações posteriores a perguntar: Beauvoir – a mesma mulher que escreveu *O segundo sexo* – subestimava, ou fingia subestimar, sua própria capacidade? Por que ela faria uma dessas coisas? Beauvoir era uma figura formidável: muitas das suas realizações foram sem precedentes, e abriram caminho para as mulheres que viriam depois. Nos círculos feministas, ela é celebrada como um ideal exemplar, "um símbolo da possibilidade, apesar de tudo, de viver a vida da maneira como se quer, para si mesma, livre de convenções e preconceitos, mesmo sendo mulher".[19] De qualquer maneira, um dos postulados centrais de *O segundo sexo* é que nenhuma mulher jamais viveu sua vida "livre de convenções e preconceitos". Beauvoir certamente não viveu. E esta biografia conta a história de como, de muitas maneiras, ela sofreu com eles – e de como reagiu.

Leitores próximos de Beauvoir sempre suspeitaram de que ela editava sua imagem em sua autobiografia, mas nem sempre estava claro como ou por que fazia isso. Afinal, a história do pacto mostrava uma mulher comprometida com dizer a verdade, e a autora de *O segundo sexo* queria esclarecer a realidade da situação das mulheres. Acaso seu compromisso com o escrutínio ficou aquém dela mesma? Senão, por que ela esconderia partes significativas de sua vida – intelectuais e pessoais? E por que é importante reconsiderar a maneira como sua vida é lembrada agora?

A primeira resposta a essas perguntas – existem duas – é que temos acesso a novos materiais. As autobiografias de Beauvoir foram publicadas em quatro volumes entre 1958 e 1972. Ao longo de sua vida, ela escreveu muitos outros trabalhos que continham material autobiográfico, incluindo duas crônicas de suas viagens ao Estados Unidos (1948) e à China (1957), e duas memórias, da morte de sua mãe (1964) e de Sartre (1981). Também publicou uma seleção das cartas que Sartre lhe enviou (1983).[20]

Durante sua vida, alguns membros do círculo que se formou em torno de Sartre e Beauvoir – conhecidos patronimicamente como "a família Sartre" (*la famille Sartre*), ou, mais simplesmente, "a família" – achavam que entendiam o que Beauvoir estava fazendo com seu projeto autobiográfico: mantendo-se ela mesma no controle de sua imagem pública. Muitos concluíram que ela fez isso por ciúmes, porque queria ser lembrada como a primeira na vida romântica de Sartre, como seu "amor essencial".

Mas, nas décadas desde a morte de Beauvoir, em 1986 foram divulgados novos diários e cartas que desafiam essa suposição. Depois que Beauvoir publicou, em 1983, as cartas que Sartre lhe enviava, ela perdeu alguns amigos quando foram revelados os detalhes de seus relacionamentos. E quando o diário de guerra e as cartas a Sartre foram publicados, após a morte dele em 1990, muitos ficaram chocados ao saber que ela não só tinha relações lésbicas, mas também que as mulheres com quem se relacionava eram ex-alunas. Suas cartas a Sartre também expuseram o caráter filosófico de sua amizade e da influência de Beauvoir no trabalho dele – mas isso provocou menos comentários.[21]

Depois, foram lançadas suas cartas para seu amante estadunidense Nelson Algren, em 1997, e o público de novo viu uma Beauvoir que jamais imaginara: uma Simone doce e sensível que escreveu mais palavras apaixonadas para Algren que para Sartre. Menos de uma década depois, em 2004, sua correspondência com Jacques-Laurent Bost foi publicada em francês, mostrando que na primeira década de seu pacto com Sartre, Beauvoir havia tido outro caso ardente com um homem que esteve perto dela até sua morte. Foi outro choque, que afastou Sartre do zênite romântico que ele ocupava na imaginação do público. Sartre lutou para estabelecer a centralidade de Beauvoir em sua vida intelectual, reconhecendo publicamente a rigorosa influência crítica dela em sua obra. Mas, avaliar a vida de Beauvoir parece forçosamente exigir afastar Sartre do centro.

Na última década, foram lançadas mais novas publicações e documentos que mostram Beauvoir sob uma luz ainda mais clara. Os diários dos alunos de Simone – que mostram o desenvolvimento da filosofia de Beauvoir antes de conhecer Sartre e suas primeiras impressões sobre o relacionamento dos dois – revelam que a vida que ela vivia era muito diferente da que contava ao público. Embora esses diários tenham sido publicados em francês em 2008, ainda não estão disponíveis na íntegra em inglês, portanto, esse período da vida dela não é bem conhecido fora dos círculos acadêmicos. E em 2018, mais material novo se tornou disponível aos pesquisadores, incluindo cartas que Beauvoir escreveu para o único amante com quem morou ou a quem se dirigiu pelo pronome familiar, que entregava a intimidade, da segunda pessoa, tu: Claude Lanzmann.[22] No mesmo ano, uma prestigiada edição em dois volumes, da Pléiade, das memórias de Beauvoir foi lançada na França, com trechos de diários não publicados e notas para seus manuscritos. Além dessas publicações em francês, nos últimos anos, a série Beauvoir, editada por Margaret Simons e Sylvie Le Bon de Beauvoir, encontrou, traduziu e publicou ou republicou muitos dos primeiros escritos de Beauvoir, de seus ensaios filosóficos sobre ética e política a artigos que ela escreveu para a *Vogue* e a *Harper's Bazaar*.

Esse novo material mostra que Beauvoir omitiu bastante coisa de suas memórias – mas também mostra algumas das razões de suas omissões. Na era da internet saturada pela mídia, é difícil imaginar até que ponto a publicação da autobiografia de Beauvoir desafiou as convenções contemporâneas de privacidade. Seus quatro volumes (ou seis, contando as memórias da morte de sua mãe e de Sartre) cultivavam uma sensação de familiaridade íntima em seus leitores. Mas ela não havia prometido contar tudo: de fato, disse aos leitores que havia deliberadamente deixado algumas coisas obscuras.[23]

O novo material mais recente – seus diários e cartas inéditas para Claude Lanzmann – mostra que não foram apenas os amantes que ela deixou na obscuridade, mas também a gênese de sua filosofia de amor e a influência desta em Sartre. Ao longo de sua vida, ela foi atormentada por pessoas que duvidavam de sua capacidade ou originalidade – alguns até sugeriram que Sartre escrevia seus livros. Até o faraônico *O segundo sexo* foi acusado de repousar em "dois postulados limitados" que Beauvoir tirou de *O ser e o nada* de Sartre; ela foi acusada de se referir às obras dele "como se fossem um texto sagrado".[24] Em alguns de seus escritos, ela explicitamente condena tais depreciações como falsas.

Mas elas a afligiram na vida e após a morte: além daquele que a chamava de "popularizadora", outro obituário a declarou, com desdém, "incapaz de inovar".²⁵

Pode ser uma surpresa para os leitores de hoje ouvir essa mulher ser acusada de falta de originalidade. Mas foi (e ainda é, infelizmente) uma alegação feita com frequência contra mulheres escritoras – e muitas vezes internalizada por elas. Beauvoir tinha suas próprias ideias, e algumas muito parecidas com as que deram fama a Sartre; houve um ano em que ela publicou assinando o nome dele, porque ele estava ocupado, e ninguém notou. Sartre reconheceu que havia sido ideia de Beauvoir transformar *A náusea* em um romance, e não em um tratado filosófico abstrato, e que Simone era uma crítica rigorosa cujas ideias melhoravam seus manuscritos antes da publicação durante toda sua longa carreira. Nas décadas de 1940 e 1950, ela escreveu e publicou sua própria filosofia, criticando Sartre e depois mudando de ideia. Em sua autobiografia posterior, ela se defendeu contra ataques a suas habilidades, alegando abertamente que tinha sua própria filosofia sobre o ser e o nada antes de conhecer Sartre (que escreveu o livro *O ser e o nada*), e que não chegara às mesmas conclusões que ele. Mas essas afirmações sobre sua própria independência e originalidade seriam amplamente ignoradas, assim como suas alegações de que algumas coisas que as pessoas chamavam de "sartreanas" não eram originais de Sartre.

Isso me leva à minha segunda resposta à pergunta do por que devemos reconsiderar a vida de Beauvoir agora. Uma biografia pode revelar o que interessa à sociedade, o que ela valoriza – e ao encontrar os valores de outra pessoa em outro momento, podemos aprender mais sobre os nossos.

O segundo sexo criticou muitos "mitos" da feminilidade por serem projeções dos medos e fantasias dos homens sobre as mulheres.²⁶ Muitos desses mitos implicam deixar de ver as mulheres como agentes – como seres humanos conscientes que fazem escolhas e desenvolvem projetos para sua vida, que querem amar e ser amados como tal e que sofrem quando são reduzidos a objetos aos olhos dos outros. Antes de conhecer Sartre, um ano antes de discutir com seu pai sobre o amor, Beauvoir, de 18 anos, escreveu em seu diário: "Há várias coisas que odeio no amor".²⁷ Suas objeções eram éticas: os homens não sustentavam os mesmos ideais que as mulheres. Beauvoir foi criada sob uma tradição que ensinava que se tornar uma pessoa ética implicava aprender a "amar seu próximo como a si mesmo". Mas, na experiência de Beauvoir, essa injunção era raramente aplicada: as pessoas pareciam sempre se amar demais ou de menos; nenhum exemplo de amor nos livros ou na vida satisfazia suas expectativas.

Não está claro se as expectativas de Beauvoir foram satisfeitas pelos amores que ela teve. Mas é evidente que Beauvoir tomou e reafirmou sua decisão de viver uma vida filosófica, uma vida reflexiva guiada por seus próprios valores intelectuais, uma vida de liberdade. E escolheu fazer isso escrevendo sob diversas formas literárias – e em conversas com Sartre durante toda sua vida. É importante reconsiderar a vida de Beauvoir agora porque ela e Sartre estavam unidos na imaginação popular por uma palavra muito ambígua – "amor" –, e "amor" era um conceito que ela submeteu a décadas de escrutínio filosófico.

Reconsiderar a vida de Beauvoir também é importante porque, com o tempo, ela foi ficando insatisfeita com o modo como sua vida era retratada – com a maneira pela qual a pessoa "Simone de Beauvoir" se afastava da narrativa do casamento convencional, mas para ser substituída por outra trama erótica. Mesmo após sua morte, suposições generalizadas sobre "o que as mulheres querem" e "o que as mulheres podem fazer" afetaram a maneira como a vida de Beauvoir é lembrada. Seja romântica ou intelectualmente, ela foi tida como presa de Sartre.

Romanticamente, a ideia de que Beauvoir foi vítima de Sartre depende fortemente da suposição de que no "amor" – concernente a todas as mulheres, se forem realmente honestas consigo mesmas – elas querem a monogamia com os homens para sempre. Nas cinco décadas do "casal lendário", Sartre cortejou publicamente várias mulheres "contingentes". Beauvoir, por outro lado, parecia (porque foram omitidas em suas memórias) ter poucas relações contingentes com homens, todas já terminadas aos seus cinquenta e poucos anos. Com base nisso, alguns concluíram que Sartre a enrolou em um relacionamento explorador, no qual, apesar de serem solteiros, eles desempenhavam as partes bastante familiares de mulherengo irresponsável e mulher fiel. Às vezes, sua vida é descrita como vítima de normas patriarcais que sugerem, entre outras coisas, que uma mulher madura ou intelectual não é tão romanticamente desejável quanto um homem maduro ou intelectual. E às vezes ela é vítima de sua própria tolice. Como colocou sua ex-aluna Bianca Lamblin: Beauvoir "plantou as sementes de sua própria infelicidade" ao recusar o casamento e a família.[28] Louis Menand escreveu no *The New Yorker* que "Beauvoir era formidável, mas não era feita de gelo. Embora seus casos, na maioria das vezes, fossem casos de amor, fica evidente em quase todas as páginas que escreveu que ela teria desistido de todos se pudesse ter Sartre só para si".

Por outro lado, os diários dos alunos de Beauvoir mostram que poucas semanas depois de conhecer Jean-Paul Sartre, ela atribuiu a ele um único papel insubstituível: ela ficara encantada por ter encontrado Sartre, e escrevera: ele "está em meu coração, em meu corpo, e acima de tudo (*pois meu coração e meu corpo muitos outros poderiam ter*), é o amigo incomparável de meu pensamento.[29] Era mais amizade que amor, explicou mais tarde em carta a Nelson Algren, porque Sartre "não liga muito para a vida sexual. Ele é um homem ardente e animado em todos os lugares, menos na cama. Eu logo senti isso, embora não tivesse experiência; e, pouco a pouco, parecia inútil e até indecente continuarmos sendo amantes".[30]

Teria sido "a grande história de amor do século" basicamente a história de uma amizade?

Intelectualmente, Beauvoir também foi retratada como vítima de Sartre, do patriarcado ou como um fracasso pessoal. Teria Beauvoir internalizado a misoginia? Acaso não tinha confiança em sua própria capacidade filosófica? Ao longo de sua vida pública, Beauvoir foi acusada de "popularizar" as ideias de Sartre. Ela foi considerada – tomando emprestada a metáfora de Virginia Woolf – um espelho de aumento com "o poder mágico e delicioso de refletir a figura do homem com o dobro de seu tamanho natural".[31] Pior ainda, ela foi acusada de estar satisfeita em desempenhar esse papel reflexivo.

Mas é difícil saber quanto o status "secundário" dela se deve aos próprios Beauvoir e Sartre e quanto atribuí-lo ao sexismo cultural generalizado. Ainda hoje, sabemos que as mulheres são mais frequentemente descritas em termos relacionais (pessoais ou familiares) que profissionais; que é mais provável que sejam descritas com verbos passivos que com ativos; que estão sujeitas a distinções negativas de gênero (por exemplo, "apesar de ser mulher, Simone pensava como homem"), e são parafraseadas, em vez de citadas em sua própria voz.

Notáveis comentários abrangendo a carreira de Beauvoir fornecem uma ilustração após a outra de sua definição pública como parceira dependente de Sartre, ou pior:

The New Yorker, 22 de fevereiro de 1947
"A contraparte intelectual feminina de Sartre"; "a existencialista mais bonita que já se viu."
William Barrett (filósofo), 1958
"Aquela mulher, amiga dele, que escreveu um livro de protesto feminino."[32]
La Petit Larousse, 1974
"Simone de Beauvoir: mulher de letras, discípula de Sartre."
The Times, de Londres, 1986
"Em seu pensamento filosófico e político, ela se guia por ele."[33]
La Petit Larousse, 1987
"Simone de Beauvoir: discípula e companheira de Sartre, e uma feminista ardente."
Deirdre Bair, primeira biógrafa de Beauvoir, 1990
"Companheira" de Sartre, que "aplica, divulga, esclarece, apoia e administra" os "princípios filosóficos, estéticos, éticos e políticos" dele.[34]
Suplemento Literário do The Times, 2001
"Escrava sexual de Sartre?"[35]

Como muitas das próprias palavras de Beauvoir não estavam disponíveis até recentemente, até alguns de seus comentaristas mais perspicazes a consideravam alguém que sucumbiu passivamente ao feitiço de Sartre. Intelectualmente, Beauvoir foi descrita como uma "filósofa no armário", que renunciou à filosofia (tornando-se "segunda em relação a Sartre") porque considerava o sucesso intelectual "incompatível com a sedução".[36] Toril Moi escreveu que, romanticamente, o relacionamento de Beauvoir com Sartre era "a única área sacrossanta de sua vida a ser protegida mesmo contra sua própria atenção crítica".[37] Bell Hooks escreveu que "Beauvoir aceitou passivamente que Sartre se apropriasse de suas ideias sem dar créditos à fonte".[38] Mas, pessoalmente, Beauvoir foi crítica de Sartre desde os primeiros dias de seu relacionamento; e filosoficamente, ela defendia sim sua própria originalidade – se bem que é verdade que isso se tornaria mais pronunciado mais tarde, depois de ver como eram infladas e unilaterais as alegações acerca da influência de Sartre sobre ela.

Além das preocupações de que ela era uma vítima explorada, Beauvoir também foi retratada como uma megera exploradora. A publicação póstuma das cartas de Beauvoir a Sartre e seus diários da Segunda Guerra Mundial revelou que ela manteve relações sexuais com três jovens mulheres no final da década de 1930 e início dos anos 1940, todas ex-alunas. Em alguns casos, Sartre mais tarde se relacionaria com elas também. Já é bastante ruim, dizem os objetores, que ela tenha posto as garras sobre mulheres muito mais novas e em dinâmica de poder desigual. Teria Simone de Beauvoir preparado as jovens para Sartre? O casal do pacto claramente valorizava dizerem a verdade um ao outro – era uma parte crucial da mitologia pública do relacionamento dos dois. De modo que quando os detalhes de seus trios vieram à tona, provocaram choque, repulsa e assassinatos de caráter: "Eis que esses dois defensores de dizer a verdade constantemente contavam mentiras a uma série de jovens mulheres emocionalmente instáveis".[39]

Mas o desdém que provocaram foi, de novo, suspeitosamente assimétrico: seja porque Beauvoir era mulher, ou porque era a mulher que escrevera *O segundo sexo*, parecia muito mais surpreendente que ela pudesse ser culpada de tal comportamento. Quando o diário de guerra de Beauvoir foi publicado em inglês, em 2009 (*Wartime Diary*), um crítico enojado intitulou sua resenha "A mentira e o nada", expressando choque por Beauvoir ter escrito "uma página desonesta atrás da outra" em suas memórias.[40] Aos olhos de alguns leitores, Beauvoir só se importava consigo mesma, e seus romances eram escritos por vaidade. Quando as cartas de Beauvoir a Sartre foram publicadas em inglês, em 1991, Richard Heller a chamou de "insípida" e lamentou a "qualidade desanimadora e narcisista do material".[41]

Alguns leitores podem ficar tentados a desistir de Beauvoir quando descobrem como ela descreveu essas mulheres. Uma de suas amantes

– de quem Beauvoir permaneceu amiga até sua morte – escreveu um livro de memórias após a publicação póstuma das cartas de Beauvoir a Sartre. Embora houvessem se passado décadas depois dos eventos que as cartas representavam, ela se sentiu usada e traída ao lê-las. Em quem se deve acreditar – e quando? Qual o sentido dessas acusações contra a mesma mulher que mais tarde escreveu uma ética rigorosa exigindo que as mulheres fossem tratadas com o respeito condizente com sua dignidade como seres humanos livres e conscientes? Afinal, foi por causa de Beauvoir que a palavra "sexismo" foi acrescentada ao dicionário francês.[42] Ela foi admirada por feministas como Toril Moi e Bell Hooks como "a intelectual emblemática do século XX", "a única mulher intelectual, pensadora, escritora que viveu completamente a vida da mente, como eu a desejava viver".[43]

As respostas a essas perguntas são importantes porque a autoridade de Beauvoir foi invocada por muitas feministas para sancionar suas reivindicações – independente de se ela concordaria com elas ou não. "Simone de Beauvoir" se tornou um produto feminista e pós-feminista icônico: "uma marca registrada de si mesma, uma pessoa transformada em uma marca".[44] Mas a percepção da marca é notoriamente inconstante. Enquanto algumas feministas celebravam sua análise perceptiva da opressão feminina, as críticas de Beauvoir aos ideais de amor, em particular, enfureceram algumas de suas contemporâneas, que retaliaram menosprezando-a e insultando-a. Ao publicar um trecho de *O segundo sexo*, em maio de 1949, alegando que as mulheres não queriam uma batalha dos sexos, mas sim (entre outras coisas) sentir "o desejo e o respeito" dos homens na vida sexual, o prestigiado autor François Mauriac perguntou com escárnio: Uma publicação filosófica e literária séria é realmente o lugar para o assunto tratado por madame Simone de Beauvoir?[45]. Quando Pascal perguntou se havia um conflito entre amor e justiça, ele estava fazendo filosofia. Kant e Mill ao discutir o lugar do amor na ética, estavam fazendo filosofia.[46] Mas quando Beauvoir estendeu as discussões sobre amor e justiça para relacionamentos íntimos entre homens e mulheres, foi chamada de "Madame" – para chamar vergonhosa atenção a seu status de solteira – e acusada de "baixar o nível".

Em retrospectiva, parece que Beauvoir estava recebendo uma ofensiva *ad feminam*: se seus críticos pudessem reduzi-la a um *fracasso* como mulher, destacando seu desvio da feminilidade; ou um fracasso como pensadora, porque ela não era original e devia tudo a Sartre; ou um fracasso como ser humano, destacando seu desvio de seus próprios ideais morais, então, suas ideias poderiam ser sumariamente descartadas, em vez de seriamente debatidas.

Por uma questão de princípio, claramente, homens e mulheres podem ser enfraquecidos pela falácia *ad hominem*, uma estratégia argumentativa que desvia a atenção do tópico em questão ao atacar o caráter ou os motivos de uma pessoa. Mas Beauvoir não foi apenas acusada de ter caráter pobre e motivos doentios; ela foi acusada de ser contra a natureza, de ser um fracasso *como mulher*. Pesquisas recentes em psicologia sugerem que as mulheres que alcançam posições chamadas agênticas – ou seja, posições em que mostram ação, incluindo competência, confiança e assertividade – são frequentemente punidas com "penas de domínio social". Se as mulheres rompem as hierarquias de gênero competindo por ou alcançando posições tradicionalmente masculinas e de alto status, em geral são percebidas como arrogantes ou agressivas, e seu castigo é serem "derrubadas" ou "postas em seu lugar" – às vezes completamente inconscientemente – para manter a hierarquia de gênero.[47]

Beauvoir transgrediu essa hierarquia na prática e na teoria: suas ideias tinham o poder de perturbar a vida de homens e mulheres, e ela tentou viver sua vida de acordo com elas. Nesse sentido, a história de Beauvoir – sozinha e com Sartre – levanta questões não apenas sobre o que é verdade acerca dessa mulher e desse homem, mas também sobre o que podemos afirmar que é verdade sobre homens e mulheres em geral. No cenário intelectual de hoje, cada vez menos se considera universalmente verdadeiras as amplas categorias "homem" e "mulher", e essas mesmas categorias são questionadas. Em parte, isso foi possível graças aos pensamentos de Beauvoir. Mas, como veremos, ela era frequentemente penalizada por possuir a audácia de tê-los.

A filosofia de Beauvoir – desde seus diários de estudante até seu último trabalho teórico em *A velhice* – distinguia entre dois aspectos do tornar-se um eu: a visão "de dentro" e a visão "de fora". Para nos aproximarmos da visão "de dentro" de Beauvoir, em algumas partes da vida dela dependemos quase inteiramente de suas memórias. Mas existem razões para duvidar do que ela nos conta nelas, de modo que onde o novo material fornece evidências de omissões ou contradições entre relatos, destaquei isso o máximo possível.

Também chamei atenção para a maneira como a compreensão de Beauvoir foi se modificando à medida que ela envelhecia. Sabemos que as opiniões dos seres humanos mudam com o tempo; estudos psicológicos mostram repetidamente que os autoconceitos mudam e nossas memórias são selecionadas para corresponder a eles.[48] Também é sabido que os humanos se apresentam de várias maneiras, dependendo de sua plateia. Em algumas partes da vida de Beauvoir, temos cartas e diários particulares – mas cartas são sempre escritas para um leitor em particular, e até os diários podem ser escritos com vistas à posteridade. Voltaire disse que tudo que devemos aos mortos é a verdade;[49] mas, entre as histórias que contamos a nós mesmos, as que contamos aos outros e as que eles contam sobre nós, onde está a verdade?

Essa pergunta não tem resposta fácil, e fica ainda mais difícil quando o sujeito do biógrafo é uma mulher. Como observa Carolyn Heilbrun, "biografias de mulheres, se é que foram escritas, foi sob as restrições de uma discussão aceitável, de um acordo sobre o que se pode deixar de lado".[50] A vida de Beauvoir desafiou as convenções – afora as considerações sobre a privacidade dos outros e a legalidade do que ela escreveu, teria sido ainda mais escandaloso para ela e alienante para seus leitores se Simone houvesse sido completamente honesta acerca de sua vida. De modo que ela excluiu grande parte de sua filosofia e de seus relacionamentos pessoais; ela deixou de fora grande parte da "visão de dentro". Há muitas razões que podem justificar isso, e as exploraremos à medida que surgirem no contexto de sua vida. Mas, antes disso, como Beauvoir era uma filósofa, há uma pergunta final a ser feita, e é *por que* a biografia é importante no caso de sua vida e obra em particular.

Alguns filósofos acham que é irrelevante ler sobre a vida de grandes pensadores, porque suas ideias podem ser encontradas nas páginas de suas obras. Por mais interessante ou entediante que seja a vida em questão, ela pertence a um compartimento separado da filosofia. Por outro lado, outros acreditam que a obra de uma pessoa não pode ser entendida sem a vida, e que saber sobre a vida de um filósofo é necessário para entender o verdadeiro significado de sua obra. A primeira abordagem compartimentalizadora abriga em si a potencial armadilha de que sua a-historicidade pode levar a mal-entendidos: por exemplo, esse modo de ler a filosofia levou ao mal-entendido de que Sartre teria desenvolvido a ética existencialista (apesar de a obra de Beauvoir sobre esse assunto ter sido escrita e publicada primeiro, e de Sartre nunca ter publicado a sua durante sua vida).

A segunda abordagem implica a potencial armadilha de resultar na *redução* de seres humanos a efeitos de causas externas. As biografias "redutivistas" são frequentemente guiadas por um interesse específico que lê a vida de uma pessoa, em vez de deixar que a vida fale por si. Essas abordagens podem ser muito esclarecedoras, mas também podem ofuscar a ação de seus sujeitos, retratando-os como produtos de sua infância ou classe, em vez do eu que decidiram se tornar.[51]

A própria Beauvoir teria resistido a uma distinção grosseira entre "vida" e "trabalho" – como se "trabalhar" não fosse viver e "vida" não exigisse trabalho! Um de seus principais insights filosóficos é que todo ser humano está *situado* em um contexto particular, em um corpo particular, em um lugar, tempo e nexo de relacionamentos específicos. Essa situação molda a capacidade de cada indivíduo de imaginar seu lugar no mundo, e muda ao longo da vida. Além disso, no caso das mulheres, essa situação foi moldada por séculos de sexismo.

Escrever sobre a vida de Beauvoir, portanto, traz em si o desafio de outro tipo de reducionismo: pois, além de olhar sua vida com base em experiências formativas da infância e outras lentes psicanalíticas, econômicas, de classe e outras considerações sociais, existem estruturas de sexismo a ser consideradas. Agora sabemos que as obras dela foram cortadas, mal traduzidas ou não traduzidas para o inglês, e que, em alguns casos, os cortes e traduções incorretas alteraram o rigor filosófico e a mensagem política de seu trabalho. Mas, o fato de isso ter acontecido com sua obra provoca a pergunta: por quê? No século XXI, o "feminismo" continua sendo um conceito contestado, com múltiplos significados. A "livre escolha" de uma mulher é a "opressão" de outra. A sátira de um homem é o sexismo de outro. E foi precisamente esse o tipo de ambiguidade que a filosofia madura de Beauvoir explorou.

Os escritos filosóficos e autobiográficos de Beauvoir tornaram fundamental, para se tornar um eu ético, a tensão entre liberdade e restrição. Sua literatura também explorou esses temas, embora sua relação com a própria experiência de vida de Beauvoir seja contestada. Em seu romance (1945) *O sangue dos outros*, sua personagem Hélène se opõe a ter seus pensamentos ou comportamentos reduzidos ao fato de pertencer à classe baixa: "É ridículo, sempre explicando o comportamento das pessoas por circunstâncias exteriores; é como se o que pensamos, o que somos, não dependesse de nós mesmas".[52] E sua filosofia também explorou essa tensão: Em seu ensaio *Por uma moral da ambiguidade,* Beauvoir escreveu que "a noção de ação perderia todo o sentido se a história fosse um mecânico desenrolar no qual o homem aparece apenas como um condutor passivo de forças externas".[53]

Esta biografia não alega definitivamente ver a Beauvoir "real", porque nenhum biógrafo pode alcançar o ponto de vista de Deus na vida humana. Mas este livro é motivado por um desejo de navegar pelo terreno traiçoeiro entre o compartimentar a vida e a obra de Beauvoir e reduzir a obra à vida. Seu objetivo é dar crédito à ideia de que Beauvoir confiava sim em si mesma, e reconhecer – como ela – que parte do que significa se tornar mulher é não estar no controle de todos os aspectos disso. Em *O segundo sexo*, ela escreveu que as mulheres são "condenadas a possuir apenas poder precário: escrava ou ídolo, nunca é ela quem escolhe sua sina".[54] Com mais idade, ela percebeu que sua personalidade pública exigia que fosse "Simone de Beauvoir" – e que essa persona tinha poder público –, mas sua filosofia a tornou comprometida com a visão de que tudo que podia fazer era continuar tornando-se ela mesma.

Desde os 15 anos, Beauvoir sentia uma forte vocação para ser escritora, mas nem sempre gostava do que havia se tornado. Em um ensaio filosófico inicial intitulado *Pirro e Cíneas*, Beauvoir escreveu que nenhum ser humano deseja a mesma coisa durante toda a vida. "Não há instante em uma vida em que todos os instantes estejam reconciliados".[55] Às vezes, Simone de Beauvoir achava que sua vida era uma fonte da qual os outros bebiam. Às vezes, sentia-se oprimida pela dúvida ou lamentava profundamente a maneira como tratava a si mesma e aos outros. Ela mudava de ideia e mudava a ideia dos outros. Lutava contra a depressão. Amava a vida; tinha medo de envelhecer e terror da morte.

Quando a vida de Beauvoir estava próxima ao fim, ela concordou em ser entrevistada por Deirdre Bair para uma biografia, em parte porque Bair queria escrever sobre toda sua vida, não apenas sobre o feminismo.[56] Beauvoir não gostava de ser reduzida a uma única dimensão. O livro de Bair – a primeira biografia póstuma de Beauvoir (1990), a qual muitos ainda consultam para aprender sobre sua vida – teve o benefício de muitas entrevistas com seu sujeito. Mas, em vários aspectos, recontou a história que Beauvoir já havia tornado pública.

Esta é a primeira biografia dela a contar a história que ela não tornou pública: a mostrar a formação da mulher intelectual antes de conhecer Sartre, como ela desenvolveu e defendeu sua própria filosofia de liberdade, como escreveu romances porque queria sensibilizar as liberdades de seus leitores, como o fato de escrever *O segundo sexo* mudou sua vida e como ela se voltou para a escrita e o ativismo feminista porque queria ser uma intelectual cujas obras causassem impacto não só na imaginação dos leitores, mas também nas condições concretas de sua vida.

Escrever este livro foi intensamente intimidador – às vezes até aterrorizante. Beauvoir era uma pessoa humana, cuja memória eu não quero distorcer – seja a mais confusa, inspiradora ou perturbadora. Não importa quão bem documentada seja uma vida, a documentação de uma vida não é a própria vida. Fui seletiva, sabendo que sou guiada pelos interesses de minha própria situação, e confiei em informações que já haviam sido submetidas à seleção de Beauvoir. Tentei mostrar todo o espectro de sua humanidade: sua confiança e suas dúvidas, sua energia e seu desespero, seus apetites intelectuais e suas paixões físicas. Não incluí todas as palestras, todos os amigos nem todos os amantes. No entanto, incluí sua filosofia, porque eu não poderia ser sincera com suas contradições ou suas contribuições sem ela.

Beauvoir viveu uma vida épica: era uma viajante que cruzava com Picasso e Giacometti, Josephine Baker, Louis Armstrong e Miles Davis, sem falar de um número monumental de ícones literários, filosóficos e feministas do século XX. Charlie Chaplin e Le Corbusier foram às festas de Nova York em sua homenagem, e certa vez ela alegou ter fumado seis baseados sem ficar doidona.[57] Mas, sem a filosofia, Simone de Beauvoir não teria se tornado "Simone de Beauvoir", e isso é importante por duas razões de peso: porque o mito de que Beauvoir era discípula de Sartre já foi perpetuado por tempo suficiente, e porque os desentendimentos, as conversas constantes entre eles são uma parte crucial do modo como Beauvoir se tornou ela mesma.

Mas isso é apenas uma parte. Em 1963, Beauvoir escreveu que:

> a dimensão pública da vida de um autor nada mais é que uma dimensão única, e acho que tudo que tem relação com minha carreira literária é apenas um aspecto de minha vida privada. E é exatamente por isso que eu estava tentando descobrir, tanto para mim quanto para os leitores, o que o fato de ter certa existência pública significa do ponto de vista privado.[58]

Beauvoir foi crítica da filosofia de Sartre e de seu amor; no entanto, ele permaneceu para ela – como rapidamente se tornou nas semanas depois que ela o conheceu – "o amigo incomparável de meu pensamento". Os pensamentos dela eram profundamente desafiadores para seus contemporâneos, e foram silenciados, ridicularizados e desprezados. Ela escolheu uma vida que lhe permitisse pensar e escrever porque valorizava sua mente e tinha certeza de sua fertilidade. Aos 19 anos, Beauvoir escreveu em seu diário que "a parte mais profunda de minha vida são meus pensamentos".[59] E, apesar de tudo que havia se tornado na vida, 59 anos depois, a Beauvoir de 78 anos ainda concordava: "para mim, a coisa mais importante foi minha mente".[60]

Virginia Woolf escreveu que existem "algumas histórias que cada geração precisa contar".[61] Mas, no caso de Beauvoir, grande parte de sua história era invisível demais para ser contada. O relato que lemos nos diários e cartas de Beauvoir – sobre seu amor à filosofia e seu desejo de amar de maneiras sem precedentes – muda a forma da vida que se seguiu a isso.

FIGURA 1 – Simone de Beauvoir cercada por sua família paterna em Meyrignac, verão de 1908. Da esquerda para a direita: Georges, Ernest (avô de Simone), Françoise, Marguerite (tia de Simone) e seu marido Gaston (irmão de Georges)

I

Criada como uma garota

Às 4h30 da manhã de 9 de janeiro de 1908, Simonne Lucie Ernestine Marie Bertrand de Beauvoir nasceu no sexto distrito de Paris e em convenções sociais asfixiantes.¹ O primeiro ar que ela respirou provinha das janelas do segundo andar com vista para a avenida Raspail, e aos 4 anos, já dominava a arte de extrair seus cartões de visita entalhados da bolsa de veludo que levava quando acompanhava sua mãe à casa das pessoas.² Beauvoir viveria na mesma zona chique de Paris por quase toda sua vida, mas, na época de seu nascimento, a fortuna da família estava minguando.

Os Bertrand de Beauvoir eram da alta burguesia, originária da Borgonha. Um de seus ancestrais recebeu um título aristocrático em 1786, mas perdeu a cabeça depois da Revolução, em 1790. Apesar de ter ocorrido mais de um século antes do nascimento dela, esse incidente dividiu biógrafos de Beauvoir, que divergem na avaliação da reputação social de sua família. Bair dá muita importância ao *pedigree* de Beauvoir, porém a irmã de Simone, Hélène, atribuiu-lhe muito menos relevância. Após a decapitação de seu estimado antepassado, a família não deu muita importância a suas pretensões aristocráticas.³

No entanto, eles ainda possuíam terras, com um castelo, em Limousin. Mas o pai de Simone, Georges de Beauvoir, não era o primogênito, portanto, não as herdaria. Ele era intelectualmente talentoso e charmoso, contudo suas aspirações não se alinhavam com as de seus pais – ele queria ser ator. Seu pai o incentivava a seguir uma profissão mais respeitável, e o decoro prevaleceu: Georges estudou direito e trabalhou no escritório de um conhecido advogado parisiense. Ele não era ambicioso – nem seu pai nem seu irmão precisavam trabalhar para ganhar a vida, e embora sua mãe tentasse incutir nele o valor do trabalho, isso nunca se enraizou nele. No entanto, ele queria se casar, e, por fim, abandonou seu cargo de secretário para exercer o direito por conta própria, na esperança de que isso melhorasse suas perspectivas.

Graças à intermediação de seu pai, ele encontrou uma candidata adequada: Françoise Brasseur, uma jovem de uma família do norte com um dote considerável. Embora seu nome não tivesse uma partícula aristocrática (como o "de" em Bertrand de Beauvoir), os Brasseur eram muito mais ricos que os Bertrand de Beauvoir. Gustave Brasseur, o pai da noiva, era um banqueiro de Verdun muito bem-sucedido. Françoise era sua primeira filha, mas a menos amada: seu nascimento frustrara suas esperanças de um herdeiro. Ela foi educada em um convento, e seus pais tinham pouco interesse nela, até se depararem com desafios financeiros, o que os fez lembrar que Françoise estava bem na idade de casar. Essa não foi a única vez que os Brasseur demonstraram decepção diante de um nascimento feminino: depois de vivenciar isso como filha, Françoise o sentiu como mãe, e ao longo de sua vida sofreu com a frieza de seus pais.[4]

Quando as duas famílias se conheceram, em 1905, estavam no terreno neutro de um resort em Houlgate, Normandia. Françoise não estava entusiasmada com o encontro, mas nervosa devido ao ritual artificial que se esperava dela. Segundo os costumes, sua primeira aparição diante de seu pretendente foi cuidadosamente arranjada. No hotel, ela estava cercada por suas colegas de classe do convento, em um cenário que mostrava sua beleza e seu caráter social, para que ele pudesse avaliar a aptidão de sua companheira em potencial enquanto ela presidia a conversa e o chá. Algumas semanas após o encontro, Georges fez o pedido. E embora o casamento tenha sido arranjado, no dia do casamento, 26 de dezembro de 1906, eles também estavam unidos pelo amor.[5]

Desses primeiros anos, Simone recordava o relacionamento de seus pais como apaixonado, tanto emocional quanto fisicamente.[6] Logo após o primeiro aniversário de casados, Simone nasceu. Embora felizes, sua mãe, de 21 anos, e seu pai, de 31, ainda estavam negociando a combinação de suas vidas e a competição de suas expectativas. O endereço da família – boulevard du Montparnasse, 103 – refletia o status de Georges, mas seus móveis, não. Georges queria recriar o esplendor da casa de seu pai; Françoise era jovem, provinciana, e sentia-se desnorteada na sociedade em que se encontrava.

Apesar de suas diferenças (ou talvez porque as circunstâncias as mantinham adormecidas), durante alguns meses felizes a família entrou em um ritmo harmonioso: era o papel de sua criada, Louise, dar banho e alimentar Simone, bem como cozinhar e cuidar de outras tarefas domésticas. Georges ia para o trabalho nos tribunais de apelação todas as manhãs, frequentemente voltando à noite com as flores favoritas de Françoise. Eles brincavam com seu bebê antes que Louise a levasse para a cama, jantavam juntos quando Louise voltava para servi-los e passavam o começo da noite lendo em voz alta e bordando. Georges considerava sua responsabilidade fornecer à esposa a cultura adequada a sua classe; Françoise assumia como sua responsabilidade garantir que seu aprendizado nunca excedesse a quantidade ou o tipo adequado a seu gênero.

Dois anos e meio após o casamento dos dois, em 1909 eles ainda não haviam recebido o dote de Françoise quando seu pai fugiu de Verdun em desgraça. O banco de Gustave Brasseur foi condenado à liquidação em julho de 1909 e tudo foi apreendido para venda, incluindo os bens pessoais da família Brasseur. Para somar insulto às injúrias já ignominiosas, ele foi mandado para a prisão, onde passou treze meses antes de ser julgado e condenado a mais quinze. Mas sua influência anterior ainda exercia certo poder; ele foi libertado antes. Então, mudou-se para Paris com a esposa e sua filha mais nova, para morar perto de Françoise e recomeçar.

Essa reviravolta significava que o dote de Françoise nunca seria pago, mas, no início, a família se manteve harmoniosa e esperançosa mesmo assim. Estavam felizes, e sua fortuna parecia segura: Georges tinha uma renda razoável com seu trabalho, e sua própria herança (embora modesta) havia sido investida da maneira que julgavam sábia. A atenção de Georges a Françoise era terna, e ela se transformou em uma mulher sorridente e cheia de vida.[7]

Em 9 de junho de 1910 nasceu uma segunda filha. Foi batizada de Henriette-Hélène Marie, mas era chamada de Hélène, ou, no seio da família, *Poupette* (que significa "bonequinha"). Embora Hélène tivesse apenas dois anos e meio a menos, Simone a via como uma estudante que precisava de sua tutela especializada – ela já era uma professora em formação. A família esperava um menino, e Beauvoir detectou a decepção com o nascimento de Hélène; escreveu em suas memórias (com seu eufemismo característico) que "talvez não seja totalmente irrelevante o fato de seu berço ser o centro de comentários arrependidos".[8] Nas memórias de Hélène, lemos que, após o anúncio do nascimento, seus avós haviam escrito uma carta parabenizando Georges e Françoise pela chegada de um filho. Eles não se deram ao trabalho de gastar mais papel quando foram informados de que era uma menina; simplesmente acrescentaram um pós-escrito: "Soube que foi uma menina, segundo a vontade de Deus".[9]

Beauvoir descreveu que viveu seus primeiros anos com uma sensação de "segurança inalterável", interrompida apenas pela constatação de que ela também acabou se vendo "condenada a ser uma pária da infância". Ela adorava ficar ao ar livre explorando a natureza, correndo pelos gramados e examinando folhas e flores, frutos e teias de aranhas. Todo verão, a família passava dois meses no campo: um mês na casa da irmã de Georges, Hélène (um castelo com torre do século XIX chamado La Grillère), e outro na propriedade do pai deles, Meyrignac. O castelo de Meyrignac estava situado em uma grande propriedade de mais de duzentos hectares, proporcionando uma grande oportunidade a Simone de se perder na beleza da natureza. Sua admiração pelos espaços naturais seria uma característica permanente em sua vida; ela continuou associando o campo à solidão, liberdade e aos mais altos picos de felicidade.[10] Mas, apesar de toda sua grandeza, para surpresa de alguns visitantes parisienses, o castelo não tinha eletricidade nem água corrente.[11]

Seu apartamento em Paris, por outro lado, era luxuoso, brilhante e carregado de vermelho – estofados vermelhos, uma sala de jantar renascentista vermelha, cortinas de veludo vermelho e seda vermelha. As paredes da sala de estar eram espelhadas, refletindo a luz de um lustre de cristal, e havia descansos de prata para as facas de mesa. Na cidade, Françoise, em vestidos de tule e veludo, dava boa-noite à sua filha antes de voltar a tocar piano de cauda para seus convidados. Ali, a solidão e os espaços naturais eram mais difíceis de encontrar: Simone tinha que se contentar com aqueles "parquinhos vulgares", os Jardins de Luxemburgo.[12]

Simone foi uma leitora precoce, e sua família cultivava sua curiosidade com muito cuidado. Seu pai fez uma antologia poética para ela, ensinando-lhe a recitá-la "com expressão", enquanto sua mãe a inscrevia em serviços de assinatura de livros em uma biblioteca atrás da outra.[13] O ano do nascimento de Simone foi quando as escolas estaduais francesas finalmente receberam permissão para preparar as meninas para o *baccalauréat* – o exame que permitia o acesso às universidades. Mas, uma garota do meio de Beauvoir não frequentava uma escola estadual. Em outubro de 1913 (quando Beauvoir tinha 5 anos e meio), ficou decidido que ela frequentaria uma escola católica particular, o Adeline Désir Institut – que ela apelidou de *Le Cours Désir* [O curso dos sonhos]. Embora Beauvoir mais tarde recordasse ter pulado de alegria com a perspectiva de ir para lá, era um estigma para uma garota de seu status ser educada em uma escola – as que tinham recursos tinham governantas em casa. Ela frequentava a escola apenas dois dias por semana – quartas e sábados –, e o resto do tempo os trabalhos escolares eram supervisionados por sua mãe em casa, com seu pai mostrando interesse por seu progresso e sucesso.[14]

Hélène sentia falta da irmã nos dias de escola, e o relacionamento entre elas continuava muito próximo, em parte devido a um profundo afeto, e em parte porque as meninas não tinham permissão para socializar com alguém que sua mãe não houvesse checado – e ela não achava que muitas das crianças passariam pela inspeção. Georges e Françoise idolatravam a mais velha, mas não consideravam Hélène um indivíduo em si. Hélène sabia que seus pais tinham orgulho da irmã; quando Simone foi a primeira da classe, foi elogiada profusamente por sua mãe; Quando Hélène também foi a primeira de sua classe, Françoise creditou seu sucesso ao fato de ter mais facilidade por ter uma irmã mais velha para ajudá-la. Hélène reconhecia que "como segunda filha, eu não era realmente uma criança bem-vinda. Mas Simone me valorizava, mesmo podendo ter me esmagado ficando do lado de nossos pais, e é por isso que permaneci apegada a ela. Ela sempre foi gentil, sempre me defendia deles".[15] A família tinha poucos brinquedos, mas as irmãs gostavam de brincar com jogos imaginários e de trocar confidências.[16]

FIGURA 2 – Françoise de Beauvoir com suas filhas, Hélène (esquerda) e Simone (direita)

Aos 7 anos, Simone teve sua primeira comunhão privada – iniciando uma prática que continuaria a observar três vezes por semana, com a mãe ou na capela particular do Cours Désir. No mesmo ano, ela escreveu a primeira de suas histórias remanescentes, *Les Malheurs de Marguerite* [As desgraças de Marguerite] – tinha cem páginas, escritas à mão em um pequeno caderno que ganhara de seu avô Brasseur.[17]

Até os 8 anos de idade, tinha apenas outra criança que Simone considerava digna de seu respeito: seu primo Jacques. Ele era seis meses mais velho que ela, e havia tido uma educação de menino – e das boas. Ela ficava deslumbrada com a confiança dele. Um dia, ele fez um vitral com o nome dela inscrito. Decidiram que eram "casados aos olhos de Deus" e ela dizia que ele era "seu noivo".[18] Em retrospecto, Hélène escreveu que se não fosse pelo isolamento delas, Simone não teria atribuído tanta importância a esse noivo infantil. Mas, por pelo menos uma década, ela pensou que realmente se casaria com ele.

No dia em que Beauvoir entrou no quarto ano (aos 9 anos), ela conheceu uma segunda criança, de fora de sua família imediata, digna de seu respeito: alguém cuja vida e morte teriam um efeito profundo nela. Elisabeth Lacoin – Zaza, como Beauvoir a chamava[19] – era uma estudante brilhante e cheia de vida do Cours Désir, e depois de se conhecerem na escola, as duas desenvolveram uma rivalidade amigável. Ela mostrou a Simone uma nova e deliciosa dimensão da vida: a amizade. Com Hélène, Simone havia aprendido o que significava "nós"; com Zaza, pela primeira vez, ela entendeu o que significava sentir falta de alguém.

Hélène de Beauvoir descreveu Zaza como muito intensa – "como um cavalo de corrida sedoso e elegante, pronto para perder o controle"[20] –, mas, aos olhos de Simone, ela era uma maravilha. Tocava piano lindamente, escrevia com elegância, tornou-se feminina sem perder sua "ousadia de menino" e tinha a coragem de não apenas admirar Racine (como deveria), mas também de odiar Corneille (como não deveria). Ela tinha ideias subversivas, mostrou a língua para a mãe durante um recital de piano, e apesar de tais demonstrações de "personalidade", foi recebida pela mãe de Simone com amor e carinho.

Então, com a doçura da amizade, Beauvoir descobriu um sabor amargo: o da comparação.

Mais tarde, ela percebeu que não era uma disputa justa comparar sua própria vida e sua mãe com a de Zaza: "Eu me sentia 'de dentro', e a via de fora".[21] Aos 18 anos, Beauvoir já usava essa distinção que passaria a desempenhar um papel significativo em sua obra, entre a "dualidade tão frequentemente observada entre o ser que sou dentro de mim e o ser visto de fora".[22]

Com o benefício da retrospectiva, Beauvoir reconheceu que a mãe de Zaza, madame Lacoin – como os pais de Simone observaram no dia em que começaram a incentivar a amizade com Zaza –, era de uma boa família católica, havia feito um bom casamento católico e era uma boa mãe católica de nove filhos. Também era rica, e segura o bastante de seu status para tolerar os desafios de Zaza, porque podia se dar ao luxo de rir das convenções. Mas o mesmo não se poderia dizer de madame de Beauvoir.

Se uma infância pudesse ser resumida em mandamentos, os dois maiores de Simone de Beauvoir eram "Não farás o que é impróprio" e "Não lerás o que é inadequado". Françoise de Beauvoir havia tido uma criação inabalavelmente rígida, com "decoro provinciano e moral de uma garota de convento".[23] Sua fé inabalável em Deus era acompanhada por um zelo igualmente inexpugnável pela etiqueta: ela "nunca sonhou em protestar, de maneira alguma, contra algo ilógico sancionado por convenções sociais".[24] Se isso significasse que um amigo vivendo "em pecado" com uma mulher poderia ser recebido em sua casa, mas a mulher não, que assim fosse. Nas palavras da filha, Françoise era "capaz de confundir sexualidade com vício". Ela confundia desejo com pecado. Como as convenções permitiam indiscrições aos homens, ela também as permitia; as mulheres suportavam o peso de sua insatisfação. Ela ficava enojada com perguntas "físicas" e nunca as abordava com suas filhas – Simone teve que aprender sobre as surpresas da puberdade com sua prima Madeleine.

Madeleine era mais velha que Simone e sabia mais sobre corpos e o uso "impróprio" deles. Num dia de verão no campo, ela contou a Simone e Hélène sobre as mudanças que elas sofreriam no corpo em breve: que haveria sangue e bandagens. Deu definições para termos misteriosos – como "amante" –, despertando curiosidade sobre a cadeia causal que precede o nascimento de uma criança. Encorajadas por novos conhecimentos, quando as irmãs retornaram a Paris e à mãe, Hélène perguntou a madame de Beauvoir de onde saíam os bebês. Ela disse que saíam do ânus, sem dor. Nesse e em outros casos, Françoise enganou de maneira chocante as filhas sobre as possibilidades de seus próprios corpos: Beauvoir passaria a ver seu corpo como "vulgar e ofensivo".[25]

Mas a mente, por outro lado, Françoise não negligenciava – ela até aprendeu inglês e latim para ajudar melhor suas filhas. Georges e Françoise atribuíam um alto valor à educação – uma menina com boa educação também fazia boas leituras – mas estavam longe de ser unificados em relação à religião. Françoise era tão devotamente católica quanto Georges era dogmaticamente ateu. Essa polaridade deve ter provocado um impacto profundo em Simone. Seu pai lhe fornecia livro após livro, cuidadosamente selecionados entre as grandes obras da literatura. Sua mãe lhe fornecia literatura religiosa e um modelo vivo de devoção católica e autossacrifício. Frequentava as aulas das filhas (o Cours Désir permitia que as mães o fizessem até as meninas terem 10 anos) e as levava regularmente à missa em Notre-Dame-des-Champs ou Saint Sulpice. Em meados da adolescência, tanto os estudos quanto o catolicismo provariam ser fontes de tensão entre Simone e seus pais. Mais tarde, ela descreveu sua infância como suspensa entre ceticismo e fé, e atribuiu a esse "desequilíbrio" o fato de tornar sua vida "uma espécie de disputa interminável". Essa era, pensava ela, a principal razão de ter se tornado intelectual.[26]

Assim que a Primeira Guerra Mundial foi declarada, em agosto de 1914, Georges e Françoise temiam a ocupação, e a família ficou em La Grillère até poderem determinar que era seguro voltar a Paris. Lá, Simone se lembrava de fazer conservas e tricotar para o esforço de guerra como "a única vez na vida que fiz esse tipo de tarefas femininas com prazer".[27] No ano anterior, Georges havia sido dispensado do exército devido ao coração fraco. Mas foi chamado para o serviço ativo, e estava no front em outubro. Em poucas semanas, ele teve um ataque cardíaco e foi de novo dispensado do serviço ativo e mandado para um hospital militar a fim de se recuperar. Quando deixou o hospital e voltou para Paris, no início de 1915, reassumiu no Ministério da Guerra. Paris era assolada pela inflação, sua renda era minúscula e os retornos de seus investimentos estavam caindo depressa. Suas despesas, no entanto, não foram adaptadas de acordo com essa situação.

Durante esses anos, a bela infância de Simone mudou para uma adolescência estranha. Enquanto as feições saudáveis de boneca de Hélène tornavam seu epíteto *Poupette* cada vez mais apropriado, Beauvoir comia pouco, parecia doente e recebeu um diagnóstico de escoliose. O rigor da ode moral de sua mãe, o aperto das finanças da família e as regras de Paris sob blecaute deram a suas tendências cada vez mais compulsivas outros caminhos para obter a aprovação de seus pais.

Ela havia se tornado uma moça bem-comportada – mas seu universo começou a cambalear.

2

A moça bem-comportada

Simone recordava que, quando criança, sentia em sua família um arrebatador senso de pertencimento.[1] Mas, a partir dos 11 anos de idade, começou a se sentir cada vez mais confusa em relação ao que se esperava dela, e chocada porque o queria se tornar não era o que sua família queria que ela fosse. Eles a haviam educado para ser precoce, para ler e questionar; então, por que lhe diziam para parar de pensar, parar de ler, parar de questionar? Simone começou a se sentir miserável, infeliz, em parte por causa de suas perguntas não respondidas, e em parte porque estava testemunhando uma transformação indesejada em alguém que amava. Quando menina, Beauvoir considerava seu pai uma raridade entre os homens.[2] Ninguém que ela conhecesse se equiparava a sua inteligência, seu brilhantismo, sua vasta leitura, sua capacidade de recitar poesia ou sua paixão pela argumentação. Ele gostava de atuar e adorava dar vida às festas. Mas o infortúnio da família acabou lhe custando até o bom humor. O *boulevardier*, o *socialite*, tornara-se *déclassé* e abatido.

Após a Primeira Guerra Mundial, a fortuna já precária de Georges de Beauvoir sofreu uma guinada para pior. Seus investimentos (em ações russas pré-revolucionárias) já não tinham valor, e, de repente, a família tinha apenas seu salário para viver. Simone ouvia conversas vexatórias sobre dinheiro; Françoise não conseguia entender por que Georges não voltava a exercer o direito; Georges, em retaliação, lembrava-a de que as coisas seriam diferentes se o dote dela houvesse sido pago. A paixão um pelo outro passou a se mesclar com brigas e desrespeito. Certa noite, quando Simone voltou para casa com Louise, encontrou sua mãe com os lábios inchados.[3] A verdade era que Georges não podia se dar ao luxo de voltar à advocacia – ele não tinha capital para pagar o aluguel de uma sala, os móveis ou qualquer outra coisa necessária para abrir o negócio, muito menos recursos para sustentar a família enquanto esperasse que seu escritório se tornasse lucrativo. Ele tinha 40 anos e já havia sofrido dois ataques cardíacos: faltavam-lhe a saúde, os recursos e a vontade de fazer o que Françoise queria.

Felizmente para Georges, o antes desonrado Gustave Brasseur (pai de Françoise) tinha o hábito de sempre dar sorte, e foi em socorro do genro. Nos últimos dois anos da guerra, ele havia sido diretor de uma fábrica de calçados. Conseguira contratos militares de fornecimento de botas e sapatos, tornando seus negócios altamente lucrativos. E assim, ofereceu a Georges o cargo de codiretor.[4] Aparentemente, isso não era uma profissão para um Bertrand de Beauvoir, mas ele não tinha alternativa a não ser aceitar. Encarava seu título como honorário e trabalhava irregularmente, só quando não podia evitar. Após a guerra, a demanda por botas militares desapareceu, e a prosperidade da fábrica também. Mais uma vez, Georges foi resgatado por um membro da família, que lhe ofereceu um cargo de vendedor de publicidade em jornais. Como ele não tinha talento para vendas nem era um trabalhador com quem se pudesse contar, logo perdeu esse emprego também.

A partir de então, passou de um emprego a outro; seus hábitos diários lhe custaram vários. Apesar das circunstâncias difíceis de sua família, Georges se levantava às 10 da manhã, ia à Bolsa de Valores por volta das 11 horas para ser visto, almoçava, visitava brevemente seu trabalho, jogava bridge a tarde toda, tomava um drinque à noite em um café e depois ia para casa jantar.[5] Segundo Hélène, Simone sempre era muito caridosa ao falar do pai; mas, na opinião de Hélène, todos os homens da família Beauvoir eram preguiçosos e não gostavam de trabalhar; as mulheres eram as fortes que faziam tudo, e livravam a cara dos homens.[6] Parece improvável que a representação generosa que Beauvoir fazia de seu pai tenha sido motivada por um afeto genuíno, em vista do que os anos posteriores lhes reservavam, mas é possível que algum tipo de lealdade familiar a tenha levado a pintá-lo com tons lisonjeiros. Uma possibilidade mais convincente é que Beauvoir sabia, na época em que escrevia suas memórias – meados da década de 1950 –, que se ela se apresentasse como uma mulher "amarga" que não simpatizava com o próprio pai, leitores hostis usariam sua amargura em refutações *ad feminam* de tudo que ela representava.

Durante um ano após o final da Primeira Guerra Mundial, a vida continuou como sempre no boulevard du Montparnasse. Porém, no verão de 1919, a família Beauvoir teve que fazer mais economias. Eles se mudaram para um apartamento na rue de Rennes número 71. Ficava no quinto andar, era escuro e sujo, não tinha elevador, nem água encanada, nem banheiro, nem aquecimento central.[7] Embora o pai tivesse um estúdio além do quarto do casal e das salas de recepção, Simone não tinha um espaço para chamar de seu; as irmãs dividiam um quarto tão pequeno que o espaço entre as camas só permitia passar uma de cada vez. Ainda tinham Louise, no início – o sexto andar do edifício tinha quartos para os empregados de seus ocupantes. Mas, logo depois Louise se casou e se mudou, e madame Françoise teve que administrar o apartamento em ruínas sozinha.[8] No início, ela atribuiu esse estado de coisas à dificuldade de encontrar uma boa ajudante, mas a verdade era que a família não podia pagar.

Esse era um sinal claro das profundezas em que haviam caído. Uma das maneiras de distinguir entre a *haute bourgeoisie* e a classe média era que a primeira sempre tinha pelo menos um empregado; a última nunca. Françoise sempre teve um temperamento forte, mas, na rue de Rennes, ela perdia as estribeiras cada vez mais, tentando ao mesmo tempo transformar a falta de dignidade em uma oportunidade de virtude. Ela começou a ser negligente e a mostrar desprezo por seu corpo; as meninas também usavam vestidos puídos e sujos. Mas isso não era motivo de vergonha na mente de sua mãe, que havia começado a calcular a vida com base em uma moeda diferente. Eles podiam ter pouco dinheiro, mas tinham cultura e piedade – mercadorias de muito mais valor.

Como mulher, Simone de Beauvoir seria lembrada por seu estilo peculiar, e, como romancista e escritora de memórias, sua prosa é texturizada com tecidos – fosse o material do vestido de uma mulher ou a estampa de uma manta mexicana. Mas, Simone e Hélène se lembravam de, quando meninas, padecerem por uma "falta de elegância" durante grande parte da infância – mais tarde, Simone se referiu à situação como de "semi-pobreza".[9] Havia outras meninas malvestidas no Cours Désir devido a sua "pobreza decente" – afinal, nenhuma garota respeitável deveria se vestir de maneira a atrair acusações de faceirice –, mas suas colegas de classe observaram que "Simone de Beauvoir se vestia ainda pior".[10]

Mesmo depois de ter escapado da escassez, a infância de Beauvoir a deixou com um senso duradouro de economia. Na escola, seus cadernos ficavam tão abarrotados de letras minúsculas que seus professores reclamavam. Ela era frugal não só com dinheiro e coisas materiais, mas também consigo mesma: "Acabei me convencendo de que é preciso fazer uso de tudo, e de si mesmo, ao máximo".[11] Ela se dedicava aos estudos e ao mesmo tempo aprendia os caminhos de uma boa menina católica; seus esforços foram tão bem-sucedidos que o capelão elogiava sua mãe pela "beleza radiante da alma de sua filha".[12] Ela ingressou em uma ordem religiosa laica para crianças chamada Anjos da Paixão. Em suas próprias palavras: "Passei por uma metamorfose definitiva e me tornei uma boa garotinha. Desde o começo, compus a personalidade que desejava apresentar ao mundo; isso me angariou muitos elogios e tantas grandes satisfações que acabei me identificando com a personagem que havia construído: era minha única realidade".[13] Mas ela irritava muitas colegas de classe: ela era uma sabichona com uma boa dose de mais-santa-que-você.

Embora o relacionamento de Simone com a religião se tornasse cada vez mais ambivalente conforme se aproximava dos 20 anos, na infância a inspirou a questionar o papel das meninas em sua sociedade. Aos olhos de Deus – escreveu em *Memórias de uma moça bem-comportada* –, sua alma não era menos preciosa que a dos meninos: então, por que deveria invejá-los?[14] Em uma entrevista de 1965, Beauvoir reiterou que sua estrita educação religiosa "a ajudou enormemente", precisamente porque ela se considerava "uma alma". "No nível das almas", disse, não havia uma avaliação variável dos seres humanos. "Deus teria me amado igual se eu fosse homem, não havia diferença entre santos homens e mulheres. Era um domínio completamente assexuado". Antes de encontrar o igualitarismo intelectual – escreveu Beauvoir –, ela encontrou em sua religião "uma espécie de igualdade moral e espiritual" que contou muito na formação de suas convicções de vida.[15] Mas surgiu uma dissonância em sua consciência – entre a igualdade pregada e a desigualdade praticada. Ela se lembrava de seu pai dizer com orgulho: "Simone tem um cérebro de homem; ela pensa como um homem; ela é um homem". No entanto, objetava, "todo o mundo me tratava como uma menina".[16]

À medida que crescia, Beauvoir notava que o interesse de seu pai em seus estudos aumentava – e também o interesse dele por sua aparência.[17] Beauvoir escreveu em suas memórias que "comecei a me interessar pelo tipo de figura que achava que deveria cortar de minha vida", inspirada em Jo March em *Mulherzinhas*, de Louisa May Alcott. Mesmo com 2 anos de idade, Beauvoir ficou cativada por ela.[18] Jo não era a mais virtuosa nem a mais bonita das irmãs, mas sua paixão por aprender e o desejo de escrever brilhavam como um farol na imaginação da jovem Simone. Mas Georges de Beauvoir via as coisas de um jeito diferente. Beauvoir sentia que enquanto ele a aprovasse, ela poderia ter certeza de si mesma. Mas, gradualmente, os anos de elogios deram lugar ao desapontamento. Ele apreciava a elegância e a beleza nas mulheres; sua irmã demonstrava essas qualidades em um grau mais alto, e assim, como Amy em *Mulherzinhas*, ganhava afirmação e carinho.

Simone, como Jo, mergulhava nos livros; ela lia obras religiosas – *Imitação de Cristo*, um *Compêndio de teologia ascética e mística* – e livros de história e literatura, francesas e inglesas, aprovados por seus pais. Ela adorava literatura inglesa; lera *Alice no país das maravilhas* e *Peter Pan* quando criança, aprimorando as habilidades que mais tarde usaria para ler as irmãs Brontë e Virginia Woolf em sua língua nativa.[19] Com o tempo, as proibições de seus pais e as insinuações de sua prima Madeleine a levaram a perceber que os livros poderiam lhe ensinar coisas que seus pais não poderiam. Madeleine tinha autorização para ler o que quisesse; o que será que ela estava perdendo?[20] Quando deixada sozinha no apartamento, ela vasculhava as estantes de livros e lia as cópias gastas de seu pai de Bourget, Alphonse Daudet, Marcel Prévost, Maupassant e os Goncourt: eles complementaram sua educação sexual.[21]

Os romances também a ajudaram a ver as perguntas sem resposta no mundo ao seu redor. Jo March não queria fazer tarefas domésticas porque isso a mantinha longe do que amava; então, por que tantas mulheres e tão poucos homens as faziam? As convenções diziam que o casamento era seu futuro, mas Jo March resistira a esse destino indesejado. Poderia ela também resistir?[22] *O moinho sobre o rio*, de George Eliot, que Beauvoir lera com a tenra idade de 11-12 anos, levantara outras questões que se repetiriam em sua vida e filosofia. A personagem de Eliot, Maggie Tulliver, odiava desperdiçar seu tempo com o trabalho repetitivo de patchwork, onde os mesmos pontos tinham que ser dados repetidamente. Como, se essa labuta doméstica era o que se esperava dela, Beauvoir poderia ser fiel a si mesma e aos desejos dos outros? Se "amor" significava que as mulheres sacrificam muito e os homens pouco, valeria a pena? Nos diários de estudante de Beauvoir, em 1926 ela ainda ponderava a questão sobre quanto de si guardar e quanto dar.[23] Maggie Tulliver se apaixonara pelo indigno Stephen; mas Beauvoir não conseguia entender sua atração; "O único relacionamento que eu poderia imaginar era de amor de amigo; em minha opinião, a troca e discussão de livros entre um garoto e uma garota os ligava para sempre".[24]

Os livros ofereciam a Beauvoir mais que uma educação; eram um refúgio da privação física e emocional que encontrava quando levantava os olhos das páginas. Eles mostravam caminhos de resistência à vida que lhe fora traçada, embora ainda não levassem a lugares onde as mulheres pudessem fazer escolhas ou dar e receber afeição física livre de vergonha. Enquanto a jovem Beauvoir se inspirava na vida intelectual dos personagens, ela se desconcertava com a parte física; para usar suas próprias palavras, ela era pudica. Simone sabia que o relacionamento de seus pais era fisicamente apaixonado – e mais tarde sofreu com injustiça da perda que sua mãe padeceu, quando, aos 35 anos, foi rejeitada pelo marido por um prazer extraconjugal.[25] Mas a jovem Beauvoir considerava o sexo uma questão nojenta: "O amor, em minha opinião, não tinha nada a ver com o corpo".[26] Nos cinco anos após a mudança para a rue de Rennes, Beauvoir vivenciou o tumulto da adolescência, as crescentes tensões entre os pais e o fim de duas vidas. Depois de se casar, sua amada Louise teve um bebê, um menino. Mas o menino teve broncopneumonia e morreu. Foi uma morte abrupta, a primeira que Simone conheceu, e foi aterrorizante para ela. Louise e o marido moravam em um quarto individual em um sótão, no sexto andar, com o filho – quando foram visitá-la depois, Simone viu não apenas a morte pela primeira vez, mas também o corredor do sexto andar, onde o patamar tinha uma dúzia de portas, cada uma delas levando a quartos individuais que abrigavam famílias inteiras.²⁷ Pouco tempo depois, o filho do porteiro na rue de Rennes ficou doente. Ele tinha tuberculose e meningite, e teve uma morte dolorosa e prolongada. Simone e sua família assistiam diariamente a seu declínio; qualquer pessoa que entrasse ou saísse do prédio tinha que passar pela criança doente a caminho da escada. Sua preocupação, já que crianças estavam morrendo, era que ela ou Hélène fossem as próximas.

Mais tarde, Beauvoir escreveria narrativas em seus romances que se assemelhavam a sua vida, que muitas vezes obscureciam a linha entre os fatos e as ficções de sua própria biografia. Em seu romance de 1946, *O sangue dos outros*, ela revisitou essas memórias de morte prematura na infância. O protagonista do romance, um homem chamado Jean Blomart, descobre o "mal original" quando ouve as palavras "o bebê de Louise está morto":

> Mais uma vez, vejo a escada torcida, o corredor de pedra com aquelas muitas portas, todas iguais; minha mãe me disse que atrás de cada porta havia um cômodo onde toda a família morava. Entramos. Louise me pegou nos braços, com as bochechas flácidas e molhadas; minha mãe se sentou na cama ao lado e começou a falar com ela em voz baixa. No berço, havia um bebê de rosto branco e olhos fechados. Olhei para as lajotas vermelhas, as paredes nuas, o fogareiro, e comecei a chorar. Eu estava chorando, minha mãe conversando, e o bebê continuava morto.²⁸

Como – pergunta Blomart algumas páginas depois – ele pode sorrir quando sabe que Louise está chorando? Ao longo de sua vida, Beauvoir ficaria horrorizada com a escandalosa indiferença humana ao sofrimento dos outros.

Em casa, no entanto, Simone desejava que sua mãe mostrasse às filhas um pouco *mais* de indiferença. As duas irmãs descreveram a adolescência como dolorosa, e o relacionamento com a mãe como particularmente tenso. A partir dos 12-13 anos de idade, Simone a achava hostil e até "insuportável'; Hélène descreveu seu conceito de maternidade como "totalmente tirânico"[29], e achava que ela queria viver por meio das filhas, e que suas filhas vivessem para ela – um desejo que elas não estavam dispostas a realizar.[30]

Não é difícil entender essa falta de vontade delas: a mãe interpretava a esposa obediente, ao passo que o comportamento do pai se tornava cada vez mais ofensivo. O bridge da tarde já havia dado lugar ao jogo depois do jantar; ele gastava cada vez mais horas e dinheiro com bebidas e jogos, enquanto Françoise se esforçava para atender às necessidades da família. À luz do dia, Simone e Hélène viam a mãe se esforçar para provê-las e cuidar delas, e o pai fazer cenas quando ela pedia dinheiro para a casa; depois do anoitecer, ouviam as chegadas tardias, as brigas e conversas sobre bordéis, amantes e jogos de azar.

Em *Uma morte muito suave*, Beauvoir relatou a perda de paciência de sua mãe com a situação – madame de Beauvoir acabaria esbofeteando e provocando o marido, fazendo cenas em público e privado. Já avançada a vida, Beauvoir refletiu sobre como sua mãe se sentia dividida entre desejos contraditórios:

> É impossível alguém dizer "estou me sacrificando" sem sentir amargura. Uma das contradições de mamãe era que ela acreditava completamente na nobreza da devoção, ao mesmo tempo que tinha gostos, aversões e desejos que eram poderosos demais para que não abominasse qualquer coisa que fosse contra eles. Ela se rebelava continuamente contra as restrições e privações que infligia a si mesma.[31]

Como resolver esses desejos conflitantes – viver uma vida de devoção aos outros ou viver a vida para si mesmo – tornar-se-ia uma das questões centrais dos diários de estudante de Beauvoir, da ética existencialista e do feminismo. Madame de Beauvoir era uma católica devota, que criara sua filha com uma dieta espiritual de santos e mártires. Isso proporcionou a Simone um catálogo de vidas exemplares nas quais o autossacrifício sempre foi um ingrediente-chave. Em alguns casos, esse autossacrifício resultava em apoteose – anular-se era o caminho para se tornar divino. Simone começou a achar a solidão o estado mais exaltante; ela queria reinar "sozinha sobre (sua) própria vida".[32] As contenções religiosas reverberariam em suas obras posteriores, assim como a perda de prestígio de sua mãe. Embora ela não afirme ser autobiográfica, há uma passagem em O segundo sexo em que Beauvoir discute a rebelião das filhas como especialmente violenta quando elas veem suas mães se sacrificarem em altares não merecedores: elas veem que, "na realidade, esse papel ingrato não leva a nenhuma apoteose; vítima, ela é desprezada; bruxa, ela é detestada. [...] Sua filha não quer ser como ela".[33]

As circunstâncias em casa eram cada vez mais estressantes, mas a escola ainda oferecia estabilidade e uma companhia que rivalizava até com a delícia da solidão. A amizade de Zaza continuava dando prazer e confiança a Simone; elas eram competitivas, estudiosas e chamadas de "as inseparáveis" por seus professores e colegas. Seus pais eram da mesma classe social, e, por algum milagre, madame Lacoin se tornara benquista por madame de Beauvoir, de modo que suas meninas eram autorizadas a ir à casa dos Lacoin. Os Lacoin não sabiam da relativa pobreza dos Beauvoir, e os Beauvoir não sabiam da relativa informalidade dos Lacoin em casa (seus filhos podiam correr e pular dentro de casa, derrubar móveis!),[34] mas, afora Hélène – que inicialmente se sentia deslocada nos afetos de Simone pela presença de Zaza –, todas as partes estavam satisfeitas com essa amizade.

As duas garotas estavam interessadas em ideias; Simone podia conversar com Zaza sobre as coisas que lhe interessavam e fazer suas perguntas em voz alta. Simone, em geral, ficava em primeiro lugar nas disciplinas acadêmicas da escola, mas Zaza a vencia no atletismo e na música. À medida que cresciam juntas, Zaza foi se tornando cada vez mais bonita e graciosa; o rosto de Simone ficou manchado e seu corpo era estranho. Isso mudou quando Simone tinha cerca de 17 anos; mas, na época, ela tinha consciência de que a vida de sua amiga tinha muitos encantos físicos, financeiros e familiares que estavam conspicuamente ausentes da dela.

Elas compartilhavam muita coisa – mas o desejo de Simone por proximidade não era totalmente correspondido, em parte porque Zaza queria um tipo de relacionamento com a mãe que Simone não queria ou não poderia ter. Zaza tinha uma vida cheia, com oito irmãos e um pai bem-sucedido, mas só se sentia especial quando se destacava na atenção da mãe. Simone achava que Zaza era a única confidente de madame Lacoin – uma vez, em um raro momento de intimidade, Zaza disse a Simone que sua mãe havia falado sobre o "horror" de sua noite de núpcias. Madame Lacoin disse à filha que tinha nojo de sexo e que todas as concepções de seus nove filhos haviam sido desprovidas de paixão.[35] Madame Lacoin tinha apenas educação elementar, e embora fosse bom para Zaza tirar boas notas, era mais importante que ela assumisse suas responsabilidades familiares, pois elas a preparariam para seu futuro como esposa. Ela esperava que Zaza fizesse o melhor casamento da família.

Simone sempre ficava perplexa com a dinâmica dessa família, mas ficou surpresa, certo verão, quando foi visitar Zaza na propriedade dos Lacoin em Landes. Quando chegou, Zaza estava confinada em um sofá com um grande corte na perna. Ao ficarem sozinhas, Zaza admitiu que a ferida havia sido autoinfligida: ela acertara a própria perna com um machado. Por quê?!, perguntou Beauvoir. Porque ela queria se libertar das expectativas sobre seu ser fisicamente apto: visitas sociais, festas no jardim, cuidar de seus irmãos mais novos. Embora não tenha citado o nome de Zaza, Beauvoir também escreveu sobre esse incidente em *O segundo sexo*.[36]

À medida que Simone e Hélène cresciam, sua solidão compartilhada dava lugar a um ressentimento compartilhado. As irmãs também estavam começando a se rebelar – embora de maneiras menos violentas. Saíam sorrateiramente do apartamento quando seus pais não estavam em casa para tomar *café-crèmes* em La Rotonde – um lugar cuja clientela encantadora as fascinava por horas enquanto observavam da varanda de seu apartamento.[37]

Quando seus pais estavam em casa, ficava cada vez mais claro que o pai considerava um sinal de fracasso pessoal que suas filhas exigissem qualificações formais: se tivessem dotes, poderiam ter aspirado a bons casamentos, em vez de emprego. Após a Primeira Guerra Mundial, essa situação estava longe de ser única: os dotes de muitas francesas burguesas haviam sido destruídos pela inflação, e a educação era o caminho necessário para garantir que tivessem meios de vida. Mas isso não impedia que pessoas da classe dos pais de Simone pensassem que estava abaixo deles as filhas receberem ensino superior. Para eles, a preparação para uma profissão era um sinal de derrota.

O prazer inicial do pai de Simone com sua inteligência precoce estava enraizado em sua expectativa de que a ajudasse a brilhar nas esferas sociais de sua infância: para fazer sucesso, uma mulher precisava ser bonita, é claro, e ter feito boas leituras para ter uma boa conversa. Ele gostava de inteligência e sagacidade, mas não gostava de intelectuais e de direitos das mulheres. Mesmo assim, a realidade acabou prevalecendo, e ao contrário de sua prima Jeanne, que passaria a ser a *châtelaine* da propriedade da família, Simone não herdaria nada. Ele costumava dizer às filhas que nunca se casariam, anunciando com amargura na voz que teriam que trabalhar para viver.[38]

Assim, Simone enfrentou expectativas confusas e contraditórias: para ser bem-sucedida como mulher, ela tinha que ser talentosa e educada; mas não muito talentosa, nem muito educada. Os desejos de sua mãe eram outro tipo de dilema. Como em casa eles não tinham criados, Françoise teria gostado da ajuda de suas filhas. Mas Simone precisava estudar para ser bem-sucedida, e se recusava a perder tempo aprendendo as habilidades "femininas" que ela não desejava empregar. A raiva e a ambivalência que Françoise sentia na situação que vivia eram frequentemente descontadas em Simone.

Para todo lado que ela olhava, sentia o peso das expectativas dos outros: muitas vezes eram opressivas; ocasionalmente, deixavam entrar ar fresco em vez de acabar com ele. Jacques Champigneulle, noivo de infância de Simone de Beauvoir, admirava as duas irmãs como eram, e continuava a querer conversar com elas quando o pai não mais as considerava dignas de interlocutores. O pai de Jacques possuía uma fábrica de vitrais no boulevard du Montparnasse, e o rapaz frequentemente visitava os Beauvoir: Georges o ouvia, tratando-o como um adulto; Françoise adorava suas boas maneiras.

Quando Georges já não achava as ideias de Simone interessantes ou divertidas – fazendo-o recordar seu próprio fracasso –, Jacques preencheu a lacuna nas conversas. A princípio, Simone ficou intrigada com o modo como se sentavam na sala de estar: Jacques e Georges ficavam discutindo algo interessante, ao passo que se esperava que as mulheres, como Maggie Tulliver, ficassem ali em silêncio costurando ou fazendo esboços. Inicialmente, Jacques concordava com Georges, mas, depois, foi ficando mais liberal e mais franco, desafiando o conservadorismo de seu tio. Então, Georges decidiu não mais adiar seu jogo noturno de bridge para ficar no apartamento conversando; deixou Jacques para suas filhas. Isso deliciava os primos: assim, podiam ficar juntos, trocando ideias e livros com mais liberdade. As conversas com Jacques levaram Simone a perceber que seu corpo não era a única coisa atraente nela; um homem podia se sentir – e, de fato, aquele homem *se sentia* – atraído por sua mente.

Mas as atenções de Jacques iam e vinham: às vezes ele as visitava regularmente e às vezes ficava ausente por períodos longos e inexplicados. Embora mais tarde ela subestimasse o relacionamento, alegando em *Memórias de uma moça bem-comportada* que ela o via "como uma espécie de irmão mais velho",[39] por muito tempo Simone sonhou com um futuro com ele – e mesmo na época em que conheceu Sartre, ele era um dos três homens que, de maneiras diferentes, competiam pelos afetos dela.[40]

Embora tenha durado anos, o desejo de Simone por Jacques pode ter surgido como resposta a movimentos paralelos na vida de Zaza, cuja mãe começou a apresentar sua filha a um homem atrás do outro. Isso repugnava Zaza, que não via a diferença entre casar "por conveniência" e prostituição. Ela fora ensinada a respeitar seu corpo, e lhe parecia que, independentemente das razões financeiras ou familiares, não era respeitoso entregá-lo sem amor a um homem. No entanto, na família Lacoin havia dois caminhos abertos para as mulheres: um casamento ou um convento.[41] E Zaza estava começando a temer os dois.

Mas sua família – com dotes de mais de 250 mil francos para cada uma das cinco filhas – identificava potenciais pretendentes de maneira sistemática. Os Beauvoir não estavam em condições de fazer o mesmo; então, anos mais tarde Simone pensou que Jacques seria sua maneira de lidar com isso: para acompanhar Zaza, ela imaginara seu amor por ele. Mas as pessoas a sua volta na época – e, de fato, seus diários do final da década de 1920 – atestavam a força de seus sentimentos por ele. E também expressaram indignação em relação a como ele a tratava. Hélène achava que Jacques flertava e que não era digno de sua irmã.

Esses flertes e confusões românticas se desenrolaram no contexto de amplas reformas educacionais na França e decisões significativas sobre o futuro de Beauvoir. Simone se formou no Cours Désir em 1924. Dez anos antes, uma professora de um *lycée* feminino escreveu que educação e emprego estavam se tornando uma necessidade para as mulheres:

> A maioria das garotas [...] agora tem a intenção de continuar os estudos a fim de se preparar para alguma profissão. [...] Como é natural, praticamente todas desejam amor no casamento e na maternidade. Mas elas sabem que em nossa sociedade injusta, dominada pelo culto ao ouro, nem toda garota será capaz de realizar a vida materna que deveria ser a norma para toda mulher. [...] Elas entendem que a instrução lhes abrirá carreiras, o que lhes permitirá, se necessário, sustentar-se sem ajuda masculina.[42]

Para Beauvoir, a promessa de ajuda masculina por meio do casamento era muito menos certa que a de suas próprias habilidades – ela sabia que era confiável de uma maneira que a "ajuda" masculina (pelo menos exemplificada por seu pai) não era. Ela estudou muito, acumulando qualificações rapidamente. Aos 16 anos, em julho de 1924, recebeu seu *premier baccalauréat* (certificado de conclusão escolar, que só recentemente passara a ser concedido às mulheres nos mesmos termos que aos homens) com distinção. Quando foi buscar seu certificado, um examinador zombou dela: "Você veio buscar mais alguns diplomas?".[43]

O Cours Désir, embora conservador em muitos aspectos, foi uma das principais instituições a incentivar as mulheres a concluir o primeiro e o segundo *baccalauréats*. Após o primeiro, estudantes brilhantes como Simone eram incentivadas a permanecer mais um ano para se qualificarem em disciplinas como filosofia, literatura ou ciência, o que lhes permitiria lecionar em escolas semelhantes. Esse curso pretendia transformar em virtude uma necessidade: era uma opção de status inferior ao casamento, mas, pelo menos, as mulheres que a seguiam permaneciam nos círculos burgueses de seu nascimento.

O segundo exame foi muito mais rigoroso. A diretora havia recentemente acrescentado filosofia ao currículo, uma vez que era popular nos *lycées* e ela queria aumentar suas matrículas. Um padre ministrava o curso, e embora Simone adorasse o assunto, considerava a didática lamentavelmente inadequada. Ele apenas lia ou ditava passagens de textos filosóficos, e Simone reclamou, em *Memórias de uma moça bem-comportada*, que tudo terminava com "a verdade segundo São Tomás de Aquino".[44] Mesmo assim, ela ficou encantada com a filosofia e queria estudar mais: havia sentido o gostinho pela primeira vez, e todas as outras disciplinas em que se destacara passaram a parecer "as primas pobres".[45]

Simone passou no segundo *baccalauréat*, mas, dessa vez, sem distinção. Georges a levou ao teatro para comemorar. Ele estava começando a se interessar um pouco mais pela filha, talvez porque seu rosto estava clareando e ela estava ficando magra (ele atribuía um significado indevido a essas coisas), e talvez porque as questões práticas sobre seu futuro se tornavam inevitáveis.[46] Ele não aprovava que ela estudasse filosofia, pois a considerava "sem sentido". Françoise se opunha por outras razões; não queria que sua filha fosse moralmente corrompida ou perdesse a fé.

Mas Simone estava decidida. Ela lera sobre uma escola de formação de elite em Sèvres, que fora criada para educar mulheres como professoras para os *lycées* e *collèges* estaduais. Mas Françoise não ouvira nada disso. Ela ouvira rumores sobre o exercício estrito, a moral relaxada e a irreligiosidade daquele lugar. Os pais de Simone passaram anos pagando uma educação particular e não queriam que ela desperdiçasse seu investimento tornando-se funcionária do sistema escolar estadual. Além disso, os alunos de Sèvres eram internos, o que significava que eles não podiam ser supervisionados de perto por suas mães.

Georges não via nenhum valor intrínseco na filosofia, mas admitia que poderia fornecer um bom fundamento para uma carreira em direito, que se tornara aberta a algumas mulheres desde a guerra. Se Simone se qualificasse para um cargo na área do direito no serviço público, sua renda estaria garantida por toda a vida. Não sendo uma pessoa que fazia julgamentos precipitados, Simone leu o Código Napoleônico antes de dar sua resposta, que foi clara: não. Sua mãe sugeriu formação como bibliotecária. Mais uma vez, a resposta de Simone foi resoluta: não.

Ela estava determinada a estudar filosofia; eles estavam determinados a não permitir. Então, Simone recorreu a uma greve de silêncio. Sempre que tentavam discutir seu futuro, ela não dizia nada. Com o passar do tempo, evitar constrangimentos foi ficando mais difícil, e o ar ficou mais denso. Seus pais por fim capitularam, mas não sem brigas acaloradas.

Um dia, em uma revista, Simone encontrou uma imagem do futuro que queria. Havia uma matéria sobre a primeira mulher *docteur d'état* na França, Léontine Zanta. A foto que a acompanhava a mostrava em uma pose pensativa a sua mesa, e a matéria dizia que ela morava com uma sobrinha adotada. Essa mulher era intelectual e receptiva ao que Beauvoir chamava de "as demandas da sensibilidade feminina"; Simone sonhava um dia ver essas coisas escritas sobre ela.[47]

Mas se Simone fosse só alguns anos mais velha, nada poderia ter sido escrito sobre ela. Cinco anos antes, ela nem poderia fazer o exame de qualificação. Ela sabia que a estrada que escolhera não era bem percorrida por mulheres: àquela altura, apenas seis mulheres haviam passado na *agrégation* de filosofia. Era um exame nacional altamente competitivo, e Beauvoir "queria ser uma das pioneiras" a ser aprovada.[48]

Muito pouco dos escritos de Beauvoir sobrevivem desse período inicial de sua educação. Mas há um ensaio, escrito no final de 1924, analisando um texto clássico na filosofia da ciência, *Introduction to the Study of Experimental Medicine*, de Claude Bernard. Nele, Beauvoir, aos 16 anos, escreveu que "a parte mais interessante" de seu "trabalho interessante" era a maneira como Bernard valorizava a dúvida filosófica. Bernard escreveu que "o grande princípio experimental" é a "dúvida, essa dúvida filosófica que deixa à mente sua liberdade e iniciativa". Ele achava que algumas formas de ceticismo eram estéreis, mas que havia uma espécie de "dúvida fértil" que reconhecia as limitações da mente humana: "nossa mente é tão limitada que não podemos conhecer nem o começo nem o fim das coisas; mas podemos entender o meio, ou seja, o que nos cerca de perto".[49]

O livro de Filosofia de Beauvoir na escola – *Manuel de Philosophie*, do padre Charles Lahr – também havia discutido dúvidas. Mas alertava para não as levar longe demais, pois a dúvida poderia corromper ou até mesmo extinguir a fé religiosa. Já como estudante, Beauvoir rejeitava certa maneira de fazer filosofia para escravizar a mente em sistemas, tirando sua liberdade.⁵⁰ Esse interesse inicial pela filosofia da liberdade é muito importante para entender as decisões pessoais posteriores de Beauvoir, sua filosofia e o modo como sua vida foi mal compreendida. Na década de 1920, ela também leu Alfred Fouillée, um filósofo do século XIX que discordava de seu mais conhecido compatriota, Jean-Jacques Rousseau, sobre liberdade. Fouillée argumentava que "o homem não nasce, mas se torna livre".⁵¹ Ele alegava que a liberdade é uma *idée-force* — ou seja, uma *ideia* que tem o poder de moldar a evolução de um indivíduo. Fouillée estava interessado na antiquíssima questão sobre as ações humanas serem livres ou determinadas, se fazemos nosso destino ou se estamos destinados a ele. Contra aqueles que pensam que os seres humanos estão determinados a agir de determinadas maneiras, Fouillée argumentava que o próprio desejo humano de liberdade nos permite ser livres.

Outros temiam que desejo e emoção comprometessem a liberdade. Mas Fouillée afirmava que o desejo de liberdade era diferente de todos os outros desejos humanos porque *se opunha* à influência de outros desejos. O desejo de liberdade leva os seres humanos a querer não "o Bom", nem mesmo "uma boa decisão", mas sim uma decisão que é exclusivamente *minha*.⁵²

Beauvoir queria que seu futuro fosse decisão *sua*; queria viver uma vida de liberdade — e queria estudar filosofia. Quando sua mãe contou às professoras do Cours Désir sobre a disciplina escolhida por Simone, as freiras alimentaram o fogo de sua ansiedade materna dizendo que um ano na Sorbonne arruinaria a fé e o caráter de *mademoiselle* de Beauvoir.⁵³ De modo que a família fez um acordo: ela começaria estudando literatura.

Em 1925, o caminho de maior prestígio para a profissão que Simone escolhera estava fechado para ela: as mulheres não eram aceitas na École Normale Supérieure, que formava o *crème de la crème* da elite filosófica parisiense. Ela teria que obter a *licence* na Sorbonne, depois um diploma de magistério e depois a *agrégation*. Nesse ano, ela começou a estudar Matemática no Institut Catholique e literatura e idiomas no Institut

Sainte-Marie. Essas duas instituições preparavam estudantes católicos para os exames da Sorbonne – e pretendiam limitar a exposição dos alunos aos perigos de sua cultura secular.

Madame de Beauvoir não sabia quão excelente seria para a filha sua escolha da instituição. Ela escolheu o Institut Sainte-Marie por conta de sua respeitabilidade católica, mas ali Simone estava sob a tutela de Madeleine Daniélou, uma mulher que possuía mais diplomas que qualquer outra na França. Ela acreditava que a educação era a chave da libertação; era casada com um membro do parlamento francês que compartilhava suas ideias (Charles Daniélou). Françoise, que tinha mais tempo livre agora que suas filhas eram mais velhas e que Georges raramente estava em casa, passou a se dedicar à leitura e aprendizagem, e seguia os estudos de Simone. Françoise era inteligente, e quanto mais lia, mais admirava o currículo de madame Daniélou.

Para Simone, essa atenção era agridoce; ela sabia que sua mãe queria que o relacionamento delas fosse de amizade e tivesse a proximidade que nunca havia existido com sua própria mãe. Mas ela tentara alcançar essa proximidade à força, e não por convite, provocando ressentimento e afastamento. Segundo Hélène, Françoise abria e lia todas as cartas de Simone, mesmo ela já tendo 18 anos, e jogava fora as que considerava inadequadas.[54] A letra pequena de Simone, que já era minúscula, ficou ainda menor – como se ela quisesse que as palavras em seus cadernos fossem invisíveis para os olhos curiosos da mãe.

As irmãs se sentiam sufocadas, o que tornou tudo mais surpreendente no dia em que, quando Jacques voltou à rue de Rennes, madame de Beauvoir afrouxou as rédeas. Ele não as visitava havia quase um ano, mas acabara de comprar um carro esportivo e queria exibi-lo. Ele era um homem que precisava de plateia, e Simone ouvia ansiosamente suas opiniões sobre escritores que ela ainda não havia lido e as fofocas sobre os autores e artistas que moravam em Montparnasse. Hélène rapidamente percebeu que ele não estava lá para vê-la, e pelos rubores de sua irmã, notou que o interesse de Jacques era correspondido. Quando Jacques sugeriu levar Simone para dar uma volta de carro, Hélène ficou chocada por Françoise lhe dar permissão. Hélène ficou ressentida por ser deixada para trás, mas isso lhe permitiu estar em casa para testemunhar o "êxtase" de sua mãe depois que os primos partiram. Françoise tinha esperanças de que Jacques se casasse com Simone, com dote ou sem.

O que se seguiu foi, sob todos os aspectos, um namoro – o único namoro tradicional na vida de Simone de Beauvoir. Com Jacques ela andou de carro por Paris, entrou no Bois de Boulogne, leu livros proibidos, visitou galerias, descobriu a música. Então, de repente, Françoise os impediu de sair sozinhos. Ela esperava que a ausência deixasse o coração de Jacques mais entusiasmado, entretanto também estava começando a suspeitar: Simone havia começado a descobrir as boates e cafés, e suas roupas cheiravam a cigarro e álcool.

Naquele ano, Simone passou nos exames com boas notas e sua instrutora de Filosofia a incentivou a continuar no Institut Sainte-Marie e a fazer o máximo de cursos que pudesse na Sorbonne. Ela passou nos exames para três certificados de estudos superiores – matemática, literatura francesa e latim. Para podermos avaliar essa conquista, vejamos que a *licence* média (comparável ao diploma de bacharel) era composta de quatro certificados, e um aluno comum ganharia um certificado por ano.

Enquanto isso, Jacques havia fracassado nos exames para direito, por isso, teria que repetir o trabalho de um ano. Ele era preguiçoso, e estava começando a beber demais. Mas Simone ignorava esses defeitos de caráter; ela não queria admitir que ele a estava enganando. O relacionamento deles não era físico; eles nunca se beijaram. Muitas vezes ele ficava ausente – e mesmo quando presente, distante –, mas Beauvoir atribuía sua distância a defeitos em si mesma, e não nele. Como uma mulher madura, é difícil imaginá-la lendo seus diários desse período sem decepção. (Ela se baseou neles ao escrever *Memórias de uma moça bem-comportada* e sua filosofia madura.) Jacques falava vagamente de casamento, dizendo coisas como: "Parece que terei que me casar em breve". Mas a proposta real nunca aconteceu. Simone mais tarde se perguntou por que queria tanto isso, refletindo que suas razões provavelmente eram instrumentais: por meio do casamento, ela poderia, por fim, ganhar o amor e o respeito de sua família.

Seu coração estava dividido; em seus diários, ela contrastava sua vida imaginária como madame Jacques Champignuelle com o que chamava de "uma vida de liberdade". Ela passou o verão de 1926 lutando para ser feliz, mesmo no campo com seus parentes. Quando voltou a Paris, em setembro, queria ver Jacques, mas Françoise a proibiu.

Naquele verão, aos 18 anos, ela fez suas primeiras tentativas de escrever um romance, *Éliane*, mas redigiu apenas nove páginas.[55] A filosofia estava se tornando sua paixão, mas ela não queria criar um grande sistema filosófico, e sim escrever "o romance da vida interior".[56] Queria mostrar o que estava acontecendo *dentro* do mundo rico de seus personagens. Esse projeto foi inspirado, em parte, pela leitura das obras do filósofo Henri Bergson, que celebrava um "romancista ousado" em *Ensaio sobre os dados imediatos da consciência*. Ele descrevia (e Beauvoir o citou em seu diário) como a literatura pode "rasgar a teia inteligentemente tecida de nosso eu convencional". Quando ela leu suas obras, teve um "grande arrebatamento intelectual", porque viu na filosofia dele não as "construções lógicas", mas sim a "realidade palpável".[57]

Em seu diário, Beauvoir escreveu que queria "pensar a vida", transpor suas perguntas para a ficção, e nos dois anos seguintes, continuou refinando seus esforços em vários contos. Seu compromisso com descrições atentas da experiência era típico desse tipo de fenomenologia pela qual ela se interessaria como filósofa. A fenomenologia – estudo das estruturas da consciência do ponto de vista da primeira pessoa – também moldaria a metodologia de seu feminismo, e ela a remodelaria para fins feministas. Mas, em 1927 ela queria escrever "ensaios sobre a vida", que "não seria um romance, e sim uma filosofia, conectando-os vagamente com uma ficção".[58]

Em *A força da idade* (1960), Beauvoir escreveu que não era a filósofa – que Sartre era.[59] Mas seus diários mostram que no verão de 1926 ela teve uma experiência que a chocou, que fez que se sentisse envergonhada e a levou a refletir filosoficamente sobre algo que se tornaria um tema central de seu trabalho maduro. Ela só conheceria Sartre três anos depois, e, com o tempo, esse tema passaria a desempenhar um papel significativo na obra dele também.

Simone estava fazendo uma peregrinação a Lourdes com a tia quando viu o sofrimento físico dos doentes que buscavam a cura. Ficou arrasada, sentiu "nojo de toda a elegância intelectual e sentimental diante dos inválidos", e que suas próprias tristezas não eram nada comparadas com a dor e o sofrimento físicos. Ela se sentiu envergonhada naquele momento e pensou que uma vida de doação completa – de "abnegação", até – seria a única resposta apropriada.[60]

Mas, então, depois de refletir, ela concluiu que estava errada. Em seu diário, ela se exorta a não ter vergonha de viver; ela recebera uma vida, e era seu dever vivê-la da melhor maneira possível. Desistir completamente de si mesma, de fato, seria "suicídio moral". Mas também seria mais fácil que decidir quanto de si mesma dar e quanto guardar. Dizia que o necessário era o "equilíbrio", no qual as pessoas se doavam sem "aniquilar a consciência de si mesmas para servir aos outros".[61] Simone queria viver uma vida de doação sem a perda de si mesma.

Seis dias depois, ela voltou a esse tema em seus diários, discutindo dois polos de possibilidades: devoção e egoísmo. Dadas suas experiências da infância, é tentador ler esses polos segundo a linha parental ou de gênero. A devoção abjeta de sua mãe e o egoísmo impenitente de seu pai não são mencionados em seus diários, porém, dado o que ela escreveria mais tarde sobre seus pais, fica claro que uma coisa que ela herdou de sua casa da infância foi um intenso sentimento de injustiça. Em seus diários, Beauvoir escrevia que queria se dedicar a outras pessoas porque "gosto de seres". Ela queria que suas emoções concordassem com suas ideias, de modo que se perguntava: poderia um código moral ser construído sobre o apreço pelos outros? Sendo ou não suficiente para os outros, ela concluiu que era suficiente para si mesma.[62]

> Certamente, sou muito individualista, mas isso é incompatível com a devoção e o amor desinteressado aos outros? Parece-me que há uma parte de mim feita para ser doada, e outra feita para ser guardada e cultivada. A segunda parte é válida em si mesma e garante o valor da outra.[63]

Aos 18 anos, ela se sentia insatisfeita com as discussões filosóficas que "permanecem no vácuo", e já refletia sobre a distância entre conhecer algo intelectualmente e senti-lo na vida real.[64] A literatura, pensava ela, preenchia a lacuna: "o escritor me agrada quando redescobre a vida, o filósofo quando redescobre o escritor que servirá como intermediário da vida".[65] Beauvoir queria servir como intermediária, e, em particular, mostrar como os seres humanos são "dualidades" que podem ser vistas "de dentro" e "de fora", ambas intensamente internas, e ainda assim, engajadas no mundo com os outros. Ela tentou escrever outro romance em setembro, e dessa vez terminou um manuscrito de 68 páginas chamado *Tentative d'existence* [Uma tentativa de existir].[66]

Durante o outono de 1926, Beauvoir continuava lutando com sua afeição por Jacques. Àquela altura, ela acreditava sinceramente que "um amor recíproco" era possível entre eles. O que Beauvoir queria, em suas próprias palavras, era "um amor que me acompanhe na vida, não que absorva toda minha vida". Ela achava que o amor "não deveria fazer todo o resto desaparecer, simplesmente tingi-lo com novas nuances".[67]

Ela logo mudou de ideia, mas achava que poderia se casar um dia, e que, nas circunstâncias certas, o casamento poderia ser uma "coisa ótima e bela". Mas sua mãe a irritava: ela achava que as coisas com Jacques não estavam indo rápido o suficiente e se preocupava com uma "conclusão precisa": um pedido de casamento.[68] Françoise armou um esquema, mandando Simone fazer coisas na rua para que seu caminho se cruzasse com o de Jacques. Ela achava que isso faria Simone feliz, mas, na verdade, fez que se sentisse constrangida. Em novembro, ela escreveu em seu diário: "Quão pouco eu escolho, quanto a vida se impõe sobre mim, *minha vida*, à qual, no fim de contas, tenho que me resignar!".[69]

Enquanto sua mãe a empurrava no caminho do decoro, Beauvoir escrevia em seus diários que todas as posições na vida eram aceitáveis – mas, para ter valor, tinham que ser *valorizadas* pela pessoa que as adotavam. Estava dolorosamente claro que ela não via o amor, a vida e a felicidade como seus pais. Ela não queria andar pela vida impensadamente, fazendo o que era apropriado, lendo o que era adequado: em 1926, ela chegou à conclusão de que só podia genuinamente ter estima por "seres que pensam sua vida, não por aqueles que só pensam, ou que só vivem".[70]

Segundo Deirdre Bair, logo após o Ano-Novo de 1927, Françoise decidiu que o aniversário de Simone deveria ser comemorado com um retrato. Os aniversários costumavam ser marcados dessa maneira, mas

Simone sabia que sua mãe tinha outra intenção: Jacques. Em vez da tradicional pose de aniversário, Françoise colocou a filha na posição tradicional de um anúncio de noivado, segurando flores na mão que deveria levar o anel de seu noivo. Jacques aceitou graciosamente uma cópia do retrato, e só. Françoise ficou furiosa.

Não sabemos como Simone se sentiu em relação a isso, possivelmente porque ela não o registrou e possivelmente porque não aconteceu. Sylvie Le Bon de Beauvoir negou a existência de uma foto assim, e os diários de Beauvoir calam sobre o assunto, sem registros do início de dezembro de 1926 a abril de 1927. Mas a história que Bair conta não termina aí. Na primavera de 1927, Hélène se formou no Cours Désir, e as irmãs – que haviam se afastado um pouco durante os períodos em que Jacques distraía a atenção de Simone – se unificaram de novo contra a irascibilidade da mãe. A ansiedade de Françoise em relação a Jacques era nociva; ela se sentia frustrada e impotente porque ele tinha todas as cartas na mão. Quando suas emoções confusas não eram canalizadas para o sarcasmo e desprezo pela filha, irrompiam em uma escala humilhante. Certa noite, frustrada após um jantar com os Champigneulles sem pedido de casamento, Françoise voltou para casa. Ficou andando para lá e para cá por horas, e então, gritando, disse que libertaria a filha da desgraça e saiu do apartamento. Georges estava em casa, mas não saiu da cama; Hélène acordou, vestiu suas roupas e saiu atrás da mãe pelo boulevard du Montparnasse. Françoise parou em frente à residência dos Champigneulle, gritando. O barulho acordou Simone, que correu para a rua. As filhas silenciosamente escoltaram a mãe, que gritava, de volta para dentro.[71] Do ponto de vista do século XXI, essa história – se verdadeira – levanta questões sobre a saúde mental de Françoise de Beauvoir. Mais tarde, as personagens femininas das obras de Beauvoir muitas vezes se sentiriam presas, às vezes pairando à beira da loucura.[72]

Pelas memórias das duas irmãs sabemos que no período de 1926 a 1927 elas foram gradualmente autorizadas a se aventurar mais na rua sem pretendentes ou acompanhantes. Simone ia ler na seção exclusiva para mulheres da Bibliothèque Sainte-Geneviève (Lucrécio, Juvenal, Diderot) e começou a lecionar em um instituto de serviço social chamado "Equipes Sociales", fundado por um jovem professor de Filosofia para ajudar as classes trabalhadoras do nordeste de Paris.[73] Sua mãe aprovava essas atividades filantrópicas, de modo que Simone, para escapar de casa, fingia dar aula mais noites do que realmente dava. Algumas noites ela andava por Paris, e outras, ia ver Hélène pintar e desenhar. O mundo de sua irmã havia se expandido em direções fascinantes. Nas aulas de desenho de Hélène e no Equipes Sociales, Simone via homens e mulheres discutindo suas ideias e sonhos, modelos nus confiantes e seus observadores nem um pouco perplexos. As irmãs nunca haviam sido expostas a tantas e tão diversas pessoas.

Além de Gide e Proust, Jacques havia apresentado os coquetéis a Simone; ela se tornara frequentadora assídua de bares. Simone e Hélène continuavam indo a La Rotonde, às vezes matando as aulas que uma dava e a outra recebia para passar horas em bares e cafés. Simone agora tinha um pouco de dinheiro a sua disposição, porque havia conseguido um emprego de assistente de ensino no Institut Sainte-Marie. Não era muito, mas podia cobrir suas despesas, livros e sobrava uma pequena quantia.

Apesar do tormento em casa e das distrações à noite, ela continuava brilhando nos estudos. Em março de 1927, Simone obteve seu certificado em História da Filosofia. Em abril, ela refletia que esse ano havia lhe dado "uma séria formação filosófica" que aguçara "(ai de mim!) minha mente crítica tão penetrante e [meu] desejo por rigor e lógica".[74] Ficamos imaginando o que a fez escrever "ai de mim!". Qual o problema de ter uma mente penetrante que valoriza o rigor e a lógica? Acaso ela lamentava porque, como veremos no próximo capítulo, Deus se tornaria um anátema para tal mente? Ou porque achava que era um anátema para a feminilidade? Para sua felicidade?

Em junho, ela recebeu outro certificado de "filosofia geral", ficando em segundo lugar, atrás de Simone Weil. Weil se tornaria uma pensadora proeminente, cuja política e autossacrifício inspirariam muitos ao seu redor, inclusive Albert Camus e Georges Bataille (filosoficamente, Beauvoir achava que ela aceitava as conclusões de seu professor, Alain, sem questionar o bastante). O terceiro classificado nesse exame também se tornaria um dos principais filósofos franceses: Maurice Merleau-Ponty. Beauvoir também obteve um certificado em Grego: em apenas dois anos, ela já havia obtido uma *licence* e meia.

Em *Memórias de uma moça bem-comportada*, Beauvoir alegou que a educação e o sucesso lhe haviam dado mais que estima: propiciaram sentimentos de profunda solidão e falta de direção. "Eu [...] estava rompendo com a classe à qual pertencia: para onde deveria ir?"[75] Vemos essa solidão expressa em seus diários, onde ela escreveu, em maio de 1927, "estou intelectualmente muito sozinha e muito perdida na entrada de minha vida [...] Sinto que tenho valor, que tenho algo a fazer e a dizer". Refletindo sobre como Jacques havia desdenhado de "suas paixões intelectuais e seriedade filosófica com um sorriso", ela escreveu com determinação (e destacou nas margens): "Tenho apenas *uma* vida e muitas coisas a dizer. Ele não vai roubar minha vida de mim".[76]

Naquele dia, ela estava pensando em liberdade de novo, escrevendo que "é apenas por livre decisão e graças à interação das circunstâncias que o verdadeiro eu é descoberto". As pessoas ao seu redor conversavam sobre fazer escolhas (como decidir se casar) como se fossem feitas uma vez e para sempre. Mas ela nunca achou que as escolhas eram feitas dessa maneira – todas as escolhas estão "constantemente sendo feitas; isso se repete toda vez que me conscientizo disso". Naquele dia, ela concluiu que o casamento é "fundamentalmente imoral" – como o eu de hoje pode tomar decisões pelo eu de amanhã?

Ela ainda podia imaginar uma vida na qual amava Jacques, mas havia conversado com outro homem – Charles Barbier –, que falava com ela sobre filosofia e literatura com interesse inteligente, em vez de sorrisos desdenhosos. Tal experiência a fez perceber que seu futuro tinha muitas possibilidades (ela as chamava de *possibles* em francês), e, pouco a pouco, ela teria que "matar todas, exceto uma", e assim, no último dia de sua vida haveria uma só realidade; ela teria vivido "uma vida". A questão era: qual vida?[77]

Exemplos como esses mostram que desde tenra idade Beauvoir tinha um forte senso de vocação e ciência da importância de sua própria voz. Em *Memórias de uma moça bem-comportada*, ela inclusive invocou a linguagem dos profetas hebreus – mensageiros de Deus – para expressar sua vocação. Em uma das histórias relevantes da Bíblia, Deus precisa de um emissário e pergunta ao povo de Israel: "A quem devo enviar?". O profeta Isaías responde: "Aqui estou. Envia-me". Em *Memórias*, Beauvoir descreve uma voz que sussurrava dentro dela repetidas vezes: "Aqui estou".[78] Deus ou não Deus, ela sabia que o que tinha a dizer era importante, e já havia começado a perceber que algumas pessoas tentariam convencê-la do contrário – fosse por meio do confronto direto ou do desdém.

Simone era determinada, mas não era imune às dúvidas e às expectativas dos outros. Seus pais estavam começando a fazer cenas explosivas por causa do que ela lia; ela começou a achar que eles não a aceitavam "de jeito nenhum".[79] Simone discutia cada vez mais com seu pai, que falava em mandá-la embora e dizia que ela "não tinha coração"; que era "só cérebro, sem sentimentos".[80]

Na semana antes de Jacques, sorrindo, desdenhar de suas paixões intelectuais, ela havia discutido com o pai sobre o significado de amar. Ele dissera que eram "serviços prestados, carinho, gratidão". Ela andara lendo mais filósofos agora esquecidos – Alain e Jules Lagneau –, e alegava ter encontrado em Lagneau "como eu teria que viver". Achava que muitas pessoas nunca conheceram o amor verdadeiro, no qual a "reciprocidade é necessária".[81] Em julho, Beauvoir de novo resolveu "claramente enunciar minhas ideias filosóficas". Ela queria estudar em profundidade as questões que lhe interessavam, especialmente o "amor" (que ela colocou entre aspas em seu diário)[82] e a "oposição entre eu e o outro".[83] Para Beauvoir, já nessa idade, o conceito de amor não era apenas um ideal romântico, e sim ético.

Em seu diário, ela ordenou a si mesma: "Não seja *Mlle* de Beauvoir. Seja eu. Não existe uma meta imposta de fora, uma estrutura social a preencher. O que serve para mim servirá, e pronto".[84]

Também com Zaza ela discutia o amor – o amor compartilhado pela filosofia e a preocupação compartilhada com o futuro as aproximaram mais que nunca. Elas discutiam a natureza do amor em suas aulas de Filosofia na escola, e as discussões continuavam durante toda a semana enquanto visitavam museus ou jogavam tênis.[85] A amizade delas ainda tinha a aprovação de Françoise, mas madame Lacoin estava começando a se preocupar, achando que o interesse de Zaza em educação estava indo longe demais e que Simone era uma má influência nesse sentido. Zaza queria se matricular na Sorbonne em vez de embolsar seu dote de 250 mil francos. Para seus pais, isso era incompreensível.

Lentamente, Simone começou a fazer outras amizades, que ampliaram e suavizaram seu mundo. Quando tinha 20 anos, em uma visita à propriedade rural da família de Zaza em Landes, Beauvoir conheceu Stépha Awdykovicz, a governanta deles, que se tornaria uma de suas amigas mais próximas. Aos olhos de Beauvoir, aquela emigrante polonesa-ucraniana era exótica e ousada: ela era rica e bem-educada, mas optara por trabalhar como governanta porque tinha curiosidade pela vida burguesa parisiense. Ela não tinha medo de sua sexualidade, e falava francamente com Beauvoir sobre o assunto. Quando voltaram a Paris, elas se encontravam quase todos os dias: Stépha morava perto e trabalhava com tradução no Ministério das Relações Exteriores – ganhava uma quantia considerável, que com alegria gastava com os amigos. Ela ria de Beauvoir por causa de seu puritanismo, simultaneamente desafiando sua reserva e expressando preocupação fraterna por sua ingenuidade.

Hélène apresentou Simone a Geraldine Pardo, que conhecera durante suas aulas de arte. Gégé, como a chamavam, era uma garota da classe trabalhadora que gostava tanto do que fazia que planejava continuar trabalhando, casando-se ou não. Simone sentiu-se atraída pelo entusiasmo e eloquência dela; Gégé a ajudou a ver mais claramente que a classe social não necessariamente determinava o comportamento humano.

Mas as preocupações de Stépha acerca da ingenuidade de Simone provaram ser bem fundamentadas. Simone começou a se permitir "aventuras", que considerava brincadeiras inocentes, mas que poderiam ter consequências desastrosas. No começo, Stépha brincava também, mas o que começou aceitando bebidas de homens deu lugar a comportamentos mais arriscados: frequentar os bares mais fuleiros, passear de carro e voltar para apartamentos sem nenhuma intenção de entregar a seus acompanhantes bêbados o que eles esperavam. Embora ela sempre conseguisse se desembaraçar, Stépha ficava furiosa por Simone se colocar nessas situações, e confusa, uma vez que a amiga dava a impressão de ainda estar "quase prometida" para Jacques.

A Simone de 18 anos era filosoficamente precoce, mas seu comportamento era perigosamente imprudente e bastante primitivo. Quando Simone foi visitar Stépha, que logo se casaria com Fernando Gerassi, ficou chocada ao encontrá-lo dentro do quarto dela com a porta fechada. Acaso Stépha não estava preocupada com sua reputação? Mais tarde, quando Fernando pintou Stépha nua, Beauvoir ficou horrorizada e se recusou a olhar para o quadro. Suas amigas achavam seu pudor pomposo; ela dizia a Stépha e a Gégé que as opiniões e conduta delas eram as tristes consequências de uma educação inferior.[86] Essa Simone de Beauvoir facilmente se escandalizava; ficaria chocada ao ver as cenas contidas em seus futuros romances – e vida.

Em seus diários, Simone continuava refletindo sobre a questão do "equilíbrio" entre o eu e o outro. Começou a dividir sua existência em duas partes: uma "para os outros" e uma "para mim".[87] Essa distinção, de uma maneira importante, pré-datava outra famosa que Sartre faria em *O ser e o nada* (1943) – entre "ser para si" e "ser para os outros". Muitos viram erroneamente a distinção de Sartre nos romances de Beauvoir e em *O segundo sexo*, mas Beauvoir chegou antes a esse modo de ver as coisas, e de forma independente.[88]

No ano escolar de 1927-28, Beauvoir tinha planos de fazer mais três certificados para obter uma *licence* dupla em clássicos e filosofia. Ela nem sempre gostava das demandas que impunha a si mesma; às vezes reclamava que passava tempo demais em casa ou na biblioteca. Ela se sentia "como um rato em uma esteira". Em março de 1928, obteve as duas qualificações restantes em Filosofia – Ética e Psicologia –, mas achou a filologia (o requisito restante para os clássicos) muito seca e sem graça para merecer persistência. Resolveu que não precisava da *licence* em clássicos. Seu pai objetou: já que não seria convencionalmente bem-sucedida no casamento, ela poderia ser não convencionalmente tão bem-sucedida quanto possível. Mas ela foi firme e abandonou os clássicos.

Seu brilho era inquestionável, e começava a atrair atenção: Maurice Merleau-Ponty queria conhecer a jovem burguesa que o derrotara em Filosofia Geral. Na verdade, duas mulheres o haviam derrotado em Filosofia Geral, mas Simone Weil era judia, portanto, não era uma candidata ao tipo de amizade intelectual que dois católicos poderiam compartilhar – ou assim pensava ele.[89] Simone não se tornaria uma "mulher católica" no sentido convencional, mas Weil seria lembrada como uma mulher de fé fervorosa, e Beauvoir de ávido ateísmo.

3

Amante de Deus ou amante dos homens?

Na véspera de seu aniversário de 19 anos, os diários de Beauvoir mostram reflexões sobre uma ausência dolorosa. Quando criança, ela acreditava que Deus governava seu universo, e por mais questionável que fosse esse governo visto em retrospectiva, ela agora enfrentava problemas diferentes. Se não existia ninguém para chamá-la para sua vocação, acaso ela teria alguma? Se Deus não existia, o que dava aos humanos – ou a qualquer coisa – seu valor? "Talvez eu tenha valor", dizia ela; mas depois: "valores têm que existir".[1] Ela não era a única que se fazia esse tipo de pergunta. Desde a virada do século XX, a elite filosófica de Paris debatia os méritos da crença e experiência religiosas após a famosa declaração de Nietzsche: "Deus está morto!".[2]

Na vida de Simone, o desaparecimento de Deus coincidiu com o namoro e morte de sua devota e amada amiga Zaza. Ambas as perdas deixariam legados duradouros. Durante quase três décadas, Beauvoir sentiria que sua própria liberdade tinha custado a vida de Zaza.

Em 1928, Beauvoir havia descoberto algumas das vidas alternativas que Paris tinha para oferecer: boêmia e revolta, surrealismo, cinema, *Ballet Russe*.[3] Naquele ano, ela começou seus estudos na Sorbonne na companhia de uma coorte impressionante. As duas Simones (Beauvoir e Weil) não se tornaram amigas – embora, retrospectivamente, isso pareça uma oportunidade perdida. Beauvoir se sentia intrigada com a reputação de Weil, não tanto por sua inteligência, mas por causa de sua preocupação apaixonada pelo sofrimento alheio. Beauvoir ouvira dizer que Simone Weil chorara ao ouvir falar de fome na China, e ficara impressionada ao ver que seu coração era grande o suficiente para sofrer mesmo por pessoas do outro lado do mundo. Ela queria conhecer essa mulher, mas o encontro teve uma reviravolta decepcionante quando a conversa mudou para qual questão era mais importante: revolução (como dizia Weil) ou encontrar a razão de nossa existência (como dizia Beauvoir). Weil concluiu a conversa com as palavras: "É fácil ver que você nunca passou fome". Segundo Beauvoir, Weil a olhou de cima a baixo e a julgou "uma pequena-burguesa pretensiosa".[4] Na época, Beauvoir achou isso irritante; afinal, Weil não conhecia suas circunstâncias e estava fazendo suposições equivocadas. Mas, em sua maturidade, ela passou a concordar com esse julgamento acerca de seu jovem eu.

Merleau-Ponty, por outro lado, tornar-se-ia o querido "Ponti" para Beauvoir. Ele havia estudado na École Normale Supérieure, tinha origem semelhante a Beauvoir, e lutava com questões de fé. Ponti procurou Beauvoir depois que os resultados do exame de filosofia geral foram publicados, e os dois se tornaram amigos íntimos – primeiro mantendo uma conversa sincera, e depois lendo um a obra do outro. Merleau-Ponty gostava tanto dela que a apresentou a seu amigo Maurice de Gandillac, que a achou brilhante e fascinante – ele estava especialmente interessado no estado da fé de Simone. Ela gostava tanto de Merleau-Ponty que o apresentou a Zaza, e logo o quarteto estava jogando tênis todos os domingos de manhã. Merleau-Ponty foi o primeiro intelectual que Zaza conheceu, e, em pouco tempo, começou a esperar por algo que não parecia possível: cumprir seu dever familiar no casamento sem abandonar o amor ou a vida de sua mente.

De início, Simone também se animou com as conversas com Merleau-Ponty, tinham muito em comum. Ele também havia sido criado em um lar devoto, e pelo menos inicialmente, considerava-se um discreto descrente. Na École Normale Supérieure, Merleau-Ponty pertencera a um grupo que havia sido irreverentemente batizado de "Holy Willies" devido a sua piedade e respeito pelos padres. Beauvoir tinha poucas amigas na escola, e já avançada a vida, admitiu que muitas vezes rejeitava mulheres cujo intelecto achava interessante por causa de sua religião, origem social ou ambas.[5] Mas se tornou amiga de outros "Holy Willies", incluindo Jean Miquel, que estava, como ela, preparando uma tese sob orientação do renomado acadêmico Jean Baruzi.

Em suas memórias, Beauvoir escreveu: "Fui ouvir Jean Baruzi, autor de uma tese muito bem pensada, em St John of the Cross".[6] Mas, na verdade, Beauvoir fez mais que ouvir Baruzi; ela escreveu uma tese sob sua orientação. Em seus diários, Beauvoir escreveu que gostava de Baruzi porque ele a levava a sério e a criticava.[7] Mas em suas memórias, Beauvoir curiosamente se cala sobre o conteúdo filosófico de sua tese, dizendo apenas que tratava da "personalidade"[8] e que Baruzi a devolvera com "abundantes elogios", dizendo que era "a base de um trabalho sério".[9] Os diários mostram que seu trabalho com Baruzi continha discussões sobre amor e ética.[10] Tal discrepância entre relatos levanta uma questão recorrente: por que sua história carece de consistência? A tese de Beauvoir em si não sobreviveu, por isso, não podemos recorrer a ela para obter possíveis respostas.[11] Mas, com base no que Beauvoir escrevia sobre isso em seus diários na mesma época, parece provável que suas discussões sobre amor ali preparassem o terreno para o que ela escreveria na década de 1940 sobre ética, quando se supunha que suas ideias se devessem a Sartre. Então, acaso ela teria escondido seu trabalho inicial dos leitores porque tinha a preocupação de que, de alguma forma, colocasse em risco a reputação de Sartre? Ou foi porque ela não achava que seus leitores dos anos 1950 acreditariam em – e muito menos se identificariam com – uma protagonista cuja filosofia passaria a moldar a de Jean-Paul Sartre?

Na década de 1920, Beauvoir havia encontrado poucas mulheres que compartilhavam suas paixões intelectuais. Ela reconhecia que estava começando a recorrer cada vez mais à companhia de homens por conexões da mente; ela gostava da conversa e da amizade dos homens. Em *Memórias de uma moça bem-comportada*, ela escreveu que achava desanimador quando as mulheres adotavam uma atitude desafiadora em relação aos homens: "Desde o início, os homens eram meus camaradas, não meus inimigos. Longe de invejá-los, eu sentia que minha própria posição, pelo fato de ser incomum, era um privilégio".[12] Em retrospectiva, ela reconheceu que era uma mulher incluída no ambiente masculino, contudo só mais tarde começou a ver isso como problemático. Nos dias de estudante, as relações amistosas entre Beauvoir e seus contemporâneos do sexo masculino eram facilitadas pelo fato de não ser vista como rival, porque o sistema educacional francês não as tratava como iguais. Simone, e todas as outras alunas, haviam sido aceitas como "supranumerárias", e não competiam pelos mesmos empregos. (Esperava-se que as mulheres lecionassem nos *lycées* de meninas; o estado francês fornecia educação para meninas, mas ainda era uma opinião amplamente aceita de que não deveriam ser educadas por homens.)

Da maneira como Deirdre Bair conta a história, Beauvoir perdeu parte de seu entusiasmo inicial por Merleau-Ponty quando ficou claro que ele não era ateu;[13] ela ficou desapontada por ele achar que a verdade deveria ser encontrada dentro dos limites religiosos de sua criação. Porém, mais uma vez, os detalhes dos diários de Beauvoir contam uma história diferente e muito menos desapaixonada sobre sua perda de fé do que sugerem as linhas ousadas de suas memórias. Assim que ela "viu a luz" sobre Deus – escreveu em suas memórias –, "eu me afastei completamente".[14] Depois disso, Beauvoir disse aos leitores, de maneira conclusiva, que sua "incredulidade nunca vacilou".[15] Em linguagem que lembra Santo Agostinho e Blaise Pascal, ela descreveu a experiência de perder Deus como acompanhada pela descoberta abrupta de que tudo havia "caído em silêncio". Pela primeira vez, ela sentiu o "terrível significado" da palavra "sozinha".[16]

Mas a história em seus diários de estudante é menos repentina e definitiva. No final de 1928, aos 20 anos, ela foi "tentada pelo catolicismo".[17] Mais tarde, ela desdenhou de sua fé infantil chamando-a de fruto da socialização e de ingênua, mas, quando entrou na universidade, de repente se viu na companhia de crentes intelectuais cujos compromissos coexistiam com as dúvidas e a vontade de questionar. Ela era uma filósofa iniciante, e quando encontrou um novo argumento, não o refutou e permaneceu impassível em nome da consistência; em vez disso, levou em conta seus méritos.

Mas, vamos evocar o relato que ela fez em suas memórias antes de abordarmos os diários. Na versão dos eventos publicados em 1958, Beauvoir reconheceu que, quando criança, havia desenvolvido uma fé apaixonada em Deus – o tipo de fé que uma mãe piedosa não poderia fingir. Simone ia à missa três vezes por semana e fazia regularmente retiros de dias seguidos. Ela meditava e tinha um caderno para registrar seus pensamentos e "resoluções santas". "Desejava me aproximar de Deus, mas [...] não sabia como."[18] Então, concluiu que a melhor vida que este mundo poderia oferecer era a passada contemplando Deus, e resolveu ser uma freira carmelita.

Mais tarde, Beauvoir se converteria à política, entretanto, quando jovem, ela achava as questões sociais remotas – em parte, porque se sentia impotente para mudar o mundo a sua volta. Então, focava no que podia controlar: o mundo interior. Ela ouvira dizer que além da religião moralmente incutida do dever, havia uma religião mística. Como ela havia lido histórias de santos cuja vida apaixonada alcançava a realização em misteriosas uniões com Deus, e lhes trazia alegria e paz, disse: "inventei mortificações", esfregando a pele com uma pedra-pomes até sangrar e fustigando-se com a corrente de um colar. Existe uma longa tradição de *odium corporis* na história cristã, e de ascetismo corporal provocando experiências místicas em muitas religiões do mundo. Mas os esforços de Simone não provocaram os estados iluminados que ela buscava.

Em *Memórias de uma moça bem-comportada*, Beauvoir descreveu seu desejo de ser freira como "um álibi conveniente". Mas ela não via isso dessa maneira naquele momento. Durante os verões da infância no campo, ela acordava cedo para observar o despertar da natureza, apreciando a "beleza da Terra e a glória de Deus". Várias vezes ela descreveu em suas memórias essa associação da presença de Deus com a beleza da natureza; mas, em Paris, escreveu: "Ele estava escondido de mim por causa de pessoas e suas preocupações mais pesadas".[19]

Beauvoir começou a ficar mais perturbada com a ocultação de Deus, concluindo que ele "era um total estranho ao inquieto mundo dos homens". Sua mãe e suas professoras diziam que o papa era escolhido pelo Espírito Santo; seus pais concordavam que não era papel dele interferir em assuntos mundanos. Quando o Papa Leão XIII dedicou encíclicas a "questões sociais", sua mãe o acusou de trair sua missão santa e seu pai de trair a nação. Então Simone teve que "engolir o paradoxo de que o homem escolhido por Deus para ser seu representante na Terra não precisa se preocupar com coisas terrenas".[20]

Ela também teve que enfrentar os ditos "cristãos" que tratavam os habitantes da Terra – inclusive ela – de maneiras censuráveis. Na escola, sentiu a traição de seu confessor. E quando tinha 16 anos, em uma livraria religiosa perto de Saint Sulpice, ela pediu um livro ao vendedor. Ele foi em direção aos fundos da loja e acenou para que ela o seguisse. Quando ela se aproximou dele, ele revelou que não possuía o item que ela procurava, mas sim seu pênis ereto. Ela fugiu, mas levou consigo a sensação de que "as coisas mais estranhas poderiam acontecer [com ela] inopinadamente".[21]

Hélène também descreveu sua infância como oprimida por Deus, e observou que o peso de Deus não era sentido igualmente por todos.[22]

Nenhum dos homens de sua família – em Paris ou em Limousin – ia à missa. Isso deu a Hélène motivos para comentar que "os homens – uma raça superior – estavam isentos de Deus".[23] Não é difícil ver por que Beauvoir se opunha ao catolicismo de sua infância; seus valores foram usados para afirmar padrões ambíguos de proporções colossais – maridos devassos esperavam esposas santas, ao passo que os ideais de autossacrifício consagravam o sofrimento das mulheres.

Em *Memórias de uma moça bem-comportada*, Beauvoir descreve seu descrente pai e sua devota mãe como representantes de dois extremos dentro dela: seu pai representava o intelectual, e sua mãe o espiritual. E esses dois "campos de experiência radicalmente heterogêneos" não tinham nada em comum; ela começou a pensar que as coisas humanas – "cultura, política, negócios, modos e costumes" – não tinham nada a ver com religião. Então, "eu separei Deus da vida e do mundo, e essa atitude teria uma profunda influência em meu futuro desenvolvimento".[24] No final, diante de lacunas filosóficas e hipocrisia religiosa, ela concluiu que "era mais fácil pensar em um mundo sem criador que com um criador sobrecarregado com todas as contradições do mundo".[25] Depois que rejeitou Deus pela primeira vez, ela confidenciou a Zaza que queria ser escritora. Mas Zaza a chocou ao responder que ter nove filhos, como sua mãe, era tão bom quanto escrever livros. Beauvoir não podia ver nada em comum nesses dois modos de existência. "Ter filhos, que, por sua vez, teriam mais filhos, era simplesmente continuar tocando a mesma velha nota *ad infinitum*."[26]

Como frequentemente é o caso da "vida" e da "obra" de Beauvoir, sua vida fornecia as perguntas a que sua obra procurava responder;

ela voltaria a questões religiosas em vários livros, inclusive *O segundo sexo*. Porém, durante o período de seus estudos, ela teve que lutar com sua própria fé, primeiro por razões acadêmicas, e depois porque uma das perdas mais significativas de sua vida a colocou frente a frente com a morte e a injustiça.

Durante o período de 1926-27, ela registrou em seus diários que apesar de suas reservas intelectuais, queria acreditar em Deus. Ela queria acreditar em algo que "justificasse sua vida", algo absoluto, e ao longo de sua existência seria revisitada por esse desejo de significado, talvez de salvação. Em maio de 1927 ela escreveu: "Eu ia querer Deus".[27] E de novo em julho, ela queria "Deus ou nada". Filosoficamente, porém, ela não conseguiu encontrar uma resposta satisfatória à pergunta: "Por que o Deus cristão?".[28] Ela teve várias conversas sobre fé com Maurice Merleau-Ponty, mas achava que ele confiava demais na razão e fé católicas. Em 19 de julho de 1927, ela escreveu em seu diário que "Ponti dá suporte a sua [filosofia] com fé na razão, e eu na impotência da razão. Quem prova que Descartes prevalece sobre Kant? Eu sustento o que escrevi para a Sorbonne – use sua razão, e vai acabar com restos e elementos irracionais".

Cada vez mais, os diários de Beauvoir mostram que ela achava certo tipo de filosofia alienante por causa de sua exigência de "raciocinar friamente": ela dizia que "garotas jovens" como ela "têm não apenas uma razão a satisfazer, mas também um coração pesado a refrear – e assim, quero continuar sendo mulher, ainda mais masculina por seu cérebro, e mais feminina por sua sensibilidade".[29] Ela continuou tentando encontrar uma filosofia pela qual pudesse viver, e se interessou por Jules Lagneau, filósofo que escreveu sobre liberdade e desejo, bem como sobre a razão.[30] Beauvoir concordava com Lagneau que seu próprio desejo era um poderoso impulso para acreditar: "Oh! Meu Deus, meu Deus, esse ser que gostaríamos de amar e a quem gostaríamos de dar tudo... esse ser realmente não existe? Não sei de nada, e estou cansada, cansada. Por que, se existe, torna a busca por ele tão difícil?"[31]

Seu coração estava dolorosamente vazio; ela escreveu que "*aquele que preencheria tudo* não existe".[32] Se essas palavras houvessem surgido algumas páginas antes em seus diários, ficaria claro que haviam sido escritas para Deus, para um amado divino. Mas nas margens encontra-se uma anotação posterior: mais tarde, Beauvoir sublinhou as palavras dessa frase a tinta e escreveu e sublinhou na margem: "Sartre – 1929". Poderia um homem ocupar o lugar em seu coração anteriormente ocupado por Deus? Depois que Sartre morreu, em 1980, Beauvoir intitulou um livro com as cartas remetidas a ela como *Témoins de Sartre*. A palavra francesa *témoin* (testemunha) foi usada durante séculos por cristãos franceses para descrever o olhar de um Deus que vê tudo.

O caminho para o ateísmo de Beauvoir se desenrolou em meio a eventos pessoais significativos, bem como a explorações filosóficas. Pessoalmente, ela encontrou muito a admirar nas crenças de Zaza e Merleau-Ponty. Enquanto as façanhas corporais de Stépha e Gégé eram recebidas com repugnância, o casto namoro de Zaza e Merleau-Ponty deu muita alegria à adolescente Simone.[33] Pelo bem de Zaza, ela esperava que esse casamento não acabasse sendo uma prostituição para seu corpo e um mausoléu para sua mente. As coisas floresciam de forma promissora, mas, de repente, tudo acabou. Madame Lacoin decidiu não permitir que ela voltasse à Sorbonne para o segundo ano porque sua filha mais velha agora era casada; e era a vez de Zaza. Ela deveria ficar nas propriedades da família em Landes para poder se preparar com a finalidade de ser apresentada a homens elegíveis. Naquele ano, Simone não foi convidada a passar semanas lá, como havia feito no passado, só alguns dias em julho. A família de Merleau-Ponty era de Bordeaux, de modo que ele e Simone decidiram se encontrar lá enquanto ela se dirigia à casa de Zaza. Um de seus autores favoritos, François Mauriac, era da região, e eles queriam fazer uma peregrinação literária – felizmente, isso daria a Simone a oportunidade de levar a Zaza notícias frescas sobre seu amado.

Quando Simone chegou, encontrou sua amiga agonizando sobre o que claramente estava se transformando em lealdades tortuosamente divididas. Zaza tinha certeza de que amava Merleau-Ponty, mas também queria obedecer à mãe – que havia decidido que ele não era adequado, sem dar qualquer indicação do motivo. Ninguém conseguia entender isso da parte de sua mãe: ele era de uma boa família católica e sua mãe nunca dissera uma palavra negativa sobre Ponti. Mas, quando a conversa se voltava na direção dele, ela mudava de assunto. Beauvoir ficou perplexa com o comportamento de madame Lacoin no início, mas sua perplexidade deu lugar a ansiedade e raiva. Por que diabos ela era contra? Acaso não via a importância da liberdade da própria filha, dos sonhos da própria filha?

O ano anterior havia sido intenso, mas emocionalmente atribulado, e agora Simone se sentia em uma trajetória descendente igualmente intensa. Ela tentou encarar tudo como sempre: escrevendo e lendo vorazmente. Em agosto, ela escreveu todos os dias em seu diário:

9h-11h: cartas e diário
11h-13h: filosofia (em seu diário, ela acrescentou "meditação" entre parênteses)
15h-17h: filosofia, leitura
17h-20h: escrita

Naquele verão, ela estabeleceu o objetivo de ler Stendhal e Platão, além de escritores recentes e contemporâneos cujos livros tratavam de religião e misticismo: Henri Frederic Amiel, Henri Delacroix, Jean Baruzi.[34] Seus diários contêm reflexões sobre suas leituras, correspondência e longas passagens que professam amor por Jacques e confusão acerca das intenções dele.

Em setembro, depois de reler seu diário, Simone achou que 1927 havia sido um ano de "oscilação entre o desânimo que o amor me provocou, a única grande peça humana em que senti o vazio de tudo aquilo que é humano, e o desejo da busca".[35] No final daquele mês, ela esboçou um novo programa de estudos: estava trabalhando em duas tarefas para seu supervisor, Jean Baruzi, e escrevendo um livro. Queria terminar a primeira parte do livro até janeiro, e para isso, precisava ter disciplina:

8h: acordar
9h-12h: trabalho pessoal em seu quarto
14h-18h: estudo rigoroso
18h-20h: conversas, pintura, leitura "sem passeios vãos, aos quais não tenho direito"
21h-23h: preparação para as aulas, para o clube
23h-00h: diário

Ela leu romances de Paul Claudel, François Mauriac e muitos outros, além de livros sobre místicos, filósofos e a vida de romancistas.³⁶ Escreveu notas para um romance que marcaria a descoberta da percepção de uma mulher de que ela era "livre para escolher".³⁷ Suas anotações são fragmentárias, mas exploram a relação entre quem somos e o que fazemos (o que os filósofos chamariam de relação entre ser e ação).

Aos 19 anos, ela já experimentava ideias que se tornariam famosas na década de 1940 por serem "existencialistas" (em outras palavras, de Sartre): "*O ato* é a afirmação de nós mesmos", escreveu Beauvoir. Mas, se é esse o caso, perguntava, então "o 'nós mesmos' *não existia* antes do ato? Ou apenas não tínhamos certeza de que existia?". O filósofo Maurice Blondel havia escrito um livro sobre ação não muito tempo antes, que explorava grandes questões como se a vida humana era ou não significativa e se os indivíduos tinham ou não destinos. Blondel escreveu que "a substância do homem é a ação; ele é o que faz de si mesmo".³⁸ As anotações de Beauvoir sobre o romance parecem responder tanto a Blondel quanto a Nietzsche. Ela queria saber se nossas ações nos familiarizam conosco mesmos – se estávamos ali o tempo todo – ou se nos criam. Blondel disse que este último era o caso: que somos o que fazemos de nós mesmos. Mas o comando de Nietzsche dizia tornar-se quem você é. Porém, como você pode se tornar quem é se não se conhece? As anotações de Beauvoir estão cheias de perguntas: "Tornar-se quem você é? Você se conhece? Você se vê?".³⁹

Seus dias eram tão regimentares que ela começou a se preocupar, quando não estava trabalhando, com "dispersar" demais com "amizades encantadoras".⁴⁰ Mas, mesmo assim, foi um golpe quando Zaza voltou a Paris em novembro e contou a Beauvoir que a mandariam para Berlim. Aparentemente, era para aperfeiçoar seu já excelente alemão; mas, na verdade, era para tentar fazê-la esquecer Merleau-Ponty. Ela estava angustiada com a oposição de seus pais a ele; a que poderiam se opor? A perplexidade de Beauvoir foi exacerbada pelas conversas com Merleau-Ponty, que pouco falou, exceto que confiava na oração e acreditava na bondade e justiça de Deus. Suas profissões de fé tornavam Beauvoir cada vez mais amarga; como ele podia ficar satisfeito com a mera possibilidade de justiça no futuro? Se Deus era justo ou não, não importava; segundo sua experiência, madame Lacoin não era.

Zaza voltou a Paris no inverno de 1929; parecia bem, e ainda mais convencida de seu amor por Merleau-Ponty. Sua mãe criava cada vez mais obstáculos para a filha se encontrar com Simone, mas dificilmente poderia proibir a filha de ler na Bibliothèque Nationale. Era onde Zaza e Simone encontravam um pouco de espaço e tempo para ilicitamente tomar café juntas e discutir a vida.

Em janeiro de 1929, Beauvoir se tornou a primeira mulher a lecionar Filosofia em uma escola para meninos, o Lycée Janson-de-Sailly. Entre seus colegas professores estavam Merleau-Ponty e outro nome que em breve faria parte da vida intelectual francesa do século XX: Claude Lévi-Strauss, fundador da antropologia estrutural. O *lycée* estava cheio do tipo de garotos que Beauvoir costumava invejar. Eles não se preocupavam muito com filosofia – para eles, a educação era coisa certa. Mas ela não via como garantido que era agora guardiã da elite intelectual francesa. Ela se sentia como se estivesse no "caminho para a libertação final"; descreveu a sensação de que "não havia nada no mundo que não pudesse alcançar agora". Sua decisão de rejeitar os clássicos foi correta: ela estava escrevendo uma dissertação sobre a filosofia de Gottfried Leibniz, sob a supervisão de Léon Brunschvicg, uma das principais luzes da filosofia parisiense.

A primavera e o verão de 1929 foram épocas agitadas na vida de Beauvoir. Mas, para Zaza, foram desastrosos. Em julho, ela foi para a residência de verão, como sempre. Mas, antes de partir, confidenciou a Beauvoir que ela e Merleau-Ponty haviam se comprometido secretamente – ele estava entrando no serviço militar e eles esperariam mais um ano, possivelmente dois, antes de contar aos pais. Beauvoir ficou surpresa. "Por que esperar?", perguntou à amiga, chocando Zaza com sua franqueza. O carinho entre elas era claro.

As cartas de Zaza que provinham de Landes se tornaram enigmáticas e confusas. Ela escreveu que sua mãe lhe havia dito algo que não conseguia explicar. A carta seguinte continha mais: "Os filhos têm que carregar o pecado dos pais? São culpados por eles? Poderão um dia ser absolvidos? As pessoas próximas sofrem com isso?"⁴¹ A correspondência que se seguiu revelou que Zaza estava decepcionada com as mensagens que recebia de Merleau-Ponty, pois, apesar das promessas um ao outro, seu tom era cada vez mais distante e suas cartas cada vez mais escassas. Ela sentia falta de Simone e dizia que estava sofrendo, mas tentava dar sentido a seu sofrimento comparando-o ao de Cristo.⁴²

FIGURA 3 – Zaza e Simone, setembro de 1928

Essa situação continuou por algum tempo, e Simone ficou seriamente preocupada, exortando Zaza e Merleau-Ponty a tornar públicas suas intenções. Talvez a hesitação de madame Lacoin se devesse à falta de um anúncio oficial. Mas encontrou resistência dos dois lados. Zaza lhe escreveu dizendo que "ele tem razões para não fazer isso, o que para mim é igualmente válido".⁴³ Simone não era tão fácil de convencer, de modo que escreveu para Merleau-Ponty, pensando que ele não poderia agir como agia se soubesse do sofrimento que suas ditas "razões" causavam a Zaza. Mas ele respondeu explicando que sua irmã havia acabado de ficar noiva e que seu irmão estava prestes a ir para o exterior, e sua mãe não suportaria perder todos os filhos de uma só vez.

Zaza havia emagrecido; seria mandada para Berlim de novo. A princípio, ela parecia resignada com a decisão de Merleau-Ponty de sacrificá-la por sua mãe. Mas, não muito tempo depois, madame Lacoin convocou Simone – Zaza estava doente, muito doente. Zaza havia ido falar com a mãe de Merleau-Ponty, delirante, perguntando se a odiava e por que se opunha ao casamento deles. Madame Merleau-Ponty tentara acalmá-la, isso antes de o filho chegar. Ele chamara um táxi, preocupado com as mãos e a testa ardentes de Zaza. No táxi, ela o censurara por nunca a ter beijado e exigira que ele reparasse isso: ele obedecera.

Madame Lacoin chamou um médico e teve uma longa conversa com Merleau-Ponty, após a qual acabou cedendo. Ela não se oporia ao casamento deles; não podia mais ser a causa da infelicidade de sua filha. Madame Merleau-Ponty concordou, tudo seria arranjado. Mas a temperatura de Zaza era de 40 graus – ela passou quatro dias em uma clínica e a temperatura não caiu.

A próxima vez que Simone viu Zaza, seu corpo estava frio, deitado em um esquife segurando um crucifixo.

Zaza morreu em 25 de novembro de 1929. Beauvoir teria que esperar quase trinta anos para descobrir o que de verdade havia acontecido. Ao mergulhar na desesperança do luto, Simone se sentiu confusa, sentiu um horror cheio de ira em relação a suas conversas com Zaza e correspondência com Merleau-Ponty – ambos haviam "espiritualizado" seu sofrimento, tentando cultivar a virtude em si mesmos, em vez de castigar o verdadeiro culpado: a cruel injustiça do "decoro". O mundo, e não eles, havia errado: e Deus não havia feito nada.

4

O amor antes da lenda

Enquanto as esperanças de Zaza acerca de uma fidelidade gratificante cresciam e morriam, Simone começou a ter outro tipo de esperança. A amizade de Merleau-Ponty e Gandillac lhe mostrou que ela era digna do interesse de dois *normaliens* – estudantes da École Normale Supérieure, que eram o *crème de la crème* da elite intelectual parisiense. Isso lhe deu também confiança, e durante a primavera e o verão de 1929, tentou se aproximar de outro *normalien* que lhe atraía a atenção – dessa vez de forma bastante física.

Esse *normalien* não era – como diz a lenda – Jean-Paul Sartre. Os cadernos de Beauvoir de 1929 pintam uma imagem da gênese do relacionamento dos dois bastante diferente da que ela tornou pública durante sua vida. Uma vez que aceitamos as premissas de que nem todas as mulheres desejam a monogamia por toda a vida e que nem todas as ideias originais vêm dos homens, a história de Beauvoir e Sartre se infere de forma bastante diferente desde o início, pois não é verdade que quando ela conheceu Sartre ele imediatamente ocupou o primeiro lugar em seu coração.

Na primavera de 1929, Beauvoir se tornou amiga íntima de René Maheu (chamado "Herbaud" em suas memórias e pelo carinhoso apelido "Lama" em seus diários). Maheu pertencia a um grupo de três jovens – os outros membros eram o futuro romancista Paul Nizan, e o futuro filósofo Jean-Paul Sartre. Em suas memórias, Beauvoir escreveu que embora tenha entrado nos círculos de alguns *normaliens*, o grupo de Maheu era o único que continuava fechado para ela. Beauvoir notou Maheu pela primeira vez quando deu uma palestra em um dos seminários de Brunzschvicg em 1929. Ele era casado. Mas ela gostava do rosto, dos olhos, dos cabelos, da voz dele. Na verdade, de tudo. Decidiu abordá-lo na Bibliothèque Nationale durante o almoço, um dia, e em pouco tempo Maheu estava escrevendo poemas e fazendo desenhos para ela.

Maheu também deu a Beauvoir o apelido que ficaria com ela durante toda sua vida adulta: *castor*. Um dia, ele escreveu no caderno de exercícios dela, em inglês e em letras maiúsculas: "BEAUVOIR = BEAVER [castor]". E explicou sua lógica: como ela, os castores "gostam de companhia e têm uma inclinação construtiva".[1]

Em suas memórias, Beauvoir descreve a influência de Maheu sobre ela como comparável apenas à de Stépha. Em 1929, ela escreveu: "Eu estava cansada de santidade, e fiquei muito feliz por [Maheu] me tratar – como só Stépha fazia – como uma criatura da Terra".[2] Beauvoir descreveu Maheu como um "homem de verdade", com um rosto "extremamente sensual", que lhe "abriu caminhos que eu desejava explorar sem ainda ter coragem de fazê-lo". Não está claro se (e se sim, quando) os dois se tornaram amantes – Beauvoir descreveu o relacionamento deles com cautela –, mas, certamente, quando conheceu Sartre, Maheu ocupava o lugar central em seus afetos. Quando refletiu sobre o tempo que passaram juntos, ela o descreveu como uma "alegria perfeita e inúmeros prazeres", durante o qual aprendeu "a doçura de ser mulher".[3]

Muitos escritores afirmam que Maheu foi o primeiro amante de Simone.[4] Mas o que precisamente essa afirmação significa não fica claro, de modo que é difícil avaliar sua veracidade. Quando Bair pediu a Beauvoir que o confirmasse, esta negou veementemente, alegando que, apesar de suas aventuras clandestinas com Gégé e Hélène, ela nunca havia beijado um homem na boca antes de Sartre.[5] Mas, quando Bair escreveu a biografia de Simone, não teve acesso às cartas e diários a que temos agora.

Embora Beauvoir e Sartre trocassem olhares – em salas de aula, seminários, nos Jardins de Luxemburgo –, o encontro oficial entre eles demorou muito tempo. Maheu era possessivo: queria Beauvoir só para si, e deliberadamente não a apresentou ao infame mulherengo – Sartre. Mas Sartre queria conhecer Beauvoir desde a primavera, e não tinha vergonha de demonstrar seu interesse. Ele ouvira dizer que a tese dela era sobre Leibniz, por isso, mandara-lhe um desenho que fizera para ela. Representava um homem cercado por sereias com o título: "Leibniz tomando banho com mônadas" (Leibniz chamava as substâncias básicas do universo de "mônadas"; as sereias eram uma licença artística da parte de Sartre).[6]

Durante as três semanas anteriores à parte escrita do exame de *agrégation*, Beauvoir se encontrava com Maheu diariamente. A prova escrita, em 17 de junho de 1929, durou sete horas, e requeria a redação de uma dissertação sobre um assunto pelo qual Simone tinha muito apreço: "liberdade e contingência". Em 18 de junho, houve mais uma dissertação de quatro horas sobre "intuição e raciocínio no método dedutivo". E, por fim, em 19 de junho, mais quatro horas sobre "moralidade nos estoicos e em Kant".[7]

Após a conclusão da parte escrita da *agrégation*, Maheu deixou Paris com a esposa por dez dias, dizendo a Beauvoir que, quando voltasse, retomaria seus estudos com Nizan e Sartre. Todos eles queriam que ela fizesse parte de seu grupo de elite, disse ele – e Sartre queria sair com ela. Maheu entregou o convite a Castor, mas pediu que ela não fosse sem ele. Simone gostou do jeito que ele olhou para ela quando disse isso; e ela não gostava da aparência de Sartre.[8] Então, eles decidiram que Hélène iria no lugar dela encontrar Sartre no local e hora determinados e lhe contaria uma mentira inocente – que Simone tivera que partir repentinamente para o campo.

Simone estava começando a achar sua vida feliz de novo; tinha cada vez mais amigos, porém o mais importante era que tinha Maheu, Merleau-Ponty e Zaza – ainda faltavam cinco meses para sua morte – para compartilhar a vida, e estava entusiasmada por estar "se criando" na companhia de pessoas que queriam que ela se tornasse a mulher que queria ser (mesmo que fosse, como Zaza caçoava, "uma dama amoral").[9] Na noite em que Hélène saiu com Sartre, Beauvoir estava eufórica e escreveu em seu diário que tinha "curiosa certeza de que essa reserva de riquezas que sinto dentro de mim deixará sua marca, que pronunciarei palavras que serão ouvidas, que esta minha vida será um poço do qual os outros vão beber: a certeza de uma vocação."[10] Essa parte ela colocou em suas memórias. Mas, nos diários, acrescentou que já não achava sua vocação dolorosa – a *via delarosa*. Ela tinha a sensação de ter recebido algo raro, algo que não podia guardar para si mesma.

Quando Hélène chegou em casa, disse à irmã que ela havia feito bem em não ir. Disse que Sartre a levara ao cinema e fora gentil, mas que não era o gênio da conversa que ela fora levada a esperar. "Tudo o que [Maheu] disse sobre Sartre é pura invenção".[11]

Apesar de suas tentativas frustradas de atenção, Sartre não se deixou dissuadir. Estava intrigado com os elogios de Maheu à inteligência e sagacidade de Simone, mas não precisava confiar em rumores para saber o que podia ver por si mesmo: como ela era atraente. Em 1973, Maheu escreveu sobre ela: "Que coração! Ela era tão autêntica, tão corajosamente rebelde, tão genuína [...] e tão distintamente atraente... seu próprio gênero e seu próprio estilo, nenhuma mulher jamais foi como ela". Henriette Nizan (viúva de Paul) lembrava-se de Beauvoir como uma jovem mulher com "olhos arrebatadores", extremamente bonita, com uma voz levemente rouca que só aumentava seu fascínio. Ela era uma "beleza inconsciente".[12]

Enquanto isso, Sartre era uma figura notória na École Normale Supérieure, onde tinha uma reputação tanto por seu domínio da filosofia quanto por suas irreverentes travessuras. Ele se exibiu nu em um desenho satírico e jogou balões de água para fora das salas de aula da universidade, gritando "Assim mijou Zarathustra!". Era um brincalhão que, segundo ele, havia sido muito ousado em seus exames no ano anterior: esperava-se que ele ficasse em primeiro lugar no país, mas fracassara porque escrevera sobre suas próprias ideias filosóficas, em vez de seguir as instruções.

Sartre ficou desconfiado quando Simone enviou Hélène em seu lugar. Assim que ela se aproximou e se apresentou, ele perguntou: "Como sabe que eu sou Sartre?". A resposta de Hélène a denunciou: "porque... você está usando óculos". Sartre comentou que havia outro homem também usando óculos. Não era preciso ser um gênio para descobrir os adjetivos que Hélène omitira da descrição que sua irmã deu: bem baixinho e bem feio.[13] Sartre tinha 1,55 metro e sabia que era feio; essa era uma das razões que o levava a gostar tanto de seduzir mulheres – onde a aparência falhava, as palavras venciam.

Beauvoir ficou exultante ao receber o convite de Maheu para o grupo de estudos porque significava mais tempo com seu Lama, e também porque isso era um enorme sinal de respeito. Sartre era um esnobe; tivera acesso à melhor educação que Paris podia oferecer a um homem e via os outros como inferiores e indignos. Em uma entrevista em 1974, Beauvoir confrontou sua arrogância, fazendo-o recordar que na época de estudante, ele, Nizan e Maheu "tinham a reputação de ser extremamente desdenhosos para com o mundo em geral e os estudantes da Sorbonne em particular". E ele respondeu: "Isso porque os estudantes da Sorbonne representavam seres não muito humanos".[14]

Ela se sentia lisonjeada, mas tinha medo, pois o desdém do grupo era correspondido com o despeito dos estudantes da Sorbonne, que descreviam esses homens como sem coração e sem alma – e Sartre tinha a pior reputação de todos.[15]

Quando junho acabou, Sartre ainda não conhecia a mulher que estava "firmemente determinado" a conhecer. O lendário encontro finalmente ocorreu na segunda-feira, 8 de julho de 1929, quando Beauvoir chegou ao grupo de estudo – "meio assustada". Sartre a recebeu educadamente, e durante todo o dia ela comentou o tratado metafísico de Leibniz.[16] Pode não parecer um começo auspicioso para um romance; do ponto de vista dela, não foi. Mas, nas semanas seguintes, a dinâmica mudou.

Primeiro, o trio se tornou um quarteto. Eles se encontraram diariamente nas duas semanas seguintes. Mas, no primeiro dia, os diários de Beauvoir deixam pouco espaço para dúvidas acerca do objeto de seu afeto: ela descreveu o corpo de Maheu meio esticado na cama, em mangas de camisa, e disse que quando estavam voltando para casa, só depois que Sartre partiu foi que a caminhada se tornou "deliciosa". Ela não se lembrava mais do que falaram quando chegou a casa para escrever no diário, mas o encheu de elogios a "seu Lama".[17]

No dia seguinte houve mais Leibniz, e Sartre deu um presente a Beauvoir – um quadro japonês, que ela descreveu em seus diários como "atroz". No dia seguinte, mais Leibniz e mais presentes indesejados de Sartre; dessa vez, umas porcelanas que ela considerou "absurdas".[18]

Na quinta-feira, ela começou a se impressionar com a maneira como ele pensava. Eles acabaram Leibniz e passaram para Rousseau, com Sartre então liderando a revisão. Beauvoir começou a ver Sartre sob uma luz inesperada, como "Alguém generoso com todos, mas realmente generoso, que passava horas intermináveis elaborando pontos difíceis da filosofia para ajudar a torná-los claros para os outros, sem nunca receber nada em troca. [...] ele era uma pessoa totalmente diferente daquela que os estudantes da Sorbonne viam".[19]

Mas, no dia seguinte, Beauvoir e Maheu escaparam e "alugaram um quarto em um pequeno hotel na rue Vanneau" onde ela estava, segundo suas memórias, "ostensivamente ajudando-o a traduzir Aristóteles".[20] Em seu diário, naquela noite ela descreveu o quarto, o calor do verão que se infiltrava apenas o suficiente para se "sentir deliciosamente protegida", como a amizade deles era "modificada pela ternura", de uma maneira que ela "lembraria para sempre".[21] Maheu estava preocupado com ter ido mal no exame escrito. Mas, o que quer que eles tenham feito, os diários claramente contam que eles só trabalharam um pouco.

Sobre os dias que se seguiram, o diário está cheio de referências a "meu Lama", que lhe disse, entre outras coisas, que Sartre estava encantado com ela.[22] Em 15 de julho, o Lama sussurrou provocantemente que beijaria Simone, e ela confessou a seu diário que se sentia perturbada por seu desejo por ele. No dia seguinte, eles se disseram *je vous aime* – eu te amo.[23]

Em 17 de julho, os resultados da parte escrita do exame foram publicados na Sorbonne. A aprovação na *agrégation* garantia um cargo de professor vitalício no sistema escolar francês; o número de candidatos aprovados era limitado ao número de vagas disponíveis no país. Beauvoir estava entrando pela porta quando Sartre saiu: ele lhe disse que ela, ele mesmo e Nizan estavam entre os 26 que se qualificaram para o exame oral; Maheu não passara.

Maheu deixou Paris naquela noite. E na mesma noite, Sartre entrou em ação. Não está claro quanto ele sabia sobre o relacionamento de Maheu e Beauvoir na época, mas aquelas novas circunstâncias certamente funcionaram a favor de Sartre. Por um lado, Maheu não precisava mais se preparar para o exame oral da *agrégation*, de modo que o quarteto se tornou um trio de novo. Intelectualmente, Sartre já havia causado uma boa impressão em Beauvoir, então, ele tinha uma base sobre a qual construir, e agora sabia que os informes que tinha dela não eram exagerados por afeto ou hipérbole: Simone era brilhante.

Em suas memórias, Beauvoir relata que Sartre disse: "De agora em diante, você está sob minhas asas".[24] Em seus diários, Beauvoir não registrou isso; no entanto escreveu que Sartre "faz de mim o que quer", mas que ela adorava "seu jeito autoritário, de me adotar, e de ser tão severamente indulgente".[25] Ele a deliciava ao zombar dos homens que diziam que ela era "desagradável quando falava de filosofia"[26] – e ao procurar sua companhia para falar sobre isso. Eles continuaram estudando juntos, e as pessoas ao redor começaram a notar.

Após a partida de Maheu, Beauvoir e Sartre se encontravam todas as manhãs nos Jardins de Luxemburgo ou em cafés locais, iniciando uma conversa que duraria cinquenta e um anos. Castor desbancou alguns dos outros amigos de Sartre. Raymond Aron escreveu que "nosso relacionamento mudou no dia em que Sartre conheceu Simone de Beauvoir. Houve um tempo em que ele teve o prazer de me usar como caixa de ressonância de suas ideias. Então, houve aquela reunião, e o resultado foi que de repente eu não lhe interessava mais como interlocutor.[27] Zaza, que não gostava do "assustador e instruído Sartre", também notou, mas admitia que Beauvoir havia escolhido seu caminho bem antes de Sartre o atravessar: "A influência de Sartre pode ter apressado um pouco as coisas", disse ela, mas ele não alterou seu curso.[28]

Nove dias após conhecer Sartre, Beauvoir comparava em seu diário os esforços dos dois homens por sua atenção, escrevendo que o Lama podia se apegar a uma mulher simplesmente acariciando seu pescoço; já a abordagem de Sartre fora mostrar-lhe seu coração.[29] Em 22 de julho, Beauvoir descreveu a influência de Sartre sobre ela como "extraordinária". Nos treze dias depois que o conheceu, ela escreveu em seu diário: ele "me compreendeu, me previu e me possuiu", de modo que ela tinha uma "necessidade intelectual" de sua presença.[30] Eles descobriram "uma grande semelhança" em suas atitudes e ambições: além da paixão compartilhada pela filosofia, eles tinham paixão pela literatura e sonhavam com um futuro literário. Eles deslizavam facilmente através de visões filosóficas e alusões literárias – não havia entre eles a chatice de ter que definir conceitos ou explicar enredos. Ambos desejavam ser escritores desde tenra idade, mas agora enfrentavam a ambígua perspectiva da vida após estudos, quando tais sonhos são frequentemente frustrados pelo pragmatismo e o desencanto.

É claro que, em aspectos significativos, seus sonhos já tinham diferentes graus de realidade: Sartre podia citar inúmeros homens que haviam conseguido – o Panthéon estava cheio de monumentos que glorificavam os grandes escritores da nação, celebrando sua ascendência literária e filosófica. Beauvoir podia citar poucas mulheres que eram celebradas por sua literatura e menos ainda que eram consideradas filósofas. Suas predecessoras muitas vezes tiveram que pagar um preço alto por rejeitar os valores tradicionais, frequentemente sacrificando sua felicidade para obter liberdade. Beauvoir queria mais: por que a liberdade deveria custar o amor? Ou o amor custar a liberdade?

Suas reuniões de revisão se transformaram em idas às livrarias às margens do rio e ao cinema, coquetéis e jazz. Ele cantava para Simone *Old Man River*, falava de seus sonhos e fazia perguntas sobre ela. Mais tarde, Beauvoir escreveu que ele tentava entendê-la nos termos dela, "à luz de meu próprio conjunto de valores e atitudes". Ele a incentivava a "tentar preservar o que havia de melhor em mim: meu amor pela liberdade pessoal, minha paixão pela vida, minha curiosidade, minha determinação de ser escritora". Mesmo assim, quando ela viu o Lama de novo, em 27 de julho, tudo mudou. Ela se perguntava por que, quando Sartre e Lama estavam na mesma sala, o primeiro perdia importância. Sua resposta era que o segundo a absorvia com mais paixão.[31] Mas, em 28 de julho, ela leu o esboço inicial de um romance de Sartre, *Er L'armenien*, e passaram o dia seguinte juntos. *Er L'armenien* incluía diálogos com Cronos, Apolo e Minerva (entre outros) sobre temas como tempo, arte, filosofia e amor.[32] Beauvoir começou a usar os mesmos epítetos carinhosos em seu diário que havia reservado anteriormente para o Lama. Dormia mal, sentindo-se perturbada.[33]

Há um ensaio de William James intitulado *What Makes a Life Significant?* [O que torna uma vida significativa?], no qual ele pergunta o que faz que todo João veja sua própria Maria como encantadora e perfeita – como uma bela maravilha da criação –, se ela só provoca frieza em seus demais observadores? Quem vê Maria mais claramente? Os olhos encantados de João? Ou os olhos que estão cegos para a magia de Maria? Certamente, escreve James, é João quem vê a verdade quando "luta pela união com a vida interior dela". Onde estaríamos se ninguém estivesse disposto a nos ver verdadeira e seriamente, "a nos conhecer como realmente somos"?

Beauvoir tinha olhos como João; mas o problema era que eles viam as perfeições de Maheu e os encantos de Sartre (e, para ser sincera, viam ainda a beleza em Jacques também). O que ela deveria fazer?

Nas memórias de Beauvoir, esse dilema foi dramaticamente minimizado, seja pelo bem de sua reputação ou de seus leitores. Afinal, era fim da década de 1950: eles estariam prontos para a ideia de que uma Maria poderia amar um João, um Jean-Paul e um René? Na história simplificada que ela contou em *A força da idade*, depois que Beauvoir conheceu Sartre, ela se afastou do primeiro plano. Em seus diários, Simone escreveu que com Sartre, Maheu e Nizan podia por fim ser ela mesma; em suas memórias, descreveu seu tempo com Sartre como a primeira vez na vida em que se "sentia intelectualmente inferior a qualquer outra pessoa".[34] Esse clima de inferioridade se intensificou após a famosa conversa – perto da Fontaine Medicis, nos jardins de Luxemburgo – na qual Beauvoir confidenciou que andava pensando em sua própria teoria da moralidade. Sartre demoliu sua teoria, e ela acabou se declarando derrotada. Em retrospectiva, isso foi decepcionante para ela, mas analisou a situação com humildade. Escreveu: "Minha curiosidade era maior que meu orgulho; eu preferia aprender a me exibir".[35]

A "humildade" de Beauvoir nesse caso – embora louvável na medida em que expressa uma preferência por aprender acima de formas cegas de orgulho – deixa feministas perplexas há décadas. Em muitos momentos de sua vida, Beauvoir definiu Sartre como "o filósofo", apesar do fato de que quando eles fizeram o exame oral da *agrégation* ela não apenas ficou em segundo lugar, como também, aos 21 anos, era a pessoa mais jovem de todos os tempos a passar. Quando o júri – formado por três homens – deliberou, um juiz classificou Beauvoir como "a verdadeira filósofa", e no início, os outros a favoreceram também. Mas, no final, a decisão deles foi que, visto que Sartre era um *normalien* (alguém que estudou na École Normale, de elite), deveria receber o primeiro lugar. (Não está claro se o fato de ele ter fracassado no ano anterior fez parte das deliberações dos juízes.[36])

As memórias de Beauvoir sugerem que não foi só Sartre que a forçou a ter uma "visão mais modesta" de si mesma. Seus outros amigos *normaliens* – Nizan, Aron, Politzer – demoraram vários anos para se preparar para os exames, e sua preparação foi construída sobre uma base estabelecida por oportunidades educacionais muito melhores. A situação na qual eles haviam se tornado filósofos era radicalmente diferente da dela, porque só homens podiam ser *normaliens* naquela época, só homens podiam ter o maior número de professores de elite e a confiança resultante de debater com pessoas que se consideravam as melhores.

Os diários de Beauvoir sustentam essa história – até certo ponto. Logo após os exames de *agrégation*, ela foi tomar um drinque com Sartre e Aron; eles passaram duas horas discutindo o bem e o mal. Ela chegou a casa se sentindo arrasada. "Foi tão interessante!", escreveu – mas também foi uma revelação: "Não tenho mais certeza do que penso". A vida intelectual deles era muito rica em comparação com o "jardim fechado em que eu fora presa". Ela invejava a maturidade mental, a força do pensamento deles – e prometeu a si mesma que também chegaria a isso.[37]

Apesar de sua falta de acesso ao *pedigree* filosófico de elite, Beauvoir era lembrada por seus contemporâneos como uma excelente filósofa que queria *viver* a filosofia. Maurice de Gandillac a descreveu como: "Rigorosa, exigente, precisa e tecnicamente rígida, [...] todo o mundo concordava que *ela* era a filosofia".[38] Portanto, é desconcertante que ela tenha se negado o título de "filósofa" e se posicionado dessa maneira subordinada. "Por que", pergunta Toril Moi, "ela aproveita todas as oportunidades possíveis para se declarar intelectualmente inferior a Sartre?"[39] A conclusão de Moi é que Beauvoir sacrificou o sucesso pela sedução.[40] E quando relata a história em suas primeiras memórias, Beauvoir parece ter feito isso: na persona pública, ela deixa a filosofia para o "grande homem", Sartre. Mas, em seus diários, vemos que o sucesso filosófico inicial de Beauvoir ocorreu ao mesmo tempo que uma sedução bastante diferente – de René Maheu, um homem que fracassara em seus exames. Nesse caso, a sedução não exigia sacrifício da parte dela. Então, por que deveria ser diferente com o então desconhecido Sartre? Além disso, veremos que Beauvoir não aproveitava *todas* as oportunidades para se declarar inferior – na verdade, ela publicamente se apropriava de sua própria originalidade e a defendia. Será que ela se descrevia como inferior com certo leitor em mente? O tipo de leitor que duvida de si mesmo, que se pergunta se deve dar ouvidos às vozes que lhe dizem para não tentar? Para esse tipo de leitor, era extraordinariamente ousado da parte de Beauvoir comentar publicamente sobre a "falta de jeito" dos ensaios do jovem Sartre; afinal, ele era um gênio.[41]

Mas, em 1929, ele ainda não era o gigante "Jean-Paul Sartre". Ele mal tinha 25 anos (três anos a mais que ela), havia tido o dobro de tempo para se preparar para o exame e o estava fazendo pela segunda vez. O fato de as memórias de Beauvoir não insistirem na singularidade de sua conquista pode refletir insegurança, modéstia ou habilidade política de sua parte. Pode ser uma concessão ao poder daquela instituição (a École Normale) na paisagem cultural da França. O fato de se descrever como inferior a Sartre chamou atenção não para as habilidades relativas deles, e sim para as diferenças de confiança e capital cultural entre eles. Sartre, antes de ser *normalien*, havia frequentado o Lycée Henri IV, depois o Louis le Grand. No papel, ninguém poderia ser mais qualificado. Sartre não precisava listar seus *certificats de licence* porque, como Toril Moi escreve, "um gênio consagrado não precisa se justificar de maneira tão mesquinha".[42]

Um gênio feminino, por outro lado, tinha que ter cuidado para não brilhar demais. Em 1929, o sistema educacional francês também tentava examinar cuidadosamente a delicada questão das mulheres que superavam os homens nos exames de *agrégation*. Os resultados da *agrégation* eram de conhecimento coletivo, pois eram anunciados publicamente, como rankings esportivos. O candidato com o maior número de pontos ficava em primeiro lugar, e assim por diante. Portanto, embora seus empregos não estivessem ameaçados, os estudantes do sexo masculino ainda tinham que vivenciar o constrangimento (como alguns viam) de ser classificados abaixo das mulheres em um contexto oficial e influente. (Para evitar essa humilhação, o Ministério da Educação passou a separar as listas de homens e mulheres a partir de 1891; mas o sistema de classificação conjunta foi restabelecido em 1924.)

Para pôr a experiência de Beauvoir em perspectiva, vale a pena notar que quando o pai de Sartre morreu, não muito mais de vinte anos antes, sua mãe saiu rapidamente de Paris com medo de que Jean-Paul fosse tirado dela. Como mulher, seus direitos legais sobre o próprio filho eram mais vulneráveis que os da família do marido morto. Quando Beauvoir estava na escola, as mulheres na França ainda não tinham direito a votar ou a abrir contas bancárias. No ano em que Simone obteve a *agrégation*, as estudantes universitárias constituíam 24% da população estudantil – um aumento maciço desde a geração anterior (em 1890, havia 288 mulheres estudantes, 1,7%). Mas, se uma mulher não tinha direito a votar, a abrir uma conta bancária – nem mesmo a seu próprio filho –, que direito teria ao primeiro lugar?

Não fazia muito tempo que Simone lia filosofia sozinha na seção feminina da Bibliothèque Sainte-Geneviève, escrevia em seu diário que queria *vivre philosophiquement* – viver uma vida de pensamento, em vez de só viver ou só pensar – e escrever as riquezas que sentia surgirem dentro dela. Mais tarde, ela leria Ralph Waldo Emerson (um amor não correspondido de sua amada Louisa May Alcott), mas, mesmo antes de lê-lo, já havia chegado a compartilhar sua conclusão de que "nosso principal desejo na vida é alguém que nos levará a fazer o que podemos".[43]

Em 22 de julho de 1929, Beauvoir sabia que estar com Sartre a forçaria a ser uma "pessoa real". Ele era irritante às vezes. Ela tinha medo. Mas, seja como for, ela escreveu naquele dia: "Vou me abandonar a esse homem com absoluta confiança".[44]

Mas acabaria se perguntando se não estaria se vendendo barato.

5
A valquíria e o playboy

Quando Beauvoir chegou a Meyrignac, em agosto de 1929, precisava fazer um balanço de sua situação. Meyrignac era o único lugar onde ela tinha um quarto só para si, de modo que aproveitou a privacidade para fazer o que chamou de "uma avaliação" de sua vida. Ela acreditava em Sartre e em sua crescente ternura em relação a ele, qual não cria que era uma infidelidade ao Lama ou a Jacques.[1] Nas semanas depois que Maheu deixou Paris, Beauvoir e Sartre se tornaram mais próximos de mente e corpo; ainda não haviam consumado seu relacionamento, mas, em seu quarto na Cité Universitaire, Beauvoir disse mais tarde a Bair: "Tudo, menos o sexo em si".[2]

Durante a semana seguinte, enquanto Beauvoir realizava sua avaliação, foi catalogando memórias e sentimentos – que, sendo humanos, mudavam de um dia para o outro: "dúvidas, devastação, euforia".[3] Ela não considerava essa variação um motivo para se reprimir, e sim como merecedora de reflexão. Ela "precisava" de Sartre, ao passo que "amava" Maheu. Em suas próprias palavras, ela amava o que Sartre lhe propiciava; e amava o que Maheu era.[4] Àquela altura, Sartre ainda não era essencial para ela.

O tempo em Corrèze estava bonito, e a família estava reunida devido à recente morte do avô Bertrand de Beauvoir. Aquele era o primeiro verão sem ele. Gandillac, amigo católico de Merleau-Ponty, foi visitá-los, e propôs que as irmãs fossem visitá-lo também – ele estava a apenas uma hora de distância de trem. Françoise as proibiu, mesmo sendo ele um homem católico respeitável e ela gostar dele: não era apropriado. "Que tal uma viagem de um dia a Tulle?", perguntou Gandillac. Era cerca de metade da distância. A mãe delas permitiu, mas com uma condição embaraçosa – ela também iria.[5]

Em 9 de agosto, Simone visitou Uzerche com Gandillac e só pensava em Sartre; no dia seguinte, eles caminharam pelas margens do Vézère e ela pensou no Lama.[6] O funcionamento de sua mente era invisível aos olhos escrutadores de Françoise, mas logo ficou evidente que havia outros meios de escapar de sua vigilância. Em 19 de agosto, os Bertrand de Beauvoir se transferiram de Meyrignac para La Grillère, propriedade da irmã de Georges. No dia seguinte, no café da manhã, sua prima Madeleine correu para a cozinha e disse a Simone que havia um homem esperando por ela em um campo próximo.

Era Sartre.

Ela sabia que ele iria: a perspectiva de sua visita a deixara apaixonadamente feliz.[7] Nesse momento, os diários de Beauvoir, onde ela tão regularmente se confidenciava, param. Foram retomados só após a estadia de Sartre, quando ela relatou seus "dias perfeitos" de "ideias e carícias".[8] Parece razoável especular que ela achava que seu tempo normalmente tão regulamentado era valioso demais para ser desperdiçado com escrever nos diários, sendo que poderia ser gasto com Sartre.

No primeiro dia de visita dele, ela sugeriu que fossem caminhar, mas Sartre recusou, dizendo que era "alérgico a clorofila". Ficaram sentados em um prado, conversando; não havia tempo suficiente no mundo para secar os poços de sua conversa. Sartre ficou no Hôtel de la Boule d'Or, em Saint-Germain-les-Belles. A cada manhã Simone acordava exultante, correndo pelos prados, pensando no que diria a ele desta vez. Eles ficavam deitados na relva e ela lhe contava sobre seus pais, Hélène, Zaza, sua escola e Jacques. Ao ouvir sobre esse último, Sartre lhe disse que achava que o casamento era uma armadilha, embora soubesse que era difícil de evitar para as mulheres da origem dela. Ele admirava o "espírito de valquíria" dela e disse que ficaria triste ao vê-la perdê-lo.

Nos campos secos de agosto, eles começaram a planejar um futuro diferente, juntos. Viajariam, viveriam aventuras, trabalhariam muito, escreveriam obras famosas e viveriam uma vida de liberdade apaixonada. Ele lhe daria muito, disse Sartre, mas não poderia lhe dar tudo de si; precisava ser livre. O filósofo já havia sido noivo uma vez, mas agora tinha pavor de casamento, filhos e posses. Beauvoir achou surpreendente o "Sartre sensível" quando ele lhe contou isso. Seu objetivo era ser o grande escritor que estava destinado a ser, e foi durante essa viagem que Sartre surgiu com aquela conversa fiada de que precisava preservar sua liberdade para realizar seu destino como um grande homem. Ele era um "Baladin", um andarilho que precisava viajar pelo mundo sem restrições a fim de obter material para suas grandes obras. No estilo característico de Sartre, sua proposta foi feita com sofisticação literária e filosófica: o "Baladin" em que ele se inspirara era o "Playboy" do dramaturgo irlandês J. M. Synge em *The Playboy of the western world*.

A versão das memórias dessa conversa foi frequentemente invocada para afirmar que Sartre estabeleceu as expectativas do relacionamento deles, infligindo sua infidelidade a Simone. Mas os diários mostram que o coração dela tinha muitos objetos de afeto, cada um dos quais ela achava adorável por suas próprias razões. Em Meyrignac, em agosto, Sartre compartilhou seus cadernos com ela e descreveu seu pensamento sobre psicologia e imaginação, bem como sua teoria da contingência. Ele havia lido muitas das mesmas coisas que ela, de modo que as conversas eram sustentadas por interesses que se estendiam ao passado dos dois. Juntamente à filosofia que ambos haviam lido para a *agrégation*, seu amor mútuo pela literatura lhes dava um mundo compartilhado de uma profundidade incomum. Ela achava as ideias dele interessantes, inspiradoras – esperançosas, até –, e começou a perceber que estava se sentindo cada vez mais atraída por sua "bela cabeça sensata".[9]

Simone havia dito a seus pais que ela e Sartre estavam colaborando em um estudo crítico do marxismo, esperando que o ódio deles pelo comunismo pudesse dominar sua preocupação com o decoro. Daria certo? Não por muito tempo. Quatro dias após a chegada de Sartre, eles estavam juntos em um prado quando Georges e Françoise se aproximaram. Os filósofos se levantaram apressadamente, e seu pai parecia envergonhado. Ele dirigiu suas palavras a Sartre: as pessoas estavam começando a comentar; poderia ele ir embora? Simone ficou indignada e perguntou ao pai por que estava falando com seu amigo nesse tom; sua mãe começou a gritar com ela. Sartre lhes assegurou que partiria em breve, mas disse que estavam trabalhando em uma investigação filosófica que precisavam terminar primeiro. Acreditando ou não, seus pais voltaram para casa e Sartre partiu vários dias depois, em 1º de setembro.

Depois que Sartre foi embora, Beauvoir escreveu em seu diário que exigia "nada mais de Sartre que os momentos que ele quisesse lhe dar". Ela havia começado a imaginar um futuro que lhe permitisse conciliar suas esperanças de independência e amor, e isso a deixou exaltada. Em seu diário, ela escreveu: "As valquírias escondidas nas profundezas desta tenra menina derramaram contentamento nela em grandes ondas, e ela sabia que era forte, tão forte quanto ele".[10]

Após a partida de Sartre, ela expressou satisfação por "estar sozinha, exclusivamente sua, livre e forte". Em sua solidão, ela tinha espaço para refletir sobre a incerteza; pois seu coração estava certo de que amava Sartre, amava o Lama e podia amar Jacques, "cada um de uma maneira diferente". Mas ela não sabia como conciliar todos os seus amores.[11]

Então, depois da partida de Sartre, de 2 a 4 de setembro, a valquíria deu continuidade a seu projeto de fazer um balanço. Ela estava feliz, transbordando de possibilidades e sentindo que a vida pela qual ela ansiara finalmente estava começando. Sartre era um importante ingrediente de sua felicidade, mas, ao contrário do que foi amplamente escrito e presumido, ele não era o único. O papel de Sartre era estar "em meu coração, em meu corpo, e acima de tudo (*pois meu coração e meu corpo muitos outros poderiam ter*), é o amigo incomparável de meu pensamento".[12]

Beauvoir tomou uma decisão: "amarei cada um como se fosse o único, tirarei de cada um tudo que ele tem para mim; e darei tudo que possa lhe dar. Quem pode me censurar?". Houve dias em que ela não sabia ao certo quais eram seus sentimentos por Sartre, mas tinha certeza de que ainda não era amor.[13]

Antes do lendário pacto, portanto, Beauvoir chegou à conclusão de que amaria vários homens da maneira que os considerasse dignos de ser amados. Já desde 1926, ela escrevia em seu diário que achava que não tinha o direito de dar a um amante "uma imagem de que ele goste no lugar de eu mesma, ou de ser infiel ao que sou": a pessoa deve "dar apenas o que pode dar".[14]

Dois dias depois, o Lama chegou e eles ficaram juntos em um hotel. Haviam reservado quartos separados, mas ela apreciou as duas manhãs que passaram juntos, lembrando ternamente o pijama azul dele e a voz com que dizia "Bonjour, Castor".[15] As descrições nos diários de Beauvoir sobre Maheu são muitas vezes imbuídas de atração física, chamando a atenção para seu corpo, seu rosto, sua voz, sua postura, o que ele vestia e como lhe caía. Mas ela começou a ver seus atrativos como "parciais" em comparação com os de Sartre. Ela não o tinha em alta estima moralmente, e intelectualmente ele não a satisfazia.[16]

Então, Maheu foi o primeiro amante de Beauvoir? Os diários deixam isso obscuro. Já vimos que no momento de suas entrevistas com Deirdre Bair, Beauvoir negava que seu relacionamento com Maheu houvesse sido sexual. Mas Sartre e Maheu disseram o contrário: Sartre confirmou a John Gerassi (filho de Stépha) que "Maheu estava apaixonado por ela [...] e ela estava apaixonada por Maheu; na verdade, ele foi seu primeiro amante".[17] Com base nisso, alguns concluíram que "traduzir Aristóteles" não era o que Beauvoir alegava. Em *A força da idade*, Beauvoir escreveu que entregou sua virgindade "com alegre abandono" – mas não especifica para quem.[18] No entanto, uma passagem nos diários pode dar suporte às negativas de Beauvoir. Ela escreveu: "era bonito o fato de nada físico acontecer entre mim e esse homem sensual [Maheu], ao passo que com Sartre, que não é sensual, a harmonia de nossos corpos tem um significado que torna nosso amor mais bonito".[19]

Esse relacionamento nos põe diante de um estranho enigma: Beauvoir negava que fosse sexual; os homens alegavam que era. Quando perguntei à amiga e filha adotiva de Beauvoir, Sylvie Le Bon de Beauvoir, ela confirmou que Simone sentia atração por Maheu e que o relacionamento dos dois era íntimo, mas não consumado, no período antes de Beauvoir conhecer Sartre. Nessa fase, Beauvoir era uma mulher católica respeitável, e essas eram coisas que uma mulher católica respeitável não fazia. Em uma entrevista dada mais tarde, perguntaram a Beauvoir se havia algo que ela desejava incluir em suas memórias. Sua resposta foi "um relato franco e equilibrado de minha própria sexualidade. Verdadeiramente sincero do ponto de vista feminista".[20] Mas, mesmo em seus próprios diários Beauvoir não fez um relato totalmente franco de suas experiências. Acaso temia que sua mãe os pudesse ler? Ela ainda teria que descobrir como sua vida pessoal seria distorcida pela fama, usada para distrair a atenção de sua filosofia e política.

6

Um quarto só seu

Quando Beauvoir, aos 21 anos, voltou a Paris – em setembro de 1929 –, saiu do apartamento dos pais, alugando um quarto no quinto andar na propriedade de sua avó materna, na rue Denfert-Rochereau 91. Sua avó tinha vários inquilinos, e Simone tinha a mesma independência e aluguel que os demais. Ela decorou as paredes com papel de parede laranja; Hélène a ajudou a restaurar alguns móveis de segunda mão. Sua mãe tinha lágrimas nos olhos quando sua filha se mudou; Simone foi grata a ela por não fazer drama.[1] Além de breves visitas de verão a Meyrignac, ela sempre dividira o quarto com Hélène, por isso, estava encantada por ter – pela primeira vez na vida – um quarto só seu.

Simone ainda não tinha emprego; mas ela e Sartre haviam discutido o futuro como o *futuro deles*. Enquanto ele fazia o serviço militar, eles se viam o máximo possível. Beauvoir ficou em Paris, em vez de assumir o cargo de professora em período integral, pois isso lhe daria tempo para começar a escrever um romance. Ela dava aulas em meio período e lecionava Latim e Grego no Lycée Victor-Duruy algumas horas por semana, o que lhe dava o suficiente para viver.[2]

Após o restrito cronograma que acabou com os exames, Beauvoir descobriu que a vida profissional não era tão onerosa quanto seus pais haviam sugerido: sem a constante ameaça de obstáculos e fracassos, a vida era como estar permanentemente de férias. Agora ela podia fazer o que queria – e se vestir como queria. Sua mãe sempre a vestira com algodão e lã bege, duráveis e sem graça. Agora ela comprava sedas, *crêpe de Chine*, veludos. Um dos personagens literários de Beauvoir dos anos 1930, Chantal, era uma professora de Filosofia que gostava de se vestir com estilo; ela descreveu o "olhar maravilhado dos alunos, que provavelmente acham que não sou real".³

Em *A força da idade*, Beauvoir escreveu que quando se encontrou com Sartre de novo, em outubro, ela havia "se livrado" de todos os outros apegos e se jogado no relacionamento com Sartre de todo o coração.⁴ No entanto, mais uma vez, os diários contam uma história diferente: de setembro a novembro, Jacques e o Lama ainda estavam presentes em suas deliberações, com ternura e amor expressos por ambos. De novo, os relatos contraditórios de Beauvoir levantam a questão: por quê? Por que ela encobriu os outros homens de sua vida quando escreveu suas memórias, atribuindo a Sartre um lugar mais dominante na narrativa do que ele ocupava na vida?

Em 1929, Beauvoir ainda estava avaliando os méritos dele. Em 27 de setembro, ela escreveu que Sartre não entendia o amor, porque, apesar de ser experiente nesse jogo, nunca havia experimentado o amor em si.⁵ Suas dúvidas persistiam: em 8 de outubro, ela escreveu: "Preciso aprender a não me arrepender desse amor mais do que quando estou perto dele".⁶ Ela havia visto Jacques de novo quando voltara a Paris em setembro, o que renovara seu interesse e brevemente afastara o Lama de suas considerações. Ela achava que seu futuro exigia uma escolha entre "felicidade com Jacques" e "infelicidade com a ajuda de Sartre".⁷ "Não é engraçado", escreveu ela, "amar dois homens, e aos dois com tanta paixão."⁸

Segundo as memórias de Beauvoir, no outono de 1929 Sartre lhe disse que ela tinha dupla personalidade. Dados os vários relatos desarticulados que ela apresenta e seus sentimentos óbvios de estar dividida entre vidas possíveis, não é preciso muito esforço para imaginar por que ele poderia sentir isso. (Ela tinha até um nome para suas possíveis vidas – chamava-as de *mes possibles*, minhas possibilidades.) Normalmente, disse ele, ela era Castor. Mas, às vezes, Castor desaparecia e a menos agradável (do ponto de vista dele) *mademoiselle* de Beauvoir ocupava o lugar dela. *Mademoiselle* de Beauvoir sentia tristeza e arrependimento; Castor, não.⁹ Episódios como esse poderiam ser usados para sustentar as suspeitas de que Sartre ofuscou Beauvoir, fazendo-a duvidar de si mesma para não contestar o comportamento dúbio dele. Mas Sartre não inventou essa distinção: vimos uma parecida ser usada nos diários de Beauvoir já em 1927, quando ela ordenou a si mesma: "Não seja *Mlle* de Beauvoir. Seja eu. Não existe uma meta imposta de fora, uma estrutura social a preencher. O que serve para mim servirá, e pronto".[10]

Na segunda-feira, 14 de outubro, Sartre e Beauvoir se encontraram nos jardins de Luxemburgo e foram passear. A conversa daquela tarde inspiraria milhares de pessoas a tentar imitá-los, porque continha a discussão definitiva sobre seu relacionamento aberto: o pacto. Eles fariam um contrato de dois anos, sem abandonar os outros. E contariam tudo um ao outro. Para distinguir seu relacionamento com Beauvoir de suas relações com amantes inferiores, Sartre lhe disse: "O que *nós* temos é um amor *essencial*; mas é uma boa ideia para nós experimentar também casos amorosos *contingentes*".[11] Chamavam seu relacionamento de "casamento morganático" – um casamento entre pessoas de posição social desigual, como Luis XIV e madame de Maintenon. (Eles não deixaram claro para a posteridade qual deles era considerado realeza e qual era o plebeu.)

No segundo volume de suas memórias, Beauvoir escreveu que, a princípio, achou embaraçoso o compromisso de se contarem tudo. Mas, depois, passou a vê-lo como libertador. Em Sartre ela julgava ter encontrado um observador que a via com muito mais imparcialidade do que ela jamais poderia ter sobre si mesma; ele seria a testemunha de sua vida. Seriam livros abertos um para o outro, à vontade por saberem que nenhum dos dois queria magoar o outro.[12]

Simone confiava nele tão completamente que Sartre lhe dava a "segurança infalível e absoluta" que ela já sentira em relação a seus pais ou a Deus.[13] Dada sua anterior insistência na importância da "visão de dentro" em seus diários – e os benefícios da retrospectiva –, é difícil saber o que pensar de sua confiança na "visão de fora" de Sartre. Sua confiança se justificava? Era realmente mútua?

O Sartre e a Beauvoir descritos em *A força da idade* eram cuidadosos com as verdades que contavam, uma vez que elas podem ser armas perigosas. Beauvoir nunca alegou, mais tarde, ter uma fórmula atemporal de comunicação bem-sucedida – ela achava que nada do que pudesse dizer garantiria aos casais o entendimento perfeito um do outro.

Perguntavam-lhe com frequência como eles haviam feito o relacionamento dar certo, e sua resposta foi que as pessoas precisam decidir juntas a natureza de seus acordos. Na juventude, ela havia cometido o erro de pensar que o que servia para ela serviria para todos; mas ficava irritada quando, em 1960, era elogiada ou criticada pelo modo como eles conduziam a relação.[14] (Não é difícil entender por quê, dado o pouco que eles realmente sabiam sobre isso).

À medida que os eventos se desenrolavam em 1929, Beauvoir alcançou alturas vertiginosas de amor por Sartre. Mas ela também hesitou desde que o conheceu, em julho, e na semana seguinte ao pacto, ela continuava tendo dúvidas. Em 15 de outubro, eles estavam juntos de novo e "*mademoiselle* de Beauvoir" ameaçava aparecer; ela estava desanimada e arrependida de sua escolha, mas conseguiu esconder dele sua tristeza antes de Sartre partir, e caiu em prantos.[15] Em 21 de outubro de 1929, ela decidiu, e sublinhou em seu diário: "*Não posso* viver este ano sem Sartre".[16]

E foi bom, porque dois dias depois, Jacques, constrangido, informou-lhe que estava noivo de outra pessoa.[17] No dia seguinte, o Lama e Stépha foram consolá-la. O Lama lhe disse que homens como Jacques eram atraentes aos 18 anos, mas logo perdiam o brilho porque viviam de sua fortuna, em vez de fazê-la – Jacques havia herdado os negócios de seu pai; ele aceitara seu lugar na ordem preestabelecida das coisas de uma maneira que Simone nunca aceitaria. Stépha a levou a tomar um chocolate quente no Les deux Magots. Ela era grata pelo apoio deles. Apesar de seus apegos crescentes com outros homens, ainda tinha lágrimas para chorar – fosse por Jacques, pelo futuro imaginário no qual ela atendia às expectativas de sua família, ou por alguma combinação de ambos.[18]

Em *A força da idade*, Beauvoir escreveu que ela e Sartre, nos primeiros dias de seu relacionamento, sucumbiram ao "orgulho espiritual". Eles achavam que eram "radicalmente livres", mas, de fato, eram vítimas de várias ilusões. Não reconheciam nenhuma obrigação emocional para com os outros. Consideravam-se razão e vontade puras, deixando de reconhecer como eram dependentes dos outros e como haviam vivido protegidos das adversidades do mundo. Eles não tinham muito dinheiro, e encaravam o luxo com desdém; "qual era o sentido de buscar coisas que não estavam ao nosso alcance?"[19] Em vez disso, cultivavam as riquezas de uma imaginação compartilhada, estocando histórias, ideias e imagens: quando não era literatura, era Nietzsche, Marx, Freud ou Descartes, pontuados regularmente por idas a galerias ou ao cinema.

Em novembro, Sartre foi para Saint-Cyr para servir no corpo meteorológico. Depois de acabarem os dois anos de serviço, Sartre imaginara passar algum tempo longe de Beauvoir. Havia se candidatado a um emprego em Kyoto, Japão, que – se conseguisse – começaria em outubro de 1931. Disse a ela que, então, eles se encontrariam em locais distantes ao redor do mundo (talvez Istambul?) para ficarem juntos antes de se separarem de novo para novas aventuras sozinhos.

Beauvoir não tinha exatamente os mesmos sonhos de expedições solitárias, mas não se sentia capaz de dizer a Sartre o que queria.

Mesmo assim, Sartre ainda era apenas parte da vida dela. No mesmo dia 3 de novembro, ela escreveu que queria a "boca de Sartre contra sua boca", seguido por um parágrafo sobre uma carta de Jacques, a felicidade de ter visto Stépha, e outro parágrafo em que descreveu como queria as mãos do Lama em seus cabelos, o corpo dele roçando o seu.[20] Não fica claro, nessa fase, por que Beauvoir se esforçou ao máximo para proteger Sartre de seus pensamentos. Mas é evidente que ela não via contradição em amar várias pessoas ao mesmo tempo, quaisquer que fossem suas respectivas falhas.

O serviço militar de Sartre envolvia treinamento em Saint-Cyr, que ficava perto de Paris o suficiente para que três ou quatro dias por semana Beauvoir pudesse ir jantar com ele – às vezes com seus amigos em comum Pierre Guille e Raymond Aron. Aos domingos, Sartre ia a Paris para vê-la. Com o fim do treinamento, Sartre foi mandado à estação meteorológica de Saint-Symphorien, não muito longe de Tours. Eles se escreviam na maioria dos dias, e Sartre tinha uma semana de folga todos os meses, além dos domingos; portanto, entre suas viagens a Paris e as visitas semanais de Beauvoir a Tours, eles se viam regularmente (embora não com a frequência de que ela teria gostado). Ele a chamava de "minha querida esposinha"; ela o chamava de "meu maridinho". Mas a euforia inebriante do verão anterior rapidamente se dissipou.

Foi no mês seguinte, em 25 de novembro de 1929, que Zaza morreu. Beauvoir registrou apenas a data em seu diário; uma lágrima borrou a tinta.

Os diários de Beauvoir ficam calados após a morte de Zaza, sendo retomados só depois de um mês de Sartre a deixar chateada. Quando entrara no grupo de estudos da Cité Universitaire, Simone julgara ter encontrado pessoas que a aceitavam como ela era: uma filósofa que queria buscar a verdade e vivê-la. Mas, de repente, Sartre parecia ter grandes expectativas; acaso ele também ficaria lhe dizendo o que ser e o que não ser, o que ela entendia ou deixava de entender? Entre outras coisas, ela escreveu: "Entendo a vida contingente melhor do que ele imagina".[21]

O desentendimento ocorreu no dia anterior ao funeral de Zaza, porque Sartre havia dito que ela estava "incrustada" demais em sua própria felicidade. Então, de novo lágrimas caíram: "Lágrimas não amargas, lágrimas onde já nasceu uma força, lágrimas das quais eu sinto que a valquíria se erguerá, despertará desse longo sono de felicidade".[22] Nesse estágio do relacionamento, um padrão começava a se formar; com o passar dos anos, Beauvoir frequentemente se voltava para outras pessoas além de Sartre quando precisava de apoio emocional. Depois que Zaza morreu, Simone se voltou para Hélène, mas, mesmo assim, no funeral de 13 de dezembro, ela foi dominada pela triste visão diante de si – os mesmos rostos nos mesmos espaços que ela imaginara para o casamento de Zaza.[23]

Sartre claramente pensava que Simone tinha capacidade para escrever grandes coisas, mas é evidente que em momentos importantes não tinha compaixão pelo sofrimento dela. E durante o primeiro ano do pacto, Beauvoir teve muitas dúvidas – sobre Sartre, sobre si mesma e a repercussão do pacto nos outros. Em dezembro de 1929, quando Maheu (seu Lama) estava em visita a Paris, ele encontrou uma carta de Sartre na mesa dela. Ela não se abrira com Maheu sobre a natureza mutável de seu relacionamento com Sartre; então, o Lama disse que nunca mais poderia confiar nela, e escreveu uma carta insistindo para que ela o encontrasse enquanto estava em Paris. Beauvoir copiou as palavras de Maheu em uma carta dela mesma para mostrá-las a Sartre: "Já tive a minha dose dessa bela situação que existe agora, como resultado daquele setembro de vocês e dos dois meses de mentiras que se seguiram, e eu mereço mais que as migalhas [...] que vocês dois me oferecem com tanta elegância".[24]

Então, Maheu não queria "migalhas" – mas, o que ele esperava? Ele era casado, de modo que não fazia sentido esperar que Simone lhe fosse fiel se ele mesmo claramente não praticava a fidelidade. Para Sartre, ela expressou pouca compaixão, condenando o ciúme de Maheu como "desagradável". Mas ela estava começando a entender que "vida contingente" significava coisas diferentes para Sartre e para ela; Beauvoir não queria magoar as pessoas que amava, queria *estar com* elas, e, francamente, essa vida "não a lançava em nada" agora que Jacques estava casado, Maheu estava longe e Sartre estava partindo.[25] Mas não fica claro se nessa fase ela estava começando a duvidar do valor da "vida contingente" em si ou só desse capítulo em particular.

Durante o primeiro ano de Beauvoir sozinha, ela continuou almoçando com seus pais regularmente, mas contava pouco sobre sua vida. Embora sentisse saudade de Sartre quando ele estava fora, gostava das atividades que realizava para saciar sua curiosidade acerca do antes proibido: ela "saía com quase todo o mundo" e frequentava um bordel. Seu pai não entendia por que sua filha não havia assumido o cargo de professora e dizia com desprezo aos amigos que estava de lua de mel em Paris. Mas ela sabia que seu primeiro cargo de professora provavelmente seria nas províncias, e não queria deixar a Paris que estava só começando a descobrir. Beauvoir alimentou brevemente a ideia de ser jornalista, pois isso poderia lhe permitir ficar na capital; mas a força do magistério da filosofia prevaleceu.[26]

Em junho de 1930, ela escreveu em seu diário que sempre desejara ser forte, trabalhar, criar suas próprias obras; e que só podia concordar com Sartre que deveria dar o primeiro lugar a isso na vida. Mas já estava começando a temer o fim do "contrato de dois anos", comparando-o a uma morte iminente. Ela tinha certeza de que queria escrever; mas duvidava de sua capacidade de realizar esse sonho, e pensava: "Não tenho talento, não posso!". Simone se censurava por sua preguiça e falta de força de vontade, por um lado; e por outro lado, não sabia dizer se Sartre estava "ajudando" tanto quanto ela havia previsto. "Ele fala comigo como se falasse com uma menininha; só quer me ver feliz; mas se estou satisfeita comigo mesma, ele não fica feliz. [...] Eu menti para ele toda vez que fiquei triste".[27] Inicialmente, ela achara a amizade de Sartre incomparável: quando falavam de filosofia, ele parecia se dedicar à mesma coisa que ela: descobrir a verdade. Então, por que ele deixava de lado a verdade quando se tratava dos sentimentos dela? E por que ela, tendo rejeitado o papel de filha obediente, aceitou o de uma mulher que finge ser feliz mesmo quando é tratada como uma menina?

Para Simone, foi como perder a alegria, a inspiração para escrever, inclusive a capacidade de acreditar nas palavras dele quando dizia "eu te amo".[28] Não há registro exato do que foi que Sartre disse que para ela foi tão desanimador. Mas seu pai e sua cultura incutiram nela a mensagem de que as mulheres não eram criativas: a história era uma prova da falta de originalidade feminina. Hélène de Beauvoir escreveu que embora as irmãs evidentemente gostassem de literatura e arte na infância, nem ela nem Simone tiveram um momento mágico no qual ficou decidido que uma seria pintora e a outra escritora. Hélène levou anos para exorcizar essas palavras enquanto desenvolvia sua pintura. Simone também refletiu mais tarde sobre sua juventude como uma época em que sentia desespero por sua própria falta de originalidade, apesar de seu forte senso de vocação. Deixar falar sua imaginação, criando algo por si mesma, parecia impossível.[29]

A visão condenatória de Georges de Beauvoir acerca das capacidades das mulheres era, até certo ponto, compartilhada por muitos dos filósofos que Simone havia lido. Em seus diários de estudante, ela cita várias linhas de Arthur Schopenhauer, que, em seu ensaio *A arte de lidar com as mulheres*, escreveu que elas são "O segundo sexo, inferior em todos os aspectos ao primeiro", que existe apenas para a continuidade da espécie humana. Para ele, era possível que as mulheres tivessem talento, mas genialidade, nunca.[30]

Quando Simone estava avaliando seguir carreira no jornalismo, um de seus primos ricos (o mesmo que havia ajudado seu pai no passado) tinha arranjado para ela um encontro com madame Poirier, uma das editoras assistentes da *L'Europe nouvelle*. Ela disse a Beauvoir que, para ter sucesso no jornalismo, precisava contribuir com ideias, e lhe perguntou: Você tem alguma ideia? "Não, eu disse que não tinha."[31] Enquanto isso, *monsieur* Poirier, marido dessa editora, sugeriu outro tipo de progressão na carreira, fazendo avanços sexuais indesejados e dizendo a Beauvoir que ele a apresentaria a pessoas poderosas se ela estivesse disposta a avançar nessa direção. Beauvoir recusou os avanços e sua oferta, mas, quando o casal a convidou para um coquetel, ela achou que valeria a pena aceitar. Quando chegou, ela se sentiu muito deslocada; seu vestido de lã era visivelmente modesto naquela sala cheia de cetim.

No outono de 1930, Simone começou a pensar que havia exagerado seu amor por Sartre; que ela tinha vivido por meio dele e "afetado sua própria vida". "Perdi meu orgulho", escreveu ela, "e foi assim que perdi tudo."[32] Olhando para trás, em seu vertiginoso encontro com ele no mês de outubro anterior, Simone sentia fortemente que Sartre a amava menos do que ela o amava; parecia que ela era apenas uma das aventuras de Baladin, que lhe dera sua alma em um momento de estupefação, perdendo-se sem se dar conta.[33] Ela ainda o amava, mas descreveu seu amor como "mais habitual, mais fraco, menos puramente terno". Ele havia perdido o brilho da perfeição; agora ela via o desejo de se fazer notado, seu amor-próprio, seu rosto vermelho quando falava alto, e como podia ser facilmente influenciado.[34]

Seu amor havia diminuído, mas tinha também um problema físico: os "desejos tirânicos" de seu corpo haviam sido despertados e exigiam satisfação. Esse problema era agravado porque Sartre não sofria com isso; ele preferia a sedução ao sexo. As circunstâncias nas quais Beauvoir havia concordado com o pacto – ou seja, ver Maheu e Jacques como parte de um presente e futuro em que seu coração e corpo encontrariam o amor – podem explicar a prontidão com que o aceitara. Na ausência deles, ela foi forçada a admitir o poder de seus apetites físicos. Mas, apesar da promessa de contarem tudo um ao outro, a princípio ela não o fez com Sartre.[35] A educação de Beauvoir não a incentivava a expressar seus desejos ou sequer considerar suas emoções significativas. Mas também é possível que sua abordagem censora da emoção nesse momento de sua vida tenha sido exacerbada pelo comportamento de Sartre – e pela filosofia que o sustentava.

Sartre, em sua obra filosófica de 1943, *O ser e o nada*, descreveu o desejo sexual como um "problema", porque obnubilava e comprometia a liberdade. Ele era igualmente intolerante em relação à emoção, e achava que uma pessoa livre poderia – e, portanto, deveria – optar por não sentir. Certa vez, uma ex-amante sua, Simone Jollivet, disse ao Sartre de 21 anos que se sentia triste. A carta que ele mandou em resposta não fez nenhum esforço para esconder sua repugnância:

> Você espera que eu me sensibilize diante dessa pose interessante que decidiu adotar, primeiro para seu próprio benefício, e depois para o meu? Houve um tempo em que eu me sentia inclinado a esse tipo de encenação. [...] Hoje, odeio e desprezo aqueles que, como você, desfrutam de breves horas de tristeza. [...] A tristeza anda de mãos dadas com a preguiça. [...] Você se regozija nela a ponto de me escrever "Estou triste", a 500 km de distância, sendo que muito provavelmente eu não estarei sentindo o mesmo. Talvez devesse contar para a Liga das Nações também.[36]

Beauvoir viu lágrimas brilhando nos olhos de Sartre no cinema uma vez – mas aquilo era arte, e não havia lugar para chorar na vida. Então, as emoções mistas de Beauvoir e seu inoportuno desejo sexual foram dedicados às páginas de seus diários, que não ofereciam tais repreensões. Mais tarde, Beauvoir recordou ter admirado o desapego de Sartre – às vezes. Ele alegava que os grandes escritores tinham que cultivar o desapego para capturar a emoção, em vez de serem capturados por ela. Outras vezes, porém, ela achava que era como se as palavras tivessem que "matar a realidade antes de poder captá-la", e Simone não queria que a realidade morresse; ela queria saboreá-la, provar a riqueza de seus sabores, em vez de embalsamá-la para a posteridade.[37] Embora concordassem que a literatura era importante, discordavam sobre o que era e para que servia. Sartre sabia que as palavras eram poderosas, mas achava que toda literatura consistia em mentira e disfarce. Beauvoir achava que a literatura podia fazer mais que isso, e lia Virginia Woolf com admiração: ali estava uma mulher que queria fechar a lacuna entre literatura e vida. Beauvoir queria conhecer o mundo e revelá-lo, de verdade.[38]

No segundo volume de sua autobiografia, Beauvoir escreveu que, filosoficamente, achava Sartre descuidado e impreciso; mas achava que sua bravata tornava suas ideias mais proveitosas que os pensamentos precisos e escrupulosos dela.[39] Nesse e em muitos outros casos, Beauvoir se retratava mais reagindo com reverência que reconhecendo que Sartre havia tido vantagens que lhe geraram a confiança que ela não tinha. Em *Memórias de uma moça bem-comportada*, Beauvoir descreveu Sartre como o companheiro perfeito, o homem com quem sonhava desde os 15 anos: "Eu queria que marido e mulher tivessem tudo em comum; cada um devia preencher pelo outro o papel de observador exato que eu anteriormente atribuíra a Deus. Isso descartava a possibilidade de amar alguém *diferente*. Não vou me casar, a menos que conheça alguém mais talentoso que eu, mas meu igual, minha metade."[40]

Mas as observações dele não eram tão precisas quanto ela, mais tarde, fez com que parecessem. Sartre se recusava a considerar significativas as emoções dela e menosprezava seus desejos sexuais.[41] Vinte anos depois, em *O segundo sexo*, Beauvoir escreveu sobre "a mulher apaixonada" – uma mulher que torna seu homem tão crucial em sua vida que ela mesma se perde.

A mulher apaixonada abandona até seu próprio julgamento, tenta ver tudo por meio dos olhos de seu amado, seguindo suas preferências em livros, arte e música. Ela perde o interesse no mundo se ele não estiver ao seu lado; só está interessada nas ideias dele, nos amigos dele, nas opiniões dele. Ela acha que seu valor é condicional; que ela tem valor porque é amada por um homem. Quando ela o ouve dizer "nós", escreveu Beauvoir, é sua felicidade suprema, porque ela foi "reconhecida pelo homem amado como parte dele; quando ele diz 'nós', ela passa a estar associada e identificada com ele, compartilha seu prestígio e reina com ele sobre resto do mundo".[42]

Escritoras como Hazel Rowley consideraram essas passagens como descrições autobiográficas da jovem Beauvoir; afinal, em sua autobiografia, ela descreveu seu eu jovem como um "ser auxiliar" e um "parasita intelectual".[43] Como vimos, algumas páginas de seus diários podem sugerir que, em vez de ela se perguntar o que queria, ou expressar para ele o que queria, Simone perguntava como poderia ser aquilo que ele queria. Mas, embora Beauvoir tenha eliminado os defeitos de Sartre em suas memórias, ela os registrou em seus diários. Antes de conhecer Sartre, ela já estava lendo os livros que ele lia: Gide, Claudel, Péguy, Alain, Pascal, Leibniz, Lagneau, Nietzsche – e uma série de livros em inglês que Sartre não tinha habilidade para ler. Ela usou a palavra "nós", mas não só com Sartre. E mesmo com

Beauvoir se retratando como "a mulher apaixonada" por Sartre em suas memórias, não está claro se ela era essa mulher na vida real. Ela poderia ter se representado dessa maneira auxiliar não por fidelidade factual ou necessidade narrativa, mas sim por compromisso feminista – porque ela achava que contar a história de certa maneira deixaria esta mais poderosa.

Apesar de seu eu de 18 anos estar confiante de que tinha algo a dizer, que sua inteligência era aguçada e penetrante, a jovem Beauvoir nem sempre parecia perceber que seu intelecto também era suficientemente fecundo para atrair parasitas. Como suas memórias as recontam, as conversas de Beauvoir com Sartre sobre ideias prosseguiam nas plataformas ferroviárias de Tours e Paris; Sartre a saudava com entusiasmo e contava sobre sua última teoria, e, então, ela apontava as falhas em seu argumento. Ela o ajudou a refinar as ideias pelas quais ele se tornou famoso. Ele, por sua vez, dizia que ela não era original: "quando você pensa em termos de problemas, não está pensando".[44]

Essa crítica pode ser vista como rejeição, mas também como um incentivo severo, mas fértil. Em *A força da idade*, Beauvoir escreveu que Sartre começou a se irritar com sua dependência dele, não porque ela fosse dependente, mas porque ele achava que ela tinha menos ideias do que quando se conheceram, que ela corria o risco de ser aquele tipo de mulher que abandona sua independência e se contenta em ser a companheira de um homem. Quando Sartre lhe disse isso, ela ficou furiosa consigo mesma. Mas a razão que atribuiu a sua fúria foi que ela o havia decepcionado.[45]

Existem diferentes pontos de vista para analisar esse misto dissonante de dependência e independência em Beauvoir. Em alguns momentos, ela não tinha certeza de que Sartre era o melhor para ela, ou que despertava o melhor nela. Mas parece claro que, apesar de seu senso inicial de vocação como escritora, ela carecia de confiança e resistiu aos elogios por décadas, subestimando os aspectos positivos das resenhas a sua obra e focando nos negativos. Até certo ponto, a imagem do relacionamento deles que foi transmitida à posteridade reflete a autoconfiança de Sartre e as dúvidas sobre si mesma dela – mas não é só isso que reflete.

Em outubro de 1930, suas dúvidas em relação a Sartre eram fortes o bastante para que ela pensasse em terminar. Às vezes, ela queria deixar Sartre. Ela ansiava por Zaza e seu eu anterior; embora houvesse atingido o que julgava querer, sentia-se insatisfeita: "Carícias, trabalho, prazeres: isso é tudo que existe?".[46] No registro final de seus diários, vemos Beauvoir se lamentar por futuros perdidos, eus perdidos que ela deveria ter se tornado na companhia de outros amigos:

> Eu pequei, eu pequei, eu pequei! Oh! Não quero que minha vida seja assim! Oh! Não era isso que eu sonhava. Amanhã vou ver o querido homenzinho [Sartre] e tudo estará acabado. Mas, hoje, não sei de onde vêm esses arrependimentos. Oh! Jacques, minha pureza, meu sonho, meu amor. Mas você não era essas coisas. Zaza. Não suporto o fato de você estar morta. [...] Mas estou sozinha sem você e nem sei o que quero. Eu quero ir. Quero deixar Sartre e caminhar com você, só com você, para conversar, e amá-la, e caminhar para longe daqui, bem longe.[47]

A essa altura, havíamos nos tornado muito mais dependentes de suas memórias e cartas para conhecer os detalhes de sua vida, de modo que perdemos, temporariamente, o acesso à visão de dentro. Apesar das dúvidas e flutuações de Beauvoir, ela escolheu Sartre. Mas não optou por se restringir às carícias, prazeres e obras dele. Vários escritores e críticos especularam que Beauvoir teria sido mais feliz se se casasse com Sartre. Mas essa afirmação ignora duas coisas: primeiro, que ela já havia chegado à conclusão de que o casamento era imoral antes de conhecer Sartre. E segundo, que o papel principal de Sartre em sua vida fora claramente definido desde o início: ele era "o amigo incomparável de meu pensamento". Era nesse aspecto que Sartre era necessário para Simone. Sexual e emocionalmente, ele estava longe disso.

Durante seu primeiro ano em Paris após a *agrégation*, ela havia perdido contato com muitos de seus amigos anteriores: Zaza estava morta, Jacques casado, outros haviam se mudado. Ela não via mais Merleau-Ponty nem os "Holly Willies". As únicas pessoas que ela apresentara a Sartre foram Hélène, Gégé, Stépha e Fernando. Mas logo os Gerassi também deixaram Paris e se mudaram para Madrid.

Mesmo assim, os amigos de Sartre eram uma grande distração. Mais tarde, Beauvoir descreveu esse período de sua vida como "um delicioso e caótico ensopado" de pessoas e eventos.[48] Ela se descreveu como preguiçosa primeiro, relaxando após os intensos estudos do ano anterior; mas a estudiosa que havia dentro de si acabou se reafirmando e ela voltou a ler e a escrever. Inscreveu-se na biblioteca anglo-americana. "Além dos livros que li com Sartre", dizem suas memórias, Beauvoir leu Whitman, Blake, Yeats, Synge, Sean O'Casey, "todos os de Virginia Woolf", Henry James, George Moore, Swinburne, Frank Swinnerton, Rebecca West, Sinclair Lewis, Theodore Dreiser, Sherwood Anderson. Ela atribuiu a Sartre "um interesse na psicologia do misticismo" (nos diários da década de 1920, esse era um interesse próprio dela), então, eles leram Catherine Emmerich e santa Ângela de Foligno, além de Marx e Engels.[49] Na maioria dos aspectos da vida, ela "gostava de exagerar nas coisas".[50] Mesmo quando tirava férias, em geral isso significava que ia viajar e trabalhar em outro lugar.[51]

No início, o pacto de Simone e Sartre foi desaprovado por suas famílias. O padrasto de Sartre, Joseph Mancy, recusou-se a conhecer Beauvoir, pois eles não eram casados nem noivos.[52] Mas Sartre não protestou; continuou fazendo visitas semanais à casa de seus pais sem ela. A mãe dele às vezes saía sorrateiramente para encontrá-los sozinha, mas era raro e sempre breve.

Outros problemas surgiram quando Sartre, fiel à sua palavra, não escondeu sua admiração por sua primeira amante "contingente" séria, Simone Jollivet. De fato, ele usou Jollivet como um exemplo para "tirar [Beauvoir] de sua inatividade.[53] Beauvoir ficou chateada e enciumada, mas também achava que Jollivet era uma fraude. Era uma prostituta de luxo que recitava Nietzsche para os advogados e funcionários públicos com quem ela "deitava"; Beauvoir nunca dormiu com um homem que não amasse, e não entendia a capacidade de Jollivet de usar seu corpo tão casualmente.[54] Sartre, por sua vez, achava os sentimentos de Beauvoir desprezíveis. Achava que ela deveria controlar suas paixões, uma vez que deixá-las governar comprometia sua liberdade. Do ponto de vista dele, as emoções eram desculpas esfarrapadas; tudo que ela precisava fazer era usar sua liberdade para escolher o contrário.

Beauvoir tentou se livrar do ciúmes, mas, em alguns momentos de sua vida juntos, isso foi uma verdadeira luta. Além de ela mesma sentir ciúmes, Simone também era sensível e sofria por ver a dor que outros sentiam de ciúmes dela. Beauvoir começou seu relacionamento com Sartre tendo vários homens em seu coração. E continuava encontrando coisas a apreciar em outros homens. Mas eles nem sempre apreciavam sua atenção dividida: uma vez, ela estava prestes a fazer uma viagem de dez dias com Pierre Guille (um amigo em comum de Sartre e Beauvoir) quando Maheu chegou a Paris. Ele ia ficar duas semanas, sem a esposa, e esperava passar um tempo com Simone. Eles haviam feito as pazes depois da descoberta da carta de Sartre, em dezembro anterior, mas ela lhe disse que estava indo viajar com outra pessoa. Maheu disse que nunca mais a veria se ela fosse; ela argumentou que não era justo decepcionar Guille; ela achava que era uma ofensa à amizade desistir de um "projeto conjunto", a menos que fosse inevitável fazê-lo. Eles tinham chegado a um impasse – Maheu não se convenceu e não retirou seu ultimato –; então, foram ao cinema juntos, ainda em desacordo. Beauvoir chorou durante todo o filme.⁵⁵

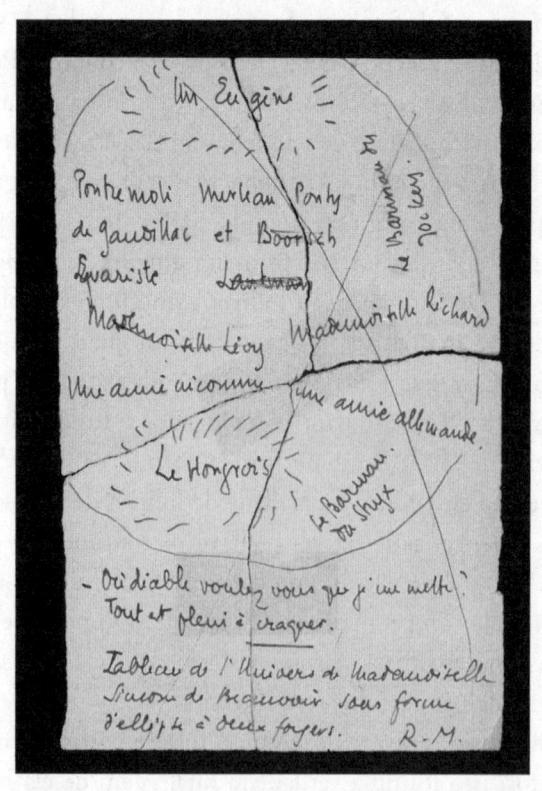

FIGURA 4 – Desenho de René Maheu, "O universo de *Mlle* Simone de Beauvoir", maio-junho de 1929. Sob a forma elíptica, Maheu escreveu: "aonde diabos você quer que eu vá? Não há espaço"

De qualquer maneira, ela apreciou as férias de fevereiro com Guille. Viajar de carro ainda era uma novidade para ela – ela gostava de andar de carro em Paris com os Nizan, mas com Guille seriam muitos dias de viagem, vendo lugares sobre os quais ela só lera em livros. Eles visitaram Avallon, Lyon, Uzerche, Beaulieu, Rocamadour e – sua favorita – Provença. Passaram dias prazeirosos imersos no calor do sol provençal. Ela adorou ver Camargue, Aigues-Mortes, Les Baux e Avignon.

Além da beleza de novos lugares, essa viagem pôs a desigualdade diante de seus olhos de uma maneira que ela jamais havia visto antes. Ao contrário da provocação de Simone Weil, Simone de Beauvoir frequentemente passava fome. Mas ela não percebia a extensão de seu privilégio, mesmo assim. A caminho do sul, ela visitou um primo, que os levou a conhecer uma fábrica. As oficinas eram escuras e cheias de limalha. Durante o ano anterior, Beauvoir lera Marx, e estava começando a ver uma conexão importante entre trabalho e valores – mas o que é lido no papel em Paris pode estar bastante longe do que se sente no chão de fábrica. Ela perguntou por quanto tempo os operários trabalhavam, e seus olhos se encheram de lágrimas ao ouvir a resposta: turnos de oito horas de quente monotonia.[56]

Quando voltaram a Paris, Sartre recebeu uma carta informando que não havia conseguido o emprego que queria em Kyoto, e Beauvoir recebeu outra de Maheu dizendo que tudo estava acabado. Sartre agora esperava que seu futuro fosse decidido pelo Ministério da Educação francês. Naquela primavera, ele recebeu a oferta de um cargo em Le Havre, não muito longe de Paris; aceitou.[57] Beauvoir também conseguiu um emprego – em Marselha, a 800 km.

À medida que essa distância se tornava iminente, ela começou a ficar muito ansiosa, notando que embora às vezes ansiasse pela solidão, também tinha medo dela. O ano anterior havia lhe ensinado coisas sobre si mesma que faziam que esse exílio a enchesse de pavor. Sartre, vendo sua preocupação, sugeriu o casamento; como marido e mulher, o Estado seria obrigado a lhes dar empregos perto um do outro. Não fazia sentido sofrer por princípios, disse ele. Eles se opunham ao casamento, mas, de que adiantava serem mártires?

Apesar de ele alegar que o casamento era apenas uma formalidade legal, Beauvoir ficou surpresa com a sugestão. Ela via razões em contrário do ponto de vista dos dois. O casamento "dobra as responsabilidades domésticas" e as "obrigações sociais"; ela não queria nem uma coisa nem outra. E também não queria ser causa de ressentimento, e temia que ser a esposa de Sartre a transformasse exatamente nisso. Sartre já estava passando por uma crise com relação a suas expectativas frustradas: ele havia sonhado com um audacioso cargo no Japão, o que combinava com a glória de um Baladin, mas, em vez disso, lecionaria nas províncias. Entrar para o time dos homens casados não era o que ele necessitava. As memórias de Simone colocam suas razões em primeiro lugar (embora ela não tenha explicitado suas objeções filosóficas); no entanto, muitas vezes elas foram negligenciadas, e, como resultado, concluiu-se que ela aceitara esse acordo pelo bem de Sartre.

Em suas memórias, Beauvoir disse que a única coisa que talvez a tenha feito mudar de ideia em relação a ingressar nessa instituição burguesa eram os filhos. Embora na adolescência ela tivesse a expectativa de ser mãe, já não via isso como um futuro possível. Ela passara a ver a reprodução como "um aumento sem propósito e injustificável da população mundial".[58] Fosse por razões retóricas ou genuínas, Beauvoir definiu sua decisão de não ter filhos em termos de vocação: uma freira carmelita "que se comprometeu a rezar por toda a humanidade, também renuncia a gerar seres humanos individuais". Ela sabia que precisava de tempo e liberdade para escrever. Então, sob seu ponto de vista, "não tendo filhos, eu estava cumprindo minha própria função".

Então, em vez de se casarem, Beauvoir e Sartre revisaram os termos de seu pacto. Seu relacionamento se tornou mais próximo e mais demandante do que era quando o fizeram pela primeira vez. Eles decidiram que embora breves separações fossem permitidas, longos períodos sabáticos solitários não eram. Esse novo compromisso não era para a vida toda; decidiram que reconsiderariam a questão da separação quando completassem 30 anos. Portanto, embora Marselha os separasse, Beauvoir deixou Paris com uma relação mais firme – e um futuro mais claro – com Sartre.

Durante o verão de 1931, Beauvoir atravessou a fronteira francesa pela primeira vez na vida. Ela tinha 23 anos e sempre quisera viajar; Zaza costumava voltar da Itália transbordando de descrições fascinantes de pessoas e lugares diferentes. Beauvoir e Sartre planejavam visitar a Bretanha naquele verão, quando Fernando Gerassi (marido de Stépha) os convidou a ir para Madrid. Sartre ainda tinha um pouco de dinheiro sobrando de um legado que herdara da avó; pagou as passagens e trocou seus últimos francos por pesetas. Visitaram Figueres na primeira noite, e o tempo todo viam-se repetindo: "Estamos na Espanha!". Eles foram de lá para Barcelona e Madrid, Segóvia, Ávila, Toledo e Pamplona. No final de setembro, separaram-se, indo um para Le Havre e outro para Marselha.

Quando mais tarde Beauvoir refletiu sobre sua chegada a Marselha, destacou-a como uma "mudança completamente nova" em sua carreira.[59] Ela chegou sozinha, sem nada que não pudesse carregar nas costas, sem conhecer ninguém. O ano anterior a fizera se sentir como se não se conhecesse tão bem, e sua estadia em Marselha lhe proporcionou espaço e tempo para ressuscitar partes de si mesma que haviam se atrofiado. Ela achou as pessoas provinciais e desinteressantes. Mas sempre adorara ficar ao ar livre; Sartre, não. Assim, em seus dias de folga, ela saía de manhã cedo para caminhar – começou com caminhadas de cinco ou seis horas por dia e foi aumentando gradualmente, percorrendo grandes distâncias em velhos vestidos e alpargatas. Ela pedia carona, apesar da preocupação de amigos e colegas: era perigoso para uma mulher andar sozinha, e ela passou por alguns apertos. Mas ela gostava da solidão de andar e achava que esse passatempo a salvava do tédio, da depressão e do arrependimento. Simone se tornou compulsiva com terminar as rotas que planejava – às vezes, correndo riscos extremos.

Seu novo cargo de professora facilitou algumas relações familiares: Françoise até convenceu Georges a tirar uma semana de férias em Marselha. Françoise havia começado a se impressionar com Simone: ela a via como uma mulher profissional com uma boa renda. Mas estava desapontada por Sartre ainda fazer parte da vida da filha: a solteirice teria sido preferível a sua presença incompreensível. Beauvoir ficou aliviada quando seus pais voltaram para Paris; ela queria voltar a caminhar.[60] Hélène também foi visitá-la duas vezes – as irmãs nunca haviam se separado por tanto tempo antes daquele ano, e sentiam falta uma da outra. Simone levou Hélène para caminhar com ela, mas, um dia, sua irmã teve febre. Simone estava tão determinada a não desviar seus planos que deixou sua irmã trêmula em uma casa de repouso esperando um ônibus, enquanto ela seguiu seu caminho. Não seria a única vez na vida que sua resolução de seguir um plano pareceria ser mais forte que sua compaixão.

No trabalho, ela não se esquivava de ensinar o que pensava, e escandalizou alunos e pais com seus ensinamentos sobre trabalho, capital e justiça.[61] Sua mente havia se tornado liberal em muitos aspectos, mas, sexualmente, ainda se apegava às convenções. Ela ficou escandalizada quando uma pessoa fez avanços sexuais, porque essa pessoa que a cortejava era *madame* Tourmelin.[62]

Marselha oferecia menos distrações humanas que Paris; de modo que em sua época de magistério, Simone começou a escrever de novo. Ela não publicou nada desse período, mas todos os enredos que escreveu voltavam à mesma coisa: "a miragem do Outro" e a relação entre honestidade, liberdade e amor. Ela não queria que "esse fascínio peculiar fosse confundido com um mero e trivial caso de amor", de modo que suas protagonistas eram ambas mulheres, para poupar o relacionamento delas de insinuações sexuais.[63]

Beauvoir ia a Paris quando podia. Se a visita era breve, só via Sartre e sua irmã; porém, quando ficava mais, gostava de ver outros amigos.[64] Caso ela e Sartre estivessem separados, escreviam-se cartas, e quando estavam juntos, um lia o que o outro estivesse escrevendo. Ele estava escrevendo uma dissertação sobre contingência.

Em junho de 1932, Simone ouvira dizer que o cargo de professora do ano seguinte seria em Rouen: apenas uma hora de Le Havre e uma hora e meia de Paris. Em *A força da idade*, Beauvoir se descreveu emergindo desse ano triunfante: ela se sentia sozinha vivendo a uma distância tão grande das pessoas importantes de sua vida, mas agora sabia que podia confiar em si mesma. Nos anos 1980, ela disse a Bair que o tempo que passara em Marselha fora "o ano mais infeliz de minha vida". Ela amava Sartre e queria estar com ele, e não sabia dizer se devia atribuir sua saudade à falta dele ou ao arrependimento.[65]

Naquele verão houve mais viagens – sul da Espanha, Baleares, Marrocos espanhol. Quando Beauvoir se mudou para Rouen, no início do ano letivo, hospedou-se no Hôtel La Rochefoucauld, perto da estação de trem. Achava tranquilizadores os apitos dos trens; e escapar era fácil. Ela fez uma nova amiga em Rouen – Collette Audry. Nizan conhecia Audry dos círculos comunistas, e ela havia sido colega de Simone no *lycée*. Simone se apresentou, e, a princípio, Collette a achou brusca e burguesa.[66] Audry era uma trotskista comprometida e Beauvoir a achou intimidadora: vestia-se bem, era segura de si e estava sempre falando de política. Em pouco tempo, estavam almoçando regularmente na Brasserie Paul.

Audry admirava a determinação de Beauvoir e gostava de seu riso. Via os afetos de Simone como ferozes. A franqueza de Beauvoir era esmagadora quando ela queria; sua reputação de não suportar gente tola permaneceu com ela por toda a vida. Quando Sartre foi visitá-la em Rouen, saíram os três juntos. Beauvoir havia explicado a Audry a natureza de seu relacionamento com Sartre, dizendo que era baseado na verdade, e não na paixão. Audry descreveu as conversas intensas e exuberantes que eles tinham como um novo tipo de relacionamento, do tipo que ela nunca havia visto: "Não consigo descrever como era estar presente quando os dois estavam juntos. Era tão intenso que às vezes quem os via ficava triste por não ter a mesma coisa".[67]

Rouen facilitou muito a continuação do pacto de Beauvoir e Sartre; eles passavam seu tempo entre Rouen, Le Havre e Paris, onde se interessavam cada vez mais pelo teatro. O amante de Simone Jollivet, Charles Dullin, era diretor de teatro, e eles se interessaram muito em aprender sua arte. Qualquer que fosse a cidade, eles povoavam suas conversas com pessoas. Na década de 1930, desenvolveram a ideia de má-fé (*mauvaise foi*): um conceito de desonestidade que eles julgavam fazer mais justiça à experiência humana que o conceito de inconsciente de Freud.[68]

Em *A força da idade*, Beauvoir creditou a criação desse conceito *a si e a Sartre*. Beauvoir começou dizendo que Sartre "elaborou a noção de desonestidade (má-fé)". Mas prosseguiu usando "nós". "'Nós' decidimos expor a má-fé". Havia uma professora em particular, uma colega de

Beauvoir, cujo comportamento a levou a um momento de clareza: "Eu entendi", disse Beauvoir a Sartre:

> "Ginette Lumière é irreal, uma espécie de *miragem*. A partir de então, aplicamos esse termo a qualquer pessoa que fingisse convicções ou sentimentos que de fato não possuía: descobrimos, sob outro nome, a ideia de 'desempenhar um papel'".[69]

O conceito de má-fé se tornaria um dos mais famosos da filosofia do século XX. A ideia de "interpretar um papel" foi famosamente ilustrada pelo "garçom" de Sartre em *O ser e o nada*. Então, por que Beauvoir disse "nós a descobrimos?". Na década de 1930, é muito difícil determinar com certeza até que ponto Beauvoir e Sartre deviam um ao outro. Como o marido de Hélène, Lionel Roulet, descreveu, o relacionamento deles era então de "conversas constantes"; "por meio de conversas constantes, do jeito como compartilhavam tudo, eles se refletiam tão intimamente que não se podia separá-los".[70]

Nesse estágio, Beauvoir e Sartre foram se tornando cada vez mais conscientes da política, embora a Beauvoir mais madura considerasse a si mesma e a Sartre "orgulhosos espiritualmente" e "politicamente cegos".[71] Por meio de Audry e outros seu caminho se cruzou com trotskistas e comunistas – mas eles não viam a luta proletária como sua luta.[72] Suas lutas eram filosóficas. Eles discutiam como entender o eu racional e físico; queriam entender a liberdade, e Sartre via o corpo – seus apetites e hábitos físicos – como uma ameaça a isso. Embora em 1929 Beauvoir não tenha desafiado a intolerância de Sartre à paixão e à emoção, no início dos anos 1930 ela começou a se opor à posição dele. Ele ainda achava que seu corpo era um feixe de músculos, separado de suas emoções; que era fraqueza sucumbir tanto às lágrimas quanto ao enjoo. Mas Beauvoir discordava: ela achava que olhos e estômago estavam sujeitos a suas próprias leis.[73]

Eles escreveram e pesquisaram, e leram volumosamente. Certa noite, perto da virada de 1932-33, Sartre e Beauvoir estavam sentados com Raymond Aron no Bec de Gaz, no boulevard du Montparnasse. Aron passara um ano em Berlim, no Instituto Francês. Havia estudado a filosofia de Edmund Husserl, cuja obra – e o método filosófico pelo qual é famoso, a fenomenologia – ainda era relativamente desconhecida na França. Segundo Beauvoir em *A força da idade*, Aron indicou seu coquetel e disse a Sartre que poderiam fazer filosofia disso. Sartre empalideceu de emoção ao ouvir isso. Era exatamente o que ele queria fazer: devolver a filosofia ao cotidiano e enraizá-la nas descrições da experiência.

Sartre e Beauvoir empregariam métodos fenomenológicos, mas cada um com suas próprias reviravoltas. Nas mãos de seu fundador, Husserl, a fenomenologia descreve as "coisas em si" – fenômenos – tentando reduzir as distrações, hábitos e pressupostos da vida cotidiana e a opinião recebida. É uma filosofia que reconhece que existe uma distância entre as coisas como aparecem para nós e as coisas como elas são (ou como achamos que deveriam ser). Para Sartre, isso foi uma revelação. Mas o método fenomenológico não era inteiramente novo para Beauvoir: quando estava na Sorbonne, ela estudara com Jean Baruzi, que havia encontrado a fenomenologia, e cujo trabalho dava atenção à *viva experiência* dos místicos cristãos. E a "metafísica concreta" de Bergson também adotava uma abordagem semelhante.[74] Já vimos que antes de Beauvoir conhecer Sartre, ela havia ficado entusiasmada ao ler os elogios de Bergson ao romancista que poderia desembaraçar a teia do eu convencional; ela queria que seu trabalho expressasse "realidade palpável".[75] Mas nem Bergson nem Baruzi estavam tão na moda em Paris dos anos 1930 quanto Husserl. No auge da fama de Bergson, as pessoas se aglomeravam em torno às portas e janelas de suas salas de aula tentando ouvir o que ele dizia. Mas tantas eram mulheres que os homens começaram a suspeitar de que o que Bergson fazia não era, de fato, filosofia. Como uma crítica de 1914 colocou: "Bergson quase sufocava pelo perfume quando as mulheres assistiam a suas palestras; mas, se Bergson realmente fosse um filósofo, nenhuma mulher o ouviria".[76]

Em abril de 1933, Beauvoir e Sartre passaram o feriado de Páscoa em Londres: divertiram-se com as convenções inglesas que viram – chapéus e guarda-chuvas, alto-falantes do Hyde Park, táxis, casas de chá e modos peculiares. Suas diferenças frequentemente se afirmavam com maior força quando estavam viajando – talvez porque não tivessem o alojamento e a vida que tinham quando estavam em casa –, e em Londres isso não foi diferente. Beauvoir, mais fluente em literatura e cultura inglesas, queria seguir os passos de Shakespeare e Dickens, visitar Kew Gardens e Hampton Court. Sartre queria ficar nas ruas da classe baixa adivinhando os pensamentos de seus habitantes.

Em cartas a Beauvoir, Sartre às vezes carinhosamente escrevia que eles eram "um". Mas, em Londres, cada individualidade se reafirmava o tempo todo. Em Oxford, Sartre gostava das ruas e dos parques da cidade, mas não do "esnobismo dos universitários ingleses", e se recusava a entrar nas faculdades. Beauvoir o repreendia por sua impertinência e entrava sozinha. Em Londres, seus desejos também divergiam: como ele podia não querer ir ao Museu Britânico?[77]

Beauvoir continuava achando muito a admirar os pensamentos de Sartre, mas não gostava de todos. Estavam sentados na estação Euston quando ele explicou como Londres se encaixava em seu esboço geral de entendimento do mundo. Beauvoir ficou irritada com seu hábito de generalizar e achou sua hipótese espúria. Esse era um terreno antigo – eles já haviam discutido isso –, mas Beauvoir insistiu mais uma vez que as palavras não podiam fazer justiça à realidade, e que a realidade devia ser encarada, com suas qualidades e defeitos; com toda sua ambiguidade e incerteza.

Sartre respondeu que observar e reagir ao mundo não era bom o bastante; que eles deveriam tentar identificá-lo com palavras. Para Beauvoir, isso não fazia sentido; Londres não podia ser entendida depois de uma visita de doze dias. Ele queria escrever as experiências deles, em vez de vivê-las, o que contrariava a principal lealdade dela: "à vida, à realidade do aqui e agora".[78]

Em janeiro de 1933, eles viram Hitler se tornar chanceler; em 2 de maio, a embaixada alemã em Paris ostentava uma suástica. Na realidade do aqui e agora, Beauvoir (e Sartre) via judeus eruditos partindo para exílios voluntários e livros sendo queimados em Berlim. Em suas autobiografias, Beauvoir alegou que ela e Sartre ainda não eram engajados politicamente, e que sua única preocupação era com "nós mesmos, nosso relacionamento, nossa vida e nossos livros que estavam por vir". Eles tinham "pouco interesse em eventos públicos e políticos", preferindo se retirar na imaginação ("manter o mundo a distância", disse ela).[79] "Em todos os níveis", escreveu Beauvoir em *A força da idade*, "falhamos em enfrentar o peso da realidade, orgulhando-nos daquilo que chamávamos de 'liberdade radical'".[80]

Mas ela não estava totalmente afastada do mundo; naquele agosto, Beauvoir esteve apaixonadamente interessada em uma história que estava em toda parte de Paris, sobre o crime e julgamento de uma jovem da classe operária chamada Violette Nozière. A moça matara o pai, depois que ele a estuprara – mas a imprensa raramente colocava as coisas dessa maneira, levando muitas mulheres a pensar: por que chamam isso de "incesto"? O debate que seu julgamento provocou foi tão intenso que foi comparado ao caso Dreyfus.[81]

Em Rouen, Beauvoir continuou trabalhando em seus projetos filosóficos e literários; começou um novo romance em 1933 e fazia aulas particulares de alemão duas ou três vezes por semana com um refugiado que conhecera por meio de Colette Audry.[82] O modelo de seu romance foi Stendahl, e ela queria contar uma história que fosse uma analogia da sua, mostrando a estagnação da sociedade burguesa e a necessidade de revolta individual. Ela mesma não foi uma das protagonistas, mas Zaza foi descrita nessa história sob o nome de Anne: um modelo de piedade e lealdade. Essa não seria a última vez que Beauvoir reescreveria a vida de Zaza; ela estava recém-começando a descobrir os efeitos catárticos e esclarecedores da literatura escrita. Mas achava que os personagens de seu primeiro romance não tinham profundidade, que não eram suficientemente fiéis à vida, de modo que desistiu dele pouco tempo depois. Mas voltou aos mesmos temas – e, de fato, personagens – em obras subsequentes.

Embora não tivessem muito dinheiro durante esse período, Beauvoir e Sartre viajavam sempre que podiam; em 1934 foram à Alemanha, Áustria, Checoslováquia, Alsácia, Córsega. Foram também a Hanover ver a casa de Leibniz.[83] Naquele ano, Beauvoir não tentou escrever nada; tomou uma decisão consciente de se concentrar nas leituras e aprendizagem. Ela estudou a Revolução Francesa e leu Husserl em alemão.[84] Sartre estava trabalhando duro em um tratado filosófico sobre Husserl (*A transcendência do ego*) e ainda editando o manuscrito sobre contingência – mas sem muito sucesso.

Durante o ano que Sartre passou em Berlim, Beauvoir tirou duas semanas para ir visitá-lo. Sartre havia conhecido uma mulher "contingente" lá, cuja companhia apreciava bastante: Marie Girard.[85] Beauvoir a conheceu e gostou dela; em suas memórias, escreveu que embora fosse a primeira vez que Sartre se interessava seriamente por outra mulher, estava tão à vontade com o arranjo deles quanto no início (embora fosse capaz de sentir ciúmes, e não subestimava isso).[86] Ela continuava se sentindo segura na estima de Sartre; eles estavam descobrindo Faulkner e Kafka juntos, explorando a questão de como escrever bem a vida. Nesse estágio, ambos pensavam que a salvação poderia ser alcançada por meio da arte.[87] O biógrafo de Sartre, por outro lado, chama isso de "primeira crise" no relacionamento deles.[88]

Pessoalmente, Beauvoir sentia que seu problema mais sério ainda era aquele que escrevera em seus diários de estudante: quanto de si mesma guardar e quanto dar. Ela ainda não sabia como conciliar "seu desejo de independência" com os sentimentos que a dirigiam "tão impetuosamente para outra pessoa".[89] Ela fazia afirmações controversas em suas aulas – por exemplo, que "as mulheres não estavam destinadas exclusivamente a trazer crianças ao mundo".[90] – e emprestava a seus alunos livros que os pais consideravam censuráveis. Alguns pais fizeram queixas formais, acusando-a de atacar a santidade da família; felizmente, o inspetor da escola ficou do seu lado.

Durante esse período, enquanto Beauvoir e Sartre eram professores desconhecidos, ele passou por um período de depressão. Estava desapontado e entediado, e mais tarde chamou essa época de sua vida de "anos sombrios".[91] Sartre se sentia um fracasso; não esperava acabar como professor provincial, e achava a vida monótona e sua genialidade não reconhecida. A comparação também não ajudava muito. Paul Nizan já havia publicado dois livros: *Aden, Arabie* em 1931 e *Antoine Bloyé* em 1933. O primeiro foi bem recebido, e o segundo ainda mais. Até Maheu – que havia fracassado na *agrégation* – estava a caminho de uma carreira respeitável (passaria a ser diretor-geral da UNESCO). Mas Sartre não havia publicado nada; não era famoso e estava começando a se preocupar: "Quem não é famoso aos 28 anos, deve renunciar à glória para sempre".[92] Ele sabia que era absurdo pensar assim, mas não se sentia menos angustiado por não ter realizações.

Certo dia de novembro, eles estavam sentados em um café à beira-mar em Le Havre; os dois estavam apáticos, preocupados com que a vida houvesse se sedimentado em repetições implacáveis e que nada de novo acontecesse. Beauvoir estava tão chateada naquela noite que chorou rios d'água, e seu "velho anseio" pelo Absoluto – ou seja, Deus – reapareceu.[93] Com esse ânimo, ela achava que os empreendimentos humanos eram vaidade e censurava Sartre por idolatrar a "vida". No dia seguinte, ela ainda estava chateada com sua revelação, e discutiu com ele. Sartre achava que não havia verdade em vinho e lágrimas, e justificou o humor dela pelos efeitos deprimentes do álcool, e não pela metafísica. Ela achava que o álcool levantara um véu, revelando a feia face da verdade.

Ambos tiveram que enfrentar a decepcionante dissonância entre suas expectativas da vida adulta e a realidade. Sartre estava começando a perder o cabelo, e não sabia o que fazer com o manuscrito sobre contingência – ainda estava muito cru. Beauvoir teve uma ideia: por que não o transformar em um romance? A obra precisava de profundidade ficcional e suspense. Sartre adorava histórias de detetive; poderia, então, escrever seu questionamento filosófico como uma busca fictícia? Em seu terceiro rascunho, ele situou o romance em Le Havre e baseou o personagem principal, Antoine Roquentin, em si mesmo. As críticas dela foram detalhadas e exigentes, mas era por isso que ele seguia seus conselhos – "invariavelmente".[94]

Enquanto isso, ele deixara o romance de lado para trabalhar em seu ensaio filosófico sobre *imaginação*. Havia sido encomendado por Henri Delacroix para uma editora acadêmica, Alcan, e pesquisar sobre o assunto fez Sartre se perguntar sobre sonhos e alucinações. Um amigo da École Normale, Daniel Lagache, especializara-se em psiquiatria e disse a Sartre que providenciaria para que ele experimentasse mescalina se quisesse vivenciar alucinações.

Então, em fevereiro de 1935, Sartre foi ao hospital de Sainte-Anne, em Paris, para, sob supervisão, tomar uma injeção de mescalina. Ele foi observado por várias horas, mas, infelizmente, não vivenciou o tipo de viagem que esperava; em vez de alucinações felizes, foi perseguido pelos objetos deformados que havia em seu quarto, e viu caranguejos e outros crustáceos, que o assombraram durante as semanas seguintes. Quando viu Beauvoir naquela noite, Sartre não era nem um pouco ele mesmo.[95]

Ele acabou admitindo que estava lutando contra a depressão e a preocupação – Sartre era meio propenso a dar um tom catastrófico às coisas –, que estava à beira da psicose alucinatória crônica. Beauvoir ironicamente o fez recordar que, segundo a filosofia dele, a mente controlava o corpo, e sua única loucura era acreditar que estava louco.[96]

Em março de 1935, Hitler promulgou uma lei de conscrição, reintroduzindo o serviço militar obrigatório, aumentando o exército de 100 mil a 555 mil soldados. A França começou a entrar em pânico – a esquerda e a direita. Assinou um pacto com a URSS, no qual Stálin aprovava a política de defesa nacional francesa. Com a Rússia de um lado e a França de outro, a paz parecia segura – a Alemanha não tinha chances de vencer uma guerra, de modo que certamente não seria tola de tentar. Em retrospecto, Beauvoir escreveria que sua "maneira de ler o jornal permanecia decididamente frívola"; nessa fase, ela se absteve de dar a melhor abordagem aos problemas que Hitler representava.[97] Apenas uma das cartas de Beauvoir de 1935 foi publicada em *Lettres à Sartre*, datada de 28 de julho. Ela não fez nenhuma menção à política, exceto para dizer que o único jornal que conseguia em Ardèche era o *Le Petit Marseillais*.[98]

Naquela Páscoa, eles visitaram os lagos italianos, e Sartre parecia de bom humor. Mas, quando voltaram, ele não conseguia fingir que estava bem. Estava apático e se sentia deprimido – a ponto de um médico lhe aconselhar evitar ficar sozinho. Então, Beauvoir fez todos os esforços para estar com ele caso não pudesse, e para combinar com outros que ficassem quando não podia.

Escrevendo em 1960, Beauvoir disse que não conseguia realmente entender a crise de Sartre; ela havia começado a perceber que embora as situações dos dois parecessem muito semelhantes, não eram tão parecidas quanto se julgaria à primeira vista:

> Passar na *agrégation* e ter uma profissão era algo que ele considerava garantido. Mas, quando eu estava no topo daquela escadaria

em Marselha (em 1931, quando ela começou a lecionar), fiquei tonta de puro deleite: eu senti que, longe de ter que suportar meu destino, eu o havia escolhido deliberadamente. A carreira em que Sartre via sua liberdade decair ainda significava libertação para mim.[99]

Beauvoir continuava sentindo profunda satisfação com a leitura de filosofia, que ela descrevia como uma "realidade viva", e continuava escrevendo. Ela estava trabalhando em uma coleção de contos, *Quando o espiritual domina*. Um deles contava a história de como Zaza fora "levada à loucura e à morte pelo código moral puritano de seu ambiente".[100] Acredita-se agora que outro conto tenha inspirado o de Sartre *The Childhood of a Leader*.[101] No período entre 1926 e 1934, Beauvoir fez sete tentativas de escrever romances.[102] Mas ela teria que esperar mais de quarenta anos para ver qualquer material seu publicado. Enquanto isso, Sartre por fim encontraria sucesso filosófico e literário e o relacionamento deles se tornaria (ou, pelo menos, *pareceria* se tornar) um trio.

7

O trio que era um quarteto

Em 1934, Beauvoir conheceu a estudante cujo papel em sua vida e na de Sartre se tornou objeto de muitas conjecturas e condenações: Olga Kosakiewicz. Sua participação na história deles foi celebrada em *A força da idade* e virou ficção pelas mãos de ambos os escritores em seus romances, como Xavière em *A convidada* (de Beauvoir) e como Ivitch em *Os caminhos da liberdade* (Sartre). Segundo Hélène de Beauvoir, Olga não gostou das representações ficcionais dela, mas ela e Castor permaneceram amigas por muitos e muitos anos.[1]

De meados da década de 1930 a início dos anos 1940, Beauvoir teve três relacionamentos íntimos com mulheres muito mais jovens que haviam sido alunas suas, e em cada caso Sartre tentou conquistá-las, às vezes ao mesmo tempo e às vezes com sucesso. A feminista francesa Julia Kristeva chamava Beauvoir e Sartre de "terroristas libertários" com base na maneira como tratavam seus amantes contingentes, e foi esse período especialmente que deu a Beauvoir uma reputação de libertina sexual, e que aparece em muitas rejeições *ad feminam* a sua obra.[2] Dada a filosofia que ela mais tarde escreveria e os legados duradouros dessas relações em sua vida pessoal e reputação pública, é muito difícil não nos perguntarmos: o que ela tinha na cabeça?

Collette Audry foi quem falou sobre Olga a Beauvoir pela primeira vez; Olga era conhecida no *lycée* de Rouen como "a russinha". Era filha de um nobre pai russo e uma mãe francesa. Era surpreendentemente pálida e loura, e escrevia ensaios pouco notáveis – eram tão curtos que Beauvoir tinha dificuldade para lhes dar nota. Por isso, ficou surpresa ao entregar as notas dos exames finais: Olga havia tirado as melhores.

Logo depois, houve outro exame, o preparatório para o *baccalauréat*. No fim, Olga (sem ter escrito nada) caiu em prantos. Simone lhe perguntou se ela gostaria de sair para falar do que a estivesse incomodando, e então, elas se encontraram no domingo à tarde e passearam ao longo do rio, conversando sobre Deus e Baudelaire. Ficaram fascinadas uma com a outra. Para Simone, Olga, aos 19 anos, era brilhante, e ela sentia vontade de aumentar sua confiança; para Olga, Simone, 27 anos, era intrigante – ao contrário das outras professoras da escola, Mlle de Beauvoir era elegante, sofisticada e não convencional.

Os pais de Olga Kosakiewicz se conheceram na Rússia: sua mãe havia ido para lá para ser governanta de uma família aristocrática em Kiev. Acabara se casando com um dos filhos da família, que era engenheiro e se tornara oficial do Tsar. Olga nasceu em Kiev em 6 de novembro de 1915,[3] e sua irmã, Wanda, em 1917. Porém, logo após a Revolução Russa, a família se juntou ao êxodo dos nobres. Mudaram-se algumas vezes, na Grécia e em outros lugares, antes de se estabelecerem na França. Assim, as irmãs Kosakiewicz foram criadas à base de um coquetel de nostalgia exilada e superioridade nobre.

Olga se saiu muito bem em seu *baccalauréat*, especialmente em filosofia, e quando foi para casa no verão, ela e Beauvoir se corresponderam brevemente antes de os pais de Olga a mandarem de volta a Rouen para estudar medicina. Ela não queria ser médica e detestava o nacionalismo de direita de muitos de seus colegas de classe, tanto quanto o comunismo de outros. No outono e inverno de 1934-35, a situação política mudou: a economia estava piorando, grandes empresas, como a Salmson, estavam demitindo pessoas, e a Citroën falindo. O desemprego estava aumentando, e a xenofobia também.

Assim, Olga fez amizade com outros imigrantes, muitos dos quais eram judeus, e continuou amiga de Simone, com quem discutia seu dia a dia e as questões decorrentes de suas novas amizades. Um dia, ela perguntou o que significava ser judeu. Simone respondeu: "Nada; não existe essa coisa de 'judeus'; só de seres humanos". Beauvoir percebeu, mais tarde, como havia sido deploravelmente abstrata sobre questões como essa – alegou que sabia que categorias sociais eram poderosamente reais, mas rejeitava completamente a ideologia hierárquica de seu pai, na qual franceses e judeus, homens e mulheres, ocupavam ordens fixas.[4]

No outono de 1934, Olga e Beauvoir passavam mais e mais tempo juntas; uma encontrava na outra alívio do sufocante provincialismo de Rouen. Elas almoçavam juntas uma vez por semana, e, ocasionalmente, iam à noite à ópera ou a um encontro político – no que dizia respeito a Simone, Olga "ainda é uma criança", mas gostava de seu jeito de ver o mundo.[5] Ela escreveu a Sartre dizendo que era "um mundo repensado de maneira absolutamente inesperada por uma pequena consciência original".[6]

Quando Olga conheceu Sartre, sua fama o precedia com uma camada de excêntrico fascínio. Os crustáceos induzidos por sua viagem na mescalina davam-lhe um ar trágico. "Sartre tinha algo de cavaleiro medieval", segundo a visão de Olga. "Ele era muito romântico".[7] Durante esse período, Sartre e Beauvoir normalmente se encontravam em Le Havre – que eles preferiam a Rouen –, mas, no início de 1935, ele começou a ir para Rouen e a passar mais tempo com Olga. A princípio, todos pareciam se beneficiar da amizade mútua entre eles; Olga gostava da atenção deles, Sartre estava animadamente fascinado por ela, e Beauvoir aliviada por ver Sartre emergir de sua anedonia. Mas, então – da primavera de 1935 à de 1937 –, o ânimo sombrio foi substituído por um tom diferente de loucura: Sartre estava obcecado por Olga.

O período que se seguiu foi intensamente difícil para Beauvoir: ela gostava muito de Olga e queria que a garota visse, percebesse, o potencial dentro de si. Mas, devido a uma série de eventos, o relacionamento entre elas se complicou, de um jeito que ela não havia previsto. Beauvoir havia se mudado para outro hotel, recomendado por Olga: Le Petit Mouton. Beauvoir tentou encorajar Olga em seus estudos, e Olga tentou diligentemente também – por um trimestre. Mas, então, a liberdade lhe subiu à cabeça e ela passava os dias e as noites bebendo e dançando, lendo e conversando – mas não trabalhando. Ela seria reprovada nos exames para Medicina duas vezes em 1935 – primeiro em julho e novamente em outubro.

Por conta da situação com Olga estar cada vez mais complexa, no verão de 1935 Simone voltou a caminhar sozinha pela França, de novo com nada mais que alpargatas de lona nos pés. Ela andava sozinha enquanto Sartre fazia um cruzeiro norueguês com seus pais. Depois, eles se encontraram em Sainte-Cécile-d'Andorge. Ele era um bom caminhante também, quando queria, mas temia que Beauvoir se esforçasse demais em excessos nada saudáveis.[8] Talvez ele estivesse exagerando quando dissera que era alérgico a clorofila, em 1929, mas ainda preferia rochas antigas a árvores. Então, Beauvoir planejou a rota para conhecerem cidades, vilarejos, abadias e castelos. Depois da viagem com mescalina, Sartre ainda sofria visitas indesejadas de crustáceos. Um dia, eles estavam dentro de um ônibus quando ele declarou que já estava farto de lagostas – elas o seguiram durante toda a viagem, e ele as expulsaria de uma vez por todas. Caminhar sempre fora uma boa maneira de Beauvoir exorcizar seus demônios, e agora Sartre também estava tentando livrar sua mente de seus habitantes indesejados.[9]

Enquanto Sartre lutava para espantar seus crustáceos, Beauvoir pensava por que não conseguia escrever ultimamente. Ela estava determinada a retomar isso. A única questão era: que "isso" era esse? Não escapara ao seu conhecimento que Sartre estava fazendo mais sucesso com a escrita filosófica que com romances até então. Por que ela não tentava isso também? Sartre lhe dizia que ela entendia a filosofia mais rápida e precisamente que ele, e ela reconhecia que ele lia os outros com tendência a interpretá-los segundo suas próprias hipóteses.[10] Em 1946, ela escreveria que Sartre não queria que sua criatividade dependesse de ninguém, que "nenhuma ideia me chega de fora" (a não ser dela, é claro): "Ele lê pouco, e se por acaso sente vontade de ler, qualquer livro pode deliciá-lo; diz apenas que as páginas impressas servem de suporte para sua imaginação e seus pensamentos, meio como adivinhos que procuram na borra de café uma base para suas visões".[11]

Na opinião dela, Sartre não conseguia tomar distância de seu próprio ponto de vista, ou não via valor nisso. Mas, no caso de Beauvoir, o oposto era verdadeiro: ela sentia pouca resistência quando tentava entender outras formas de pensar. Simone conseguia ver pontos fracos em opiniões diferentes e identificar seu potencial de desenvolvimento. Mas, quando conhecia uma teoria convincente, não passava incólume: a teoria "mudava [sua] relação com o mundo e coloria toda [sua] experiência".[12]

Embora ela não escrevesse muito, não estava ociosa; estava trabalhando no alemão – o de Sartre, apesar do ano em Berlim, era terrível –, e continuava lendo filosofia avidamente. Mas ela ainda não queria escrever filosofia. Em retrospectiva, ela não se lembrava de se sentir particularmente ansiosa por não ter publicado nada ainda – Stendahl, o romancista francês que lhe servira de modelo para *Quando o espiritual domina*, não começara a escrever até os 40 anos.[13]

Em Rouen, estava claro que Olga não seria bem-sucedida na medicina. Seus pais queriam mandá-la para um colégio interno em Caen: mas o "trio" queria evitar isso. A pergunta era: o que ela poderia fazer benfeito? Como ela se saíra bem em filosofia, Sartre fez uma sugestão que Beauvoir achou absolutamente brilhante. Entre seus dois salários, eles tinham dinheiro suficiente para pagar um quarto para Olga, e Sartre estava administrando um curso exclusivo a fim de preparar os alunos para a formação no magistério. Beauvoir escreveu para os pais de Olga e marcou uma reunião. Eles concordaram com sua proposta: a jovem estudaria sob a supervisão de Simone. Então, Sartre e Beauvoir fizeram um cronograma de aulas, definiram a lista de leitura e ensaios de Olga e alugaram um quarto para ela no Petit Mouton, perto de Beauvoir.

Também estabeleceram um cronograma para quem veria quem e quando: todos eles queriam um tempo *tête-à-tête*, mas também queriam o que chamavam de "sessões plenárias", quando os três se reuniam. Em retrospectiva, Beauvoir escreveu que nunca se sentiu à vontade no trio com Olga. Frequentemente se via no meio de um relacionamento construído sobre alicerces instáveis. No âmbito acadêmico, seus esforços para ensinar Olga tiveram pouco êxito; a garota lia quando se sentia inclinada a isso, e só trabalhava quando queria, e raramente queria. Inicialmente, Sartre e Beauvoir achavam que estavam agindo no interesse de Olga, mas Beauvoir reconheceu mais tarde que o relacionamento deles não era construído sobre igualdade mútua: Sartre e Beauvoir "a anexaram" a si mesmos.[14] Ambos estavam começando a se sentir velhos e desinteressantes: viviam de forma vicária por meio da juventude e descuido de Olga.

Mas Beauvoir gostava profundamente de Olga: "Neste momento, existem apenas duas pessoas no mundo que contam em minha vida", escreveu ela, "e você é uma delas".[15] Em breve, os sentimentos de Olga por Beauvoir "atingiram uma intensidade incendiária".[16] O relacionamento físico de Olga com Beauvoir provocou vários tipos de frustração em Sartre: durante os dois anos de sua obsessão, Olga não dormiu com ele.

Olga foi o primeiro amor "contingente" que Simone e Sartre "compartilharam", mas não a compartilhavam sexualmente. Mesmo assim – e apesar do desprezo pelas emoções e da liberdade para superá-las –, Sartre sentia muito ciúmes.[17] Seu comportamento estava se tornando se cada vez mais errático e estranho. Mais perturbador, do ponto de vista de Beauvoir, era o fato inegável de que ele tinha sentimentos por Olga que jamais tivera por ela. No final da obsessão de dois anos de Sartre, Beauvoir estava em uma agonia que ia "além do ciúmes", em suas palavras, fazendo-a questionar se sua felicidade acaso não se baseava em "uma mentira gigantesca".[18]

Mas Olga era apenas parte da história. Em Le Havre, um dos alunos favoritos de Sartre era um homem charmoso chamado Jacques-Laurent Bost. Ele era o caçula de dez filhos, exatamente seis meses mais novo que Olga. Provinha de uma família protestante e tinha um irmão mais velho que trabalhava como leitor da prestigiada editora parisiense Gallimard. Ele era alto, tinha lábios carnudos e cabelos negros como azeviche que caíam sobre seus olhos verdes. E embora ela tenha escrito que "se sentia atraída por ele", Beauvoir falou pouco sobre o relacionamento deles em suas memórias.[19] Na verdade, ele foi uma de suas omissões mais significativas – escondida por toda a vida. Só quando a correspondência deles foi publicada em francês, em 2004, que o apaixonado caso de dez anos se tornou público. Quando Olga traiu Sartre (assim pareceu a ele) dormindo com Bost, Sartre salvou seu ego ferido seduzindo sua irmã, Wanda. Beauvoir considerou a decisão de Olga de acabar com o trio o epítome da sanidade, mas Sartre ficou arrasado. Para piorar a situação, a Gallimard rejeitou seu livro.

Para Beauvoir, o trio causou estragos em sua vida cotidiana, mas também tornou mais amplas as perguntas que ela andava ponderando desde o fim da década de 1920. Aos 19 anos, ela havia escrito em seu diário que queria expor suas ideias filosóficas sobre "a oposição entre o eu e o outro". Dez anos depois, seu relacionamento com Olga e Sartre fez que ela enfrentasse esse problema na vida de uma maneira nova. Embora Olga gostasse da atenção de Sartre e Beauvoir e permanecesse amiga deles até a década de 1970, sabia que estava desempenhando um papel frágil. Ela era melancólica e taciturna durante esse período, levando Beauvoir a refletir que "Quando se afastou de mim, ela me olhava com olhos estranhos, e fui transformada em um *objeto* que poderia ser tanto um ídolo quanto um inimigo".[20]

Os sentimentos de Beauvoir sobre esse relacionamento oscilavam. No relato público sobre o trio na autobiografia de Beauvoir, ela escreveu que essa relação a havia feito perceber – mais uma vez – que um relacionamento harmonioso entre duas pessoas nunca deveria ser tomado como seguro; requer esforço contínuo.[21] Já em 1927 ela havia chegado à conclusão de que o amor não era algo estabelecido de uma vez por todas, que tinha que ser "incessantemente criado em uma juventude eternamente renovada".[22] Mas, embora estivesse aperfeiçoando seus pontos de vista sobre liberdade, ação e amor, ela não havia percebido plenamente o mal que o par "essencial" poderia infligir aos outros "contingentes".

Olga em raras vezes dava entrevistas, mas, retrospectivamente, comparava seu eu jovem – e Bost e Wanda – a cobras hipnotizadas: "Fizemos o que eles queriam porque, independentemente de qualquer coisa, estávamos entusiasmados com a atenção deles, sentíamo-nos privilegiados".[23] Mesmo antes de a fama aumentar seu fascínio, Beauvoir e Sartre eram uma dupla carismática e cativante. Mas não temos desse período nenhuma evidência de que Beauvoir considerasse as relações desiguais de poder entre eles uma fonte de preocupação. Jovens ou velhos, ricos ou sem um tostão, seus amantes contingentes eram livres para escolher suas ações – não eram?

Naquele verão, Sartre e Beauvoir viajaram pela Itália e Grécia; Beauvoir estava aliviada por serem só os dois. Também tinham boas notícias para celebrar: depois das férias, ela finalmente voltaria a Paris! Conseguira um cargo no Lycée Molière. Mas, quando voltaram, em setembro, viram que a política era mais difícil de ignorar: sentiam-se consumidos pela Guerra Civil Espanhola. A amizade deles com Fernando Gerassi os havia sensibilizado em relação à Espanha, e depois de suas viagens, eram hispanófilos de coração. O primeiro-ministro da Frente Popular, Leon Blum, havia decidido que a França não interviria na guerra, o que Beauvoir considerava repugnante: Hitler e Mussolini estavam fornecendo homens e material aos rebeldes, mas a França se recusava a guarnecer armas à República Espanhola, deixando de honrar seus acordos.[24] Chegou um momento em que Fernando não suportou mais ficar assistindo de Paris e foi para a Espanha lutar. Sartre e Beauvoir, além de Stépha e outros amigos, foram vê-lo na estação.

De volta a Paris, Beauvoir alugou um quarto de hotel no Royal Bretagne, na rue de la Gaîté. Sartre não estaria em Paris por mais um ano, mas Bost estava lendo para tirar seu diploma de professor na Sorbonne e Hélène ainda estava na capital, de modo que Simone estava feliz por estar perto deles de novo. Olga também se mudara para Paris para tentar ser atriz com a ajuda das conexões de Sartre e Beauvoir.

Durante o fim da década de 1930, Sartre iniciou uma campanha de sedução em série, que foi o combustível do fogo mitológico do pacto dos dois. Segundo conta a história, Beauvoir ajudou Sartre a revisar seu romance *Melancholia* (que seria publicado como *A náusea* em 1938), trabalhando por horas no Dôme ou no La Rotonde fazendo anotações nos manuscritos dele. Ela refinava a literatura dele enquanto ele gratificava sua própria *libido*. Sartre dizia a todos que *A náusea* só era publicável devido ao extenso trabalho de Beauvoir. Mas o texto com os comentários dela se perderam. Sartre gostava de recopiar com precisão as versões de seus manuscritos que deviam ser preservadas para a posteridade, e Beauvoir alegava ter jogado fora as cópias comentadas.[25]

Na primavera de 1937, Beauvoir trabalhava muito e descansava pouco; foi ficando esgotada, e achava que nunca tinha oportunidade de recuperar suas reservas de energia. Certa noite, em Montparnasse, ela estava conversando com Bost no Le Sélect quando começou a tremer.[26] Em geral, ela não dava atenção a seu corpo quando este era inconveniente, mas aquilo foi avassalador demais para ignorar. Ela voltou para casa imediatamente, passou uma noite febril e ficou na cama todo o dia seguinte. Mas, no fim da tarde, achou que passar um dia inteiro na cama era excessivamente preguiçoso. Então, quando Sartre chegou de Laon naquela noite, concluíram que ela já estava bem para sair. Ela se esforçou para se vestir e sair pela porta, e chegou à festa desesperada para encontrar um lugar para se deitar de novo. Seus amigos ficaram preocupados – era sério? Ela protestou diante da preocupação deles, mas

Sartre acabou levando-a para casa e chamando um médico. Logo depois ela foi hospitalizada, com um edema pulmonar grave. Simone não podia acreditar que aquilo estava acontecendo *com ela*; era desconfortável perceber que ela também poderia fazer parte das estatísticas. Ficava deitada na cama ouvindo os médicos falarem sobre seu corpo como um objeto, uma coisa; a percepção de que eles estavam falando *dela* fez que se sentisse alienada e insegura.

Quando se recuperou, tinha motivos para agradecer que iam além de sua saúde. Sartre estava voltando para Paris – finalmente viveriam no mesmo lugar! –, e ele reservara dois quartos no Hôtel Mistral, o dela no andar abaixo do dele, para que pudessem ter "todas as vantagens de uma vida compartilhada sem nenhum inconveniente".[27] O novo hotel ficava em Montparnasse, perto de todos os seus cafés favoritos – La Rotonde, Le Dôme, La Coupole e Le Sélect. Em maio de 1937, a sorte literária de Sartre também começou a melhorar: seu romance sobre contingência finalmente foi aceito.

Naquele verão, Beauvoir e Sartre viajaram para a Grécia com Bost. Dormiram em terraços e fizeram longas caminhadas – torturantes, por terem subestimado o sol escaldante. Às vezes, Bost e Beauvoir saíam sozinhos, nadavam juntos, enquanto Sartre ficava sentado em um café trabalhando ou escrevendo para Wanda.

Quando o novo ano escolar começou, Beauvoir ainda queria escrever, mas não sabia o quê. Sartre a encorajou a pôr *a si mesma* em seus livros; fora só depois que ele baseara Roquentin nele mesmo que *A náusea* fora aceita. *Quando o espiritual domina* era bom, disse ele, porém ela era muito mais interessante que os Renées e Lisas sobre os quais escrevia: por que não escrever com base em sua própria vida?

A primeira reação dela foi se sentir vulnerável demais para escrever sobre sua própria experiência. Embora ela regularmente relatasse sua vida em cartas para o consumo de Sartre e outros correspondentes, publicá-la para que todos a vissem era outra coisa. Mas ela continuava voltando a uma das questões filosóficas que a mantinham perplexa desde a adolescência: a consciência dos outros. Ela havia lido uma notícia no jornal sobre um homem que assassinara um taxista porque sentira vergonha por não ter dinheiro para pagar a corrida. Ela se perguntava:

como os humanos podiam ser tão monstruosamente motivados pela vergonha? Por que às vezes eles vivem para os outros – tentando parecer ser de determinada maneira na mente de outra pessoa –, em vez de viver por seu próprio bem?

Ela pensou em escrever uma personagem fictícia baseada em Simone Weil como protagonista anti-Beauvoir; mas Sartre sugeriu que Olga faria uma melhor justaposição.[28] Beauvoir não precisou ser convencida: Olga seria perfeita. Em setembro de 1937, Beauvoir escreveu para Sartre da Alsácia, onde estava de férias com Olga – palavras que, citadas fora de contexto, poderiam levar a conclusões erradas: "K. é encantadora, perfeitamente idílica comigo, fascinada por tudo, e o melhor, muito mais luxuriosa do que se poderia imaginar". Mas a luxúria celebrada não era sexual: Beauvoir prosseguia dizendo que Olga não se deixava abater por chuva ou vento, e que andava cinco, seis, sete horas por dia.[29]

Em 1938, *A náusea* foi finalmente publicada – dedicada "A Castor". Logo depois choveram elogios a Sartre, que foi aclamado como uma estrela em ascensão; *Les nouvelles Littéraries* chamou o livro de "uma das obras notáveis de nosso tempo". Quando sua coleção de contos – *O muro* – foi lançado, logo depois, André Gide escreveu: "Quem é esse novo Jean-Paul? Parece-me que podemos esperar muito dele".[30] Mas *Quando o espiritual domina*, de Beauvoir, foi rejeitado duas vezes – primeiro pela Gallimard, depois pela Grasset.[31] Quando Henry Müller redigiu sua rejeição, comentou que seu retrato das mulheres burguesas reprimidas era bom, mas que outras pessoas já escreviam sobre os mesmos problemas e ela não os resolvia – "Você se satisfaz em descrever um mundo em desintegração e depois abandona seus leitores no limiar da nova ordem, sem dar indicação precisa de quais serão seus benefícios."[32]

Beauvoir não desistiria – uma década depois, ela escreveria um manifesto sobre a "nova ordem", *O segundo sexo*. Mas, enquanto Sartre conquistava a admiração dos literatos parisienses, Beauvoir ganhava cada vez mais despeito do pai. Georges de Beauvoir zombava de seus escritos não publicados e dizia que ela nunca seria mais que a "prostituta de um verme".[33]

No trabalho, Beauvoir foi recebida de uma maneira bem diferente. Suas alunas do Lycée Molière, uma escola para meninas no 16º distrito, lembravam que ela causara uma boa impressão. Vestia-se com elegância, usava blusas de seda e maquiagem, e possuía tão bom domínio de sua matéria que sempre dava aulas sem anotações.³⁴ Ela ensinava às alunas sobre Descartes, Husserl e Bergson; discutia Freud só para rejeitá-lo, preferindo epicuristas, estoicos e Kant.³⁵

Uma de suas alunas do *baccalaureate* de 1937-38, Bianca Bienenfeld, ficou impressionada com Simone – ela lhe escreveu uma carta dizendo que gostava de suas aulas de Filosofia e queria estudar o assunto no futuro, na universidade. E perguntou se Simone estaria disposta a se reunir com ela para falar sobre isso.

Dia e hora foram marcados; elas se encontraram em Montparnasse. Bienenfeld tinha 17 anos na época, era uma garota judia cujos pais haviam se mudado para a França com a esperança frustrada de sofrer menos antissemitismo do que haviam experimentado na Polônia. Seu pai era médico. Sua família valorizava a cultura, e Beauvoir gostava da inteligência e do charme de Bianca. Disse a Bost que a respeitava bastante; às vezes, até esquecia que estava conversando com uma jovem.³⁶

Em pouco tempo, elas estavam passando os domingos juntas, e Bienenfeld ia correndo para a estação de metrô em Passy toda semana, empolgada por vê-la. Beauvoir explicou seu relacionamento com Sartre a Bianca; disse que se amavam, mas queriam preservar a liberdade, por isso não se casavam e tinham outros amantes. Bianca ficou fascinada com as histórias das irmãs Kosakiewicz e sentiu-se levemente indignada com o fato de Beauvoir ter sido indulgente com elas – do ponto de vista dela, elas eram preguiçosas e caprichosas, e não mereciam seu apoio ou a maior parte do tempo que Beauvoir poderia ter passado com Bianca.³⁷ Bianca escreveria mais tarde que no final de junho já queria *ser* Beauvoir.³⁸

Com o fim do ano letivo, elas não eram mais professora e aluna. Fizeram uma excursão ao Morvan, percorrendo longas distâncias em terrenos montanhosos. No fim do dia, dividiram um quarto – e uma cama – em uma pensão. Foi durante essa viagem, escreveu Bianca, que o relacionamento delas se tornou consensualmente físico.³⁹ Mais tarde, Beauvoir negou que já houvesse feito sexo com mulheres;⁴⁰ mas suas cartas explicitamente mostram que era sexualmente íntima com elas. Para começar, em uma carta a Sartre de 22 de julho, Beauvoir disse que recebera cartas de Bianca, "cheias de paixão".

Bianca Bienenfeld havia nascido na Polônia em abril de 1921, e completou 17 anos naquele verão.[41] Essa idade é chocante para os padrões atuais, mas ela estava acima da idade de consentimento na época – e não há evidências de que Beauvoir tivesse preocupações, em 1938, sobre a diferença de idade entre elas ou pelo fato de que seu papel de ex-professora de Bianca envolvia dinâmicas de confiança e poder que poderiam ser comprometidas de uma forma prejudicial por o relacionamento se tornar sexual. Após a morte de Beauvoir, Bianca a pintou como uma predadora que escolhia "carne jovem e madura entre suas alunas" para "sentir o gostinho ela mesma antes de passá-las" a Sartre.[42] Bianca afirmou que esse "padrão" explicava o que acontecera com ela e com Olga – mas parece que ela não sabia que Olga recusara os avanços sexuais de Sartre.

É impossível ter uma imagem completa do que aconteceu, porque algumas cartas e diários não sobreviveram para a posteridade – devido às convulsões da época de guerra e porque o relato de Bianca sobre o que aconteceu foi escrito mais de cinquenta anos após o evento, na sequência de uma "raiva libertadora" que se seguiu à divulgação de seu nome ao público. Ao longo de sua vida, Beauvoir manteve seu compromisso de não divulgar a identidade de Bianca. Mas, quando Deirdre Bair lançou sua biografia de Beauvoir em inglês em 1990, traiu a confiança de Beauvoir, publicando os nomes de solteira e de casada de Bianca. A "Lei da vida privada" francesa proibia a inclusão de informações potencialmente difamatórias sobre a vida particular das pessoas, mas a estadunidense, não. Então, as notícias da fama indesejada de Bianca alcançaram do outro lado do Atlântico, levando-a a publicar seu próprio livro em 1993.[43] Ela foi franca sobre o mix de motivos que a levaram a escrever, e também sobre o fato de que fora só quando Sartre entrara em cena que o "drama" começara.[44]

Mas Bianca também descreveu Beauvoir como uma "mulher que amei durante toda minha vida", e disse explicitamente que as mágoas que sofreu não foram causadas inteiramente pelo comportamento de

Beauvoir, mas – como veremos – por uma série de outras traições. Para começar, "Antes de eu conhecer Sartre", escreveu Bianca, "Simone de Beauvoir e eu compartilhávamos só uma ardente amizade. Assim que ele entrou na história, tudo ficou muito mais difícil e complicado".[45] Quaisquer que fossem as razões de Bianca para esperar publicar algo, fica claro que seu relacionamento com Beauvoir era complexo e deixou nela sentimentos muito fortes – e contraditórios.

No mesmo mês de julho em que Beauvoir e Bianca se tornaram íntimas, Simone fez outra excursão, dessa vez às montanhas de Haute-Savoie, com Bost. Sartre a levou à estação para se despedir – ele havia ido a Paris para trabalhar em seus contos e ver Wanda. Àquela altura, Sartre estava perseguindo Wanda fazia mais de um ano, mas ela ainda não estava interessada nele. Wanda achava Sartre fisicamente repulsivo e dizia que ele precisava melhorar sua dieta. Sartre estava acostumado a ser rejeitado, e considerava a repulsa dela como um desafio a superar. Ele a considerava pouco inteligente – comparava a mente de Wanda à de uma libélula – mas, mesmo assim, estava determinado a conseguir.

No dia seguinte à partida de Beauvoir, Sartre escreveu que não gostava de se despedir dela. Ele a imaginava no topo das montanhas cinzentas: "Você ainda estaria comigo agora, cheia de pequenos sorrisos, se não tivesse essa mania estranha de engolir quilômetros".[46] (Ao escrever, seu tom podia parecer condescendente, mas "pequeno" era um dos adjetivos epistolares favoritos dela para ele também.) Quando Beauvoir chegou a Annecy, Bost a estava esperando na estação, "bronzeado, muito bonito com seu pulôver amarelo".[47] Bost era um zeloso andarilho também, embora tivesse que se esforçar para cobrir as vastas distâncias que Beauvoir esperava vencer. Eles caminhavam o dia todo e desfrutavam refeições saudáveis e vinhos locais à noite. Dormiam em barracas ou pousadas, dependendo do clima. Certa noite, cinco dias depois do início de suas férias, estava chovendo, e eles dormiram em um celeiro em Tignes. Beauvoir escreveu a Sartre alguns dias depois, descrevendo a noite com detalhes:

Fui eu quem propôs isso, claro. Nós dois estávamos querendo: [...]
No fim, eu ri como uma tola e olhei para ele, e ele disse: "Por que

você está rindo?". E eu disse: "Estou tentando imaginar sua cara se eu lhe sugerisse para dormir comigo". E respondeu: "Eu achei que você estava pensando que eu queria beijá-la, mas não ousava". Depois disso, ficamos nos debatendo por mais um quarto de hora antes que ele decidisse me beijar. Ele ficou imensamente surpreso quando lhe disse que sempre senti uma ternura incrível por ele, e ontem à noite me revelou que me ama há muito tempo."[48]

Beauvoir e Sartre se encontraram em Marselha no fim de semana seguinte para ir a Tânger. Sartre lhe perguntou se ela havia levado em conta quão complicada seria sua vida se continuasse com esse caso; os dois sabiam que Olga se oporia a que ela dormisse com Bost. Beauvoir e Olga eram amigas íntimas – acaso ela não estaria sendo "ignóbil"?

Beauvoir não tinha tanta certeza. Olga não era do tipo fiel. E Beauvoir queria Bost e Bost a queria. Por enquanto, ela estava tentando decidir não permitir se arrepender. Depois que ela foi se encontrar com Sartre, em julho de 1938, Bost fez mais caminhadas pelos Alpes, mas haviam perdido o encanto sem ela. Ele escreveu que pelo menos três vezes por dia tinha um forte desejo de vê-la, e sua cabeça ficava repetindo incessantemente os últimos cinco dias deles juntos.[49] Suas cartas são igualmente cheias de ternura e ansiedade[50]: "Eu te amo *formidablement*; gostaria que você soubesse e o sentisse fortemente, e que isso lhe desse prazer. Adoro lhe escrever. Posso imaginar seu rosto enquanto escrevo e imagino que devo ter um sorriso idiota no meu."[51]

A prosa de Bost não é a de um Sartre ou Algren. Mas as cartas de Beauvoir para ele revelam um lado apaixonado dela que nunca foi correspondido por Sartre. Beauvoir não sentia necessidade de esconder o aspecto físico de sua paixão por Bost; suas cartas para ele expressavam seu desejo de beijar suas bochechas, seus cílios, seus lábios rachados.[52] Enquanto Beauvoir passeava por Marrocos com Sartre – absorvendo Tânger, Casablanca, Marrakech, Fez, Ksar el Souk, Meknès –, ela ouvia músicas de amor no rádio e tinha que lutar contra as lágrimas por causa de Bost. Em 22 de agosto, ela escreveu de Ksar el Souk, pouco antes de ir para a cama. "Sinto uma necessidade terrível de vê-lo." [...] "meu amor, meu amor, como desejo tê-lo contra mim."[53]

FIGURA 5 – Desenho de Jacques-Laurent Bost, representando Simone de Beauvoir levando-o à ruína, 1938

Bost entrou nesse relacionamento de olhos abertos: ele ainda estava cortejando Olga, com quem acabou se casando, e além de Sartre (a quem Bost admirava e mandava jocosos pós-escritos em suas cartas a Beauvoir), sabia do relacionamento de Beauvoir com Bianca Bienenfeld. Às vezes, quando Beauvoir estava viajando e as cartas chegariam mais provavelmente às mãos de Sartre, Simone pedia a Bost que escrevesse para ele no intuito de marcar seu próximo encontro com ela.[54]

Em suas memórias, Beauvoir deliberadamente editou Bost, escondendo seu amor por ele e minimizando seu apreço e respeito por sua amizade. Segundo Sylvie Le Bon de Beauvoir, essa omissão representa a coisa mais significativa que Beauvoir calou (se bem que, mais tarde, haveriam outros candidatos a essa honra). Bost foi um amigo íntimo e fiel desde 1936 até a morte de Simone, em 1986, e por muito tempo ele foi muito mais.[55] No entanto eles haviam decidido não contar a Olga, e o segredo ficou escondido até a morte desta, em 1983.

Já em 1939, os diários de Beauvoir mostram que sua consciência estava inquieta por causa disso, e ela registrou esse peso mais fortemente neles que em suas cartas a Sartre. Após um ano de caso com Bost, depois de uma conversa com Olga, ela escreveu a Sartre: "Não sinto remorso no que diz respeito a ela, só uma sensação de superficialidade e trapaça".[56] No fim de agosto de 1938, ela e Bost organizaram o próximo encontro. Simone queria ficar com ele dia e noite; mas deveriam se encontrar em Le Havre, onde estava a família dele, ou seria melhor em Rouen? Paris era adorável, disse Simone, mas ela tinha medo de que encontrassem

Olga. Mesmo em 1938 Beauvoir se sentia pouco à vontade; havia combinado de passar dez dias com Olga em setembro. Para ela, era extremamente perturbador ver Bost descrito do ponto de vista de Olga, e sofria quando os imaginava juntos.

> Sei que você não me esquece, mas me sinto separada de você, meu amor, e há momentos em que não lido bem com isso. [...] Escreva-me, depressa, depressa, escreva longas cartas – diga-me que passaremos longos dias juntos sozinhos, que seremos felizes como fomos em Annecy. Diga-me que seu amor por mim é forte, meu amor – porque eu te amo apaixonadamente.[57]

As cartas de Bost a tranquilizavam em termos não incertos. Às vezes, ele também se sentia oprimido quando pensava em Olga, mas dizia a Beauvoir que seus sentimentos por ela não duravam porque "eu te amo demais". Antes de serem amantes, eles eram amigos, e Bost sentia que o amor deles era construído sobre uma base tão sólida que não poderiam ser facilmente separados.[58] Tudo bem que Bost a amava, mas Beauvoir achou difícil o tempo que ela passou com Olga – esta escrevia diariamente para Bost e falava dele com frequência; Beauvoir tentou não escrever a princípio, mas não resistiu a colocar a caneta no papel, escrevendo em momentos tranquilos, quando Olga não estava junto. Simone não conseguia dormir pensando nele, e às vezes lágrimas marejavam seus olhos quando ela imaginava o reencontro.[59]

Eles se encontraram em 26 de setembro de 1938. Os eventos eram tais que eles ficaram em Paris: no dia 28, a guerra parecia inevitável, mas o Tratado de Munique do dia 30 parecia garantir a paz. Durante um mês, Beauvoir e Bost aproveitaram a vida normal em Paris, vendo-se diariamente. Mas, em 3 de novembro, Bost teve que voltar a seu posto em Amiens. O serviço militar durava dois anos; para Bost, dez meses depois, seria um serviço ativo.

Os relacionamentos ocultos de Beauvoir com Bost, Olga e Bianca revelam não apenas sua insatisfação sexual com Sartre, mas também uma perturbadora disposição de enganar os outros – em particular, outras mulheres. No caso de Bost, seu relacionamento com ele revelava sua cumplicidade na traição de uma vida inteira a uma mulher que chamava de amiga. Em uma carta de 1948, Beauvoir justificou seu comportamento dizendo que Olga era "o tipo de garota que pede demais a todos, que mente para todo o mundo, de modo que todos tinham que mentir para ela".[60]

Seja qual for o caráter de Olga, não há dúvida de que o comportamento de Beauvoir era infiel, e – para muitos leitores, por muitos motivos – profundamente problemático. Enquanto Beauvoir estava apaixonada por Bost e enganava Olga, também continuava tendo um relacionamento com Bianca Bienenfeld. No verão de 1938 – enquanto Beauvoir estava no Marrocos e Bost na França –, ela disse a Bost em uma carta que a mãe de Bianca havia lido uma das cartas mais apaixonadas de Simone para sua filha, o que levara a um drama – ela ainda não tinha certeza das consequências.[61] Madame Bienenfeld acusara Beauvoir de ser "uma velha solteirona com moral incomum".[62] Mas isso não pôs fim ao caso delas; em novembro de 1938, Bianca disse a Simone que nunca amaria alguém tanto quanto a amava.[63] Bianca estava com 18 anos, estudava Filosofia na Sorbonne, e elas se viam várias vezes por semana. Mas Beauvoir falava pouco sobre si mesma – e nada sobre seu relacionamento com Bost.[64]

Naquele Natal, Beauvoir apresentou Bianca a Sartre. Eles foram esquiar em Mégève, e Bianca ficou hospedada nas proximidades do Mont d'Arbois, então, os três iam para as pistas e ficavam conversando sobre filosofia. Quando retornaram a Paris, em janeiro de 1939, Sartre voltou suas atenções para Bianca. Ela achou isso lisonjeiro: muitos dos seus amigos mais próximos da Sorbonne eram alunos de Sartre, e entre a estima deles, a de Simone e as críticas recentes de *O muro* que o elogiavam como brilhante e inovador, ela estava impressionada.

Bianca escreveu em suas memórias que: "Assim como um garçom desempenha o papel de garçom, Sartre desempenhava com perfeição o papel de um homem apaixonado".[65] Ele era feio, mas suas palavras eram tão bonitas que não a deixavam ver sua própria repulsa. Ele lhe perguntou se ela poderia amá-lo; Bienenfeld disse que era possível – mas, e Beauvoir? Ela gostava profundamente de Simone, e não a queria magoar. Sartre respondeu que Castor não se importaria. Sartre e Bienenfeld falaram sobre consumar seu relacionamento e escolheram um dia. Seria sua primeira vez com um homem; ela estava ansiosa. Mas, enquanto caminhavam para o Hôtel Mistral, ela estremeceu por dentro: Sartre lhe disse que a arrumadeira teria uma surpresa, pois ele havia dormido com outra virgem no dia anterior.

As ações de Sartre também eram profundamente perturbadoras – e não apenas no que dizia respeito a Bianca. Ele começou outro trio, cortejando Wanda e dormindo com Bienenfeld, e Beauvoir começou a achar os relacionamentos dele e dela com Bianca preocupantes. Escreveu a Bost dizendo que as conversas dos três nos cafés haviam se tornado constrangedoras, e que Bienenfeld não sabia como se comportar com dois amantes no mesmo lugar. "Ela não percebe que demonstrações efusivas de ternura funcionam com dois, mas não com três; ela pegou nossas mãos, apertou-as, soltou-as, pegou-as de novo, tendo o cuidado de se dar por igual."[66] Bianca disse um dia a Beauvoir que sentia amor por Sartre, mas não paixão; e queria saber se Beauvoir poderia explicar isso a ele.

Enquanto isso, Bost tinha que alcançar o delicado equilíbrio entre Olga e Beauvoir. As cartas de Beauvoir estão cheias de impaciência para vê-lo, abraçá-lo de novo – quando ele estava de licença, era uma agonia não poder encontrá-lo na estação e compartilhar seus primeiros momentos em Paris. Consequentemente, Bost nem sempre lhe contava inteiramente seus planos.

Beauvoir ainda gostava de passar um tempo com Olga, mas estava cada vez mais desconfortável com o lugar das irmãs Kosakiewicz em sua vida. Seu desconforto costuma ser interpretado como ciúmes ou ressentimento em relação ao lugar delas na vida de Sartre – e ela certamente era protetora em relação a seu tempo com ele –, mas Simone também se sentia frustrada com Sartre por tornar as coisas tão complicadas. Ele começou a sustentar Wanda, transferiu-a para Paris, arranjou-lhe aulas de pintura e conseguiu que dividisse espaço no estúdio de Hélène. Wanda suspeitava de Beauvoir, e desafiava Sartre sobre a natureza do relacionamento dos dois. Eles eram apenas amigos, dizia Sartre.

Em maio de 1939, Beauvoir considerava a situação "suja"; ela estava enganando Olga. Wanda a odiava. Escreveu a Bost dizendo que a situação estava começando a fazê-la tremer de raiva. Não era inteiramente culpa de ninguém, pensava, mas teria sido mais fácil se Sartre não mentisse para Wanda. E ela não gostava da sensação de ser dissecada pela percepção das duas Kosakiewicz. Mas, mesmo assim, dizia, isso levantava uma questão filosófica interessante: a experiência de outra pessoa é tão real quanto a sua própria?[67] Simone andava pensando nisso havia muito tempo – escreveu a ele – porque era o assunto de seu romance. Toda vez que ouvia Olga falar de Bost, incomodava-a pensar que, na percepção dela, Bost não tinha nenhuma ligação com Beauvoir.

Em resposta, Bost a repreendeu; ele achou ultrajante o fato de ela "protestar contra os julgamentos e conversas que podem ser feitas sobre você e Sartre, e também sobre mim, Wanda e (Olga). Acho que você deve considerá-los obscuros e dúbios no mais alto grau, e isso é verdade, porque elas estão sendo enganadas em todos os sentidos". Ele não queria mais discutir o assunto por carta, mas a alertou de se acaso ela estivesse desdenhando – coisa que estava, com frequência suficiente para ter uma reputação nesse sentido –, ele não recuaria. Simone era adorável quando Bost concordava com ela, disse ele abertamente, mas, dessa vez, ele não concordava.[68]

Beauvoir não queria brigar: escreveu que achava o julgamento dele imparcial e verdadeiro, e que ele havia sido honesto com ela. Mas, uma semana depois, ele repreendeu seu tratamento aos outros de novo. Dessa vez, a outra em questão era Bianca, com quem ela ainda estava dormindo, apesar do fato de a crescente afeição de Sartre fazer a sua diminuir. Beauvoir e Bianca haviam passado uma tarde juntas: um almoço com champanhe no La Coupole, café no Flore e depois de volta ao Mistral, ao quarto de Simone, em busca de privacidade. Beauvoir escreveu: "Acho que, no fim, não sou homossexual, porque sensualmente não sinto quase nada; mas foi encantador, e adoro ficar na cama à tarde em um dia ensolarado".[69]

Bost deu um salto quando leu essa frase. Ele achou a palavra "encantador" "assustadoramente obscena". Disse que o fez se sentir estranho. Não porque ela era tão leviana com Bianca ou por tratá-la como um objeto – coisa que ele havia notado –, mas essa palavra, *encantador*, o havia feito corar.[70] Ele estava sentindo um pouco de culpa por Olga, e na mesma carta "encantadora" Simone havia confessado sentir certo remorso – mas não arrependimento. Olga era sincera com ele – disse Bost –, mas ele não era sincero com ela.

Quando Beauvoir leu isso, ficou entorpecida por horas. Ela se refez para sair com Olga uma noite, mas, quando voltou para casa, chorou muito. Ao responder a Bost, ela disse que a carta dele lhe havia provocado uma ansiedade "patológica", e que acordara com um desespero mórbido. Fora almoçar com a mãe, e de novo tivera que lutar contra as lágrimas.

Então, ela decidiu explicar a Bost seu lado da história, em termos inequívocos: "Eu tenho *só uma* vida sensual, e é com você". Ela não queria que ele fosse só um episódio de sua vida; queria que ele estivesse nela toda. Esse não era o caso de Bianca nem, sexualmente falando, de Sartre. "Com Sartre também tenho relações físicas", explicou ela, "mas muito pouco, e especialmente por ternura, e – não sei como dizer isso – não me sinto tão comprometida porque ele mesmo não se compromete".[71] Àquela altura do relacionamento, ela havia explicado isso a Sartre várias vezes. Agora, estava explicando a Bost, porque queria que ele soubesse como levava a sério o relacionamento deles: ele era o amante de sua vida.

A resposta de Bost não sobreviveu – mas o relacionamento, sim.

Durante o verão, Beauvoir foi caminhar em Jura, visitou Genebra e percorreu grandes distâncias a pé em Provença. Em julho, o governo francês aprovou o "Código da Família", uma lei pró-natalidade que oferecia incentivos às mães que ficavam em casa com seus filhos e proibia a venda de contraceptivos. O Código Napoleônico, estabelecido em 1804, havia dado autoridade aos homens – como maridos e pais – sobre as mulheres; esse Código Civil ficou em vigor até a década de 1960, quando Beauvoir seria uma das mulheres a desmantelá-lo.

Em agosto, Bost teve uma longa licença, então ele, Beauvoir e Sartre se encontraram em Marselha, onde ficaram na vila de um amigo em Juan-les-Pins, perto de Antibes. Bost achava que a guerra já era inevitável, mas Sartre era uma das últimas pessoas a ainda pensar que não.

O relacionamento de Bost com Olga estava indo bem; ela ficara mais confiante desde que, por sugestão de Beauvoir, começara a participar de oficinas de atuação com Charles Dullin, e também mais comprometida com Bost. As coisas estavam ficando mais sérias, escreveu Bost, de modo que seria terrível se ela descobrisse – acaso Beauvoir poderia queimar as cartas dele para ela? Ele estava pensando em fazer o mesmo. (Nenhum dos dois fez.) Depois que Bost deixou Juan-les-Pins, Beauvoir ficou chorosa mais uma vez: com a guerra chegando, ela poderia perder Bost e Sartre. Com ou sem guerra, ela não estava em paz em relação a Bianca e as irmãs Kosakiewicz. Beauvoir considerava o final da década de 1930 um dos momentos mais baixos de sua vida – a guerra estava chegando e seus relacionamentos com Sartre, Olga, Bianca e Bost a faziam se sentir presa.[72]

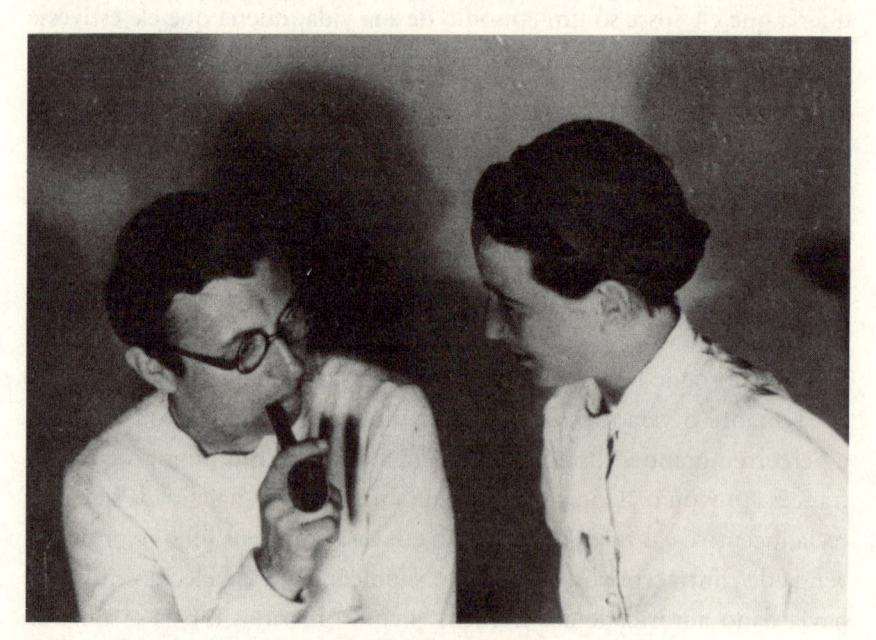

FIGURA 6 – Beauvoir e Sartre em Juan-les-Pins, agosto de 1939

8

Guerra dentro, guerra fora

Bost foi convocado para o serviço ativo em 31 de agosto de 1939. Em 1º de setembro, a Alemanha invadiu a Polônia. Paris estava forrada de pôsteres acionando todos os homens aptos entre 18 e 40 anos; então, Sartre foi ao Mistral fazer as malas. Escreveu cartas de despedida para Bianca e Wanda, mas passou a última noite com Beauvoir. Eles jantaram e tentaram dormir antes de o alarme tocar, às 3 horas da manhã. Foram caminhando até o Dôme para tomar um café antes de irem à estação Gare de l'Est. Sartre disse a Beauvoir que não correria perigo em Nancy. Ele fazia parte do corpo meteorológico, de modo que seria como antes de Paris, escreveriam um para o outro. Jean-Paul pediu que ela lhe mandasse livros. Eles se abraçaram e se separaram; a imagem de Sartre se afastando estava borrada pelas lágrimas dela.

Em 2 de setembro, Beauvoir teve um "colapso nervoso" – o primeiro de vários: o medo de que Bost morresse era seu companheiro constante. Jacques-Laurent Bost ia servir com ideias típicas da esquerda do período entre guerras. A geração cujo pensamento moldara o dele – Alain, Giono, Romain Rolland, Gide – lutara nas trincheiras e defendia o pacifismo incondicional. Ele podia ter chegado à liderança extremamente rápido, mas não estava interessado nesse tipo de autoafirmação. Bost achava que isso comprometeria sua decisão de não fazer parte do rebanho bucha de canhão. Beauvoir voltou a escrever um diário, em parte para registrar a realidade, e em parte para escapar dela – "quando a pessoa escreve, não pensa".[1]

Em 3 de setembro de 1939, a Grã-Bretanha e a França declararam guerra à Alemanha. Em 1936, a irmã de Beauvoir, Hélène, havia conhecido um dos alunos de Sartre de Le Havre, Lionel de Roulet. Ele ouvira rumores sobre "a filósofa com um intelecto feroz"², mas fora Hélène quem conquistara seu coração. Em 1938 eles estavam apaixonados – o mais constante casal da "família", como Sartre e Beauvoir começaram a chamá-los em seu círculo. No dia em que foi declarada a guerra, Simone ofereceu a Hélène o dinheiro para ir a Portugal e ficar com Lionel; ela aceitou com gratidão e partiu.

O advento da guerra e tantas partidas significativas perturbaram gravemente o equilíbrio de Simone; mesmo antes da guerra, ela sofria de confusão e depressão, mas agora estava afundando ainda mais. Em 4 de setembro, ela detectou um novo ritmo diurno: as manhãs eram fáceis de viver, mas as noites chegavam com colapsos. No quinto dia, ela já tinha "ataques de pânico selvagens". Seu sono era fragmentado por sirenes anunciando ataques aéreos; uma vez, depois de acordar com o ruído de explosões e sirenes, foi uma luta encontrar suas roupas no escuro antes da evacuação do prédio; quando voltou para a cama, decidiu que era mais fácil dormir vestida.³

Ao longo dos dias que se seguiram, Paris se transformou: os homens haviam sido recrutados e muitos civis fugiram. Suas alunas levavam máscaras de gás para as salas de aula. Mas, nos primeiros oito meses, a "Guerra de Araque" não foi guerra nem paz. Dia após dia, os diários de Beauvoir mostram desespero ao pensar que Bost ou Sartre poderiam morrer. Cada hora que passava parecia acabar com suas esperanças, e seu material de leitura em nada ajudava – ela queria entender o que significava estar em guerra, então lia Alain e Gide. Mas teve que pular as páginas de 1914 dos diários de Gide – ler cenas das trincheiras era "tortura desnecessária".⁴

Gradualmente, Beauvoir começou a receber cartas e a ver uma nova luz em si mesma; nos dias em que recebia notícias de Bost ou Sartre, podia sentir felicidade, ou até alegria. Mas, então, sentia-se culpada. (Afinal, Gide havia dito: "Quando alguém está seguro, com toda a família segura, é meio fácil rir, e quase indecoroso".⁵) Em retrospecto, tanto Sartre quanto Beauvoir alegaram que a guerra os fez reconhecer a força da história; disseram que depois da guerra, seu desinteresse anterior por política – e sua mentalidade de espectadores – não era mais sustentável. Contudo isso não os levou imediatamente a reformar sua vida pessoal.

Em 14 de setembro, Olga disse a Beauvoir que se Bost morresse, seria trágico, sim; mas que, "no fundo", não a afetaria. Isso, disse Beauvoir, "confirmou minha resolução de nunca desistir de Bost por causa dela". Olga não teve o trabalho de mandar encaminhar sua correspondência quando se mudou, o que significou passar semanas sem notícias de Bost. Beauvoir não conseguia entender sua indiferença.⁶

Bianca, por outro lado, não era indiferente o bastante para o gosto de Beauvoir. A família Bienenfeld havia fugido de Paris, e em 16 de setembro, Beauvoir recebeu uma carta de Bianca censurando-a por não ir visitá-la. Estava surgindo a tensão em seu relacionamento: com Sartre longe, Bianca queria ocupar um lugar ainda mais central na vida de Beauvoir, mas Simone achava Bianca cada vez mais exigente e controladora. Em Paris, ela estava só começando a redescobrir a felicidade de sua própria solidão, e se incomodava com o fato de Bianca não respeitar sua liberdade.⁷

Mesmo assim, em 20 de setembro, ela foi visitar Bianca em Quimper. Quando Beauvoir chegou, Bianca a estava esperando na plataforma com lágrimas nos olhos. Elas foram tomar um café, e Bianca disse que sua mãe estava furiosa com a chegada de Beauvoir – ela havia furtado uma das cartas de Bianca e ameaçara mandá-la ao ministro da Educação. ("Eu não acreditei em nada disso e não me incomodei", escreveu Beauvoir em seu diário.⁸) Elas fizeram uma longa caminhada juntas, naquele dia e no outro. E se "abraçaram". Mas Beauvoir não gostou; ela sentiu uma espécie de "bloqueio".⁹

Além da percepção crescente de que eles faziam parte da história, a ausência fez Sartre reconhecer o quanto Beauvoir significava para ele. Ele escreveu que uma coisa não mudaria, independentemente de qualquer coisa. Independentemente do que ele se tornasse, disse a Beauvoir: "Eu me tornarei com você". Ele foi grato à guerra por lhe mostrar que eles eram *um só*:

> Meu amor, você não é "uma coisa em minha vida" – nem mesmo a mais importante –, porque minha vida não me pertence mais, porque eu nem me arrependo disso e porque você sempre é *eu*. Você é muito mais, é você quem me permite prever qualquer futuro e realizar qualquer vida. Não poderíamos ser mais unidos do que somos agora.¹⁰

Em retrospectiva, sabemos que Sartre poderia considerar insubstituíveis várias mulheres ao mesmo tempo, o que dificulta levar muito a sério suas declarações epistolares. Mas, mesmo em seus diários Beauvoir assumiu um significado singular. Nos dias anteriores a 14 de outubro, o aniversário de dez anos de seu "casamento morganático", Sartre refletiu sobre o quanto devia a Simone – sem ela, o mundo seria "um deserto". Ele não recebeu cartas dela durante três dias, e a falta delas o fez perceber até que ponto sua coragem de enfrentar essa situação provinha "da certeza de ser entendido, apoiado e aprovado por Castor". Sem isso, disse ele, "tudo desmoronaria".[11]

Eles não sabiam quando se veriam de novo; ele não tinha permissão para lhe dizer onde estava. Como professor do *lycée*, Sartre ainda ganhava seu salário enquanto servia no exército, por isso, tinha recursos para sustentar Olga e Wanda em Paris. Elas não precisariam ir embora ou arranjar emprego. Com os homens longe, Beauvoir passava mais tempo com as "Kosaks", como Sartre chamava as irmãs; todas se mudaram para outro hotel, o Du Danemark, na rue Vavin. Mas Beauvoir lutava contra o ressentimento: ela trabalhava duro, fazia seu próprio caminho na vida. As irmãs, a quem ela e Sartre sustentavam (Beauvoir pagava pelo estúdio artístico que Hélène dividia com Wanda), faziam pouco progresso em suas ditas buscas.

Olga e Wanda escreviam abertamente para Bost e Sartre como *seus homens*; Beauvoir clandestinamente escrevia para ambos como *dela*. Certa vez, quando estava com Olga, ela viu a espessura da última carta de Bost para a namorada. Era maior que as que Simone recebia; seriam suas palavras também mais doces? Beauvoir sentia ciúmes e culpa com crescente frequência. Certa noite, sonhou que Olga pedia que ela lhe mostrasse uma carta que estava escrevendo para Bost. Simone acordou suando frio.[12] Duas semanas depois, Olga entrou no quarto de Beauvoir logo após esta ter lido uma carta de Bost. Olga não sabia o que ela estava lendo, mas Beauvoir sentiu uma "sensação desagradável" – ela tentou se proteger disso, mas sabia que Bost amava Olga; ela estava apenas procurando maneiras de se justificar. "Talvez seja possível de novo que ele a ame, e que eu o ame, mas estou deprimida demais para fazer esse esforço". Simone estava profundamente infeliz e desejava que Sartre estivesse lá para pôr as coisas em perspectiva.¹³ Ela ficou desanimada e confusa durante semanas – "A guerra está de novo em mim e ao meu redor, e uma angústia que não sabe por onde sair".¹⁴

Quanto mais tentava se distrair desse vazio de relacionamentos, mais parecia cair nele. Outra ex-aluna – Nathalie Sorokine – queria um relacionamento sexual com ela, mas Simone não sabia se seria uma boa ideia: "Não sei o que fazer, e isso me deixa muito pouco à vontade".¹⁵ As coisas com Bianca também estavam piorando; ela escrevia a Beauvoir pedindo: "mande toda essa gente embora", o que Beauvoir achava sufocantemente possessivo e irritantemente arrogante.¹⁶ Seus relacionamentos com Sartre, Bost e Olga se prolongaram por anos; ela não se afastaria deles. A única coisa que parecia estar indo bem era seu livro – foi uma luta proteger seus momentos de escrever, mas o romance estava realmente começando a tomar forma.

No final de outubro, Sartre mandou uma carta a Beauvoir com detalhes de seu paradeiro, em código.¹⁷ Beauvoir fez esforços extraordinários para vê-lo, fingindo-se de doente para conseguir um atestado médico e cuidar dos documentos para a viagem. Em 31 de outubro, ela chegou tarde da noite; na manhã seguinte, foi à taverna onde ele tomava café da manhã, de modo que Jean-Paul saberia que Simone havia chegado. Eles não podiam ser vistos juntos, uma vez que ele estava de uniforme, então, ela o levou a seu quarto de hotel. Sua licença durava apenas vinte e quatro horas – acaso ela poderia estendê-la?

No final, ela ficou até 5 de novembro. Eles conversaram sobre filosofia, a confusão de sua vida amorosa e seus livros. Ela leu o que ele estava escrevendo – *Os caminhos da liberdade* – e ele o que ela escrevia – *A convidada*. Simone lhe disse que ele precisava refazer a personagem feminina de seu livro, Marcelle. Ela quase havia esquecido como era bom "conversar com alguém, encontrar minha vida intelectual de novo".¹⁸ Ela estava lecionando e lendo, claro, mas ler – mesmo Husserl, Heidegger, Gide, Pearl S. Buck, Shakespeare, Gogol, Somerset Maugham, Jack London, Defoe, Agatha Christie, Arthur Conan Doyle e Dostoiévski – não substituía uma conversa profunda.

Beauvoir estava começando a ficar furiosa por ter que compartilhar a licença militar de Sartre e Bost: ela não queria as sobras das

Kosakiewicz, e agora, Bianca também queria aproveitar sua parte do tempo de Sartre. Mas Sartre a tranquilizou: Sim, ele tinha afeto por Wanda, mas ela tinha 22 anos, era infantil e inconstante; de verdade, não esperava que o relacionamento durasse mais que a guerra. E sim, ele ainda escrevia para Bianca – muitas vezes copiando passagens de suas cartas a Wanda literalmente –, mas estava perdendo o entusiasmo. Das quatro noites em que Simone esteve lá, eles passaram duas – extraordinariamente apaixonados – juntos. O relacionamento sexual entre Sartre e Beauvoir, apesar desse breve reacender durante sua separação em 1939, agora era totalmente murcho.[19]

Beauvoir disse a Sartre que ainda estava chateada por Bost amar Olga, e agora, especialmente, não queria compartilhar as licenças de Bost com ela. Sartre a fez recordar que ela havia escolhido amar um homem que amava Olga, e que, de fato, sem Olga, o relacionamento deles seria instável. Não era justo esperar exclusividade de Bost sendo que ela não tinha a intenção de lhe oferecer o mesmo.

Lentamente, ela estava começando a perceber que não havia se tornado a mulher que queria ser. "No passado", escreveu, "eu tentei acreditar que era o que eu queria ser". Nesse ano, no entanto – por causa de Bost, disse –, ela percebeu "a presença do contingente, do apaixonado". Foi interessante – escreveu em seu diário – descobrir isso sobre si mesma: "É um passo em direção ao autoconhecimento, o que está começando a me interessar. Acho que estou me tornando algo bem definido. [...] Sinto que sou uma mulher madura, mas gostaria de saber de que tipo".[20] Ela havia se tornado uma professora bem-sucedida – em outubro, recebera uma comenda de sua escola e muitas alunas mandaram cartões ou a levaram para tomar café, para expressar sua gratidão.[21] Mas, isso era suficiente?

Alguns dias depois que Beauvoir voltou da visita a Sartre, Bianca chegou a Paris para vê-la. Beauvoir não estava animada – ela achara as cartas recentes de Bianca "frenéticas", o que era preocupante devido à maneira como seus próprios sentimentos haviam esfriado. Ela "sentiu a mentira" do relacionamento de Sartre com Bianca e "sentiu um calafrio ao pensar" em intimidade com ela; mas foi para a cama com Bianca mesmo assim. Posteriormente, Beauvoir escreveu em seu diário que seu prazer físico com

Bianca era "perverso"; ela sabia que havia se "aproveitado" do corpo de Bianca e que sua própria sensualidade era "privada de qualquer ternura". Era "grosseira", e ela nunca havia se sentido assim antes. Foi "repugnante" – escreveu –, "como *foie gras,* e não da melhor qualidade".[22]

Quando as cartas e os diários de guerra de Beauvoir foram publicados em francês após sua morte, foram passagens como essa que levaram a imprensa parisiense a chamá-la de *"machiste et mesquine"* – machista e mesquinha.[23] Não foi a primeira vez que Simone de Beauvoir foi acusada de agir ou pensar "como um homem". Mas foi chocante para a imprensa francesa ouvi-la falar como um macho tão despreocupadamente insensível. E foi perturbador ver que mesmo depois de se sentir "grosseira" e "enojada" por seu próprio comportamento, ela não parou.

No dia seguinte, Bianca censurou Beauvoir por mandar apoio financeiro à irmã Hélène – o raciocínio de Bianca era que se Simone parasse de fazer isso, poderia pagar para a primeira ir a Paris com mais frequência. E se Beauvoir parasse de lecionar, também teria mais tempo para vê-la. Isso era mais do que irritante; Simone disse a Bianca que se sentia sufocada. Então, ela disse a Beauvoir que tinha a fantasia de se oferecer a alguns amigos que estavam prestes a ir para a guerra, assim eles não partiriam virgens.[24]

No terceiro dia da visita, a presença de Bianca já era um fardo: além de suas fantasias, ficava cada vez mais claro para Beauvoir que Bianca não via o amor da mesma maneira que ela. Bianca via o amor como "simbiose"; não entendia que as pessoas podiam realmente encontrar um prazer genuíno em ficar sozinhas ou em querer trabalhar. A certa altura, Bianca começou a chorar, chateada porque Beauvoir amava Sartre mais que a ela. Beauvoir ficou horrorizada: "Eu nunca lhe disse o contrário. Odeio a facilidade com que ela cria ilusões".[25]

Ela tentou incentivar Bianca a "se imaginar no centro de sua própria vida", em vez de colocar Beauvoir e Sartre nesse lugar. "Ela deve se tornar uma pessoa em contato consigo mesma", escreveu Beauvoir em seu diário – mas podia claramente ver que para Bianca isso era difícil. Assim que Bianca foi embora, Beauvoir se sentiu "pouco à vontade" por causa de seu próprio "remorso e carinho". Ela julgava seu próprio comportamento "vergonhoso".[26]

No desenrolar de novembro, ela ainda estava se debatendo devido à desonestidade de seu relacionamento com Olga. Mas, Olga disse a Beauvoir que havia parado de escrever para Bost e temia não poder recomeçar. "Não penso o tempo todo em Bost", revelou Olga. Além disso, quão significativo poderia ser um relacionamento se eles se viam só por alguns dias a cada poucos meses? Alguns meses depois do início da guerra Olga já estava dizendo abertamente que seria melhor terminar. Beauvoir tentou defender os interesses de Bost – ele não queria que seu relacionamento com Olga terminasse, só queria que ela escrevesse.

Beauvoir achava Olga totalmente ininteligível. Se ela amava Bost, por que não queria compartilhar sua vida com ele? Como podia ver o esforço necessário para escrever uma carta como um custo, não um benefício, sendo que Bost estava na guerra e algumas palavras calorosas podiam lhe provocar tanta felicidade? Para Beauvoir, as cartas eram uma tábua de salvação. Ela queria fazer parte da vida de Bost e de Sartre – mas, no último caso, percebia que "o fato de uma vida intelectual ser essencial para nós dois facilita muito as coisas".[27]

Nos últimos meses de 1939, Beauvoir descobriu que poderia ter uma vida intelectual em Paris mesmo sem Sartre lá. Sua amiga Collette Audry a convidou para jantar com o filósofo Jean Wahl. A princípio, ela não tinha certeza se iria – as mudanças em seu horário semanal tendiam a provocar reações iradas de Olga *et al*. Mas ela decidiu ir; precisava "ver pessoas e ter uma conversa séria". No dia do jantar, ela teve a premonição de que seu romance (*A convidada*) seria definitivamente impresso – "Eu tive a sensação de ser levada a sério". E no jantar em si, ela ficou impressionada com sua própria capacidade de manter conversas. Era como havia acontecido na Sorbonne doze anos antes, escreveu em seu diário. Por que, Simone se perguntava, sempre achava as outras pessoas mais "sérias" que ela?[28]

Mais e mais ela sentia que precisava estudar a si mesma. Marie Ville, uma amiga, dizia que Sartre a oprimia. ("Raramente divertido", dizia.) Mas era verdade que ela estava começando a encontrar coisas com as quais discordava da filosofia dele – ela concordava com as ideias dele sobre a vontade, "mas não sei como ele dará conteúdo a sua ética".[29]

Stépha também andava sondando – depois da visita de Bianca a Paris em novembro, ela perguntou a Simone se ela era lésbica. Beauvoir nunca expressou dúvidas sobre sua heterossexualidade, mas frequentemente atraía mulheres – especialmente jovens de sua escola –, e a verdade, escreveu a Sartre, era que ela havia "desenvolvido certo gosto por essas relações".[30] Simone gostava do sexo com mulheres, mas parece sugerir que, para ela, era de segunda ordem. Seu relacionamento físico com Bianca ainda continuava no Natal de 1939 – Bianca voltou a Paris em meados de dezembro –, mas agora havia outra jovem que exigia sua atenção. Nathalie Sorokine, que estivera em sua turma do *baccalaureate*, e se apaixonara por Beauvoir.

Os pais de Nathalie Sorokine eram russos de nascimento; haviam partido durante os levantes da revolução e agora eram apátridas. Nathalie era alta, tempestuosa e brilhante, e havia se saído bem em Filosofia no *baccalaureate* – Beauvoir gostava de conversar com ela sobre Kant e Descartes. Nathalie queria estudar mais filosofia, porém sua mãe era divorciada e não tinha meios para pagar as mensalidades da Sorbonne. Quando ela incentivou Nathalie a arranjar um emprego em vez de continuar os estudos, Beauvoir se ofereceu para ajudar a pagar as taxas. Então, em 1939, Sorokine se matriculou.

Sorokine – que nasceu em 1921, mesmo ano que Bianca – andava pressionando para ter um relacionamento sexual com Beauvoir desde outubro. Ela tinha ciúmes da presença de Sartre, Bost, Olga e Bianca na vida de Simone; sentia-se em "quinto lugar". Ela era uma jovem perturbada, que roubava bicicletas e furtava canetas em lojas de departamento. Ela revendia as canetas no *lycée* para arrecadar dinheiro para o que necessitasse; dizia a Beauvoir que seus pais a chamavam de "parasita", mas não tinham escrúpulos quanto a pegar o dinheiro dela quando o encontravam. Em dezembro, Beauvoir disse a Nathalie que não daria certo terem um relacionamento físico. Mas, então, em 14 de dezembro de 1939, Sorokine tentou acariciar Beauvoir, em vez de trabalhar em Kant. Naquela noite, Simone escreveu a Sartre: "Não há nada a fazer, ela quer dormir comigo".[31] Ela não queria, escreveu em seu diário, "mas é isso que ela realmente quer, e a situação é repugnante e impossível".[32]

Uma semana depois, ela escreveu a Sartre que Sorokine havia dito que a amava e tentara beijá-la como tivessem um romance. "Se eu estivesse livre", escreveu Beauvoir, mergulharia nessa história com ímpeto. Mas, dada a situação, ela se sentia estranha por ser apaixonadamente amada dessa maneira "feminina e orgânica" por duas mulheres: Bianca e Sorokine.[33] Não está claro por que ela de repente se considerava "não livre"; ela claramente não acreditava na monogamia com os homens, então, por que seguiria um padrão diferente com as mulheres? É improvável que ela se sentisse "não livre" em um sentido político. Em 1942, a idade de consentimento para relacionamentos homossexuais aumentaria para 21 anos (ao passo que para relacionamentos heterossexuais continuaria sendo 13 anos). Mas, em 1939, as relações de Beauvoir eram consensuais e legais.

Poderia seu desconforto ter surgido porque naquele mês Sartre lhe escrevera para dizer que planejava terminar tudo com Bianca? Beauvoir achava que terminar tudo não seria tão fácil como ele pensava – ela não podia mais evitar reconhecer (em suas palavras) "como Bianca havia sido usada".[34]

Sozinha em Mégève, naquele Natal Beauvoir se dedicou à escrita e se surpreendeu com quanto conseguiu produzir. Sentia-se inspirada e focada – e estava começando a se sentir perto o bastante do final de seu livro para imaginar projetos futuros. Ela queria escrever "um romance sobre uma vida inteira".[35] Simone lia e comentava as obras de Sartre, assim como as suas. Ele estava trabalhando no conceito de liberdade, e enviou a Beauvoir parte da obra. Ela lhe mandou uma carta elogiando-a, comparando-a com as filosofias de Bergson e Kant – mas disse a ele que não podia fazer uma crítica de verdade sem o restante da discussão. Se ela tivesse que levantar uma objeção naquele momento, escreveu, sua pergunta seria: uma vez que se reconheça a liberdade, o que se deve fazer?[36]

Beauvoir estava interessada em filosofias de liberdade desde que lera Bergson, Fouillée, Lagneau e outros quando adolescente. Como era um tópico fundamental no exame da *agrégation*, ela e Sartre haviam passado muito tempo discutindo o assunto. Era bom pensar em liberdade como um conceito abstrato e afirmar, como Sartre, que todas as liberdades são iguais. Mas Beauvoir queria uma filosofia que pudesse ser vivida.

E quando ela observou a vida que as pessoas viviam, chegou à conclusão de que suas liberdades não eram iguais, porque (como disse mais tarde) "as situações são diferentes, e, portanto, também as liberdades."[37]

Em 12 de janeiro de 1940, Beauvoir contou a Sartre por carta que havia escrito as primeiras 160 páginas de seu romance *A convidada*, e que estava ansiosa para mostrá-lo quando ele fosse visitá-la. Também lhe contou que ela e Bienenfeld haviam se "abraçado": "Para falar a verdade, além do usual odor desagradável de seu corpo, ela tinha um odor fecal pungente que tornava as coisas bastante desagradáveis. No que diz respeito à amizade com ela, sem problemas; mas nossas relações físicas não poderiam ser mais desagradáveis para mim".[38]

Tal expressão tão dramática de nojo é surpreendente e perturbadora, uma vez que Beauvoir claramente apreciava outros relacionamentos lésbicos e que Bianca continuaria sendo sua amiga por toda a vida (segundo relatos das duas). Beauvoir realmente sentia tanta repugnância pelo corpo de outra mulher? Poderia essa ser uma expressão psicossomática de repulsa por seu próprio comportamento? Quando Beauvoir terminou com Bianca, disse que preferia fazer sexo com homens.[39] Mas, apesar da repugnância e da crescente inquietação em relação ao relacionamento delas – até do "calafrio" ao ver Bianca naquele janeiro –, ela ainda concordava em ficar com ela duas noites por semana.[40]

Ao mesmo tempo, Sartre escreveu a Beauvoir que, afora para ela, ele não "significava nada para o resto do mundo (além de minha mãe)". Ele "trocaria sua velha pele" no fim da guerra, porque "nenhuma dessas boas senhoras adquiriu direito a fidelidade".[41] Mas, em uma carta datada de dois dias depois, Beauvoir descreveu como foi estar na cama com Nathalie Sorokine. Segundo sua descrição do momento para Sartre, elas estavam nuas, pensando em ler juntas algumas passagens sobre a filosofia da vontade: "Os abraços recomeçaram, dessa vez com reciprocidade. Certamente não foi como com Kos, mas gosto muito do corpo dela".[42]

A resposta de Sartre de 16 de janeiro dizia: "Não me lembro mais de como é ter alguém ao meu lado, muito menos você, que se interessa pelo que penso e sinto e pode entender".[43] No dia seguinte, ele exclamou: "O que está acontecendo? Quantos casos e amores você está curtindo, pequena!".[44]

Sartre estava trabalhando na filosofia que acabaria sendo publicada como *O ser e o nada*; quando contou a Beauvoir, ela respondeu: "É muito sedutora essa teoria do nada que resolve todos os problemas!".⁴⁵ No mês seguinte, Sartre escreveu entusiasmado a Beauvoir porque achava que por fim havia encontrado um "nicho intelectual" para si. "Estou começando a vislumbrar uma teoria do tempo. Esta noite comecei a escrever. E foi graças a você, percebe? Graças à obsessão de Françoise: quando Pierre está no quarto de Xavière, há um objeto vivo, mas sem consciência para vê-lo."⁴⁶ (Françoise, Pierre e Xavière são personagens de *A convidada*.)

Ele não recebeu nenhuma carta dela no dia seguinte, de modo que lhe escreveu de novo. Ainda estava trabalhando em sua teoria do tempo, mas acaso se sentia vazio por ela não lhe haver escrito? "Queria que você estivesse aqui; assim, tudo ficaria bem."⁴⁷

No mesmo dia em que Sartre lhe escreveu para lhe agradecer por inspirar sua teoria do tempo, Beauvoir recebeu uma nota inesperada na sala de aula. Depois de seis meses sem ver Bost, ele estava lá. Ela tremia enquanto corria para encontrá-lo, e passaram o dia conversando febrilmente. Passaram três dias e três noites juntos, após os quais ele foi ver Olga. No ano anterior, Simone havia dito a Bost que o amava "com toda minha alma".⁴⁸ Escreveu a Sartre que entre ela e Bost "nunca acabará o que temos a dizer um ao outro"; que olhando para frente, "Bost faz parte de meu futuro de uma maneira absolutamente certa – e até essencial".⁴⁹

Talvez tenha sido por causa dessa carta; talvez por causa de Wanda ter descoberto uma das amantes de Sartre abandonadas do ano anterior; ou talvez por ele não receber cartas de Beauvoir durante dias: seja qual for o motivo, Sartre começou a sentir medo:

> Me encontro em um estado estranho, nunca fiquei tão desconfortável comigo mesmo desde que fiquei louco. [...] Meu amor, como eu preciso de você. [...] Eu te amo. Receio que deva parecer um pouco desleal para você, com todas as mentiras em que me enredo. [...] Receio que você se pergunte de repente [...] ele não está mentindo para mim? Não estaria me contando meias

verdades? Minha pequena, minha querida Castor, juro que com você sou totalmente puro.⁵⁰

No dia seguinte ele escreveu de novo, declarando que não queria mais fazer o jogo da sedução. Com a intenção de simplificar as coisas, ele escreveu uma carta de separação a Bianca. Beauvoir se encontrou com ela logo depois: Bianca estava magoada, zangada e desconfiada. Havia sido uma completa reviravolta da parte de Sartre – as cartas dele de poucas semanas antes falavam sobre o futuro dos três juntos depois da guerra. Beauvoir disse a Sartre que Bianca tinha razão em ficar indignada; que a maneira como eles dois [Simone e Sartre] tratavam as pessoas era "inaceitável".⁵¹

Por fim, Simone estava admitindo seus erros – e confrontando os de Sartre. Mas não havia nada que eles pudessem fazer para voltar atrás. Em 1940, Bianca Bienenfeld sofreu uma crise; ela se sentia "arrasada por causa do abandono e do coração partido".⁵²

O que sabemos com certeza é que Sartre terminou com Bianca por carta em fevereiro de 1940.⁵³ Ele escreveu a Beauvoir para lhe contar como Bienenfeld o havia severamente repreendido; em 27 de fevereiro, Beauvoir brevemente expressou compaixão por Sartre antes de somar sua voz ao coro de reprovação: ele realmente havia ido "longe demais com ela; sinceramente, não sei o que lhe passou pela cabeça". Bienenfeld havia ido ver Beauvoir e lhe mostrara a carta de Sartre. O conteúdo da carta não sobreviveu – por isso, não se sabe se a reação de Beauvoir foi hipócrita, dado o que sabemos sobre seu próprio comportamento –, mas Beauvoir descreveu Bianca como humilhada e enojada: "Achei sua atitude admirável naquela noite, e contundente, e direita. [...] sua [de Sartre] carta era indefensável".⁵⁴

Ele respondeu cheio de remorso, concordando que a carta era "péssima", que "nunca" havia feito algo "tão podre quanto ter mandado essa carta".⁵⁵ Nos dias e semanas seguintes, a correspondência entre Sartre e Beauvoir incluiu muito das conversas com Bienenfeld; Beauvoir achava que a separação havia sido difícil no começo para Bianca, mas que ela se recuperara. Continuou saindo para jantar com ela, discutindo filosofia, e Bienenfeld fazia comentários sobre o romance livro de Simone. Disse que havia "reflexão demais" em *A convidada*, comparando-o a romances estadunidenses (como os de Hemingway), que eram agradáveis devido à "falta de reflexão".[56] Ela não seria a única amante contingente a dizer a Beauvoir que seus romances tinham "filosofia demais". Mas poucos – se é que algum – dos relacionamentos na vida de Beauvoir rivalizam com o que tinha com Bianca em termos de falta de reflexão. Nos primeiros meses de 1940, Beauvoir admitiu que ela e Sartre eram responsáveis por causar o sofrimento – muito sofrimento – de Bianca. Ela escreveu a Sartre em 3 de março: "Eu nos culpo – a mim tanto quanto a você, na verdade – no passado, no futuro, no absoluto, pela maneira como tratamos as pessoas. Acho inaceitável que tenhamos conseguido fazê-la sofrer tanto".[57]

De 23 de março a 11 de julho, existe uma lacuna na correspondência de Beauvoir.[58] Em 7 de maio de 1940, a Gallimard aceitou publicar seu romance.[59] Três dias depois, em 10 de maio de 1940, os alemães invadiram Holanda, Bélgica e Luxemburgo, e Bost foi transferido para a fronteira belga. Em 12 de maio, os alemães contornaram a linha Maginot, cercando as divisões francesas e atacando por via aérea e terrestre. Em 21 de maio, Bost foi atingido por estilhaços no abdome. Sangrava muito, e foi levado a um posto da Cruz Vermelha de maca, e de lá a um hospital militar, para ser operado. Ele teve sorte por ter sobrevivido, ainda mais por estar fora do front. Sartre escreveu a Beauvoir, de maneira tranquilizadora, que "é a melhor notícia possível" ele ter sido evacuado do front.[60] O regimento de Bost definhava; em 23 de maio, Paul Nizan foi morto por fogo inimigo.

Na noite de 9 de junho de 1940, Beauvoir recebeu uma nota de Bianca. Disse que estivera procurando por ela o dia todo: independentemente da hora, poderia Simone ir ao Flore, por favor? Beauvoir chegou a um salão cheio de rostos angustiados. O pai de Bienenfeld tinha conexões e informações: os alemães estavam prestes a entrar em Paris. Bianca partiria com o pai no dia seguinte. Bianca sabia que isso era menos urgente para Beauvoir, não sendo judia, mas queria saber se ela gostaria de se juntar a eles mesmo assim.

Beauvoir chorou, subjugada pela amarga verdade de que a França estava de joelhos, um de seus amantes havia sido baleado e o outro estava prestes a se tornar prisioneiro de guerra. No dia seguinte, Beauvoir se juntou aos Bienenfeld e quase 3 milhões de outras pessoas que abandonavam Paris. Em 14 de junho, Paris caiu. Nos dias que se seguiram, a rendição chegou depressa, e em 22 de junho, o marechal Pétain assinou um armistício com os nazistas. Eles controlariam a seção norte da França, incluindo Paris; Pétain controlaria a "Zona Franca" da capital do sul, Vichy.

Simone passou um mês no interior, em La Pouèze, a casa de campo de um amigo, perto de Laval. Mas estava impaciente por voltar a Paris e por notícias de Sartre e Bost. Pelo que sabia, eles poderiam inclusive estar em Paris. Então ela voltou, pegando carona em um caminhão militar alemão. Quando chegou, a bandeira nazista pairava sobre o Senado nos Jardins de Luxemburgo. Foi ver seus pais e Sorokine e foi morar com a avó.[61] No Hôtel Danemark havia apenas uma carta esperando – era de Sartre, do dia anterior à partida de Simone com os Bienenfeld.

Ela telefonou para os pais de Bost em Taverny para perguntar por ele; havia sido transferido para um hospital militar perto de Avignon.[62] Telefonou para Olga, que estava com a família em L'Aigle; ela permanecia segura. Hélène ainda estava em Portugal com Lionel, segura, mas não perto.

De volta à capital, Beauvoir assinou o juramento de Vichy, uma declaração de que não era judia.[63] Mais tarde, ela expressou vergonha por tê-lo assinado, porém, na época, não viu outra opção:

> Eu assinei porque precisava assinar. Minha única renda provinha de minhas aulas; meus cartões de racionamento dependiam disso; meus documentos de identidade, tudo. Simplesmente não havia outra opção disponível para mim. Eu odiei, mas o fiz por razões puramente práticas. Quem era eu? Uma ninguém. Que bem teria feito uma professora desconhecida se recusar a assinar uma declaração que não tinha significado, valor ou, certamente, nenhuma influência ou impacto em nada? Recusar-me a assinar tal declaração teria apenas um significado: não ter mais profissão nem renda. Quem, em tempos de guerra, em minhas circunstâncias, teria sido tolo a ponto de arriscar uma coisa dessas?[64]

Segundo o marechal Pétain, a França havia sofrido a decadência nos anos entre as duas guerras, e fazia-se necessário o restabelecimento da ordem. O povo francês devia retornar a seus valores esquecidos: "*Travail, Famille, Patrie*" (Trabalho, Família, Pátria) era o slogan do regime.[65] Na Paris ocupada, Beauvoir disse: "O simples fato de respirar implicava uma transigência".[66] Os relógios seguiam o horário alemão, e quando Beauvoir observava o mundo de sua varanda após o toque de recolher, sentia-o estranhamente leve.[67]

Nathalie Sorokine ainda estava em Paris, e Olga voltou em meados de julho. Quando se encontraram, tinham muito a se falar, e conversaram durante horas. Primeiro, Olga estava grávida. O bebê não era de Bost (ele estava no front), mas, paternidade à parte, ela não queria um filho – queria abortar. Durante a ocupação, era difícil encontrar uma maneira de fazer um aborto, principalmente um seguro. Mas Beauvoir encontrou um endereço e cuidou dela durante duas semanas, pois ela desenvolveu uma infecção depois.

Em agosto, Sartre foi transferido para um campo de prisioneiros de guerra perto de Trier, chamado Stalag XII D. As condições eram boas; ele podia escrever dois cartões-postais por semana. Sartre estava lendo *Ser e tempo,* de Heidegger, escrevendo sua primeira peça e trabalhando em *O ser e o nada.* Em Paris, Beauvoir passava por suásticas para ir trabalhar em seu romance no Dôme ou ler Hegel e Jean Wahl na Bibliothèque Nationale.[68] Em julho, ela encontrou uma epígrafe em *Fenomenologia do espírito*, de Hegel, para usar em *A convidada*.

Beauvoir encontrara Hegel pela primeira vez em seu livro didático de Filosofia em meados da década de 1920, e ele era o tipo de filósofo do qual ela se distanciaria mais tarde. Ele tratava a história como o desenvolvimento lógico de um sistema, pensava que as ideias podiam explicar todos os eventos e desvalorizava as experiências individuais. Foi alvo de críticas famosas de Kierkegaard e Marx, por nos dar apenas um "palácio de ideias" (nas palavras de Kierkegaard) e por ser o tipo de filósofo que se contentava com "interpretar o mundo", em vez de mudá-lo (em Marx). Mas, durante a Segunda Guerra Mundial, para Beauvoir, a leitura de Hegel foi "a atividade mais relaxante que pude encontrar". E a fez recordar seu ano de *agrégation*: "Existe a realidade dos livros, das ideias contidas nos livros e sobre a história humana, da qual isso é apenas um momento – eu me sentia mais segura no mundo, como não me sentia havia muito tempo".[69]

Depois do trabalho, ela mantinha um horário cuidadosamente organizado: duas noites por semana com Olga, duas noites com Nathalie Sorokine. Sorokine sentia intensos ciúmes, e se ressentia da agenda inflexível de Beauvoir, chamando-a de "relógio de geladeira" por sua maneira rigorosa de insistir em ter tempo para trabalhar. Às vezes, ela esperava Beauvoir sair do hotel de manhã, ou da escola à tarde, para vê-la. Às vezes iam ao teatro ou à ópera – durante a guerra, o preço dos ingressos caiu.

Em setembro, Bost voltou a Paris e conseguiu um emprego de professor. Isso significava que Beauvoir podia almoçar com ele na maioria dos dias da semana; às quintas-feiras ela almoçava com os pais. Quanto às noites, as de Bost aos sábados eram dela. Ela continuava escrevendo, enquanto iam surgindo placas impedindo a entrada de judeus e lhes negando emprego. Bost queria se tornar jornalista, então, Simone o ajudou com a escrita. Ela estava lendo atenciosamente Kierkegaard e Kant naquele inverno. Mas, com Bost de volta a Paris, desejava que Sartre também estivesse ali.

Após a volta de Bost, Beauvoir foi clara com Bianca sobre seu relacionamento com ele e disse que achava melhor que elas duas se vissem com menos frequência. Foi um grande golpe para Bianca saber que Beauvoir havia mentido para ela; sentiu-se "sufocar, afundar". O desprezo de Sartre em fevereiro havia sido ruim, mas, dessa vez, Bianca estava "desesperada mais do que poderia expressar", porque era muito mais apegada a Beauvoir.[70] Beauvoir ainda não percebia completamente como machucavam Bianca; ela escreveu a Sartre que havia "mais ou menos terminado com Bianca", mas, como a garota estava tendo um relacionamento com Bernard Lamblin (um dos colegas de classe dela, ex-aluno de Sartre), achava que daria certo.

O pai de Bianca, no entanto, queria que ela se casasse com um estadunidense que a tirasse da França: com um nome como "David Bienenfeld", ele sabia que sua família não estava segura. Bianca não queria se casar com um desconhecido, mas seu pai insistiu. Ele encontrou um estadunidense disposto em Montparnasse, pagou-lhe, e Bianca cedeu. Mas, no dia marcado, ele não apareceu no casamento. Assim, Bianca e Bernard se casaram em 12 de fevereiro de 1941 – apesar do perigo de um casamento misto entre uma judia e um não judeu. Seus pais ficaram aliviados por ela pelo menos passar a ter um nome mais francês.[71]

Em novembro de 1940, Beauvoir estava tendo "dias de sombria depressão", pensando que se soubesse que nunca mais veria Sartre, ela se mataria.[72] Em janeiro, ler filosofia e se manter o mais longe possível da história não estava mais ajudando. Em seu diário, ela reconheceu que era solipsista – achava que sua consciência e liberdade, sua "visão de dentro", eram reais, mas que os outros ao seu redor eram como formigas cuidando da própria vida. (Sartre escreveu um conto nos anos 1930 chamado "Erostratus", no qual o orgulhoso protagonista olhava para baixo de uma varanda do sétimo andar e via todos os humanos embaixo como "formigas".) Ela e Sartre haviam sido "anti-humanistas", escreveu Beauvoir em seus diários de guerra, mas, agora, achava que estavam errados antes.[73]

Quando leu *A convidada* naquele momento, ela o viu com o distanciamento de algo que pertencia a seu passado. O livro só seria publicado em 1943, mas, em janeiro de 1941, ela chegou à conclusão de que "repousa sobre uma atitude filosófica que já não é mais minha".[74] Ela havia se tornado uma mulher diferente. Lia Heidegger, Kierkegaard, Kafka e Jaspers, e pensava em questões antigas – seu desejo de salvação. Simone queria que seu próximo romance fosse sobre o que chamava de *situação individual* e as tensões morais que surgem por serem individuais e sociais – em meados de 1941, ela começou a escrever o livro que se tornaria *O sangue dos outros*.

Os diários de Beauvoir mais uma vez mostram um lado diferente da versão que ela apresentou em suas memórias, onde descreveu a conversão de Sartre à política à custa de seus (de Simone) próprios pensamentos e ações. Ela escreveu que não via Sartre havia onze meses quando recebera uma nota no final de março de 1941: ele estava em Paris. Ele havia conseguido sair do acampamento alegando ser civil e usando seu olho direito quase cego como recurso. Beauvoir ficou exultante ao vê-lo, mas, em poucos dias, estava se perguntando: seria Sartre o mesmo homem? Ele ficava dando sermões, era impaciente, e ficou chocado por ela ter assinado uma declaração dizendo que não era judia. Era muito bom estar livre, disse ele, mas, agora, eles tinham que *agir*. Sartre estava falando de resistência; de expulsar os alemães da França. Mas ela ainda estava convencida de que eles, como indivíduos, eram totalmente impotentes.

Em 8 de julho de 1941, o pai de Beauvoir faleceu, sem deixar nada. Suas últimas palavras para ela foram: "Você começou a ganhar a vida muito jovem, Simone, mas sua irmã me custou muito dinheiro".[75] Ela não chorou por ele,[76] porém, mais tarde, ficou impressionada com a coragem com que sua mãe começava um novo capítulo; para ela, estar viúva era uma espécie de libertação. Françoise de Beauvoir havia passado a odiar o apartamento da família na rue de Rennes, que Georges "enchia com o barulho de seu mau humor".[77] Então, em 1942, ela se mudou para um estúdio na rue Blomet. Françoise estudou para fazer os exames e se qualificou para trabalhar como bibliotecária assistente na Cruz Vermelha. Foi voluntária, aprendeu idiomas, participou de palestras, fez novos amigos e viajou. Mas ela não desistiu do que Beauvoir chamava de "atitude prudente": ainda achava que sua filha vivia em pecado.[78]

Menos de seis meses depois, Françoise também perdeu a mãe.[79] No dia do funeral de madame Brasseur, Françoise teve um colapso nervoso – caiu de cama, e Simone passou a noite com ela, vigiando sua mãe de 55 anos enquanto dormia. Logo após a morte de Georges, Françoise passou a depender financeiramente da filha mais velha. Beauvoir já ajudava Hélène pagando por seu estúdio, além de ajudar a sustentar outros membros da "família". Então, teve que começar a economizar: teriam que parar de comer fora.

A primeira reunião do grupo de resistência, *Socialisme et liberté* (Socialismo e Liberdade), aconteceu no quarto de Beauvoir no Mistral – ela e Sartre haviam se mudado para lá de novo, em quartos separados. Eles fizeram panfletos e se reuniram com outros grupos em Paris, e atravessaram a fronteira da França de Vichy para tentar estabelecer laços entre o grupo e outros membros da resistência. Entretanto suas tentativas não tiveram sucesso; o grupo comunista era maior e parecia mais eficaz. Em maio de 1942, alguns membros do *Socialisme et liberté* mudaram de lado, e logo depois o grupo se dispersou.

Enquanto isso, Sartre se recusava a assinar a declaração de que não era judeu ou maçom. Mas conseguiu manter seu emprego no Lycée Pasteur mesmo assim. O inspetor-geral de educação fazia parte da resistência, e ignorou sua insubordinação. E em outubro, transferiu Sartre para um posto de maior prestígio: o Lycée Condorcet.

Assim, a vida assumiu um padrão familiar: lecionavam e escreviam. Os dias de inverno durante a ocupação eram frios, e eles se refugiavam no Flore, na avenida Saint-Germain. Sartre continuava vendo Wanda e apreciando sua afeição possessiva. Alguns membros da "família" ficaram pouco satisfeitos por Sartre ter voltado a Paris: Nathalie Sorokine o via como outra pessoa disputando a atenção de Simone. Antes de o conhecer, Sorokine achava que ele era um "gênio de araque". Mas, quando se conheceram, em 1941, ela o seduziu. Como para Sartre, a sedução era um esporte para ela, e também jogou com sucesso com Bost.

Em dezembro de 1941, a mãe de Sorokine apresentou uma queixa no Ministério da Educação de Vichy, acusando Beauvoir de corromper sua filha. A acusação oficial era "incitar a devassidão em menor de idade".[80] A idade de consentimento, na época, era de 13 anos; Nathalie Sorokine tinha 20 anos quando a denúncia foi registrada. E madame Sorokine fez um longo relatório: Mlle de Beauvoir havia seduzido sua filha e depois a apresentara a dois homens que também a seduziram. Madame Sorokine chamava a atenção para os irregulares arranjos de vida de Mlle de Beauvoir, que era solteira, morava em um hotel, trabalhava em cafés, e não escondia que era "concubina" de Jean-Paul Sartre. Também ensinava aos alunos sobre as obras moralmente corruptas de dois escritores homossexuais, Proust e Gide. Em resumo, qualquer patriota veria por que a França não precisava de uma mulher como ela em suas escolas secundárias. Sob Pétain, a França tentava recuperar a dignidade perdida, isso por meio de uma estratégia que promovia os valores da família francesa. Uma mulher como Mlle de Beauvoir não deveria estar moldando o futuro de sua juventude. O ministério estava inclinado a concordar, e deu início a uma investigação que só seria concluída um ano e meio depois.

A história que Beauvoir contou a Bair foi que madame Sorokine a procurara em março pedindo que interviesse na vida de Nathalie. Nathalie estava saindo com um jovem chamado Bourla, judeu e pobre

– que madame Sorokine não aprovava. Beauvoir dissera que contaria a Nathalie sobre o encontro delas, e que achava que não tinha a influência que madame Sorokine esperava. Achara que a coisa acabara aí; mas, então, a queixa fora registrada.

Durante o ano acadêmico de 1941-1942, o filósofo Jean Wahl foi demitido de seu cargo na Sorbonne por ser judeu. Em 1942, foi internado no campo de deportação de Drancy. Naquele mês de junho, os judeus da França ocupada foram obrigados por lei a usar a estrela de Davi. Suas liberdades foram restringidas ainda mais: eles não podiam mais possuir propriedades ou abrir contas bancárias. Era ilegal cruzar a fronteira para a Zona Franca sem permissão; mas, naquele verão, Beauvoir e Sartre atravessaram furtivamente com Bost. E foram andar de bicicleta nos Pirineus.

As acusações de devassidão contra Beauvoir nunca foram confirmadas. Sorokine negou que seu relacionamento com Beauvoir fosse sexual, e os dois homens negaram qualquer relacionamento com ela. Portanto, o Ministério da Educação não tinha provas para confirmar as alegações. Mas podiam confirmar as condições de vida suspeitas de Mlle de Beauvoir e a inclusão questionável de Proust e Gide em seu programa de ensino. Em 17 de julho de 1940, o governo de Pétain havia criado uma lei para facilitar a eliminação de funcionários do governo que não contribuíam para a "renovação nacional". E essa lei foi citada na decisão do ministério, em 17 de junho de 1943, de sancionar Simone de Beauvoir e revogar sua licença para lecionar.[81] Sua demissão caiu como uma insígnia de honra para algumas partes da resistência. Sua licença foi restabelecida em 1945, e outros estudantes da época a recordam como uma filósofa inspiradora que os apresentou a Husserl e Heidegger antes mesmo de eles serem populares nas universidades francesas.[82] Mas Beauvoir não voltou a lecionar: a partir de então, sua vida era escrever.

Em suas memórias, Beauvoir abordou superficialmente as acusações de devassidão, apresentando-as como retaliação de madame Sorokine por causa do fracasso de Beauvoir em fazer que Nathalie terminasse com Bourla. Mas, logo após sua demissão, o futuro parecia incerto. Ela sabia que queria escrever, mas precisava de dinheiro para viver. Françoise havia economizando uma grande parte da mesada que sua filha lhe dava, e ofereceu devolvê-la. Mas Simone lhe pediu que guardasse o dinheiro, caso fosse necessário.

Mais tarde, naquele mesmo verão, Beauvoir conseguiu seu primeiro emprego como roteirista, trabalhando como produtora para a Radiodiffusion Nationale (conhecida como Radio-Vichy).[83] Na época, havia duas estações nacionais, a Radio-Vichy e a Radio-Paris – essa última difundia a ideologia nazista. Era possível trabalhar para a Radio-Vichy sem ser visto como um colaborador, dependendo do tipo de trabalho que se fazia. Beauvoir trabalhava em um programa sobre música na Idade Média, que era indiscutivelmente neutro – mas não é de se surpreender que sua participação nesse trabalho tenha levantado questões sobre como traçar limites entre cumplicidade e colaboração.

Uma pesquisa de Ingrid Galster mostrou que o conteúdo das transmissões de Beauvoir não era colaboracionista. Mas, mesmo assim, os críticos de Beauvoir a acusaram de apolítica, ou pior, de que participava ativamente da criação de uma rádio que encorajava nos ouvintes a evasão de suas responsabilidades morais de resistência aos nazistas. Os defensores de Beauvoir, por outro lado, observavam que nos episódios em que ela trabalhava havia certo espírito de repúdio – ela escolhia pessoas e textos da cultura francesa que desafiavam os valores reinantes de seus dias. Era difícil, na Paris ocupada, traçar limites claros entre resistência e colaboração.[84]

Os existencialistas ficariam famosos pelo slogan "o homem é a soma de suas ações". Beauvoir logo se tornaria uma mulher cujas ações inspirariam muitos, mas ela não sentia orgulho de todas. Simone resistiu claramente aos valores do governo de Pétain em suas salas de aula e em sua vida pessoal. No entanto também fracassou na aplicação da ética que mais tarde pregaria: seus relacionamentos com mulheres durante esse período estavam longe de ser recíprocos. No período "sombrio", entre 1939 e 1942, ela teve muitos momentos infelizes antes de chegar à conclusão de que precisava pensar mais sobre a mulher em que se convertera. E ao longo do caminho, ela escreveu não um, mas dois dos romances que lhe propiciariam fama e formariam sua persona – *A convidada* e *O sangue dos outros*. Apesar de que o segundo não foi publicado até o final da censura dos tempos de guerra.[85]

9
Filosofia esquecida

No ano em que Beauvoir perdeu seu cargo no sistema de ensino francês, ela e Sartre publicaram obras que garantiriam ambos seus lugares na vida intelectual francesa para sempre. *A convidada,* de Beauvoir, foi publicado em agosto, e *O ser e o nada,* de Sartre – dedicado a Castor –, em junho. Sartre também estava começando a produzir peças, com aclamação do público, ressuscitando tramas aparentemente inocentes do drama grego antigo para transmitir mensagens de liberdade e resistência.

O início da década de 1940 marca uma mudança significativa no pensamento de Beauvoir. Antes da guerra, ela havia sido, como admitiu, solipsista. Mas, a partir do início de 1941, concluiu que havia se afastado da "atitude filosófica" de *A convidada*,[1] e suas peças e romances de 1943 a 1946 mostram um engajamento político e moral que muitas pessoas não lhe atribuem até a publicação de *O segundo sexo*. Já em 1943 ela se perguntava: quem é útil ou inútil para a sociedade? Quem tem o poder de decidir?

Em julho de 1943, Beauvoir e Sartre se mudaram para o L'Hôtel La Louisiane, na rue de Seine 60, onde viveram (em quartos separados) até o fim de 1946. Abandonaram Montparnasse e foram para Saint-Germain-des-Prés. E, no mesmo mês, Beauvoir começou um ensaio discutindo a visão de Sartre sobre a liberdade e contrastando-a com a sua própria, colocando no papel as objeções que havia "colocado contra ele em várias conversas".[2] Desse ponto em diante, temos mais que "conversas constantes", diários e cartas para formar nossa imagem da troca intelectual deles, porque a voz de Beauvoir se tornou uma voz pública, disponível e impressa. E não era usada só para promover as ideias de Sartre, mas também para criticá-las.

Bem antes da guerra, Beauvoir e Sartre haviam discutido a ética de seus relacionamentos com Olga e Wanda. Era imoral mentir para alguém cuja felicidade era falsa? Deveria ela sentir remorso pelo que não contava a Olga? Ou pelo que Olga não contava a Bost? Em *A convidada*, Beauvoir explorou o problema filosófico que a preocupava desde a década de 1920: "a oposição entre o eu e o outro". Aparentemente, era um livro sobre o "trio", no qual um casal, Pierre e Françoise, "convidam" uma jovem para seu relacionamento: Xavière. Ela provoca ciúmes em Françoise, que fica tão frustrada que a única saída que pode imaginar é matar sua rival. Dedicado "a Olga Kosakiewicz", a epígrafe do livro de Hegel diz: "Cada consciência procura a morte da outra".

Mas há um quarto personagem: um homem alto, de olhos verdes e cabelos escuros – o namorado de Xavière, Gerbert. "Eu sempre gosto do que me pertence", diz Xavière a Françoise: "É relaxante ter alguém inteiramente para si".[3] Mas, no romance, Xavière não tem Gerbert para si; ele também está dormindo com Françoise. É difícil imaginar que Olga não suspeitasse ao ler o livro; em *A convidada*, Françoise e Gerbert fazem uma caminhada juntos e certa noite acabam se tornando amantes em um celeiro. Quando retornam a Paris, ele diz a Françoise que nunca amou outra mulher como a ama. E a razão do assassinato de Xavière não é o ciúme e a frustração provocada pelo trio com Pierre – mas o fato de Xavière descobrir as cartas de Gerbert para Françoise. Françoise, como o homem que matou um taxista porque tinha vergonha de não ter o dinheiro da corrida, preferia matar Xavière a enfrentar seu olhar acusador.

Mas Bost e Beauvoir insistiram que essa parte do romance – diferentemente das conversas vívidas que ecoavam as vozes reais de Sartre, Beauvoir e Olga – era ficção. Em *A força da idade*, Beauvoir não sentiu necessidade de esconder que havia escrito o final como catarse; ela achava que ao matar Olga no papel, poderia se purificar de emoções indesejadas e apagar da amizade suas memórias mais sombrias.[4] Por um longo tempo, essa explicação levaria os leitores a supor que o ciúme era o demônio que ela queria exorcizar. Mas, à luz da publicação de sua correspondência com Bost em 2004, há uma nova possibilidade: culpa. Durante toda a vida de Olga, ela nunca soube que Beauvoir e Bost tinham um caso.

Assim como Simone repudiava a imagem de si mesma que via refletida nos olhos das irmãs Kosakiewicz, Françoise luta com a questão do relacionamento entre ela e os outros:

"É quase impossível acreditar que outras pessoas sejam seres conscientes, cientes de seus próprios sentimentos, assim como nós mesmos conhecemos nossos próprios", disse Françoise. "Para mim, é aterrorizante compreender isso. Temos a impressão de não ser mais nada além de uma invenção da mente de outra pessoa".[5]

O romance provocou um misto de respostas: alguns o acham escandaloso; outros o consideram uma rejeição corajosa do dogma de Vichy "trabalho, família, nação". Mas, filosoficamente, o romance de Beauvoir apresenta dois modos possíveis de se relacionar com outras pessoas: o primeiro implica reconhecer que os outros, assim como nós mesmos, são seres conscientes com vida interna rica e vulnerável. A segunda maneira se recusa a ver isso, e rejeita a possibilidade de reciprocidade, assumindo como certo que os outros *são* apenas coisas para nosso uso ou obstáculos em nosso caminho.

Isso é importante porque essa segunda abordagem se assemelha muito a algo que Sartre escreveu em *O ser e o nada*, e o próximo período da vida de Beauvoir tem sido relatado há muito tempo como de fama, jazz e festas no pós-guerra, e não de intensa produtividade filosófica, em parte devido a desacordos com Sartre. Para entender por que ela foi tão incompreendida, por que mais tarde ficou frustrada por ser reduzida à "Notre Dame de Sartre" e por que tinha que fazer malabarismos para evitar (o melhor que podia) refutações *ad feminam* de sua obra feminista, temos que olhar mais de perto o que exatamente Beauvoir achava estar errado na filosofia de Sartre.

A escritora britânica Angela Carter escreveu uma vez que "toda mulher ocidental pensante" deve ter se perguntado uma vez ou outra: "por que uma moça simpática como Simone está perdendo tempo bajulando um velho peidorreiro e chato como JP?". Só o amor, continuava Carter, "poderia fazer alguém se orgulhar por receber apenas um prêmio de participação".[6] Mas, em 1943, Sartre era pior que isso: ele era um filósofo pessimista ao extremo, com expectativas muito baixas acerca da humanidade, mesmo para os padrões de filósofos extremamente pessimistas. Ele achava que todos os seres humanos queriam se dominar mutuamente, e que todos os relacionamentos eram conflitantes – tão conflitantes que o amor seria impossível (ou, em suas próprias palavras, um "ideal irrealizável"). E Beauvoir não era só mais uma "participante". Era uma filósofa que discordava dele. Era também, por acaso, uma mulher cuja vida seria usada como uma arma contra ela – mas isso ainda não havia começado.

Em *O ser e o nada*, Sartre escreveu que em todos os relacionamentos interpessoais, uma pessoa faz o papel de dominador e a outra de dominado. Uma pessoa é um "sujeito", vê o mundo sob seu ponto de vista, e a outra é o "objeto", que internaliza a visão da pessoa que a "dominou". Às vezes gostamos de governar os outros, pensava Sartre, e às vezes gostamos de ser governados por eles. Mas nunca nos envolvemos com os outros no nível básico.

Sartre não foi o único filósofo ocidental a ter esse tipo de pensamento; Hegel escreveu uma famosa passagem sobre a "dialética mestre/escravo" que dizia algo semelhante, e muito antes dele Santo Agostinho pensava que todos os seres humanos tinham uma *libido dominandi* – um desejo de dominar –, e que essa era a fonte de muito sofrimento humano. Como Beauvoir estudou Hegel durante a guerra (se apoiando na solidão e no pensamento) e tornou os temas hegelianos centrais em seu romance *A convidada*, alguns estudiosos chegaram a afirmar que Sartre roubou dela muitas das ideias fundamentais de *O ser e o nada*, e que se essa fosse uma história sobre dois filósofos homens, em vez de um homem e uma mulher, as ideias de Beauvoir teriam recebido o reconhecimento que Sartre conquistou.[7] Pois embora *O ser e o nada* tenha sido publicado em junho e *A convidada* em agosto, Sartre lera a obra de Beauvoir enquanto estava de licença militar – portanto, conheceu as ideias dela na ficção antes de ele escrever as suas na filosofia. E uma das distinções filosóficas que Sartre introduz em *O ser e o nada* é uma divisão entre "ser-por-si-mesmo" e "ser-pelos-outros", que (camuflada pelo jargão) se parece com a distinção que Beauvoir fez em seus diários de estudante em 1927 entre a visão de dentro e a visão de fora, o "para mim" e "para os outros".

Mas alegar que Sartre "roubou" as ideias de Beauvoir é problemático, tanto histórica quanto filosoficamente. No contexto histórico, porque o relacionamento deles era de "constante conversa" e incentivo intelectual mútuo (se não perfeitamente recíproco). E filosoficamente, porque Beauvoir e Sartre conheciam muito bem as fontes filosóficas francesas que nenhum deles se preocupava em citar em suas obras, e muito menos alegavam serem suas. Surge uma dificuldade adicional porque, inicialmente, Beauvoir era o tipo de filósofa que pensava que o que importava em uma filosofia não era quem tinha a ideia; o que importava era se era verdade ou não. Na década de 1940, ela seria muito crítica em relação ao conceito de "posse".

Contudo ela também era muito crítica em relação a Sartre. Mais tarde, ela perceberia que a ideia de posse desempenha um papel importante na perpetuação do poder, e em quem será lembrado na posteridade. *O ser e o nada* continha um conceito que Beauvoir e Sartre discutiram juntos durante a década de 1930; e que estava presente em *Quando o espiritual domina* e embasou o trabalho posterior de Beauvoir de uma maneira poderosa. Mas foi Sartre quem se tornou famoso por ele: a *má-fé*.

Em suas memórias, Beauvoir usou o "nós" para dizer que discutiram a má-fé ao descrever o surgimento desse conceito em suas reflexões na década de 1930. Como Sartre descreveu em *O ser e o nada*, a má-fé era uma maneira de fugir da liberdade, que consiste em se identificar demais com a "facticidade" ou a "transcendência". A facticidade representa todas as coisas contingentes e não escolhidas a nosso respeito, como a hora ou o local em que nascemos, a cor de nossa pele, o sexo, a família, a educação, o corpo. E "transcendência" refere-se à liberdade de ir além dessas características e chegar a *valores* – que dizem respeito ao que *escolhemos fazer* com os fatos, como nos moldamos por meio de nossas ações.

Para Sartre, a má-fé surge quando a facticidade e a transcendência estão desarticuladas de um jeito que faz um indivíduo pensar que está *determinado* a ser de certa maneira. Ele deu o famoso exemplo de um garçom: ele age de má-fé quando acha que sua facticidade – ou seja, o fato de ser garçom – determina quem é. O garçom é sempre livre para escolher outro caminho na vida; negar isso é negar sua transcendência. Por outro lado, quando ele acha que o fato de ser garçom não importa ao se candidatar a um cargo de diretor de uma empresa, age de má-fé pelo motivo oposto: não reconhece os limites de sua facticidade.

Isso pode parecer trivial – mas, e se substituirmos a palavra "garçom" por "judeu" ou "mulher" ou "negro"? A história humana é cheia de exemplos de pessoas que reduzem outras a uma dimensão única de sua facticidade, e, ao fazê-lo, deixam de reconhecer completamente sua humanidade. Em 1943, ficou claro que esse não era um hábito restrito ao passado da humanidade. Mas Sartre não deu esse passo ético em *O ser e o nada*. Nem deu uma resposta satisfatória ao problema ético de objetificar os outros. Em vez disso, ele disse que não devemos nos deixar determinar por nossa facticidade – porque, quaisquer que sejam as condições de nossa existência, somos livres para tirar o máximo proveito delas.

Mas já na década de 1930 Beauvoir estava convicta de que isso era errado. Sartre achava que os seres humanos eram livres porque, independentemente de sua situação, eram livres para "transcender" a facticidade, escolhendo entre diferentes maneiras de responder a ela. O desafio lançado por Simone foi o seguinte: "Que tipo de transcendência pode alcançar uma mulher trancada em um harém?".[8] Há uma diferença entre ter liberdade (no sentido de ser teoricamente capaz de fazer uma escolha) e ter o *poder* de fazer uma escolha na situação real em que ela deve ser feita. Ela continuaria articulando suas críticas filosóficas em dois ensaios na década de 1940, *Pirro e Cíneas* e *Por uma moral da ambiguidade*, mas, enquanto isso, teria que lidar com as consequências de *A convidada* na sua vida pessoal.

Antes da publicação do primeiro romance de Beauvoir, sua mãe sabia pouco sobre ela a ponto de considerá-la "uma boa moça". Mas, apesar "do rumor público ter destruído suas ilusões" após a publicação de *A convidada*, também tornou sua filha uma escritora conhecida, de modo que Françoise estava chocada com os livros de Beauvoir mas lisonjeada por seu sucesso. E como Simone era a provedora da família, seu sucesso também propiciou benefícios para todos.[9]

A convidada foi lido de três maneiras desde sua publicação: antes de Sartre e Beauvoir se tornarem famosos, em 1945, era lido como um estudo da vida boêmia parisiense; mais tarde, foi considerado um *roman* à *clef* do relacionamento "a três"; e, mais recentemente, foi lido por feministas como um retrato de três mulheres não tradicionais em um mundo tradicional tirânico. É fácil encontrar passagens do livro em que a protagonista, Françoise, parece falar por Simone: Françoise não gosta de perder "preciosas horas de trabalho" preocupando-se com as outras mulheres de Pierre.[10] Ela vende uma imagem de ser do "tipo fiel",[11] que não se interessa por romances que "não têm continuidade".[12] Françoise detesta a ideia de "ser uma mulher que submete";[13] ela quer que sua sedução de Gerbert seja recíproca por causa de "um profundo compromisso filosófico com sua própria liberdade.[14] Mas, no que diz respeito a Pierre, ela também se pergunta se está agindo de má-fé. O romance é salpicado por passagens nas quais Françoise reflete sobre sua relação com Pierre – passagens que levaram a especulações sobre os sentimentos de Simone em relação ao lugar de Olga no pacto Sartre-Beauvoir:

> Ela o amou longa e cegamente pelo que recebia dele; mas havia se prometido amá-lo por quem ele era, e mesmo naquela condição de liberdade da qual ele se aproveitava para escapar, ela não desistiria na primeira dificuldade.[15]

Seus leitores se perguntavam: era a voz de Beauvoir falando por meio da de Françoise? Ou apenas fruto de sua imaginação? No romance, Françoise declara a Xavière: "Você acha que já está pronta e finalizada pra sempre, mas eu acho que não. Acho que você se torna o que é por seu próprio livre-arbítrio".[16] Ao fazer sua ficção se assemelhar aos fatos de sua vida – o bastante para provocar mesmo que o mínimo de curiosidade–, Beauvoir se abriu para ser "transformada" em muitas coisas por seus leitores.

A própria Beauvoir incentivou que algumas passagens desse romance fossem lidas como autobiográficas. A sedução de Bost por Beauvoir, como disse a Francis e Gontier, "aconteceu exatamente como eu disse em *L'invitée* (*A convidada*)" (mas ela não mencionou o nome dele, claro).[17] Beauvoir havia relatado, em suas cartas a Sartre, como seduzira Bost; portanto, após a morte dele (e de Olga) e com a publicação das cartas, foi possível comparar a correspondência de Beauvoir com as cenas do romance. As cartas a Sartre apresentam um encontro sexual inesperado: "Dormi com o pequeno Bost três dias atrás. Fui eu que sugeri, claro. [...] Nós dois queríamos fazia tempo".[18] No romance, por outro lado, Françoise descreve "um anseio vago" que se acumulou ao longo de dias até que se tornou um "desejo sufocante"; como Gerbert parecia "fora de alcance", ela se abstinha de tomar qualquer iniciativa.[19]

Antes da publicação, o título desse romance era *Légitime défense* – "autodefesa".[20] Olhando para trás, Beauvoir achava que havia adotado uma posição firme de cegueira para com os outros na década de 1930, que "protegida pelo olhar de Sartre, queria esquecer que havia outros olhos que me viam". Quando foi forçada a admitir isso, ela ficou intensamente desconfortável – e foi esse sentimento de desconforto que ela "levou ao paroxismo" em *A convidada*.[21] Simone não estava mais disposta a ser deliberadamente cega; como filosofia de vida, isso era um beco sem saída.

Após o sucesso de 1943, o cenário social de Beauvoir e Sartre começou a se expandir depressa. Eles eram amigos de Albert Camus, e por meio dele, de outros escritores da resistência, incluindo Raymond Queneau e Michel Leiris. Monsieur e madame Leiris moravam em um apartamento no Quai des Grands-Augustins; foi onde Beauvoir conheceu Picasso. La Louisiane era um hotel muito melhor que qualquer uma das casas onde já haviam morado, de modo que também começaram a convidar pessoas a ir lá. Ela deu festas com Leiris e Queneau, Camus, Sorokine e seu namorado, Bourla, além de Bost, Olga e Wanda. Na primavera de 1944, fizeram uma série de reuniões que chamavam de *fiestas*. O escritor Georges Bataille foi o anfitrião da primeira; todos guardaram cupons para poder juntar comida suficiente para um banquete em tempos de guerra, com dança, música e bebida. Bost organizou uma festa na casa de sua mãe em Taverny; Simone Jollivet e Dullin foram anfitriãs de outra em seu apartamento em Paris.

Beauvoir estava começando a se misturar com o *crème de la crème* das artes parisienses dos anos 1940, mas também sentia a escassez, que era a anormal normalidade da vida sob a Ocupação. O combustível para o aquecedor se tornara escasso, assim como os alimentos. Entre 1938 e 1942, o consumo de leite caiu pela metade e o preço do pão quase dobrou. As forças aliadas continuavam atingindo portos, fábricas e pontos estratégicos.

Nos dias 20 e 21 de abril, o lado norte de Paris foi bombardeado pelos aliados. Esse foi um aspecto polêmico da Operação Overlord, destinado a interromper todo o tráfego ferroviário que levava ao norte da França. Em 21 de abril, os pátios de La Chapelle foram atingidos, matando 641 pessoas e ferindo cerca de quatrocentas. Sartre e Beauvoir estavam em La Pouèze, mas Bost lhes escreveu retratando o barulho ensurdecedor e a aterrorizante ideia de acabar como um cadáver em uma pilha de escombros. No mês anterior, Bourla – o namorado judeu de Nathalie Sorokine – foi preso com o pai. Eles não sabiam, mas ele já havia sido transferido para Auschwitz.[22] Mas, embora a bandeira nazista ainda pairasse sobre o Senado, as pessoas estavam falando de libertação, e, a partir de 19 de agosto, se sentiam bem próximos dela. Os alemães estavam se retirando para o leste, e a resistência francesa colocara cartazes por toda a cidade chamando os cidadãos às armas. Sartre estava tenso, de modo que Beauvoir escreveu alguns artigos para a *Combat* com a assinatura dele.[23]

Em 25 de agosto de 1944, Beauvoir estava no quarto de Bost e Olga no Hôtel Chaplain junto com Wanda e Sorokine. Eles haviam feito batatas para o jantar, e enquanto estavam comendo, ouviram o anúncio no rádio: o general de Gaulle estava em Paris. As pessoas começaram a ovacionar e gritar na rua – em frente ao Dôme, se aglomeravam perto da rue Vavin. Mas também havia tanques, e a multidão fugiu dos tiros e dos carros da SS.

No dia seguinte, a bandeira francesa foi hasteada na Torre Eiffel. De Gaulle marchou por Paris, descendo a Champs-Élysées com tropas francesas e estadunidenses. No Arco do Triunfo, Beauvoir e Olga aplaudiram.

A guerra não havia acabado, mas Paris estava livre.

O segundo volume da autobiografia de Beauvoir cobriu o período de 1930 a 1944. Foi só mais para o fim desse período que seus próprios artigos começaram a ser publicados, e *A força da idade* mencionou brevemente suas preocupações e realizações filosóficas, dando a Sartre o que muitos consideram um crédito desproporcional. Mas suas memórias não escondem que ela lia muito, incluindo trabalhos sobre filosofia, psicologia, religião e (embora esse material fosse muito mais escasso) a sexualidade das mulheres. Durante esse período, ela leu Alfred Adler, Alain, literatura estadunidense, Aron, Bergson, Georges Bernanos, Dostoiévski, Drieu La Rochelle, literatura inglesa – que chamava de "lixo divertido",[24] Faulkner, Freud, Gide, Julien Green, *Fenomenologia do espírito*, de Hegel, Heidegger, Hemingway, Holderlin, Husserl, Jaspers, Joyce, Kafka, Kierkegaard, La Rochefoucauld, Leibniz, Michel Leiris, Emmanuel Levinas, Jacques Maritain, François Mauriac, Maurice Merleau-Ponty, Nietzsche, Proust, Raymond Queneau, Saint-Exupery, Scheler, *La femme frigide* [A mulher frígida], de Stekel, Stendahl, estoicos, Valéry, Jean Wahl, Oscar Wilde e mais Virginia Woolf.

Então, o que foi que ela omitiu? Embora escrito em 1943, o primeiro ensaio filosófico de Beauvoir, *Pirro e Cíneas*, foi publicado em setembro de 1944, após a libertação. Mas só foi traduzido para o inglês em 2004; quem não lia francês não foi capaz de acompanhar detalhadamente a história do diálogo filosófico entre Sartre e Beauvoir ou o desenvolvimento do pensamento dela. *Pirro e Cíneas* levantou sérias questões morais e inaugurou o que Beauvoir chamou de o "período moral" de sua carreira literária. Fosse a guerra, seu relacionamento com Bost, sua fuga do caso com Sorokine, sua percepção de que ela e Sartre haviam feito mal a Bianca Bienenfeld, a preocupação de não ser associada a *todas* as opiniões de Sartre – ou, mais provavelmente, uma combinação de muitos desses fatores –, nesse momento ela queria saber: (como) as ações – e os relacionamentos – podem ser éticos? E antes de responder a essas questões morais, ela tinha que responder a uma questão existencial mais básica: por que fazer algo em vez de não fazer nada?

Quando a *magnum opus O ser e o nada* de Sartre foi publicada, em 1943, foi criticada por muitos de seus contemporâneos por pintar uma imagem muito sombria da humanidade. Depois de centenas de páginas densas e deprimentes analisando a condição humana, Sartre dedicou duas meras páginas e meia à ética. Ele escreveu que a má-fé leva muitos à conclusão niilista de que "dá na mesma se uma pessoa se embebeda sozinha ou se é o líder de uma nação".[25] Sartre não explicou claramente por que *não dá na mesma*, nem apontou onde o niilista estaria errando – poderia, por exemplo, dizer por que a vida tem significado ou como pode ser vivida de forma autêntica. Em vez disso, ele ofereceu ao leitor uma lista de perguntas sem resposta: seria a própria liberdade a fonte de todo valor, a razão pela qual a vida humana importa? Ou a liberdade teria que ser, como muitos filósofos religiosos pensavam, definida em relação a um "valor transcendente" (ou seja, Deus)?[26]

Assim como Beauvoir, Sartre era fascinado pelo conceito de liberdade e pelo desejo humano de significado desde os tempos de estudante. Ambos se perguntavam se "um transcendente" como Deus era necessário para dar valor à liberdade humana e significado à vida. Mas, ao contrário de Beauvoir, ele ainda não havia encontrado uma maneira de incorporar a ética em sua filosofia de liberdade e resolver o problema do transcendente. Beauvoir expressaria sua resposta de várias formas literárias: um ensaio, um romance e uma peça de teatro. Mas o ensaio e a peça só foram traduzidos para o inglês no século XXI, e o romance foi amplamente lido como uma obra "existencialista", na qual Beauvoir aplicava as ideias de Sartre no formato de ficção. Portanto, erroneamente se concluiu que foi Sartre quem desenvolveu a ética do existencialismo, um dos movimentos mais populares da filosofia do século XX – quando, na verdade, foi Beauvoir; e em 1945 ela disse abertamente que era nisso que *ela*, e não Sartre, estava trabalhando.

Pirro e Cíneas começa com uma conversa entre esses dois personagens. Pirro é o rei de Épiro no século IV a.C.; Cíneas é seu conselheiro. Eles estão discutindo o plano de Pirro de conquistar o mundo quando Cíneas pergunta: que diferença faz conquistar o mundo ou ficar descansando em casa?[27] Beauvoir concordava com Sartre: os seres humanos desenvolvem projetos. Estabelecemos objetivos e limites para nós mesmos, mas esses objetivos sempre podem ser superados ou os limites redefinidos. E mesmo quando alcançamos exatamente o que buscamos, é comum nos decepcionarmos. Às vezes, atingir um objetivo nos faz perceber que nossa motivação era a busca; e uma vez atingida a meta, não a desejamos mais. Então, qual é o sentido de agir, e por que devemos nos importar se agimos de maneira ética? *O ser e o nada* termina com uma nota muito parecida com essa linha de pensamento de Cíneas: não faz diferença se alguém se embebeda sozinho ou se é o líder de uma nação.

Mas, como alguém poderia pensar isso? Beauvoir achava que *fazia diferença, sim*: o bêbado tem uma situação diferente da do líder de uma nação, e um poder diferente para moldar o mundo dos outros. Usando cenas da vida para tecer parágrafos de filosofia, ela escreveu:

> Eu conheci uma criança que chorou porque o filho do zelador havia morrido. Seus pais a deixaram chorar, mas depois ficaram irritados. "Afinal, aquele garotinho não era seu irmão." A criança enxugou as lágrimas. Mas seria perigoso ensinar algo assim: que é inútil chorar por um garotinho desconhecido ¼ que seja. Mas por que então chorar pelo próprio irmão?[28]

Independentemente da pessoa que ela tenha se tornado, Beauvoir não perdeu a incompreensão que sentia diante da indiferença de seus pais à morte do filho do zelador. Mas ela sabia que havia um problema: se abrirmos os olhos para os erros do mundo, veremos tanto sofrimento e injustiça que não poderemos chorar por tudo; senão, choraríamos o tempo todo. O quanto podemos dispor de nós mesmos é finito, e nem sempre sabemos com que nos preocuparmos. Se nos identificarmos com todos os membros de nosso gênero, país ou classe, ou com toda a humanidade, estaremos aumentando o alcance de nossa preocupação apenas verbalmente. A questão é: que parte do mundo nos cabe cuidar e cultivar? Nossas ações. Essa é a resposta de Beauvoir à pergunta "por que agir?", porque nossas ações são a única coisa que é nossa e somente nossa, é o meio pelos qual nos tornamos quem somos. Só cada um de nós pode criar ou sustentar os laços que nos unem aos outros, para o bem ou para o mal.[29] Nossos relacionamentos com os outros não são certos e garantidos: eles devem ser recriados dia após dia, e podem ser cultivados e florescer, ou negligenciados e abusados até morrer.[30]

Por mais de uma década, Beauvoir discutiu o conceito de liberdade com Sartre e tentou viver guiada pela filosofia em que acreditava, assim como havia vivido pelo Deus que amara. Mas não estava dando certo: era impossível. No ano em que Sartre chamou os outros de "inferno", em sua peça *Entre quatro paredes*, Beauvoir estava publicando uma refutação filosófica da opinião dele. Não estamos sozinhos no mundo, e, ao contrário de Sartre, ela achava que seríamos infelizes se estivéssemos, pois é somente com outras pessoas que nossos projetos podem ser bem-sucedidos. Os temas do amor e da devoção voltam em *Pirro e Cíneas*, onde se desenvolvem as linhas de pensamento que ela havia esboçado em seus diários de estudante. Beauvoir escreveu que todo o mundo quer se sentir tranquilo em relação ao significado de sua vida. Mas a "tranquilidade" que a pessoa devota (mais comumente *ela* que ele) toma para si reside em viver dedicada a outro ser. Algumas pessoas dizem encontrar essa tranquilidade em Deus, e outras acreditam que está no devotar-se a outros seres humanos.[31]

Mas é problemático tentar justificar a existência por meio da devoção. Por um lado, o objeto de devoção pode ficar irritado se toda a felicidade de alguém depender dele aceitar algo que não pediu. A devoção pode se tornar tirânica se, por meio dela, limitarmos a liberdade do outro em relação a ele manifestar seu próprio desejo. Então, Beauvoir queria saber: já que tantos seres humanos parecem querer se *devotar* ao outro, é possível ser devoto sem ser um tirano?[32]

Então, ficou absolutamente claro: ela precisava de uma compreensão da liberdade diferente da que Sartre oferecia. Ela não poderia concordar com ele no sentido de que a liberdade é ilimitada: nossas escolhas são restringidas pelas escolhas do outro, e vice-versa. Lutar para ser livre, portanto, não era o bastante – qualquer pessoa que valorizasse a liberdade, sem hipocrisia, precisaria valorizá-la em outras pessoas também, para exercer sua liberdade de maneira ética.[33]

Beauvoir queria que seus leitores entendessem que nossas ações moldam o mundo daqueles que fazem parte de nossa vida, produzindo as condições em que eles agem. Sem dúvida, ela agora repudiava sua antiga falta de engajamento político. Mas não sabemos o quanto disso atribuir ao seu contexto geral, se devemos atribuir maior peso ao momento histórico da Segunda Guerra Mundial ou à sua própria vida pessoal. Mesmo o considerando como um amor "necessário", Beauvoir sofreu em seu relacionamento com Sartre; e, com o tempo, foi percebendo que o relacionamento deles afetava os outros "contingentes" de maneiras prejudiciais. Anos se passaram desde que Beauvoir censurara Sartre pela carta de separação que mandara a Bianca (que agora era casada com

Bernard Lamblin), mas Bianca a procurou novamente depois da guerra: estava desesperadamente infeliz. Em 1945, Beauvoir escreveu mais uma vez a Sartre sobre a responsabilidade deles pelo sofrimento de Bianca. Simone ficou conversando com ela até meia-noite, morrendo de remorso: "Ela está sofrendo de um intenso e terrível ataque de neurastenia, e acho que é culpa nossa. É o pós-trauma direto, mas profundo, do relacionamento entre ela e nós. [...] nós lhe fizemos mal."[34] (Mais tarde, o psicanalista de Bianca, Jacques Lacan, concordaria com isso.[35])

Pirro e Cíneas foi um sucesso quando publicado. De fato, em *A força das coisas*, Beauvoir escreveu que a repercussão do livro era "um incentivo para voltar à filosofia".[36] Ela havia abordado sutilmente os argumentos de Benjamin Constant, Hegel, Spinoza, Flaubert, Kafka, Kant e Maurice Blanchot, rejeitando todos. Mas subestimou a importância de seu próprio papel no desenvolvimento do existencialismo quando atribuiu o sucesso do livro ao fato de que o público francês esteve faminto de filosofia durante a Ocupação.

FIGURA 7 – Simone de Beauvoir trabalhando no Les Deux Magots, 1944

Acaso ela mesma não via a importância do seu próprio trabalho? Felizmente para nós, uma entrevista de 1945 sobreviveu, mostrando que ela via, sim. No periódico *Les lettres françaises*, Beauvoir não expressou preocupação com a privação filosófica do público, mas focou nas deficiências filosóficas do sistema de Sartre. Nas próprias palavras de Beauvoir: "Não há ética implícita no existencialismo. Eu procurei, extrair uma por mim mesma. E a expus em *Pirro e Cíneas*, que é um ensaio, e depois tentei expressar a solução que encontrei em um romance e em uma peça de teatro, ou seja, em formas ao mesmo tempo mais concretas e ambíguas".[37] Então, por que ela omitiria do relato de sua própria vida essa significativa contribuição filosófica? Para entender a resposta a essa pergunta, precisamos compreender melhor o que a levou a escolher tornar-se uma pessoa tão diferente em público.

10

Rainha do existencialismo

Em janeiro de 1945, o Departamento de Estado estadunidense havia patrocinado a ida de oito jornalistas da Resistência Francesa aos Estados Unidos para relatar o esforço de guerra estadunidense, e Camus convidou Sartre. Ele ficou entusiasmado; Sartre crescera assistindo a filmes de caubói e lendo livros de suspense, e adorava sua ideia dos Estados Unidos. Parte da realidade correspondeu às suas expectativas, mas outros quesitos deixaram muito a desejar. Ele ficou impressionado com o racismo e o abismo econômico entre os empobrecidos e os ricos. Também ficou impressionado com uma mulher que conheceu em uma estação de rádio de Nova York: uma jornalista chamada Dolores Vanetti. Entre as guerras, ela tinha sido atriz em Montparnasse e havia notado os intelectuais do Dôme e do Coupole. Ela possuía uma voz baixinha, e – muito importante para Sartre – sua língua materna era o francês.[1] Em pouco tempo, *amitié* se tornou *amour*.

Beauvoir teve poucas notícias de Sartre enquanto ele esteve fora. Ela lia seus artigos no *Combat* e no *Le figaro*, e ocasionalmente recebia notícias dele por Camus, que falava com Sartre por telefone quando tinha alguma história para arquivar. Mas, de qualquer maneira, ela não estava em casa para receber suas cartas; em fevereiro, Beauvoir ficou cinco semanas em Portugal com Hélène e Lionel, então casados. Ela deu palestras no Instituto Francês em Lisboa e escreveu artigos para o *Combat*. Fazia quase cinco anos que as irmãs não se viam. Hélène ficou chocada ao ver as roupas puídas e os sapatos espartanos de sua irmã. O padrão de vida em Portugal era muito superior ao da França; de modo que Simone voltou com um novo guarda-roupa para si mesma e com presentes para a "família".[2]

Em março, Sartre escreveu para dizer que ficaria um pouco mais em Nova York, até fim de maio. Em 29 de abril de 1945, a França realizou as primeiras eleições nas quais as mulheres teriam direito a voto. Em 7 de maio, a Alemanha assinou o ato de rendição militar em Reims; no dia 8, o ato foi assinado em Berlim. Na Europa, a guerra havia acabado.

Naquele mês de junho, Sartre fez 40 anos e odiou. Decidiu parar de lecionar para se dedicar inteiramente a escrever. Mas ele estava deprimido por mais um motivo: as coisas estavam ficando mais sérias com Dolores Vanetti, e apesar de ser uma mulher casada, ela se recusava a fazer parte da vida dele se Beauvoir fizesse também. Não havia motivo para lhe escrever, disse Vanetti: estava tudo acabado. Em julho, Sartre não aguentou mais esse conflito com Vanetti e lhe escreveu. Ela respondeu de maneira encorajadora – talvez pudessem fazer as coisas darem certo. Nos dias 6 e 9 de agosto, os Estados Unidos bombardearam Hiroshima e Nagasaki, e o Japão se rendeu.

Após a guerra, os nomes Sartre e Beauvoir estavam por toda parte.[3] Devido a sua popularidade crescente e com o alinhamento firme de sua reputação intelectual à de Sartre, e com o que passaram a chamar relutantemente de "existencialismo", 1945 foi um divisor de águas para a imagem pública de Beauvoir. Naquele verão e outono, eles lançaram mais de meia dúzia de publicações: romances, palestras, uma peça e um novo periódico. Em uma única semana de outubro de 1945, Sartre deu uma de suas palestras mais famosas (com o título "O existencialismo é um humanismo?"), a peça de Beauvoir *Les Bouches inutiles* estreou e a primeira edição de um novo periódico fundado pelos dois foi publicada. As bancas de jornais de Paris vendiam pacotes mensais de entrega da progênie intelectual de Beauvoir e Sarte, *Les Temps Modernes*. Mas, nos primeiros números, constava apenas o nome de Sartre como *Directeur*.

Batizado em homenagem à comédia de Charlie Chaplin de 1936, *Tempos modernos, Les Temps Modernes* era uma revista literária, filosófica e política. A revista – que hoje, em 2019, ainda existe – era anunciada como um meio-termo muito necessário entre os discursos marxista e cristão que dominavam a política francesa. Para Sartre e Beauvoir, era um veículo que lhes permitia ser "intelectuais engajados", focados nas questões prementes do dia. E alimentava um público faminto: em 1944, havia sido aprovada uma lei que proibia os jornais publicados sob a ocupação de Vichy de circular. Centenas de periódicos foram afetados; só os jornais da Resistência (como *Combat* e *Libération*) e a imprensa convencional da zona não ocupada (por exemplo, *Le figaro* (direita), *Le Populaire* (socialista) ou *L'Humanité* (comunista) sobreviveram. Escritores colaboracionistas foram julgados e punidos severamente como parte de um expurgo que alguns autores descreveram como uma "operação cirúrgica" necessária para restaurar a "saúde social" da França.[4] Além de seu trabalho editorial em *Les Temps Modernes*, Beauvoir publicou vários ensaios importantes sobre ética e política nos primeiros anos da revista.

Porém havia uma desvantagem em lançar obras junto a Sartre. O romance de Beauvoir de 1945, *O sangue dos outros*, conta histórias de duas pessoas. Mas apenas uma delas foi descrita na contracapa da edição da Penguin:

> Jean Blomart, *burguês* privilegiado que se tornou líder patriota contra a ocupação nazista, aguarda durante uma noite sem-fim a morte de sua amante Hélène. Flashbacks entrelaçam as histórias de sua vida, até que, com a iminência da chegada do amanhecer, Jean enfrenta uma decisão importante.
>
> *O sangue dos outros*, escrito durante a Ocupação e publicado em 1945, retrata a agonia da Resistência Francesa e a angústia interior e despertar de um homem impelido pela raiva e obcecado com a culpa da família. Continua sendo uma das dramatizações mais emocionantes de Simone de Beauvoir sobre a busca do existencialista de reconciliar a responsabilidade para com os outros e a felicidade pessoal.[5]

Segundo essa descrição, é a história do despertar de um *homem*. Hélène aparece só para morrer, proporcionando passivamente a tragédia pessoal necessária para aumentar o drama da escolha e das ações do herói. Mas o romance fala do despertar de mais de uma pessoa: Hélène também descobre sua responsabilidade para com os outros – mas os obstáculos que impedem sua descoberta não são idênticos aos enfrentados por seu homem.

Victor Brombert chamou a obra de "um breviário de crenças existenciais" que Beauvoir "dramatiza". Mas *O sangue dos outros* não apenas se dedica à filosofia de Sartre ou a dramatiza – ele expressa a filosofia de Beauvoir. Ele antecipa temas de *O segundo sexo*, particularmente sobre como as mulheres se comportam e como o amor é vivido de maneira diferente no contexto de homens e mulheres específicos.

No início do romance, Hélène quer amar Jean porque acha que isso "justificará" sua existência. No entanto, à medida que vai ficando mais velha – "tornando-se uma mulher" –, não se sente mais satisfeita em amar sem esperança de ser correspondida.[6] Jean também percebe a fragilidade do amor precoce de Hélène por ele, que não quer ser a razão da vida dela, afinal, não pode lhe dar "nada mais que uma ternura débil". Ele se dá conta de que seu amor é uma espécie de prisão para ela.[7]

Esse amor não é satisfatório para Jean nem para Hélène. Para ele, "o amor não é a única coisa" na vida, e as demandas de Hélène são opressivas;[8] quando ela "desperta" para sua verdadeira responsabilidade em relação aos outros, começa a ver de outra maneira o lugar que o amor ocupa em sua vida.

Mais tarde, Beauvoir escreveu que a missão de um escritor é "descrever de forma dramática a relação do indivíduo com o mundo onde ele coloca sua liberdade".[9] No entanto, para as mulheres, o mundo colocou ideais e limitações diferentes do que para os homens. Beauvoir deu vida a essa disparidade contando a história do despertar de Hélène ao lado de Jean, e mostrando maneiras pelas quais as mulheres não recebem, ou não exigem, o respeito concedido aos homens. A mãe de Jean, por exemplo, está sempre "dando desculpas", pedindo perdão e tentando ocupar menos espaço;[10] Jean, por outro lado, sabe que demanda e ocupa espaço no mundo.[11] Ao longo do romance as mulheres são menos valorizadas que os homens no espaço e na conversa: Hélène observa que quando Jean conversa com seu amigo Paul, fala de "homem para homem", e que ela é apenas uma "garotinha superficial e teimosa para eles".[12] Ela censura Paul por sua hipocrisia: "Você me disse tantas vezes que respeita a liberdade dos outros, e toma decisões por mim e me trata como uma coisa".[13]

O romance também apresenta as abordagens de dois homens ao sexo – uma que objetifica as mulheres e outra que não. Jean vê uma pessoa completa na amante que sorri em seus braços e ele gosta da mistura de sua consciência com a de outra pessoa por meio de seus corpos; Marcel, por outro lado, "não suporta tocar um corpo, a menos que o veja como um objeto – de jeito nenhum".[14]

Beauvoir concluiu o segundo volume de suas memórias com um parágrafo de reflexão sobre suas obras; ela estava insatisfeita com *A convidada*, porque "assassinato não era a solução". Em *O sangue dos outros* e *Pirro e Cíneas*, Beauvoir tentou "definir nosso verdadeiro relacionamento com outras pessoas": "gostemos ou não, colidimos com o destino de outras pessoas e devemos encarar a responsabilidade que isso implica".[15] *O sangue dos outros* começa com uma epígrafe extraída de *Os irmãos Karamázov*, de Dostoiévski: "Cada um de nós é responsável por tudo e por cada ser humano". E foi dedicado a Nathalie Sorokine.

Mais tarde, quando Beauvoir começou a defender sua própria originalidade, voltou a falar sobre a repercussão de *O sangue dos outros*. Em *A força das coisas*, ela escreveu que o tema principal era "o paradoxo desta existência experimentada por mim como liberdade e por aqueles que entraram em contato comigo como um objeto". Sua intenção não estava, disse ela, "aparente para o público; o livro foi rotulado como 'romance da Resistência'" e "romance existencialista". Já não era bom que os leitores presumissem que seus romances fossem "romances de tese" – e pior ainda que achassem que suas teses poderiam ser encontradas na filosofia de Sartre.

A palavra "existencialista" foi cunhada pelo filósofo e dramaturgo católico Gabriel Marcel para se referir à filosofia de Sartre, e Beauvoir se opôs ao fato de as pessoas tentarem imprimir-lhe o mesmo rótulo. Ela nem tinha ouvido o termo quando escrevera o romance, e alegou que sua inspiração "veio de minha própria experiência, não de um sistema".[16] Em seus diários de guerra, os primeiros comentários sobre *O sangue dos outros* deixam explícito seu objetivo de que o romance mostrasse, entre outras coisas, uma personagem feminina que caiu na armadilha da "ilusão do reconhecimento da própria consciência por meio do amor".[17]

Em 29 de outubro, a primeira e única peça de Beauvoir, *Les bouches inutiles*, estreou em Paris, com uma apresentação beneficente no Théâtre des Carrefours. Situada na Flandres medieval, a ação se desenrola em uma cidade-estado fictícia chamada Vaucelles. Vaucelles se revolta contra o duque de Borgonha, e a peça inicia com uma cena que mostra a fome de seus habitantes após um longo cerco. Os principais vereadores decidem que, para preservar a cidade, devem expulsar *les bouches inutiles* – "as bocas inúteis", mulheres, crianças e idosos. O argumento era que, como a comida era escassa, só trabalhadores e soldados deveriam recebê-la. O nome da cidade, pronunciado "vaut-elle" em francês, é um homófono para a pergunta: "Ela vale a pena?".

Muito antes de suas obras políticas mais conhecidas, *O segundo sexo* (1949) e *A velhice* (1970), a peça de Beauvoir mostrava que algumas categorias de gente são consideradas inúteis simplesmente por serem o que são – crianças, mulheres, idosos. E como muitas das obras de Beauvoir, a peça também levanta a questão: acaso todo amor ou compromisso é "uma prisão"? Um de seus personagens, Jean-Pierre, não quer que lhe "deem" uma esposa: "Dá-la a mim? Acha que eu concordaria em trancafiá-la e dizer-lhe que eu sou a parte do mundo que lhe cabe? Eu não tenho alma de carcereiro". Durante a peça, Jean-Pierre e Clarice descobrem que outro "amor" é possível. Quando ele professa esse amor por Clarice, ela pergunta:

Clarice: E como se ama nesta terra?
Jean-Pierre: Lutando juntos.[18]

Beauvoir dedicou a peça a sua mãe,[19] e o lucro da noite de estreia foi destinado a alimentar crianças que ficaram órfãs pela deportação de seus pais para a Alemanha.[20]

Mais tarde, ela retratou a resposta da crítica a *Les bouches inutiles* como hostil – "os jornais me arrasaram quase por unanimidade".[21] E é verdade que algumas críticas foram negativas, especialmente sobre a produção; outros acharam que sua mensagem era muito forçada, que era "muito menos teatro que ideia".[22] Mas não todos: "Como, em toda Paris, não se viu pelo menos dez diretores brigando por esse manuscrito? Se houver alguma justiça, se o público ainda tiver condições de apreciar seu valor, *Les bouches inutiles* triunfará em la Chapelle".[23]

Na mesma noite de estreia de *Les bouches inutiles*, 29 de outubro de 1945, Sartre estava em outra parte da cidade dando uma palestra – agora famosa: "O existencialismo é um humanismo?". O local era pequeno, chamado Club Maintenant, mas, mesmo assim, os organizadores do evento receavam que ficasse embaraçosamente vazio. Assim que Sartre chegou, havia uma multidão esperando para entrar, e ele mesmo receou não conseguir. Quando por fim chegou ao palco, disse que "existencialismo" era uma palavra popular, mas que ninguém sabia o que significava. Os cristãos achavam que era ímpio e imoral; os comunistas achavam que era niilista. Mas não era, disse Sartre. As pessoas se opunham a seus pontos de vista porque preferiam ter má-fé que encarar sua liberdade. "A existência precede a essência", somos apenas o que fazemos de nós mesmos. A palestra daquela noite (posteriormente publicada como *O existencialismo é um humanismo*) se tornou o *locus classicus* do existencialismo francês.

Poucos dias depois da palestra de Sartre, o Club Maintenant teve outra noite existencialista pouco lembrada: Jean Wahl fez uma breve palestra sobre a história do existencialismo, e outros filósofos foram convidados a debater. Nikolai Berdyaev, Georges Gurvitch e Emmanuel Levinas discutiram sobre como o existencialismo se devia a Kierkegaard, Husserl e Heidegger.[24] E ainda menos lembrada é uma palestra que ocorreu no dia 11 de dezembro, "Le roman et la métaphysique" – O romance e a metafísica –, de Simone de Beauvoir.[25]

A palestra de Sartre no Club Maintenant se tornaria um evento intelectual icônico da Paris do pós-guerra. Já a de Beauvoir, não; ela lhe dedicou menos de uma frase em sua autobiografia. Ela estava testando os limites entre literatura e filosofia e defendendo seus motivos para tal filosoficamente. Alguns passaram a notar e outros a concordar com ela. No início de 1945, Merleau-Ponty havia publicado um ensaio argumentando que *A convidada*, de Beauvoir, representava uma nova maneira de fazer filosofia.[26]

Mas, enquanto isso, apesar do sucesso inicial de *O sangue dos outros*, o livro começou a ser acusado de sacrificar a literatura em favor da filosofia, assim como *Les bouches inutiles*. Na imprensa, Maurice Blanchot elogiou *A convidada* por ser filosoficamente rico e se manter virtualmente ambíguo, sem impor uma conclusão ao leitor. Mas condenou *O sangue dos outros* como um romance de tese, e não foi o único a fazer isso. Assim, em "Littérature et métaphysique", Beauvoir respondeu aos críticos, defendendo suas tentativas de conciliar filosofia e literatura em termos pessoais e filosóficos.

"Quando eu tinha dezoito anos", começou, eu lia muito; lia como só se pode ler nessa idade, ingênua e apaixonadamente. Abrir um romance era como entrar em um mundo concreto e temporal, povoado de personagens e eventos singulares. Já um tratado filosófico me levava além das aparências terrestres, até a serenidade de um céu atemporal. [...] Onde a verdade deve ser encontrada? Na Terra ou na eternidade? Eu me sentia dividida.

Simone decidiu escrever romances devido à capacidade da literatura de nos dar "experiências imaginárias que são tão completas e perturbadoras quanto as que vivemos".[27] Muitas vezes, as obras filosóficas são escritas com uma voz abstrata que quer obrigar ou convencer o leitor a adotar seu ponto de vista, em vez de convidá-lo a ver diferentes perspectivas se desenrolarem em situações particulares. Um romance metafísico, disse Beauvoir, é um "apelo" à liberdade do leitor.

Beauvoir observou que estava em excelente companhia literária e filosófica ao ser acusada de escrever romances de tese – Dostoiévski foi acusado de escrever um tratado filosófico em *Os irmãos Karamázov*, e ela achava que Kierkegaard provava seu argumento de que quanto mais um filósofo valorizar o lado subjetivo da experiência humana, a idiossincrasia da vida interior de cada pessoa, maior é a probabilidade de usar uma forma literária que descreva a singularidade da experiência de um indivíduos ao se tornar ele mesmo. Até Platão ficou dividido: em um diálogo, ele baniu os poetas da República (porque receava que a arte corrompesse os cidadãos); mas, ainda assim, reconhecia seu poder de nos encorajar a buscar o Bem (afinal, esse gigante da filosofia ocidental organizou sua escrita em diálogos – uma forma literária).[28]

Depois de 1945 – o ano que ela chamaria de a "ofensiva existencialista" deles –, nem Sartre nem Beauvoir poderiam escapar da fama. Em seu país, as pessoas os fitavam nos cafés e os fotógrafos batiam fotos na rua. Nos Estados Unidos, Sartre e Beauvoir saíram nas páginas da *Vogue*, *Harper's Bazaar* e *Atlantic Monthly*. Sartre era um ícone, mas se tornou ainda mais intrigante por causa da mulher atraente e não convencional que estava, de certa forma, ao seu lado. Beauvoir também publicou ensaios filosóficos "compondo-o [o existencialismo] com mais cuidado e consideração" que o de Sartre.[29] Mas suas contribuições intelectuais a esse momento filosófico e suas divergências com Sartre foram continuamente subestimadas. Em 1945, o tabloide sensacionalista pós-guerra *Samedi Soir* chamou-a de "*la grande Sartreuse*" e "*Notre Dame de Sartre*".

FIGURA 8 – Beauvoir no ar em 1945, o ano da "ofensiva existencialista"

Aos olhos do público, eles eram inseparáveis. Porém, na vida privada, Beauvoir sofria com um dos mais difíceis relacionamentos "contingentes" de Sartre, que a deixou "absolutamente perplexa".[30] Na década de 1970, em uma entrevista com Sartre, na qual falaram sobre as outras mulheres na vida dele, Beauvoir disse que tinha medo de Dolores Vanetti porque Sartre estava muito ligado a ela. Ele dedicou a primeira edição de *Les Temps Modernes* "A Dolores", e em vez de passar o Natal com Beauvoir, partiu em 12 de dezembro de 1945 para passar dois meses com Vanetti nos Estados Unidos. Deirdre Bair contou que quando perguntou a ela sobre Vanetti, em 1982, ela ficou "agitada e emotiva".[31] Mas esse tipo de afirmação diz muito pouco: que tipo de agitação, que tipo de emoção? Era ciúme ou o sofrimento que ainda estava vivo mais de trinta anos depois? Ou era agitação ou raiva por ainda estar sendo questionada sobre isso, ainda definida tanto por Sartre quanto por suas outras mulheres?

Em dezembro de 1945, Beauvoir publicou um ensaio na *Les Temps Modernes* intitulado "L'Existentialisme et la sagesse des nations". O existencialismo continuava com o rótulo de ser uma filosofia pessimista, com uma ênfase doentia na depravação e morte humanas, de modo que Beauvoir escreveu um ensaio apontando, ironicamente, que não era novidade do existencialismo abordar a miséria ou mortalidade humanas, nem perguntar por que nascemos, ou o que estamos fazendo aqui, ou qual é o sentido do sofrimento.[32] Ela estava começando a se cansar de ouvir pessoas perguntando o que ganhariam sendo existencialistas. Era uma pergunta muito estranha de se fazer a uma filósofa, dizia. "Nem Kant nem Hegel jamais se perguntaram o que se ganharia sendo kantiano ou hegeliano. Eles disseram o que julgavam ser a verdade, nada mais. Não tinham outro objetivo senão a verdade em si."[33]

A verdade, segundo a visão de Beauvoir, era que as pessoas fugiam da liberdade com álibis. O pessimismo que Sartre expressava em *O ser e o nada* era muito parecido com o da tradição moralista francesa – uma tradição que incluía os célebres escritores Pascal e La Rochefoucauld. Pascal achava que a humanidade era capaz tanto de enorme "miséria" quanto "grandeza", mas tendia para a primeira. Essa abordagem ganhou o apelido de *miserabiliste*, e uma vida literária em obras como *Les Miserables* (*Os miseráveis*), de Victor Hugo. O pessimista *Reflexões ou sentenças e máximas morais*, de La Rochefoucauld, descreve os enganos do amor-próprio como delírios narcísicos de proporções gigantescas. Mesmo em atos de caridade ele via interesses próprios disfarçados.

Os leitores franceses versados na cultura de seu país não viam muita esperança no relato de Sartre sobre a condição humana, em parte porque reconheciam muitas dessas filosofias de miséria e desespero nele. O que surpreendeu Beauvoir foi isso ter "causado tanta indignação". "O tema da miséria do homem não é novo", escreveu. "Os pais da Igreja, Pascal, Bossuet, Massillon, pregadores, padres, toda a tradição cristã há séculos faz seu melhor para incutir no homem a sensação de sua própria abjeção." Os moralistas seculares também atacaram o que é convencional e apropriado: "La Rochefoucauld, La Fontaine, Saint-Simon, Camfort e Maupassant se uniram para denunciar a baixeza, a futilidade e a hipocrisia".[34]

Na opinião de Beauvoir, tanto as respostas cristãs quanto as moralistas, à ambiguidade da existência humana, eram álibis. Se os seres humanos são pecaminosos *por natureza*, ou motivados *por natureza* pelo interesse próprio, poderiam então tranquilamente se considerar determinados à sua miséria, em vez de livres para resistir às injustiças que a perpetuam. Se Sartre pensava que os seres humanos estavam, *por natureza*, fadados a desejar a dominação, então não haveria outra saída senão viver com nossos próprios opressores. A filosofia de Beauvoir, por outro lado, recusava "o consolo das mentiras e resignações" – pensar que dominar ou subjugar é apenas parte da natureza humana era um pretexto.[35]

> As pessoas gostam de pensar que a virtude é algo fácil. [...] Elas também se resignam, sem muita dificuldade, a acreditar que a virtude é algo impossível. Mas relutam a imaginar que ela pode ser possível e difícil.[36]

Qualquer tipo de determinismo – cristão, secular, moralista, marxista – aliviava o ser humano do fardo de sua liberdade. Tão importante quanto isso, aliviava do peso de tentar usá-la eticamente. Conforme Beauvoir foi ganhando prestígio, também ganhou oportunidades de usá-lo em benefício de outros. Um dia, no outono de 1945, ela estava esperando para comprar ingressos de cinema, com um amigo na Champs-Élysées, quando ele avistou uma conhecida sua, que era aspirante a escritora: Violette Leduc. Alguns dias depois, Leduc entregou seu manuscrito para que Beauvoir o lesse. Beauvoir leu a primeira metade de uma sentada só, mas a segunda metade, disse a Leduc, perdia força. Leduc reformulou a obra, e Beauvoir gostou tanto que sugeriu a Camus que a publicasse. Ele aceitou o romance – *L'Asphyxie* – por recomendação dela.[37] Beauvoir desempenharia um papel encorajador na vida e obra de Leduc.

Enquanto Sartre estava fora, ela continuava trabalhando em seu próximo romance, *Todos os homens são mortais*, e também editou a palestra de Sartre "O existencialismo é um humanismo?" para publicá-la sob o título revisado "O existencialismo é um humanismo". Nathalie Sorokine ainda estava no Louisiane com Beauvoir; estava grávida e se preparando para se mudar para a Califórnia na intenção de ficar com o namorado, um soldado estadunidense. "Ela é gentil, simpática e está florescendo", escreveu Beauvoir a Sartre, "assim como o bebê".[38] Beauvoir e Bost ainda eram amantes, mas o trabalho dele como jornalista exigia viagens frequentes, e ele havia começado a se sentir ofuscado por Sartre – embora este último raramente estivesse presente.

Beauvoir passou o Natal em Mégève com Bost, Olga e Wanda. Dado todo o sucesso do ano, é interessante que ela tenha descrito essas férias esquiando como "um dos melhores momentos que tive este ano". Ela já estava começando a reconhecer que seu sucesso público não levava necessariamente à satisfação pessoal; ela gostava da intimidade puída de velhas amizades e da solidão revitalizante do ar fresco. Quando voltou a Paris, em meados de janeiro, a mudança foi abrupta: um dia estava usando esquis, e "agora estou com trajes urbanos, acabei de arrumar o cabelo, e além do mais, estou incrivelmente bonita porque tenho uma compleição magnífica, toda bronzeada, o rosto todo relaxado... o que destoa bastante de Paris".[39] Enquanto esperava um avião para a Tunísia, Beauvoir escreveu a Sartre que sua fama a seguira pelas encostas nevadas: "Sabia que eu também sou famosa? A senhora simpática do Idéal-Spirt perguntou a Kos: 'Mlle de Beauvoir é muito conhecida? Os clientes ficam me perguntando se essa é ela mesma'".[40]

Depois disso, Sartre não teve notícias dela por um mês; ele continuou esperando uma carta e mandou "um monte" para a Tunísia, mas tinham que confiar em postas-restantes, e muitas vezes a correspondência se perdia.[41] Em Nova York, os romances de Beauvoir estavam causando problemas para ele – Dolores perguntara a Lévi-Strauss se gostava de Sartre. Lévi-Strauss fingira não saber que Dolores e Sartre estavam juntos e respondeu: "Como você acha que eu poderia gostar dele depois de ler *A convidada*?". Disse que ele era um "bastardo imundo". ("Muito obrigada, tesourinho", escreveu Sartre a Simone, "pelo retrato".[42])

Beauvoir, enquanto isso, dava palestras em Tunes e Argel. Mal podia acreditar no "incrível sucesso" do existencialismo: na Argélia, as pessoas compareciam em massa. Mas ela não recebeu as cartas dele, e quando voltou a Paris, Bost estava na Itália, Sorokine partira para os Estados Unidos e Sartre ainda estava em Nova York. As pessoas começavam a falar sobre Sartre e Vanetti. Ele andava por aí dizendo que ela era a mulher mais maravilhosa. Sua biógrafa, Annie Cohen-Solal, escreveu que não sabia se achava o comportamento dele nesse período "louco, perverso, cínico, oportunista, cruel, sádico ou simplesmente inepto".[43]

Apesar de nenhum dos livros de Sartre ter sido publicado em inglês na época, em Nova York ele encontrou bastante rebuliço a seu respeito. A revista *TIME* publicou um artigo sobre "o leão literário" de Paris que havia "invadido Manhattan". Descreveu *O ser e o nada* como a "Bíblia" do existencialismo e Simone de Beauvoir como "principal discípula" dessa filosofia.[44]

Se Beauvoir soubesse o que estava acontecendo do outro lado do Atlântico, talvez se sentisse justificada por temer o pior. O lado que Sartre mostrava a Beauvoir o descrevia como alguém que estava aproveitando Nova York e um caso de amor americano, mas também "assustado" pelo amor de Vanetti por ele. Sartre escrevia como se estivesse mantendo a paixão de Vanetti a distância.[45] Mas, na verdade, Vanetti estava se divorciando. A Columbia University ofereceu a Sartre um cargo de dois anos e ele pediu Vanetti em casamento.[46]

Sartre declinou o cargo, e o divórcio de Vanetti estava demorando, de modo que ambos concordaram que ele retornaria à França. Passariam mais tempo juntos no fim do ano. E depois disso, quem sabia?

Já de volta a Paris, em fevereiro, Beauvoir começou a trabalhar em *Por uma moral da ambiguidade* e publicou um artigo na *Les Temps Modernes* intitulado "Oeil pour Oeil" [Olho por olho]. Àquela altura após a guerra, os horrores do Holocausto não estavam mais ocultos, e "Oeil pour Oeil" é uma discussão sutil sobre punição e vingança, responsabilidade e perdão. Ela escreveu que os seres humanos são fundamentalmente ambíguos: sujeito e objeto, consciência e matéria. O "mal absoluto", disse, implica recusar-se a reconhecer que os outros são sujeitos e vê-los como objetos que podem ser torturados e mortos.[47]

Em 15 de março, Sartre partiu de Nova York a Paris. Quando chegou, suas conversas eram salpicadas de "Dolores isso", "Dolores aquilo". Para

Beauvoir, estava difícil concentrar-se em seu trabalho; depois de algumas horas, ela ficava com dor de cabeça ou se distraía.[48] Em abril de 1946, ela estava aborrecida: teria Sartre uma harmonia com Dolores que nunca teria com ela? Queria se livrar da incerteza que a atormentava, e a pergunta saiu dela antes que pudesse escolher o momento: "Francamente, quem é mais importante para você: Dolores ou eu?". Eles estavam indo almoçar com amigos, não tinham muito tempo. Ele respondeu que Dolores significava "muito mesmo", mas "estou aqui com você".[49] Durante o almoço, ela ficou ali com o coração apertado. Ele estava com ela por fidelidade ao pacto ou porque queria estar? Mais tarde, Sartre lhe explicou que sempre haviam considerado as ações mais valiosas que as palavras, então, por que esquecer isso agora? Ele estava *com ela*.

Ela achava que acreditava nele. Em maio de 1946, Beauvoir ainda estava trabalhando em *Por uma moral da ambiguidade*; mas, após o choque de ver Sartre apaixonado por Vanetti, ela reagiu. Continuou lendo filosofia, estudando o conceito de mediação em Hegel. Ela sabia que às vezes trabalhava demais, e escreveu que havia dias em que se sentia como um peixe cuja água jogou nas rochas, "morrendo e esgotada".[50] Mas, esgotada ou não, ela produziu: em 14 de maio entregou quatro artigos para a *Les Temps Modernes*; a introdução de *Por uma moral da ambiguidade* foi publicada em 1º de junho.[51]

O distanciamento que Simone sentia em Sartre foi agravado pelo fato de que já eram famosos demais para escrever em cafés. O padrasto dele havia falecido no ano anterior, enquanto ele estava nos Estados Unidos, e sua mãe lhe perguntou se Sartre não queria dividir um apartamento com ela. Ele aceitou, e em maio de 1946 se mudou para o quarto andar da rue Bonaparte 42. O apartamento tinha janelas que davam para a Place Saint-Germain-des-Prés; de seu escritório, ele podia ver o terraço do Les Deux Magots e o cruzamento com a rue de Rennes.

Sartre havia voltado ao mundo burguês de sua mãe, com móveis Luis XVI falsificados e tudo o mais. No entanto o apartamento era confortável, e pela primeira vez ele começou a reunir uma biblioteca. Madame Mancy comprava suas roupas, e a criada, Eugénie, as lavava. Beauvoir e madame Mancy ainda não eram próximas: a mãe de Sartre passou a descrever esse novo arranjo como "seu terceiro casamento".[52]

Logo depois que Sartre se mudou, eles souberam que Olga – que deveria atuar na peça de Sartre, *As moscas* – estava doente. Possuía tuberculose nos dois pulmões. Ela tinha 29 anos. Foi para um hospital em Clichy, o Beaujon, onde fez uma cirurgia que salvou sua vida. Bost havia acabado de publicar um livro, mas teve pouco tempo para desfrutar disso; ele visitava Olga diariamente e muitas vezes Beauvoir o acompanhava.

Houve mais uma mudança na situação de Sartre logo após seu retorno dos Estados Unidos. Ele recebeu uma carta de um estudante da École Normale muito entusiasmado. Jean Cau tinha 21 anos e perguntava se Sartre não gostaria de um secretário. Inicialmente, Sartre riu. Mas acabou mudando de ideia e o contratou por uma jornada matutina de três horas. Cau trabalhou para Sartre por onze anos, escrevendo as cartas que Sartre não queria escrever e administrando suas finanças – uma tarefa nada invejável. Madame Mancy o deixava entrar às 10 horas da manhã todos os dias e ele iniciava abrindo a correspondência de Sartre, que começava a trabalhar nesse mesmo horário, e então, trabalhava "como uma mula". Às 13 horas Sartre saía para almoçar com Beauvoir ou outra mulher e Cau ia embora. Às 16h30 Sartre voltava ao apartamento com Beauvoir, que se sentava para trabalhar em uma mesa de bridge no escritório dele e ficava ali até as 20h.

De 1946 a 1949, Sartre – com sua mãe cuidando da casa, dos empregados domésticos e do secretário – produziu quarenta obras publicadas em menos de quatro anos. E Beauvoir, claro, era sua consultora editorial; eles ainda se consultavam mutuamente sobre todos os livros em andamento. Esse tipo de trabalho de consultoria que Beauvoir prestava não era exatamente não remunerado – ela possuía sua renda, derivada de suas obras e do trabalho editorial, e suas cartas sugerem que consideravam a renda de Sartre como renda conjunta (se bem que quando tinham dinheiro, frequentemente o doavam).[53] Beauvoir sustentava a família; não tinha os mesmos recursos para ter um espaço próprio e empregados.

Para muitos leitores da autobiografia de Beauvoir, a era Vanetti fez com que fosse muito difícil não se perguntarem se teria sido um alívio para Beauvoir acabar com seu relacionamento "necessário" com Sartre. Era de conhecimento público que o pacto havia sido feito há mais de quinze anos; mas não que o relacionamento de Beauvoir com Sartre não era um amor erótico convencional. Quando ela escreveu em *A força das coisas* que "possuía um incomunicável conhecimento de seu vínculo com Sartre", muitos simplesmente concluíram que tal vínculo se encaixava na narrativa comum da vida das mulheres – ou seja, a busca de um lugar central na vida de um homem por meio do casamento lícito ou de ligações ilícitas, e não uma intensa amizade intelectual.[54]

Beauvoir havia começado a ver Merleau-Ponty de vez em quando; ele passaria a cuidar do dia a dia editorial da *Les Temps Modernes*, um cargo nominalmente ocupado por Sartre. Ela almoçou com ele em 6 de maio e discutiram a filosofia de Sartre, que Merleau-Ponty achava que não fazia justiça à intrincada realidade. Beauvoir escreveu em seu diário que isso a fez querer voltar a escrever seu ensaio sobre ambiguidade, mas sentia-se cansada demais e não sabia por quê.[55]

Em junho de 1946, ela publicou uma versão inicial da "Introdução" para *Por uma moral da ambiguidade* no *Labyrinthe*. Ela criticava os filósofos por fugir da realidade na "metafísica racional e na ética consoladora": "Desde que os seres humanos existem, eles experimentam a ambiguidade trágica de sua condição, e desde que existem filósofos que pensam, a maioria deles tenta mascarar isso."[56] O necessário era uma ética que admitisse a ambiguidade da vida humana, em vez de fornecer álibis às pessoas.

No final desse mês, ela terminou *Por uma moral da ambiguidade* e já estava imaginando o que escrever a seguir. Sentou-se diante de um papel em branco, olhando-o vagamente. Um amigo, o escultor Alberto Giacometti, a viu e disse que parecia "selvagem"; Simone explicou que queria escrever, mas não sabia o quê. Ele lhe respondeu "escreva qualquer coisa". Ela havia gostado do livro de Michel Leiris, *Manhood*, e sentiu-se inspirada a escrever sobre si mesma. Uma ideia começou a tomar forma em sua mente. Então, ela fez algumas anotações e depois as destrinchou com Sartre. Sua pergunta era: "O que significa para mim ser mulher?".

Nas memórias de Beauvoir, ela descreveu essa conversa com Sartre como reveladora. No início, diz o relato em *A força das coisas*, ela achou que ser mulher não significava muito; não se sentia inferior e afirmou que "ninguém nunca me disse: 'você pensa assim porque é mulher'; minha feminilidade nunca me aborreceu".[57] Sartre sugeriu que talvez ela devesse pensar mais nisso: ela não havia sido criada como um garoto. Então, ela examinou a questão, e foi quando descobriu quanto o mundo era masculino: sua infância havia sido moldada por muitos mitos, que moldavam meninos e meninas de jeitos diferentes. Então, Simone deixou sua ideia autobiográfica em segundo plano e mergulhou de cabeça na pesquisa dos "mitos da feminilidade", passando horas na Bibliothèque Nationale. Para esse trabalho, ela não quis focar em sua própria experiência de ser uma mulher, e sim na condição de "mulher". Embora *O segundo sexo* contenha passagens que se assemelham às experiências de Beauvoir e de parte de seu círculo, e embora ela já houvesse expressado críticas às pretensões de neutralidade e universalidade dos filósofos – em seu diário em 1941 e em seus ensaios e romances ao longo da década de 1940 –, ela ainda não chegara a ver até que ponto o pessoal poderia se tornar político. Filósofos haviam escrito sobre o "homem" e a "condição humana". Mas, e a "mulher"? "Condição feminina" era algo que existia?

Alguns usaram essa passagem nas memórias de Beauvoir para dar crédito demais a Sartre por seu papel na gênese de *O segundo sexo*. Margaret Simons apontou que a fala de que Beauvoir nunca teria refletido sobre ser mulher é evidentemente falsa – contradiz várias passagens de seus diários, cartas, vida e ficção. Dada a deliberação de Beauvoir e sua disposição para refletir, alguns chegaram a argumentar que a narrativa que ela fez dessa história era *propositalmente falsa*. Afinal, na adolescência, Beauvoir queria tanto ser uma das pioneiras da filosofia que fez uma greve de silêncio contra os pais; mas também reconheceu que realizar esse desejo significava se afastar de muitos dos papéis tradicionalmente reservados às mulheres.[58] A adolescente Beauvoir recorrera à sua professora, Jeanne Mercier, quando lutava para entender como a racionalidade filosófica poderia coexistir com seu lado apaixonado; sua mentora lhe pedira que visse as emoções como parte integrante da vida. Em julho de 1927, Beauvoir havia escrito que queria "continuar sendo mulher", porém "ainda mais masculina por seu cérebro, e mais feminina por sua sensibilidade".[59]

Pouco mais de uma década depois, durante a guerra, ela estava prestes a completar 32 anos quando escreveu: "Sinto-me uma mulher adulta; gostaria de saber de que tipo".⁶⁰ Ela havia acabado de escrever para Sartre sobre um aspecto que realmente lhe interessava: sua "feminilidade", "a maneira pela qual sou e não sou do meu sexo". "Isso ainda precisa ser definido", disse, "assim como o que espero de minha vida, de meu pensamento, e como me coloco no mundo".⁶¹

Mas a notória passagem em *A força das coisas* não diz que Sartre teve a ideia do livro; ela havia dito que a conversa com ele fora reveladora. Ela já tinha lido Leiris, feito anotações sobre o projeto e discutido com ele enquanto trabalhava.⁶² Ele foi, de novo, não a fonte de suas reflexões, e sim seu amigo incomparável – um catalisador coloquial. O conceito de *situação* é o que Beauvoir mais tarde diria que tornou *O segundo sexo* tão original. Ela não via a feminilidade como "essência" ou "natureza", mas como "uma situação criada por civilizações com base em certos dados fisiológicos".⁶³

No verão de 1946, Beauvoir e Sartre viajaram juntos para a Suíça e a Itália. Em Genebra, Beauvoir deu uma palestra para estudantes, e em Lausanne, uma palestra pública. De Genebra, foram para Fribourg, Neuchâtel e Basileia. Beauvoir estava terminando seu terceiro romance, *Todos os homens são mortais*, e Sartre estava escrevendo mais peças. Depois desse período que passaram juntos, Sartre passou um tempo com Wanda, e Beauvoir foi caminhar nas montanhas Dolomitas – mais uma vez encontrando o refúgio da vida urbana e uma companhia tranquila e restauradora. E os dois foram juntos a Roma em outubro, passando os dias escrevendo em paz.⁶⁴

Em dezembro de 1946, Beauvoir publicou *Todos os homens são mortais*. Esse é muito diferente de seus outros romances, tem um enredo histórico abrangente, em vez de uma trama movida por uma interioridade ardente. É menos conhecido, talvez porque não tem nenhum personagem que se possa presumir ser Jean-Paul Sartre. Como em *O sangue dos outros*, seu narrador – conde Fosca – é um homem, e narra sua história no intervalo de uma única noite. Mas, diferentemente de Jean Blomart, o conde Fosca é imortal. Ele nasceu mortal – na Itália em 1279 – e testemunhou quase seis séculos de vida agora indefinida. Fosca escolheu a imortalidade porque acreditava que com ela poderia orquestrar mudanças duradouras na história: acabaria com a fome e a guerra tornando-se um ditador mundial, governando tudo para que houvesse paz e prosperidade para todos na Terra.

A história de Fosca é tecida entre momentos significativos do passado da Europa: Itália medieval, Alemanha do século XVI (no calor das controvérsias sobre Lutero e sobre dar autoridade à consciência individual). Seja no século XIII ou no XVI, ele encontra guerra. Fosca quer reformar a sociedade para ajudar os mais pobres, mas em cada século encontra resistência. Depois de perder a esperança na Europa, Fosca pensa que talvez o Novo Mundo não esteja contaminado pela selvageria imposta pela tradição do Velho. Mas, quando chega lá, descobre a destruição dos incas e a exploração dos indígenas sul-americanos. Dizem a ele que "o povo negro da África" e os "selvagens da América" não têm alma; portanto, sua morte e sofrimento não devem ficar entre os europeus e seu ouro.[65] Ver a miséria justificada em nome do Bem o leva a duvidar da existência da bondade.[66]

O público para o qual Fosca conta sua história se resume a uma única pessoa: Regina, uma mulher narcisista do século XX que fica encantada com a ideia de poder alcançar a imortalidade sendo amada por um homem imortal. Ela acha que ser amada por Fosca a tornará única entre as mulheres; mas, na verdade, a imortalidade dele a reduz ao lugar de uma amante em uma fila potencialmente ilimitada. A autenticidade mortal não se encontra nem em Fosca nem em Regina, mas sim em outro personagem, Armand, que se contenta em se comprometer com seu próprio tempo. Beauvoir queria que *Todos os homens são mortais* expressasse a moralidade de *Pirro e Cíneas*, mas como uma "experiência imaginária", em vez de uma lição.[67]

O narrador imortal e a estrutura histórica do romance também expressa um tema que Beauvoir descompactaria em *O segundo sexo*: "que os homens sempre mantiveram em suas mãos todos os poderes concretos".[68] As mulheres de *Todos os homens são mortais* são, como disse Elizabeth Fallaize, "quase exclusivamente uma demonstração deprimente da marginalidade à qual, em grande parte, a história confinou as mulheres".[69] Vemos dependência, casamento forçado, mulheres deixadas para morrer como partes dispensáveis da sociedade. Mas, à medida que a história se desenrola, nas amantes posteriores de Fosca, nos séculos posteriores, também vemos mulheres que querem financiar ciência e fundar universidades. Com cada uma delas Fosca se pergunta: O que significa amar?

Beauvoir andava preocupada com o problema da história desde o início da década de 1940. Após o fim da guerra, ela se perguntava como deveria se posicionar: em apoio ao "niilismo dos falsos profetas", que declaravam que a terceira guerra mundial já estava começando, ou "à tolice dos defensores dos bons tempos"? Ao contrário dos contemporâneos comunistas (politicamente) e Hegel (filosoficamente), Beauvoir não podia falar do futuro da "humanidade" como unificado e progressivo.[70] Ela tinha pouco otimismo em relação à história, e usou a de Fosca para expressar o seguinte: "economia caótica, rebeliões inúteis, massacres fúteis, populações desacompanhadas de qualquer melhoria no padrão de vida; tudo nesse período me parecia confusão e enrolação; e eu o escolhi exatamente por esse motivo".[71]

A pergunta que esse romance faz não é "o que se deve fazer?", e sim "há algo que se possa fazer"?

11

Dilemas americanos

Em 25 de janeiro de 1947, Beauvoir pegou um voo para Nova York para passar o que seriam quatro meses importantes nos Estados Unidos. Ela sempre adorara romances ingleses e estadunidenses; depois de seus encontros de infância com Alcott e Eliot, ela se apaixonara por Hemingway, Woolf e muitos outros. Por isso, ficou maravilhada quando Philippe Soupault, jornalista e poeta surrealista francês, que lecionava no Swarthmore College, organizou uma série de palestras para ela nos Estados Unidos. Claude Lévi-Strauss, que trabalhava na embaixada cultural francesa na época, providenciou para que suas despesas fossem cobertas. Dolores Vanetti iria a Paris ficar com Sartre enquanto ela estivesse fora.

Quando ela desceu do avião, o funcionário da imigração lhe perguntou qual era o objetivo de sua estadia. O visto de Simone dizia palestras; ele perguntou: "Sobre o quê?". "Filosofia", disse ela. No aeroporto, ela foi recebida por uma mulher do Serviço Cultural Francês, que a levou para jantar lagostas a caminho do hotel, no centro. Terminada a recepção oficial, Beauvoir partiu para Manhattan, observando a paisagem enquanto caminhava pelas ruas. Ela já a havia imaginado muitas vezes, mas ver tudo aquilo era surreal: Broadway, Times Square, Wall Street, Estátua da Liberdade. Ali ela se sentia livre; ninguém olhava para ela.[1]

Simone ficou impressionada com Nova York: as pessoas largavam cartas em tubos conectados a caixas de correio, compravam coisas em máquinas e falavam como os personagens dos filmes que ela e Sartre adoravam tanto. Desde a década de 1930, ambos haviam desenvolvido um afeto comum e dissonante pelos Estados Unidos e pela URSS: adoravam o jazz, os hinos afro-americanos, o blues, os filmes e os romances.

Mas também achavam que os Estados Unidos abrigavam a forma mais raivosa de opressão capitalista e detestavam a exploração dos pobres – especialmente a segregação de negros e brancos. A URSS não podia competir com as atrações artísticas dos Estados Unidos, mas, na década de 1930, eles admiravam seu experimento social.[2]

Beauvoir estava curiosa, mas cautelosa, em relação aos costumes estadunidenses. Foi caminhar sozinha no Harlem – desafiando os alertas dos brancos que diziam que poderia ser perigoso, assim como desafiara os avisos de seus amigos sobre pedir carona em Marselha. Experimentou uísque, porque achava que era uma das "chaves para os Estados Unidos"; no começo não lhe agradou, mas logo pegou gosto.[3] Gradualmente foi perdendo o frio na barriga que sentia quando tinha que ligar para a recepção do hotel ou marcar um compromisso em inglês, e foi ganhando confiança.

Ela marcou um encontro com Dolores Vanetti, que ainda não havia saído de Nova York para Paris, porque queria conhecê-la pessoalmente e porque Vanetti prometera colocá-la em contato com alguns editores. Beauvoir a convidou para beber alguma coisa no The Sherry-Netherland, na Quinta Avenida. Elas beberam uísque, meio nervosas no começo, e conversaram até as 3 horas da manhã.

Depois de imaginar essa mulher durante meses, Beauvoir ficou feliz por sentir um verdadeiro prazer em conhecê-la.[4] Estava feliz porque "compreendia" os sentimentos de Sartre, e escreveu: "eu pude valorizá--los, e te honrar por tê-los". Logo depois, Vanetti convidou Beauvoir para um coquetel, e a pôs em contato com alguns jornais e revistas estadunidenses. Beauvoir escreveu artigos – para ter uma renda extra – sobre o tema das escritoras e da feminilidade. Isso mostra que dois anos antes da publicação de *O segundo sexo*, ela já estava rastreando a situação contemporânea das mulheres até suas raízes na Primeira Guerra Mundial, que deu a elas mais acesso ao trabalho remunerado, mas não ainda a independência.[5]

Enquanto esteve em Nova York, Beauvoir ficou bastante amiga de Ellen e Richard Wright, um casal inter-racial, e a amizade duraria décadas. Richard era autor de *Filho nativo* (*Native Son*, 1940) e *Black Boy* (1945); Ellen abriria uma agência literária, e Beauvoir seria sua cliente vitalícia.⁶ Beauvoir havia lido Wright pela primeira vez em 1940 e a *Les Temps Modernes* publicara uma de suas histórias, "Fire and Cloud", na edição inaugural. Wright achava que ela e Sartre tinham uma percepção profundamente sensível da situação humana, e que não havia nada parecido com as obras deles. Em pouco tempo, Beauvoir já chamava o apartamento deles no Greenwich Village – na Charles Street – de casa. A filha deles de 5 anos gostava dela, o que pegou Beauvoir de surpresa. E os amigos deles também gostaram dela: os Wright a apresentaram a intelectuais como Bernard Wolfe, que havia sido secretário de Trotksy no México e escrito livros sobre o blues. Ela comentou que queria ouvir o verdadeiro jazz, então, ele arranjou ingressos para irem ver Louis Armstrong no Carnegie Hall.⁷

Richard Wright também apresentou a Beauvoir um livro que mudaria seu curso intelectual: *An American Dilemma: The negro Problem and Modern democracy*. Publicado em 1944 pelo sociólogo sueco Gunnar Myrdal, na época era o estudo mais proeminente sobre raça e racismo nos Estados Unidos (seria citado no julgamento histórico de dessegregação Brown *v.* Conselho de Educação – 1954 – e venderia 100 mil cópias até 1965.) Myrdal defendia que as relações raciais nos Estados Unidos não eram um círculo vicioso, e sim que resultavam de algo que ele chamava de "princípio da acumulação". Segundo ele, os brancos oprimiram os negros e depois os culpavam por seu fraco desempenho. A menos que os brancos se curassem de seu preconceito, ou que as circunstâncias dos negros estadunidenses fossem melhoradas, o ciclo continuaria afetando a sociedade. Os ideais políticos estadunidenses – como igualdade, meritocracia e oportunidade – não levavam em conta o modo pelo qual a vida negra era, no passado e no presente, condicionada pela opressão, o preconceito e a exclusão. O livro foi escrito antes do Movimento dos Direitos Civis dos Negros nos Estados Unidos, e Myrdal acreditava que muitos estadunidenses brancos não sabiam das situações que seus compatriotas negros enfrentavam. Por isso, achava que conseguir "publicidade" – aumento da conscientização – era crucial para melhorar a situação, porque, diferentemente de um "círculo vicioso", o princípio da acumulação poderia funcionar nos dois sentidos: "em uma direção desejável, 'para cima', e também indesejável, 'para baixo'".⁸

Os Estados Unidos se orgulhavam de ser um país que acolhia novas ideias, e Beauvoir foi calorosamente recebida: o *The New Yorker* entrevistou Beauvoir e cobriu sua visita ao país. A resenha se referiu a ela como "a contraparte feminina intelectual de Sartre" e "a mais bonita existencialista que já se viu".[9]

Em meados de fevereiro, Beauvoir saiu de Nova York para uma turnê de 24 palestras sobre os "problemas éticos do escritor no pós-guerra". Dois artigos dela sobre escritoras francesas foram publicados, anunciando a turnê: "Problems for women's literature" e "Women of letters". O *France-Amérique* apresentou a autora como "filósofa, repórter e romancista". Quais eram os "problemas" da literatura feminina? Por que as mulheres alcançavam menos sucesso literário que os homens? Beauvoir argumentava que as limitações das mulheres se encontravam em sua situação, e não na falta de habilidade:

> Durante séculos, foram os homens, e somente os homens, que configuraram o mundo em que vivemos. O que significa que este mundo lhes pertence. As mulheres têm seu lugar nele, mas não se sentem em casa. É natural que o homem procure explorar o domínio do qual se sente o mestre; que com curiosidade procure conhecê-lo, que se esforce para dominá-lo com seu pensamento e até que alegue, por meio da arte, recriá-lo. Nada o impede, nada o limita. Mas, até os últimos anos, a situação das mulheres era completamente diferente.[10]

A situação das mulheres havia mudado drasticamente naqueles últimos anos – não só por ganharem o direito ao voto (o que era uma vitória bem recente na França), mas também em termos do acesso à educação e à outras oportunidades. E em consequência disso, as mulheres cada vez mais buscavam "um aprofundamento do seu autoconhecimento", o que as levava a se "voltar para a filosofia".[11] Mas Beauvoir achava que ainda havia muito a superar: como a feminilidade era frequentemente relacionada ao recato, as mulheres careciam de audácia e tinham medo das consequências de ser ousadas. Na infância – escreveu Beauvoir –, as meninas tinham certa autonomia, mas eram incentivadas a abandoná-la quando mulheres em nome da felicidade e do amor.[12]

Uma de suas palestras foi em Chicago, onde ficou um dia e meio. As ruas estavam cobertas de neve e a Cidade dos Ventos fez jus a seu nome. O frio era inóspito; ela não queria explorar esse lugar sozinha. Seus amigos de Nova York haviam lhe dado o nome de uma pessoa a quem procurar: Nelson Algren, romancista com um aspecto de durão, que escrevia sobre o cerne da vida estadunidense – viciados e prostitutas.

Ela tentou ligar para ele três vezes, mas não conseguia pronunciar seu nome, e Algren desligava. Depois da terceira vez, ela pediu a um estadunidense que tentasse, e, naquela noite, eles se conheceram no bar do hotel.[13] Aos 38 anos, ele era um ano mais novo que ela, alto e elegante. Beauvoir lhe disse que estava cansada de ver a superfície brilhante dos Estados Unidos – sua turnê até então a levara de um hotel sofisticado para outro. Depois de tantos almoços, palestras e lagostas, perguntou-lhe se ele poderia lhe mostrar como Chicago realmente era.

Ele podia, e assim fez. Levou-a ao Bowery, que era bem conhecido por suas "luzes vermelhas, bebida barata, dançarinas rebolando e uma série de males associados".[14] Foram a um clube burlesco e ouviram jazz em um clube negro. Ele não falava francês, e ela ainda lutava com o inglês. Mas, antes do final da noite, ele estava contando sua vida a ela. Ele nascera em Detroit e crescera em uma parte pobre do lado sul de Chicago. Seu pai era sueco e sua mãe judia; ele não se sentia nem um nem outro. Fizera jornalismo na Universidade de Illinois e depois viajara de trem pelo sul dos Estados Unidos. Certa vez, roubara uma máquina de escrever no Texas e acabara preso por quatro meses. Servira no exército na França e parara em Nova York no caminho de ida e de volta. Afora isso, não havia saído muito de Chicago. Mas adorava escrever e achava que ela *realmente* deveria conhecer os Estados Unidos.

No fim da noite, eles combinaram de se encontrar novamente no dia seguinte. Beauvoir tinha um almoço na Alliance Française, mas, depois, pediu aos anfitriões que a deixassem na casa de Algren. Seu respeitável acompanhante ficou mais que surpreso por ela querer visitar aquele bairro. Eles passaram por terrenos baldios e armazéns abandonados, e chegaram à West Wabansia Avenue 1523. A casa de Algren era o caos, lotada de jornais e bagunça espalhados. Mas tinha um fogo aquecendo a cozinha, e na cama dele havia uma manta colorida mexicana – Beauvoir não chegou muito perto dela nessa visita; Algren queria lhe mostrar os arredores. Eles vagaram pelo frio congelante, aqueceram-se com bebidas, e, então, ela teve que ir embora para jantar com o cavalheiro engomadinho que era o cônsul francês.

Na manhã seguinte, ela pegou o trem para Los Angeles. Dois dias depois, chegou e foi recebida por Nathalie Sorokine (sua ex-aluna e ex--amante) na estação. Nathalie e seu marido, Ivan Moffat, moravam em Westwood com a filhinha. Foram para o apartamento deles, onde Moffat já estava com o café da manhã pronto. Moffat já fazia algum sucesso como roteirista – mais tarde, ele seria indicado ao Oscar –, e realmente gostara do livro de Beauvoir *Todos os homens são mortais*. Mandara-o para um amigo produtor, George Stevens; falaram sobre Greta Garbo e Claude Rains nos papéis principais, e sobre muito dinheiro; "$ 30.000", escreveu ela a Sartre: "Isso não te deixa atordoado?"[15]. (Sua expectativa era que isso a levasse de novo aos Estados Unidos no ano seguinte, mas, infelizmente, o filme nunca saiu.[16]) Nathalie e Beauvoir partiram alguns dias depois para uma viagem de carro: Nathalie dirigiu o Packard vermelho de Moffat, com Beauvoir de copiloto, por San Francisco e depois Lone Pine, uma cidade pequena com a Sierra Nevada no horizonte, onde Moffat e George Stevens foram encontrá-las.

Quando voltaram para Los Angeles, Beauvoir e Sorokine pegaram um ônibus da companhia Greyhound para Santa Fé, Novo México. Passaram três semanas viajando juntas: Santa Fé, Houston, Nova Orleans, Flórida e, finalmente, Nova York – com Beauvoir dando palestras o tempo todo. Foi um itinerário cansativo, mas ela adorou ver e aprender tanto. Enquanto ia de cidade em cidade, ela fazia perguntas nas recepções e jantares, conversava com seu público, com professores e alunos da universidade. Ela leu livros estadunidenses e fez anotações sobre a vida local. Após sua visita, publicou um diário de viagem, *L'Amérique au jour le jour* (1948). Algumas partes desse diário eram radiantes: antes de Nova York, disse, "eu não imaginava que poderia amar outra cidade tanto quanto Paris".[17]

Quando voltou a Nova York, em 12 de março, enviou uma carta a Algren – ele havia encaminhado alguns livros para o hotel dela em Chicago, mas ela não os tinha recebido até o momento do check-out. Ele também deixou uma nota perguntando se ela poderia voltar a Chicago. Ela respondeu que não sabia – tinha muitas palestras para dar em Nova York –, mas talvez fosse possível em abril.

Sua turnê foi muito bem divulgada, tanto em revistas de moda como em jornais universitários. Em meados de março, a *Vogue* publicou "Femininity: The Trap" [Feminilidade: a armadilha], apresentando Beauvoir como "a principal discípula da filosofia existencialista de Jean-Paul Sartre". É improvável que ela não tenha notado a ironia disso, mas acaso achou irritante ser descrita dessa maneira? Ou como "uma mulher que pensa como homem"; "Uma francesa esbelta e bonita de 38 anos"? A mesma matéria descrevia André Malraux como um "forte homem literário", "DeGaullista fiel e inimigo dos comunistas". (O leitor tinha que ficar imaginando se ele era esbelto ou bonito.)

O artigo de Beauvoir foi anunciado como uma obra sobre o "novo papel das mulheres na França". Algumas partes aparecem – quase literalmente – em *O segundo sexo*, mas não se sabe se já haviam sido escritas para o livro ou se, de fato, Beauvoir mais tarde saqueou seu artigo da *Vogue*.[18] Tudo que sabemos por suas memórias é que a editora da *Vogue*, Jean Condit, fez uma festa em homenagem a Beauvoir logo após sua chegada a Nova York; em 6 de fevereiro ela concordou em escrever para a revista, e em 12 de fevereiro ditou seu trabalho a um datilógrafo.[19]

Nesse artigo, Simone defende claramente uma das posturas centrais de seu feminismo maduro: "não há mito mais irritante e mais falso" que "o eterno feminino, que foi inventado – com a ajuda de mulheres – por homens, que as descrevem como intuitivas, charmosas, sensíveis"[20]. A "armadilha" dessa feminilidade é que muitas vezes classifica as mulheres como inferiores aos homens, e como resultado, elas se sentem divididas. Beauvoir achava que a feminilidade dava valor às mulheres aos olhos dos homens, e, portanto, elas temiam que se a perdessem, perderiam seu valor. Ela estava começando a pensar que quando as mulheres ganhavam valor aos seus próprios olhos, por meio da educação ou de outras realizações, as mulheres profissionais se sentiam inferiores às outras, em geral, por serem menos encantadoras e sensíveis – ou seja, menos *femininas*. Os homens, por outro lado, não precisavam sacrificar o sucesso em nome da masculinidade, ou a realização para se sentirem à vontade; seus ganhos profissionais não eram perdas pessoais. Só as mulheres eram afetadas por essa contradição: "Elas renunciam em parte à integração de sua personalidade, ou abandonam parcialmente seu poder de sedução sobre os homens".[21] Mas, por que o sucesso – ou a sedução – deve ter um custo tão alto?

Enquanto Beauvoir esteve nos Estados Unidos, notou coisas que queria lembrar para seu livro sobre mulheres. Estar em uma cultura diferente – e vê-la com olhos forasteiros – a fez observar de um ponto de vista diferente como homens e mulheres se relacionavam. Ela escreveu em *L'Amérique au jour le jour* que ficou surpresa ao se ver pensando que as mulheres eram menos livres nos Estados Unidos que na França. Antes de sua visita, ela considerava as palavras "mulher americana" como sinônimo de "mulher livre". Mas, para sua surpresa, descobriu que ali as mulheres solteiras eram menos respeitadas. No início – escreveu –, as roupas das mulheres estadunidenses "me surpreenderam por seu caráter flagrantemente feminino, quase sexual. Nas revistas femininas daqui, mais que nas francesas, eu li longos artigos sobre a arte de caçar marido". Nos Estados Unidos, Beauvoir via um antagonismo entre homens e mulheres; sentia que não se gostavam, o que fazia que os relacionamentos fossem uma luta onde um estava contra o outro. "Isso ocorre, em parte, porque os homens estadunidenses tendem a ser lacônicos e, apesar de tudo, é necessário um mínimo de conversa para uma amizade. Mas também acontece porque existe uma desconfiança mútua."[22]

Quando Beauvoir voltou para Nova York, em meados de abril, ficou perto da Washington Square, no Brevoort. Encontrou-se com os Wright novamente e com Bernard Wolfe. Ela deveria partir em 10 de maio, e escreveu para Sartre pedindo que lhe providenciasse um "bom retorno". Ela não queria ver ninguém além dele e de Bost. E perguntou se poderiam viajar, só os dois, para pôr a conversa em dia.

Ela tinha muito que contar; foram tantas palestras por Nova York – Harvard, Princeton, Yale, Macon College, Oberlin, Mills College, Vassar, Wellesley e Smith. Mas também que mesmo nos jornais da universidade, ela havia sido descrita de maneira a enfatizar sua aparência e seu relacionamento com Sartre. O *The daily Princetonian* relatara que a "elegante e atraente Simone de Beauvoir, embaixadora do existencialismo nos Estados Unidos" havia dito à sua audiência que "não é mais permitido que o escritor se afaste e se isole em sua torre de marfim".[23]

Do lado de fora da torre de marfim, o que ela vira dos Estados Unidos com Ellen e Richard Wright fora revelador. Quando ela estava com eles – ou seja, no momento em que duas mulheres brancas e um homem negro saíam juntos –, os táxis de Nova York passavam reto. Wright a levara à Igreja Batista Abissínia para ouvir os sermões políticos do reverendo Adam Clayton Powell[24] e ver uma igreja pobre no Harlem.[25] O livro de Wright, *Filho nativo*, contava a história do negro Bigger Thomas, de 20 anos, o que levara a discussões sobre o que significava ser negro – para gente como James Baldwin e Frantz Fanon. Os Wright ajudaram Beauvoir a ver a segregação: "Do berço ao túmulo, trabalhando, comendo, amando, andando, dançando, orando, ele nunca pode esquecer que é negro, e isso o torna consciente, a cada minuto, de todo o mundo branco a partir do qual a palavra "negro" assume seu significado".[26]

Deve ter sido surpreendentemente dissonante ser esnobada nas ruas durante o dia e celebrada pelos famosos à noite. Certa vez, depois de dar uma palestra na New School (uma nova universidade e centro progressivo), Beauvoir foi jantar com o pintor dadaísta Marcel Duchamp antes de ir à casa de Erwin Piscator, para uma grande festa em sua homenagem: estavam lá o arquiteto Le Corbusier, o compositor Kurt Weill e até Charlie Chaplin. Ela se divertiu conversando com Chaplin, mas foi meio embaraçoso – "Grotesco!", escreveu Simone – quando outro convidado sugeriu que ela deveria reconhecer que Chaplin era existencialista.[27]

L'Amérique au jour le jour foi traduzido para o inglês pouco tempo depois, sendo lançado na Grã-Bretanha em 1952. Lá, "Mlle Gulliver en

Amérique" se deparou com críticas desdenhosas. Uma edição estadunidense avulsa foi lançada em 1953, mas as discussões de Beauvoir sobre segregação racial foram omitidas. Essa não foi a única vez que isso aconteceu com a obra de Beauvoir. A edição em inglês de *O segundo sexo* também teve partes de sua análise da opressão cortadas. Em 1953, o público estadunidense era considerado incapaz de ouvir o que ela tinha a dizer sobre raça. No entanto, avaliações mais recentes descrevem a obra como "uma das duas melhores análises do século XX sobre os Estados Unidos".[28]

No dia 24 de abril, ela escreveu a Sartre dizendo que gostaria de ver Bost quando voltasse, antes de viajarem, e ligou para Nelson Algren. Por fim tinha um pouco de tempo; será que poderia visitá-lo? Ela pegou um avião para Chicago e passou três dias – dessa vez íntimos – com ele. Quatro dias depois, voltou a Nova York, onde a esperava uma carta de Sartre; ele havia reservado "o quarto rosa" para ela no Hôtel Louisiane e a encontraria quando descesse do ônibus do aeroporto.

No Dia dos Trabalhadores, Bernie Wolfe a levou a uma festa onde as pessoas fumavam baseados. Acaso ela gostaria de experimentar? Os nova-iorquinos haviam lhe dito que um a deixaria chapada, mas, mesmo depois de seis, nada havia acontecido. Àquela altura, ela estava tão irritada por ainda não estar chapada que bebeu meia garrafa de uísque. Os estadunidenses ficaram chocados – depois de tudo aquilo, ela não estava nem alegrinha.[29]

Em 3 de maio, ela recebeu uma carta de Sartre no hotel. Vanetti estava dificultando as coisas. Acaso ela poderia ficar em Nova York por mais uma semana? Era um sábado cinzento e chuvoso quando ela a recebeu, e, quando a leu, teve um "colapso", uma volta às velhas angústias e lágrimas. Beauvoir levou cinco dias para responder. Quando o fez, disse que as notícias haviam sido "devastadoras", mas que a ideia de voltar antes do que Sartre queria era "insuportável". Teve certa dificuldade, mas conseguiu trocar seu voo. Na terça-feira, 6 de maio, estava tudo arranjado: ela chegaria à estação Gare des Invalides no domingo, 18 de maio, às 10h30. Não queria dividir Sartre nos primeiros dias, de modo que pediu de novo: "arranje tudo para que possamos ficar sozinhos por um longo tempo". Ela acrescentou um pós-escrito para Bost dizendo que estava "estupidamente ansiosa para vê-lo" e que pensava nele muito mais do que ele merecia.[30]

Então, ela pegou um avião para Chicago em 10 de maio, e chegou no meio da manhã. Simone e Nelson chamariam esse dia de "aniversário deles". No dia seguinte, ele pôs um anel mexicano barato no dedo de Beauvoir; ela disse que o usaria pelo resto da vida.

Simone e Nelson passaram uma semana juntos antes de ela pegar o avião para Paris, em 17 de maio; ela escreveu sua primeira carta para ele durante uma escala em Newfoundland. Ela havia chorado no táxi a caminho do aeroporto, mas foram lágrimas doces. "Nunca teremos que acordar, porque não foi um sonho; foi uma maravilhosa história verídica que está só começando."[31] Sua primeira carta foi dirigida a seu "precioso e amado homem de Chicago".[32] Em pouco tempo, ele seria seu "mais querido dilema americano".[33]

Ela esperava que a beleza de Paris vencesse sua tristeza, e, no dia seguinte à sua chegada, ficou feliz por vê-la. Mas, um dia depois, Paris estava cinzenta e morta – ou talvez, escreveu a ele, fosse seu coração que estava morto para a cidade. Vanetti ainda estava lá. E Algren, não. Simone escreveu para ele suplicando que fosse para lá assim que os dois conseguissem o dinheiro. Ela se sentia dolorosamente no mar, com o corpo em Paris e o coração em algum lugar do outro lado do Atlântico.

Em 21 de maio, Beauvoir deixou a capital e foi para o campo – para Saint-Lambert, uma vila no vale Chevreuse –, levando consigo livros e cadernos. A mais ou menos um quilômetro e meio dali ficavam as ruínas de um mosteiro, Port-Royal des Champs, onde o filósofo Pascal vivera por um tempo e o poeta Racine fora um pupilo. Em Paris, ela não tinha nada de Algren e metade de Sartre; precisava de solidão para recuperar sua serenidade. Mas Sartre lhe prometera duas semanas – afinal, ele também queria vê-la –, de modo que dividiu seu tempo entre Paris e Saint-Lambert. Vanetti se ressentiu com a presença de Beauvoir, e após as duas semanas, Sartre voltou a ela em Paris. Beauvoir ficou no campo. Ela fazia visitas ocasionais a Paris para trabalhar na *Les Temps Modernes* ou para ver amigos.

FIGURA 9 – Simone de Beauvoir e Nelson Algren em Chicago, 1948

Simone estava exausta e provavelmente deprimida; dormia mais tempo que o normal. Às vezes, caminhava pela trilha de Port-Royal, que era decorada com um poema "muito ruim" de Racine elogiando a natureza por sua liberdade, clareza e verdade – e a "solidão fecunda" deste campo. E escrevia para Algren, usando seu anel e uma caneta vermelha que ele lhe dera. Em geral não usava anéis, disse a ele, e seus amigos haviam notado: "todo o mundo em Paris ficou muito surpreso".[34]

Em Saint-Lambert, no final de maio ela releu o que havia escrito no final de 1946 sobre as mulheres – o material inicial de *O segundo sexo* –, e teve um daqueles dias em que não entendia por que alguém se dava ao trabalho de escrever alguma coisa.[35] Um desses dias se transformou em alguns dias, e em 6 de junho, ela decidiu que não poderia fazer o "livro sobre mulheres" enquanto não escrevesse sobre suas viagens. Então, resolveu escrever *L'Amérique au jour le jour*, e lentamente começou a encontrar seu ritmo de novo.

As cartas de Beauvoir a Algren revelam muito sobre sua vida cotidiana: o que ela estava escrevendo, a quem via nos coquetéis de sua editora etc. Ela queria que ele aprendesse francês, e incluía parágrafos em prosa para ele traduzir. Eram as melhores partes, dizia a ele, de modo que ele tivesse um incentivo para aprender. Beauvoir lhe contou que o *American dilemma* de Myrdal e as conversas com Richard Wright haviam inspirado seu livro sobre as mulheres.[36] Esse livro, disse a Algren, "me fez pensar de novo no livro que comecei, sobre a situação das mulheres. Eu queria escrever um livro tão importante quanto esse sobre os negros".[37] Ela desejava fazer pelas mulheres o que Myrdal havia feito pelos afro-americanos, mostrar de que maneira o racismo e o sexismo estavam enraizados nas contingências da cultura – que com as mulheres também as pessoas se escondiam atrás de álibis.

Mas, suas cartas pouco falavam sobre Sartre e menos ainda sobre Vanetti. Em julho, Vanetti deixou a França de barco, partindo de Le Havre. Mais uma vez ela deu um ultimato a Sartre: se Beauvoir voltasse de novo, seria para sempre. Sartre ficou arrasado, mas Beauvoir também se sentia dividida. Fazia dois meses que ela voltara para a França, e desde então sentia uma inquietação persistente. Em julho, Algren escreveu que quando ela voltasse para Chicago, queria que ficasse para sempre. Então em 23 de julho, ela respondeu que não podia. Que o amava, mas que não podia dar sua vida a ele. Ela não queria mentir, e seu coração doía diante da pergunta: "É certo dar algo de si sem estar pronto para dar tudo?".[38] Ela disse que, independentemente do que acontecesse, sabia que não podia lhe dar tudo, e embora se sentisse dividida e ansiosa, queria ser sincera.

Algren respondeu com um pedido de casamento. Ele havia planejado pedi-la pessoalmente, mas a carta dela o fizera recorrer à caneta.

Eles queriam ficar juntos, mas ambos sabiam que havia um problema: ele não queria sair de Chicago, e Beauvoir não queria sair de Paris. Ele tinha sido casado anteriormente, mas já sentia Simone como sua esposa mais do que a "verdadeira", que fora sua mulher durante sete anos. Então, eles combinaram uma abordagem menos convencional como próximo passo: ela passaria um tempo com ele e voltaria a Paris. E então ele iria visitá-la na França.

Em agosto, ela foi para Copenhague e Suécia com Sartre. Em 6 de setembro, pegou um avião para Chicago. Sartre a incentivou a ir, oferecendo-lhe o dinheiro para a viagem.

Quando chegou lá, Algren a levou para fazer um tour pela cidade:

> Eu queria lhe mostrar que os Estados Unidos não eram uma nação de prósperos *bourgeois*, de pessoas que só pensavam em ter uma casa própria nos subúrbios e ser sócias de um clube de campo. Eu queria lhe mostrar as pessoas que se dirigiam, de forma igualmente implacável, à penitenciária e à prisão. Eu a apresentei a assaltantes, cafetões, ladrões de bagagem, prostitutas e viciados em heroína. O movimento dessas pessoas era para baixo, sempre para baixo. Eu havia conhecido muitos deles naquele ano. Levei-a para conhecer a prisão do condado e lhe mostrei a cadeira elétrica.[39]

Beauvoir fazia anotações para seu livro; sentavam-se nas pizzarias de Chicago e bebiam Chianti. Quando a visita terminou, planejaram se reencontrar na primavera de 1948, para viajar por quatro meses. Mas, mesmo assim, depois que Simone o deixou, ela escreveu para ele em seu inglês ruim que algo "se partiu em meu coração" quando se despediram. Ele ainda queria se casar com ela, mas Simone disse a Algren que embora pudesse abrir mão de muita coisa para estar com ele, não abriria mão de seu trabalho. "Eu não podia viver só de felicidade e amor, não podia desistir de escrever e trabalhar no único lugar onde meus escritos e meu trabalho podiam ter significado".[40] A filosofia de Beauvoir atribuía um lugar de destaque ao conceito de situação; ela achava importante o contexto cultural das vidas e obras individuais – possivelmente tanto que ela não pôde ver que suas ideias eram poderosas o bastante para iluminar outros lugares além da França.

Quando Beauvoir voltou a Paris, no final de setembro de 1947, Sartre já tinha outro caso; o controle de Vanetti sobre ele estava diminuindo. Seu novo interesse era uma jornalista estadunidense de 23 anos chamada Sally Swing Shelley, que estava na cidade para cobrir a visita da princesa Elizabeth. Quando esse caso malogrou, Swing refletiu sobre como ele tratava as mulheres como gavetas de uma cômoda, abrindo a que quisesse sempre que quisesse. Mas, na época, ela era louca por ele.[41]

Em novembro de 1947, Beauvoir publicou seu segundo ensaio filosófico, *Por uma moral da ambiguidade*, desenvolvendo ainda mais sua filosofia de liberdade. Em *Pirro e Cíneas*, ela escreveu que todos deveriam decidir que lugar ocupariam no mundo. Em *Por uma moral da ambiguidade*, ela voltou à ideia de uma liberdade autônoma e invulnerável de Sartre, e ao tema de seu ensaio *Oeil pour oeil*. Depois da guerra, ela conheceu as atrocidades de Buchenwald e Dachau; ela, como tantos outros de sua geração, se perguntava como os seres humanos eram capazes de tamanha crueldade. Os nazistas – disse ela – desprezavam sistematicamente os homens que queriam destruir, para que seus semelhantes não os considerassem mais humanos, sujeitos livres e conscientes.[42]

Em *Pirro e Cíneas*, Beauvoir havia escrito que toda pessoa precisa da liberdade dos outros, e, em certo sentido, sempre a queremos porque é apenas a liberdade dos outros que nos impede de nos definharmos pensando em nós mesmos como coisas, como objetos.[43] Ela argumentava que o mal consiste em negar a liberdade, seja a própria ou a do outro. Para combater o mal, portanto, temos que reconhecer que afirmar nossa própria liberdade implica a responsabilidade de moldar o presente e o futuro de tal modo que nós *e os outros* sejamos livres.

Isso não é fácil. É muito mais confortável existir em um estado de dependência infantil, considerando nosso papel no mundo como predeterminado. Quando crianças, não sabemos quem nos tornaremos – e, durante um tempo, isso é apropriado para nosso desenvolvimento. O mundo dos jovens é mobiliado com elementos regulares e tranquilizadores que mal notamos o suficiente para questioná-los: as meninas usam vestidos, às 20 horas é hora de dormir. Mas alguns adultos se posicionam diante de elementos do mundo com a mesma aceitação passiva: os judeus usam estrelas, o toque de recolher é às 21 horas. Beauvoir achava que permanecer infantil dessa maneira passiva era um ato de má-fé. Para nos tornarmos éticos, precisamos fazer o que ela chamava (como Sartre) de escolha original. Temos que escolher o que queremos ser – não de uma vez por todas, mas repetidamente, "momento a momento durante a vida toda".⁴⁴ De novo ela criticava o conceito de liberdade proposto por Sartre em *O ser e o nada* (se bem que, a essa altura, por influência dela, ele estava começando a recuar). Na visão de Beauvoir, ninguém pode ser livre sozinho: "Um homem que procura ficar longe de outros homens o faz contra eles e ao mesmo tempo se perde".⁴⁵ Ao lema de Sartre "o homem é o que ele faz de si mesmo", Beauvoir respondia que não nos fazemos sozinhos ou do zero. "Só podemos ser quem somos por causa dos outros que fazem parte de nossa vida".⁴⁶

Por uma moral da ambiguidade foi publicado em inglês em 1976, em uma época em que não havia uma tradução de *Pirro e Cíneas* para essa língua e a tradução de *O segundo sexo* era apenas parcial. Portanto, é importante fazer uma breve pausa sobre a maneira como essa obra desenvolveu a filosofia anterior de Beauvoir e estabeleceu as bases para o que ela faria depois. Ela ainda estava pensando na ideia de uma "situação" e em como outras pessoas moldam nossa vida. Em *Por uma moral da ambiguidade*, ela argumentava que para ser eticamente livre, devemos usar a liberdade para aceitar os laços que nos prendem aos outros. Ela chama isso de "apelo" ou "chamado" da liberdade do outro. Todo ser humano deseja que sua vida seja verdadeiramente vista e que seja importante não apenas porque é *uma vida*, mas porque é *sua vida*. Todos queremos ser "justificados", sentir que nossa vida tem significado. Mas ouvir o chamado da liberdade em nós mesmos sem ouvir o dos outros é solipsismo: um tipo de morte espiritual, uma recusa que entorpece nosso próprio devir. Só com outras pessoas podemos fazer que certos projetos, valores – e um diferente mundo – se realizem.

Em *O ser e o nada*, Sartre incluiu uma nota de rodapé dizendo que escreveria uma ética de "libertação e salvação" como um antídoto para sua descrição sombria e conflitante da existência humana. Mas, embora ele tenha feito algumas anotações para um livro sobre ética, nunca o publicou durante sua vida – e ele não era um homem que relutasse em publicar (o *Economist* certa vez calculou sua produção em vinte páginas publicadas por dia durante sua vida profissional). Hoje, a ética de Beauvoir está começando a ser reconhecida como "o cumprimento da promessa não cumprida de Sartre".⁴⁷ Mas, em 1947, foi lançado um livro de Francis Jeanson chamado *Le problème moral et la pensée de Sartre*. Um crítico escreveu que nessa obra, "pela primeira vez", os leitores podiam ver o que pode ser uma ética da liberdade, "se desconsiderarmos o interessante *Por uma moral da ambiguidade* de S. de Beauvoir".[48] Ele não deu nenhuma razão para que essa obra fosse desconsiderada, de modo que ficamos imaginando se teria alguma.

De qualquer forma, em 1948, fica claro que, por um lado, Beauvoir estava sendo menosprezada em críticas filosóficas e, por outro, irritada pelas demandas de "leigos" "incompetentes" que estavam se popularizando – como eles podiam esperar que ela explicasse o existencialismo em uma frase? Ao mesmo tempo, ela era excluída pela elite filosófica e considerada filosoficamente elitista. Beauvoir queria ser uma escritora comprometida, por isso escrevia ficção e artigos para revistas além de filosofia. Mas não era razoável alguém esperar entender Kant ou Hegel depois de ler um único slogan; por que achavam que isso seria possível com o existencialismo?[49] Em sua opinião, entender o existencialismo exigia entender a longa tradição filosófica sobre a qual ele repousava. Àquela altura, em sua opinião, a filosofia existencialista não era algo para todos; a *literatura* existencialista, por outro lado, poderia revelar aos leitores uma perspectiva existencialista sobre o mundo e apelar a suas liberdades por diferentes meios.

Em janeiro de 1948, Beauvoir entregou *L'Amérique au jour le jour* à editora, com uma dedicatória a Ellen e Richard Wright. E então, chegou a hora de focar em seu ensaio sobre as mulheres. Ela e Algren estavam planejando viajar juntos de maio a setembro, de modo que Simone queria escrever o máximo possível antes da viagem. Sartre planejava que, enquanto Beauvoir estivesse viajando com Algren, Vanetti ficasse em Paris (ele teria que parar de ficar com Sally Swing por um tempo; Dolores não sabia do caso).

Entretanto Beauvoir começou a ter dúvidas sobre ficar longe por tanto tempo – não só por causa de Sartre, mas porque planejava lançar versões de *O segundo sexo* entre maio e julho. Conversou com Sartre e decidiu reduzir a viagem a dois meses, mas não teve coragem de contar a Algren por carta. Melhor falar pessoalmente.

Beauvoir desceu pelo rio Mississippi até Nova Orleans e depois para o Sul, até Yucatán, Guatemala, Vera Cruz e Cidade do México. Ela e Algren desceram o Mississippi de navio, bebendo uísque no convés. Ela adorava as cores e as texturas dos tecidos da Guatemala; comprou mantas, cortinas e tecidos para levar para sua costureira.[50] E continuava arranjando motivos para não contar a Nelson que iria embora mais cedo; até que um dia, indo da Cidade do México até Morelia, ela anunciou, sem graça, que tinha que voltar em 14 de julho. "Tudo bem", disse ele. Mas, no dia seguinte, ele não quis explorar Morelia com ela. Em Cholula, Puebla e Taxco ele também se recluiu. Ela perguntou qual era o problema, e ele respondeu que o México lhe estava dando nos nervos.

Um dia, ele lhe disse que não sentia mais o mesmo que antes. Eles voltaram para Nova York, e, certa noite, Beauvoir disse: "Eu posso ir embora amanhã". Mas ele não queria que ela fosse embora, e respondeu: "Estou pronto para casar com você neste exato momento".[51] Era uma situação agoniante; nenhum dos dois se sentia pronto para um transplante transatlântico, e cada um lamentava a relutância do outro. Quando Beauvoir partiu a Paris, em 14 de julho de 1948, achava que nunca mais veria Algren.

De volta a Paris, ela mergulhou no trabalho. Ainda não havia conseguido recursos para ter um estúdio particular, por isso, costumava escrever no Les Deux Magots quando não estava escrevendo na casa de Sartre. Os trechos nos quais ela estrava trabalhando de *O segundo sexo* estavam provocando reações interessantes. A primeira havia sido sobre "a mulher e os mitos", e nele Beauvoir discutia como as mulheres eram apresentadas nas obras de alguns romancistas respeitados, como Henri de Montherlant, Paul Claudel e André Breton. Ela escreveu a Algren que o livro precisava de mais um ano de trabalho antes de "ficar bom". Entretanto, "para sua alegria", ouviu dizer que a parte publicada em *Les Temps Modernes* enfurecera alguns homens. Era um capítulo dedicado aos estúpidos mitos sobre as mulheres que os homens apreciam e à poesia ridícula e cafona que produzem com base neles. "[Esses homens] parecem ter sido afetados em seus pontos mais sensíveis."[52]

Os dois ainda tinham seus próprios pontos sensíveis a resolver; Algren ainda queria mais dela, que escreveu para ele em agosto explicando que sempre havia dito que não poderia ser dele. Simone sabia que o papel de Sartre em sua vida incomodava Algren. "Eu já lhe disse quanto gosto dele", escreveu ela:

> porém é mais amizade profunda que amor; o amor não é muito bem-sucedido. Principalmente porque ele não liga muito para a vida

sexual. Ele é um homem ardente e animado em todos os lugares, menos na cama. Eu logo senti isso, embora não tivesse experiência; e, pouco a pouco, parecia inútil e até indecente continuarmos sendo amantes. Deixamos isso para lá após oito ou dez anos sem sucesso.[53]

Com o tempo, as cartas de Algren foram ficando mais calorosas. Ele mandava pacotes com livros e uísque (escondido em um saco de farinha)e iria para Paris visitá-la em maio.

Ele leu *O sangue dos outros* e mandou uma longa carta com uma nota de uma editora estadunidense que achava que a obra não era suficientemente esperançosa, que estava cheia de personagens "que não podem ser salvos". Beauvoir respondeu que os jornais franceses também queriam que os romances existencialistas fossem "heroicos e sorridentes". Mas, para si mesma, ela escreveu: "Gosto de sombras em um livro, pois sempre há uma espécie de obscuridade na vida; mas, será que coloco sombras demais?". Algren não respondeu a essa pergunta, mas disse que tinha filosofia demais. Ela pensou que talvez ele tivesse razão; mas, mesmo assim, respondeu: "Esse é genuinamente o meu modo de sentir; quando qualquer coisa acontece comigo, fico sempre raciocinando sobre a coisa dentro de mim [...] Sentimentos, eventos e filosofia, seria pouco natural para mim se eu os deixasse de lado".[54] Ela estava mergulhada no processo de escrever o livro sobre as mulheres, por isso, não conseguia pensar em escrever outro romance ainda; mas já sabia que queria tentar.

Simone estava trabalhando muito – lia e escrevia oito horas por dia, comia muito pouco e bebia demais à noite. Escreveu a Nelson dizendo que talvez fizesse as coisas de um jeito "meio maluco demais", fosse trabalho, viagens ou amor: "Mas é assim que eu sou. Prefiro não fazer as coisas de um jeito moderado".[55] Ela tecia lembranças em suas cartas para mostrar como os momentos passados estavam vivos no presente, e escreveu a Nelson para descrever seu entusiasmo e impaciência em relação a umas roupas novas que havia mandado fazer com o tecido guatemalteco que haviam comprado juntos:

> Mandei fazer duas coisas lindas com o tecido bordado da Guatemala: só a parte de cima de um vestido, para usar com

uma saia preta. Fiquei duas horas em pé com cinco pessoas ao meu redor para ajustá-la bem. Fiquei louca, mas queria que ficasse muito bonito, e fui a uma boa costureira. [...] (Lembra quando você barganhou de maneira tão inteligente aquele tecido azul em Quetzaltenango?)[56]

Em outubro de 1948, Beauvoir deixou a vida no hotel para trás e se mudou para um pequeno apartamento no quinto andar de um edifício na rue de la Bûcherie. Ficava perto do Sena, no Quartier Latin, a uma caminhada de quinze minutos de Sartre. Ela o decorou com cortinas vermelhas e comprou poltronas brancas; Giacometti lhe deu umas luminárias de bronze que havia projetado. E nas vigas, pendurou enfeites coloridos do México e da Guatemala. Agora ela tinha um lugar para trabalhar de manhã, podia preparar suas próprias refeições em casa e tinha um lugar para receber Algren. Escreveu para ele em dezembro dizendo que estava lendo o relatório Kinsey, *Sexual Behaviour in the Human Male*, e que desejava que existisse um trabalho equivalente sobre mulheres.[57]

Pelos padrões de um relacionamento erótico convencional, Beauvoir e Sartre não pareciam muito "necessários" um ao outro nesse estágio. Seus relatos divergem sobre quando exatamente o aspecto sexual do relacionamento acabou; Sartre afirmava vagamente que durara dez anos mais do que Beauvoir alegava – em 1970, ele disse a um entrevistador: "1946, 47, 48, não me lembro".[58] Eles nunca moraram juntos, a menos quando circunstâncias adversas exigiam, e sempre se dirigiam um ao outro pela segunda pessoa formal, *vous*. Mas, todos os dias passavam horas trabalhando lado a lado, editando o trabalho um do outro e administrando a *Les Temps Modernes*. Era essa a vida com que a valquíria e o Baladin haviam sonhado?

Os Bost se mudaram para o andar abaixo de Beauvoir quando um apartamento ficou vazio, e os amigos costumavam jantar juntos. Mas, desde que Algren entrara em sua vida, Beauvoir deixara de dormir com Bost. Ele nunca teve falta de namoradas, mas, mesmo assim, Bost ficou magoado no começo. Seria para ele – o menos macho dos homens que ela conhecera – que Simone dedicaria seu próximo livro: *O segundo sexo*.

12

O escandaloso *O segundo sexo*

Em *A força da idade*, Beauvoir escreveu que, durante o início da década de 1930, o "feminismo" e as "guerras dos sexos" não faziam sentido para ela.[1] Então, como foi que ela acabou escrevendo a chamada "Bíblia feminista"?

Na época da publicação do *O segundo sexo*, Beauvoir tinha 41 anos. Ela havia visto a mãe sofrer devido a um relacionamento totalmente desigual com o pai. Quando criança, ela se recusara a ser tratada "como menina", pois sabia que meninos e meninas eram iguais aos olhos de Deus. Desde o dia em que o atendente da livraria a assediara, ela sempre se sentia desconfortável na companhia de homens desconhecidos. Ela havia perdido Zaza, que morrera em consequência de discussões sobre o valor comparativo de dotes, propriedade e amor. Ela vira suas amigas infectadas e hospitalizadas após abortos ilegais. Mantivera conversas com mulheres que ignoravam as funções e prazeres de seu próprio corpo. Visitara outros países, o que a fizera perceber que os costumes podem parecer necessidades só porque são comuns. Lera as páginas de abertura do romance *Ravages* de sua amiga Violette Leduc e ficara abalada com seu próprio choque perante a discussão franca contida no livro: ela falava sobre a sexualidade feminina de uma maneira que nenhuma mulher jamais havia feito, com verdade e poesia.[2]

Em *Pirro e Cíneas*, Beauvoir havia escrito que todos deveriam ocupar um lugar no mundo, mas que só alguns de nós escolhem livremente que lugar ocupar. A condição humana é ambígua: somos sujeitos e objetos. Como objetos, nosso mundo é restringido pelas restrições impostas pelos outros. E como sujeitos, nossas ações não apenas concretizam nossa própria liberdade, como também criam novas condições no mundo para os outros. Beauvoir, aos 18 anos, havia escrito em seu diário que "há várias coisas que odeio no amor".³ Sua ficção da década de 1940 superou as fronteiras entre filosofia e literatura. Mas, em *O segundo sexo*, ela argumentava que o que se chamava de "amor" não era realmente amor. Ela misturava um conjunto diferente de fronteiras, entre o pessoal, o filosófico e o político. E embora alguns a tenham celebrado por isso, outros a condenariam ao ostracismo primeiro. Passar-se-iam décadas até que essa obra fosse reconhecida como um clássico feminista. Mas, o que dizia esse título obra, que foi capaz de provocar forte repulsa e – mais tarde – adulação?

Na primeira linha de *O segundo sexo*, Beauvoir não escondeu sua hesitação e irritação com o assunto "mulher". "Hesitei muito tempo antes de escrever um livro sobre a mulher", escreveu. Mas "volumes de idiotices" foram publicados no último século lamentando a perda da feminilidade e dizendo às mulheres que elas devem "ser mulheres, permanecer mulheres, tornar-se mulheres" – e ela não podia mais ficar passivamente à margem.

A hesitação de Beauvoir faz mais sentido quando entendida em seu contexto. Em 1863, Júlio Verne escreveu um romance chamado *Paris no século XX*. Segundo sua previsão, as mulheres usariam calças e seriam educadas como homens. Outros romances de Júlio Verne descreveram realizações humanas fantásticas: submarinos, homens viajando pelo mundo em oitenta dias – inclusive indo para a lua! Mas, apesar da reputação de Verne como um escritor bem-sucedido de ficção científica, Com *Paris no século XX* ele teria ido longe demais: seu agente literário rejeitou o livro por ser muito improvável. Na geração de Beauvoir, Coco Chanel usava calça e a glamourizada androgenia da moda "melindrosa" (*flapper fashion*). As mulheres haviam entrado no mercado de trabalho em números sem precedentes. Tinham acabado de conquistar o direito a voto. Algumas até superavam os homens em competitivos exames nacionais. Mas ainda não podiam abrir contas bancárias – o que continuaria até as revisões de 1965 do Código Napoleônico.⁴ Mas, no final da década de 1940, "feminismo" – uma palavra que era, na época, associada à campanha por sufrágio – havia se tornado *dépassé* tanto nos Estados Unidos quanto na França.⁵ Afinal, naquela década já tinham conquistado o direito a voto; o que mais elas poderiam querer?

Ao analisar a história, Beauvoir viu que os seres humanos têm o hábito de observar o corpo dos outros e criar castas; que poderiam, às vezes, ser castas de escravos, com base em suas características físicas. Ninguém duvidava que esse fosse o caso no que diz respeito à raça; mas, perguntava Beauvoir, e quanto ao sexo? Ela argumentava que os homens definiam as mulheres como "Outro" e as relegavam ao status de uma casta diferente: o segundo sexo.

Após suas experiências nos Estados Unidos e conversas com feministas estadunidenses, Beauvoir ficou sabendo que algumas delas acreditavam que a palavra "mulher" fosse até um termo ruim, mas achava que elas agiam de má-fé. Mulheres como Dorothy Parker pensavam que a desigualdade entre os sexos poderia ser resolvida definindo as mulheres como "humanas", em vez de como "mulheres". Mas o problema do ponto de vista de que "somos todos humanos", dizia Beauvoir, era que as mulheres não são homens. A igualdade que eles compartilhavam naquele nível era abstrata – e as possibilidades disponíveis para homens e mulheres eram diferentes.

Cada ser humano ocupa uma *situação* única, e, concretamente, as situações ocupadas por homens e mulheres são desiguais. Mas, por quê? Qualquer pessoa pode ver, dizia Beauvoir, que os seres humanos são divididos em duas categorias, com diferentes corpos, rostos, roupas, interesses e ocupações. Mas, mesmo assim, o fato é que não bastava que certos órgãos reprodutivos fossem considerados "femininos" porque algumas mulheres os possuíam e mesmo assim eram acusadas de ser "não femininas". Quando o romancista George Sand desprezou a feminilidade convencional, Gustave Flaubert, de forma reveladora, chamou-a de "o terceiro sexo".[6]

Então, Beauvoir perguntava: se ser do sexo feminino não é condição suficiente para ser mulher, *o que é* uma mulher?

A resposta de Beauvoir a essa pergunta foi que uma mulher é o que um homem não é. Como Protágoras colocou, "o homem é a medida da humanidade" – o homem é a norma pela qual "o humano" é julgado. E ao longo da história, muitos homens acreditavam que as mulheres eram seres inferiores, cujas opiniões eram irrelevantes para as preocupações "humanas". Mesmo na década de 1940, Beauvoir considerava que suas opiniões eram rejeitadas simplesmente pelo fato de provirem de uma mulher:

> Eu ficava contrariada nas discussões abstratas quando os homens me diziam: "Você pensa isso e aquilo porque é mulher". Mas eu sei que minha única defesa é responder: "Eu penso isso porque é verdade", eliminando, assim, minha subjetividade. Estava fora de questão responder: "E você pensa o contrário porque é homem", porque se entende que ser homem não é uma particularidade; um homem está em seu direito em virtude de ser homem.[7]

Ao dizer que a mulher é o que o homem não é, Beauvoir se inspirou nas ideias de Hegel sobre o "Outro". Como os seres humanos têm uma tendência profundamente arraigada a se opor ao que é Outro para eles, os homens se colocam como "sujeitos" livres e definem as mulheres por contraste – como objetos. Mas, para Beauvoir era desconcertante a maneira como essa situação se tornara tão generalizada e por que persistia. Por que, perguntava, não havia mais mulheres contestando as maneiras humilhantes como os homens as definiam?

Ela conhecia os argumentos familiares contra o feminismo: isso vai arruinar os valores da família! Vai reduzir os salários! O lugar da mulher é em casa! Somos "separados, mas iguais!". Contudo achava que isso eram máscaras para a perniciosa má-fé, como as leis de Jim Crow nos Estados Unidos.[8] George Bernard Shaw havia criticado os estadunidenses brancos por fazer que os negros engraxassem seus sapatos e depois concluir que engraxar era tudo que eles eram capazes de fazer. Beauvoir argumentava que as mesmas inferências inválidas foram feitas sobre as capacidades das mulheres – por serem mantidas em *situações* de inferioridade. O fato de ocuparem uma situação inferior na sociedade não significa que sejam inferiores por natureza. "O escopo do verbo *ser* deve ser entendido", escreveu ela; "*Ser* é 'ter se tornado'".[9]

Mas o termo "tornar-se" revela a esperança de que as situações podem melhorar. Durante séculos, os homens gastaram muita tinta falando sobre a condição "humana". Mas, perguntava Beauvoir, "como um ser humano pode se realizar na condição feminina"?[10]

Foi isso que ela disse na introdução de seu livro – uma pequena fração das 972 páginas distribuídas em dois volumes. Mas não seria isso que seus primeiros leitores leriam primeiro. Em forma de livro, *O segundo sexo* foi publicado em dois volumes, em junho e novembro de 1949. O material que Beauvoir divulgara nas edições anteriores da *Les Temps Modernes* havia sido ótimo do ponto de vista da publicidade, mas não tão bom do ponto de vista da criação de mitos e da censura pública. Em 1963, quando Beauvoir avaliou publicamente o caráter mutável de seu legado, em *A força das coisas*, escreveu que o lançamento de *O segundo sexo* a tornou um "alvo de sarcasmo" de uma maneira que ela nunca tinha visto.[11] A rejeição *ad feminam* de Beauvoir estava prestes a começar – e o sarcasmo não seria a pior parte.

Beauvoir trabalhou muito para concluir partes do livro na primavera de 1949, porque Algren estava chegando a Paris. Por sorte, ela achou esse livro mais fácil de escrever que um romance. Para a ficção, ela tinha que criar cuidadosamente pontos de vista e desenvolver personagens, preocupar-se com enredos, diálogos e prenúncios. Para isso, precisava pesquisar, organizar e escrever. Ela queria liberdade para as mulheres; mas parecia haver apenas duas razões possíveis para que não a tivessem: porque eram oprimidas ou porque escolheram não ser livres. Nos dois casos, havia um problema moral; a questão era: de quem era esse problema?

Quando Algren chegou a Paris, Beauvoir estava ansiosa: a última despedida deles não havia sido boa. Ela foi encontrá-lo com o casaco branco que usara em Chicago dois anos antes. Com ele na cidade, "a família" não podia acreditar na transformação dela: Simone estava branda e feliz. Algren estava nervoso por conhecer Sartre, mas a apresentação dos dois foi um sucesso. Algren ficou à vontade. Gostou de conhecer Olga e a última amante de Sartre, Michelle Vian: elas falavam inglês com ele e adoraram suas histórias estadunidenses de pecado.

Beauvoir havia decidido publicar partes do segundo volume – *O segundo sexo – a experiência vivida* – em capítulos na *Les Temps Modernes* naquele verão. O método que usou na segunda parte foi diferente: ela compilou relatos históricos e descrições em primeira pessoa de diferentes estágios ou possibilidades de vida das mulheres: infância, pré-adolescência, puberdade, iniciação sexual, lesbianismo, casamento, maternidade, expectativas sociais, prostituição e velhice.

Assim que publicou "L'initiation sexuelle de la femme" [A iniciação sexual da mulher], em maio de 1949, provocou reações fortes e reveladoras. Nesse material, ela descrevia sua visão de um encontro sexual não opressivo e recíproco, no qual as mulheres apreciavam o sexo como sujeitos, não como objetos. Em vez da passividade e submissão ao desejo masculino não recíproco, Beauvoir escreveu sobre relacionamentos em que as mulheres, em "amor, ternura e sensualidade", estabeleciam "um relacionamento de reciprocidade com seu parceiro. A assimetria do erotismo masculino e feminino criará problemas insolúveis enquanto existir uma guerra dos sexos; mas podem ser resolvidos facilmente quando a mulher sente desejo e respeito em um homem".[12] Mais tarde, ela se perguntou se não teria sido um erro publicar esse capítulo primeiro.[13]

O estimado romancista católico François Mauriac afirmou que os escritos de Beauvoir "literalmente atingiram os limites do abjeto". "Uma séria crítica filosófica e literária é realmente o lugar para o assunto tratado por madame Simone de Beauvoir?"[14] Esse era o autor cujos passos Beauvoir havia seguido quando estudante, com Merleau-Ponty, a caminho da casa de Zaza; durante décadas ela admirara o jeito dele com as palavras, e agora ele as usava para chamá-la de cabeçuda.

As edições de junho e julho de *Les Temps Modernes* desapareceram das bancas. Beauvoir havia publicado capítulos sobre lesbianismo e parte do capítulo sobre maternidade nessas edições, e muitos leitores ficaram indignados. A reputação dela em alguns setores, a essa altura, já era escandalosa – ligada como era à de Sartre –, mas passara a atrair insultos de uma ordem diferente: "insatisfeita, frígida, fálica, ninfomaníaca, lésbica, cem vezes abortada, eu era tudo, até mãe solteira".[15] Ela recebeu propostas de "maníacos sexuais" e "membros ativos do Primeiro Sexo". Os comunistas a chamavam de *petite bourgeoise* cuja análise nada tinha a dizer às classes trabalhadoras. Dessa vez, François Mauriac – aquele respeitável pilar do *establishment* conservador – escreveu a um dos colaboradores da *Les Temps Modernes* que "a vagina de minha patroa não tem segredos para mim".[16] Quando essas palavras foram publicadas, Mauriac ficou horrorizado. Pouco depois, ele começou a escrever uma série de artigos no *Le figaro Littéraire* condenando a pornografia em geral e Simone de Beauvoir em particular.

Quando o primeiro volume do livro foi lançado, em junho, vendeu depressa – 22 mil cópias na primeira semana.[17] "Biologia não é destino", afirmava Beauvoir – nem o casamento ou a maternidade. Mulheres como Marie Curie, dizia ela, provam que não foi a "inferioridade das mulheres que determinou sua insignificância histórica: foi a insignificância histórica delas que as condenou à inferioridade". Mas a cultura – alta e baixa – continua perpetuando a "mitologia" opressiva sobre as mulheres. "A mulher não é uma realidade fixa", escreveu, "e sim um processo de 'tornar-se'; ela precisa ser comparada ao homem em seu processo, ou seja, em suas *possibilidades*", porque "quando se considera um ser que é transcendente e superador" – isto é, consciente, mutável e livre –, "nunca é possível dar a obra por acabada".[18]

Se fosse o caso de as mulheres obviamente terem algum destino biológico, psicológico ou econômico, argumentava Beauvoir, não haveria problema: haveria uma "feminilidade" universal e quem a tivesse seria "mulher". No volume I, ela analisara a "mulher" do ponto de vista da biologia, da psicanálise e da história. Mas não encontrara uma explicação satisfatória do status secundário das mulheres nas ciências, nem em Freud ou Marx, e demonstrara as carências que encontrara nessas análises – por exemplo, por que Freud achava que podia basear seus pontos de vista da sexualidade feminina na sexualidade masculina, sendo que não tinha nenhuma experiência com a primeira?

A jornalista comunista Jeannette Prenant se opôs à maneira como Beauvoir desencorajava – segundo Jeannette – as mulheres a ser esposas e mães. Outra crítica, Marie-Louise Barron, chamou o primeiro volume de "jargão ininteligível" e profetizou que o segundo só ofereceria "trivialidades".[19] Armand Hoog escreveu que o que Beauvoir realmente queria libertar era ela mesma – ela se sentia humilhada por ser mulher, mas "nasceu mulher, e eu realmente não vejo o que ela poderia mudar nisso. [...] O destino dificilmente se deixa negar".[20]

Essa notoriedade repentina fez que fosse meio estranho andar com Algren por Paris: ela passara dois anos ansiosa para mostrar seu mundo a ele, então, foram a seus amados restaurantes e cafés. Mas lhe incomodava o fato de as pessoas ficarem sussurrando e olhando para eles. Por isso, depois do Dia da Bastilha, ela ficou aliviada quando partiram para uma viagem de dois meses: Roma, Nápoles, Amalfi e Pompeia – e dali para Tunes, Argel, Fez, Marrakesh. No caminho de volta da África do Norte, visitaram Olga e Bost em Provença, onde ele ganhou o apelido de "Tough Algren" [Algren durão].[21]

Quando ela acompanhou Algren ao aeroporto de Orly, em meados de setembro, sentiu que eles haviam acabado de passar seus melhores dias juntos. Ela iria vê-lo em Chicago no ano seguinte. Ele também estava feliz, e durante sua estadia descobrira em uma revista que, enquanto estivera fora, seu romance *O homem do braço de ouro* havia ganhado o National Book Award. Sua carreira estava atingindo seu ápice; em outubro, Ernest Hemingway escreveu uma carta a seu editor elogiando Algren como "o melhor escritor com menos de 50 anos [...] da atualidade".[22]

Em outubro, Beauvoir voltou a Provença para ficar com Sartre e escrever. Ela andava pensando em um novo romance fazia um tempo, mas precisava se exorcizar de *O segundo sexo*. Queria que o novo romance contivesse *ela*, porém, mais uma vez, sentou-se diante do papel em branco imaginando por onde começar. Haveria uma personagem vagamente como ela: Anne. Mas, aonde esse livro a levaria? Ela caminhava com Sartre, lia, encontrava-se com amigos. Um dia, foram visitar Sospel e Peira-Cava e ficaram surpresos ao ler no jornal do domingo seguinte um relato completo da tarde deles. Achava cansativa essa atenção constante que atraía; mas isso era só a ponta do icebergue. Ela decidiu traduzir um dos romances de Algren, e se dedicava a isso quando não estava escrevendo seu próprio livro.[23]

O segundo volume de *O segundo sexo*, publicado em novembro de 1949, continha a famosa frase: "Não se nasce mulher, torna-se mulher".[24] Como toda mulher é um processo de *tornar-se*, e não uma obra acabada, Beauvoir queria incluir as descrições das mulheres de suas experiências vividas, mostrando algumas das maneiras pelas quais eram transformadas em "Outro" ao longo da vida. Como uma obra inacabada, ela mesma ainda estava se tornando Beauvoir, e na tentativa de entender sua própria experiência, ela se deu conta de que alguns dos obstáculos que enfrentava eram ameaças endêmicas ao desenvolvimento de outras mulheres também. Apesar da passagem do tempo, ela ainda era a filósofa que havia se inspirado na ideia de Alfred Fouillée de que "não se nasce, mas torna-se livre". E agora ela argumentava que não era a biologia, a psicologia e a economia que determinavam que as mulheres tinham que viver uma vida separada da dos homens, ou submissas a eles; a "civilização" também desempenhava um papel significativo. E com Simone de Beauvoir, a "civilização" se empenhava bastante.

Embora a abordagem sincera à sexualidade feminina tenha sido escandalosa, foi a da maternidade que sofreu o ataque mais prolongado. Beauvoir achava que a sociedade tinha uma extravagante má-fé: como as pessoas não viam a duplicidade de demonstrar desprezo pelas mulheres e respeito pelas mães? "É um paradoxo criminoso negar às mulheres qualquer atividade pública, fechar para elas o acesso às carreiras masculinas, proclamá-las incapazes em todos os domínios, mas confiar-lhes o mais delicado e mais sério de todos os empreendimentos: a formação de um ser humano".[25]

Com uma população esgotada pela guerra, a França precisava de cidadãos – mas Beauvoir foi acusada de traidora de seu sexo e de sua nação. Após a guerra, a indústria francesa precisava de revitalização, e além de mais nascimentos, também precisava que mais mulheres ingressassem na força de trabalho.[26] A linguagem de Beauvoir foi e ainda é chocante em alguns lugares, e, em retrospectiva, existem passagens que parecem mal interpretadas, dado o contexto político e a experiência de mulheres que não se sentiam "escravizadas" pela maternidade. Beauvoir se referia às grávidas como hospedeiras de "parasitas" e escravas da espécie. (Assim como Schopenhauer, mas, por alguma razão, ele não provocou a mesma reação.) Beauvoir estava interessada na gravidez, uma vez que é vivenciada subjetivamente pelas mulheres, "por dentro" –, assim como na perda de autonomia corporal e na ansiedade que sentiam em relação a quem se tornariam quando fossem mães. Ela alegava que as mulheres não devem ser reduzidas a sua função reprodutiva. Também dizia (embora poucos pareçam ter notado) que isso não era uma rejeição à maternidade. Beauvoir queria mostrar que até a gravidez, o parto e o cuidado das crianças – supostamente o epítome da exclusividade da experiência corporal feminina – eram vivenciados de maneira diferente, dependendo da *situação* da mulher.

Obviamente, Beauvoir não era mãe, e reconhecia isso ao se basear na voz de outras mulheres, incluindo cartas, diários e romances, para mostrar que "a gravidez e a maternidade são vivenciadas de maneiras muito diferentes, dependendo da situação: de revolta, resignação, satisfação ou entusiasmo".[27] Ela queria abordar dois equívocos perigosos sobre ser mãe: (1) que "em todos os casos era suficiente para satisfazer uma mulher" e (2) que uma criança "certamente encontraria a felicidade" nos braços de sua mãe.[28] Suas pesquisas mostraram que, embora muitas mulheres desfrutassem da maternidade, elas não queriam que fosse o único projeto de sua vida. É improvável que as crianças sejam felizes, pensava Simone, se suas mães estiverem frustradas e insatisfeitas; "Obviamente, seria melhor para a criança se sua mãe fosse uma pessoa completa, e não mutilada".[29]

Mas, muitos homens se opuseram: *como ela se atrevia* a abordar esse assunto sagrado se não era mãe?

Isso nunca os impedira de fazer o mesmo, foi a resposta dela.

Além de acusar a sociedade de má-fé em relação à maternidade, Beauvoir voltou ao tema que a preocupava havia décadas: a ética do amor e da devoção. Em *O segundo sexo*, ela alegava que a palavra "amor" tem significados diferentes para homens e mulheres – e que essas diferenças são responsáveis por muitas das divergências entre eles.

Beauvoir acreditava que os homens permaneciam "sujeitos soberanos" no amor – que valorizavam suas amadas mulheres ao lado de outras atividades, como parte integrante – mas só parte – de toda sua vida. Por outro lado, para as mulheres, o amor era apresentado como a própria vida, e os ideais de amor as incentivavam a viver uma vida de autossacrifício ou até de completo esquecimento de si mesmas pelo bem de seus amados. Os homens foram criados para ser ativos no mundo – amar, mas também ser ambiciosos e agir em outros domínios. Às mulheres se ensinava que seu valor era condicional – que precisavam ser amadas por um homem para ter valor.

Uma das barreiras ao amor autêntico é que as mulheres foram tão objetificadas que passaram a se objetificar também, tentando se identificar com seu amado homem e se tornar mais desejáveis aos seus olhos. A mulher apaixonada tenta ver pelos olhos dele, moldando seu mundo e ela própria ao redor dele: ela lê os livros preferidos dele, interessa-se pela arte dele, a música, as ideias, os amigos, a política dele – e assim por diante. E também sexualmente, Beauvoir argumentava que muitas mulheres são usadas como "instrumentos" do prazer masculino, e não como sujeitos cujos desejos e prazer também são levados em consideração.

O problema com os paradigmas dominantes do amor, como Beauvoir os via, era a falta de reciprocidade. Os homens esperavam que as mulheres se entregassem ao amor de maneiras que não eram mútuas. Consequentemente, o amor era perigoso para as mulheres de um jeito que não o era para os homens. Mas ela não punha a culpa disso exclusivamente neles; as mulheres também perpetuavam as estruturas opressivas do amor não recíproco ao participar delas. Mas era difícil não participar, escreveu Beauvoir, porque o mundo estava estruturado de uma maneira que as levava a consentir com sua própria opressão.

Embora o relato de Beauvoir em *O segundo sexo* estruture, em grande medida, a discussão em termos heteronormativos, ela mesma enfrentou essa tensão na vida em seus próprios relacionamentos com mulheres. Em 1940, após uma conversa com Bienenfeld sobre o desejo desta de ocupar um papel mais central na vida de Beauvoir, Bianca escreveu:

Você não se dá, você toma.
É *falso* que eu sou sua vida – sua vida é um mosaico.
Para mim, você é minha vida – sou toda sua.[30]

Beauvoir achava que o amor autêntico era possível em relacionamentos recíprocos – e esperava que isso fosse mais difundido. "No dia em que for possível à mulher amar de uma posição de força, e não de fraqueza, de se encontrar ao invés de fugir de si mesma, não por resignação, mas para se autoafirmar, o amor se tornará para ela e para o homem a fonte da vida, e não um perigo mortal".[31] Era possível que as mulheres amassem a seu amado *e* a si mesmas como sujeitos nos seus respectivos direitos. Mas era difícil: porque mitos não recíprocos de amor perpetuaram o status secundário das mulheres, prometendo-lhes salvação e entregando-lhes um verdadeiro inferno.

Assim como a ficção de Beauvoir, *O segundo sexo* levanta a questão do quão autobiográfica deve-se considerar a filosofia de Beauvoir – e qual autobiografia? Além dos primeiros encontros de Beauvoir com Bianca, em uma carta a um amante posterior, Simone identificou "verdadeira reciprocidade", em vez de sexo, como a qualidade que considerava ausente em seu relacionamento com Sartre. Isso levanta a questão: quando ela descreveu o "amor recíproco" em 1949, acreditava tê-lo vivido? Há outras passagens no livro que se assemelham ao "processo de tornar-se" da própria Beauvoir – inclusive uma "irmã mais velha" que não gosta de participar de "tarefas maternas" e avós que "disfarçam mal" o fato de que que prefeririam um neto homem. Nessas passagens, ela se baseara em suas pesquisas sobre a "mulher", ou nas experiências vividas por Simone e Hélène?[32] Seu capítulo sobre lesbianismo também provocou especulações. Antes da publicação póstuma de suas cartas a Sartre, havia apenas romances e suspeitas para compará-las – o que ela quisera dizer quando escrevera sobre sentir "anseios obscuros" por mulheres em *Memórias de uma moça bem-comportada*?[33] –, mas, mesmo assim, as pessoas se perguntavam: estaria o lesbianismo enraizado em sua própria experiência, ou em um desejo reprimido? Acaso ela agia de má-fé acerca de sua própria sexualidade? No livro, ela alegou que "não há destino sexual que governe a vida de um indivíduo" e que a homossexualidade é "uma escolha feita com base em um todo complexo, dependente de uma decisão livre".[34]

No final de *O segundo sexo*, Beauvoir fez o que a carta de Grasset dissera que ela não havia cumprido quando rejeitara *Quando o espiritual domina,* na década de 1930. Henry Müller havia escrito: "Você se contenta com descrever um mundo em desintegração e depois abandona seus leitores no limiar da nova ordem, sem dar indicação precisa de quais serão seus benefícios".[35]

Então, no capítulo final, ela apresentou "A mulher independente", cuja liberdade teve um custo, mas não foi o amor.

Beauvoir disse que os homens estão em vantagem em uma sociedade em que o "Outro" são mulheres, não só pelos benefícios que coletam (aqueles que são fáceis de ver "de fora"), mas também pelos benefícios "de dentro". Os homens, desde a infância, podem aproveitar suas vocações como seres humanos sem que ninguém lhes diga que elas contradizem seu "destino" como amante, marido ou pai, ou que seu sucesso diminui a probabilidade de serem amados. Mas, para que uma mulher seja feminina, ela deve renunciar a suas reivindicações daquilo que Beauvoir chama de "soberania" – ter uma visão para *sua vida*, tentar realizar seus próprios projetos –, porque isso é percebido como não feminino. Isso coloca as mulheres em uma situação em que só se perde: deve se tornar ela mesma se isso significar tornar-se uma pessoa que não pode ser amada? Ou deve renunciar a si mesma para ter sucesso no amor? Sartre havia escrito que, na condição humana, somos "condenados à liberdade". Beauvoir escreveu então que, na "condição feminina", as mulheres eram condenadas a se sentir divididas, a se tornar "sujeitos divididos".

A raiz do problema é que "o indivíduo não é livre para moldar à vontade a ideia de feminilidade".[36] Durante séculos, os homens se beneficiaram dos mitos da feminilidade, e era compreensível que tivessem medo de perder os mitos e seus benefícios. Era compreensível que dissessem às mulheres que não precisavam de vocações além do casamento e da família; que era contra a natureza desejá-los; que elas ficariam "felizes" se conseguissem ser desejadas como objetos sexuais antes de se sacrificarem como esposas e mães amorosas. Mas os homens não deveriam se sentir à vontade fazendo isso, uma vez que "não há como medir a felicidade dos outros, e é sempre fácil chamar de feliz uma situação que uma pessoa quer impor ao outro".[37]

Quando o volume II de *O segundo sexo* foi publicado, em novembro de 1949, os críticos vieram novamente com pedras nas mãos – mais tarde, Beauvoir se referiria à repercussão desse volume como "o escândalo". O colunista do *Le figaro*, André Rousseaux, expressou "vergonha" por essa "seguidora de Baco" que havia escrito sobre "iniciação sexual", que queria arruinar o amor para reivindicar a liberdade do prazer. Afinal, disse ele, as mulheres já eram emancipadas![38] Ele dedicou grande parte do texto para ridicularizar e atacar Simone pessoalmente. Escreveu que "a mulher, relegada ao nível de Outro, fica exasperada em seu complexo de inferioridade"; que Beauvoir argumentou com "tanta tenacidade" que ele se perguntava se ela precisaria do existencialismo para "libertá--la de uma verdadeira obsessão". Emmanuel Mounier, escrevendo no *L'Esprit*, lamentou o "tom de *ressentimento*" que encontrou no livro. Se houvesse sido mais bem controlado, disse ele, talvez "houvesse impedido menos a lucidez da autora".[39] Chamaram-na de triste, neurótica, frustrada. Camus a acusou de "fazer o homem francês parecer ridículo".[40] O filósofo Jean Guitton expressou dor ao ver nas entrelinhas "a vida triste dela". *L'Epoque* publicou uma previsão que dizia que em dez anos ninguém mais falaria sobre "essa repugnante apologia à inversão sexual e ao aborto".[41]

O Vaticano colocou o livro em sua lista de obras proibidas.

Beauvoir fez uma argumentação filosófica sobre a opressão das mulheres baseando-se nas experiências delas – inclusive dela mesma – para dizer que muitas situações femininas precisam mudar para que elas sejam verdadeiramente "humanas". Ela defendeu que os desejos das mulheres deveriam moldar o sexo; que seus projetos deveriam moldar a vida familiar; e que suas ações deveriam moldar o mundo.

Mas as críticas que recebeu foram amplamente *ad feminam*. Em muitos lugares, Beauvoir foi ridicularizada e menosprezada. Porém não em todos. Houve outro leitor muito mais acolhedor: a próxima geração. Eles leram o livro como algo sem precedentes – algo que falava francamente sobre experiências femininas que haviam sido tabu. Algumas mulheres, desesperadas por informações sobre seu próprio corpo, viram-no como um manual de sexo. O *Paris Match* publicou trechos em agosto, apresentando sua autora como "tenente de Jean-Paul Sartre e especialista em existencialismo, sem dúvida a primeira filósofa a aparecer na história dos homens. Coube a ela extrair da grande aventura humana uma filosofia de seu sexo."[42]

Desde a publicação, a "filosofia de seu sexo" de Beauvoir é muitas vezes sintetizada pela alegação de que existe uma distinção entre os conceitos de "sexo" e "gênero", sendo o primeiro biológico (ou seja, macho, fêmea) e o segundo adquirido socialmente por meio da aculturação (por exemplo, masculino, feminino). Mas há problemas significativos em reduzir *O segundo sexo* a isso. Primeiro, a palavra "gênero" nunca aparece no livro. Segundo, a ideia de que existe uma dimensão biológica e cultural na construção do conceito de "mulher" e na perpetuação da opressão das mulheres não era original, mesmo em 1949. Durante séculos antes de Beauvoir (como ela diz em *O segundo sexo*), filósofos e escritores afirmaram que o status inferior das mulheres na sociedade resultava da falta de possibilidades educacionais, econômicas e profissionais concretas, e não de qualquer inferioridade inata. No século XVIII (para dar um exemplo), Diderot já havia escrito que a inferioridade das mulheres era "amplamente *feita* pela sociedade".[43]

É importante insistir nisso, porque reduzir *O segundo sexo* à alegação de que o gênero é um constructo social corre o risco de separá-lo de uma de suas reivindicações mais poderosas e impopulares: que a objetificação sexual do corpo das mulheres desempenha um papel importante na perpetuação de sua opressão. No primeiro volume de *O segundo sexo* (*Fatos e mitos*), Beauvoir estudou como a "feminilidade" era interpretada como um destino para as mulheres – repetidas vezes ela verificou que a mulher ideal era o objeto de desejo dos homens.

O segundo volume (*A experiência vivida*), foi muito mais longo. Nele, Beauvoir adotou um método diferente de análise e considerou a pergunta "o que é uma mulher?" do ponto de vista das próprias mulheres em diferentes estágios da vida. Ao fazer isso, Beauvoir reverteu a perspectiva filosófica sobre o poder: em vez de analisar a "mulher" do ponto de vista daqueles que dominavam, ela se voltou à vida cotidiana daquelas que se esperava que se submetessem. Para isso, ela teve que discutir tópicos que a elite filosófica não considerava dignos do título "filosófico": como era dividido o trabalho doméstico, como os chefes avaliavam o trabalho da mulher, como as mulheres experimentavam a iniciação e as práticas sexuais. Essas não eram questões elevadas sobre a natureza da realidade ou a possibilidade de conhecimento.[44] Eram questões sobre quem decide quais partes da realidade são importantes – e quem é digno de ter seu conhecimento mencionado.

Ela sabia muito bem que era difícil deixar que as mulheres falassem por si mesmas: uma das características da opressão era que elas não tinham a mesma quantidade e qualidade de meios que os homens para deixar registros de sua vida. A voz das mulheres era menos pública, e quando se tornava pública, seu testemunho era frequentemente menosprezado, julgado como parcial ou falso, malicioso ou imoral. Para analisar a submissão feminina, Beauvoir citou experiências particulares da mulher na esfera privada, uma situação que era estrutural e sistematicamente reduzida ao silêncio.[45]

Uma das inspirações da infância de Beauvoir, George Eliot, escreveu uma vez que "se tivéssemos uma visão e um sentimento aguçados acerca de toda a vida humana comum, seria como ouvir a grama crescer e o coração do esquilo bater, e morreríamos com o rugido que jaz do outro lado do silêncio.[46] Do outro lado do silêncio Beauvoir ouvia um incessante refrão de confusão, resignação e desespero – um coro de vozes femininas perguntando: no que foi que eu me tornei?

Quando pesquisou para *O segundo sexo*, Beauvoir ficou consternada com suas descobertas. Mas também encontrou razões nelas para sentir esperança. Sim, em 1949, as mulheres *eram* inferiores aos homens, "porque sua situação abria menos possibilidades para elas". Mas elas não precisavam ser inferiores. Se homens e mulheres parassem de se esconder atrás de álibis, as coisas poderiam ser diferentes.

O segundo sexo é frequentemente descrito como um livro que "aplicou" a filosofia de Sartre à "questão da mulher". E nessa fase, Beauvoir ainda concordava com Sartre em algumas coisas – a importância da liberdade, por exemplo. Mas ela fazia o mesmo que os filósofos – concordando com o que entendia como verdade e rejeitando o que entendia ser falso, inconsistente ou antiético, mesmo que fosse o pensamento de alguém que amava. Simone rejeitava a concepção de Sartre de "situação", acreditando na caracterização de Heidegger de que os seres humanos estariam "jogados" em um mundo que sempre já vem com sentidos que não foram criados por nós. Ela estava voltando com força total à pergunta que havia feito a Sartre na década de 1930: "Que tipo de transcendência pode alcançar uma mulher trancada em um harém?".

Mas agora ela já havia percebido claramente que as mulheres não precisavam ser mantidas em haréns para que lhes dissessem que seu valor vem da magnificação da grandeza dos homens ou da satisfação dos prazeres deles. Mesmo em 1949, nos Estados Unidos ou na França, uma mulher não podia simplesmente alegar ser humana para escapar da maneira como a diferença sexual estruturava as possibilidades disponíveis a ela. Filósofos como Husserl, Sartre e Merleau-Ponty estavam começando a escrever filosofia sobre o corpo (um tópico que os filósofos ocidentais historicamente ignoravam em favor da mente). Mas Beauvoir alegava que eles não levavam em conta o corpo das mulheres, e, em particular, a alienação que uma mulher pode sentir *de seu próprio corpo* quando reconhece como ele é reduzido a um objeto sexual por certo tipo de olhar masculino – um olhar que a vê como "presa" para ser caçada e possuída, e não uma pessoa em processo de devir.

Beauvoir não estava satisfeita com o que via das mulheres através dessa lente distorcida. Então, ela usou um método filosófico original, que consistia em apresentar várias perspectivas em primeira pessoa, explicando sua tarefa como "descrever o mundo *proposto* para as mulheres do ponto de vista delas". Se fosse o caso de as mulheres *por natureza* deverem se submeter aos homens, não haveria nada de imoral em uma hierarquia entre homens e mulheres. Mas sendo essa hierarquia perpetuada pela cultura, e a submissão das mulheres experimentada por elas como a "degradação" de sua liberdade, então o problema era moral, e tanto os opressores quanto os oprimidos eram responsáveis por corrigi-lo. No volume II, Beauvoir combinou vozes de mulheres descrevendo suas experiências de tornar-se mulher sob a hegemonia dos mitos criados pelo homem, para mostrar como a infância é um "processo de aprendizagem" da condição feminina, uma preparação para renunciar à autonomia e se submeter à expectativa de que tornar-se mulher é *existir para os homens*.[47]

Como Beauvoir publicou partes do livro com antecedência, os primeiros leitores não puderam seguir suas argumentações do começo ao fim. Mas não foi só a leitura fragmentada que levou às críticas *ad feminam* que ela recebeu. Muitos leitores tinham fortes razões para querer que ela estivesse errada, que não fosse lida nem ouvida. Afinal, álibis são uma ótima maneira de escapar das consequências de suas ações. Se os leitores de Beauvoir pudessem repudiá-la como uma pensadora sem originalidade, um fracasso como mulher ou uma pessoa imoral, poderiam continuar imperturbáveis por sua narrativa sobre o sofrimento humano na "condição feminina". Poderiam dizer ao silêncio que calasse a boca de novo.

Em uma entrevista de rádio de 1949 sobre *O segundo sexo*, perguntaram a Beauvoir sobre os ataques que recebeu após a publicação do livro. Ela disse que não era culpada se na França, quando se fala de mulheres, "as pessoas imediatamente pensam em sexo". Ela notou que, apesar de relativamente poucas das mil páginas de *O segundo sexo* serem dedicadas ao sexo, foram essas páginas que provocaram mais comentários. Ela achava problemático que as questões sexuais não fossem levadas a sério, pois mereciam um escrutínio filosófico. Era como se as pessoas não pensassem que a filosofia pudesse ser algo vivo, algo que pudesse iluminar inclusive essa dimensão da vida humana.[48]

O segundo sexo não ganhou impulso imediatamente – estava à frente de seu tempo, e, francamente, para muitos, também era intimidador demais. A extensa educação clássica, filosófica e literária de Beauvoir se reflete nessa obra: ela cita dramaturgos gregos antigos, filósofos romanos, a Bíblia e o Alcorão, séculos de escritos filosóficos e teológicos sobre mulheres, excertos de literatura, cartas e diários, relatos psicanalíticos e muito mais, além de empregar um método fenomenológico e uma perspectiva existencialista em sua análise. Como a pesquisa de Marine Rouch mostrou, muitos dos leitores de Beauvoir escreveram para ela para censurá-la por tornar *O segundo sexo* tão difícil. Uma leitora lhe perguntou diretamente:

> Por que você escreveu um livro assim? Para um pequeno clube literário de poucas centenas (ou milhares) de pessoas iniciadas no jargão esotérico da metafísica e sua categoria existencialista? Ou para qualquer público que tenha bom senso e entendimento para abordar esses problemas de maneira útil? Não poderia ser expresso em linguagem familiar, sem essa álgebra pedante usada por "filósofos" profissionais?[49]

Encorajadas pela obra de Beauvoir, feministas nas décadas de 1960 e 1970 continuariam confrontando algumas das "idiotices reais proferidas pelas mentes mais ilustres contra as mulheres".[50] Mas, em 1949, Beauvoir não sabia que *O segundo sexo* seria reconhecido como um clássico e inspiraria movimentos políticos. Quando chegasse a hora, as feministas criticariam Beauvoir por sua "misoginia inconsciente", alegando que ela se separava das mulheres enquanto escrevia sobre elas.[51] Algumas achavam que Simone era cega aos privilégios de sua classe, raça e educação; outras que ela tinha consciência desses privilégios, mas que se equivocara ao universalizar as experiências das mulheres. Ela foi acusada de escrever do "pessoal para o geral"; e também elogiada por usar sua experiência pessoal como uma "raiva enérgica" que impulsionava o livro.[52] Algumas feministas objetaram que Beauvoir excluiu mulheres negras e que se apropriava do sofrimento delas como uma estratégia retórica no interesse do feminismo branco.[53] Após décadas ouvindo os comentários de seus leitores, Beauvoir admitiria que alguns aspectos de sua atitude em relação aos homens e de sua própria experiência eram ingênuos. Ela era uma mulher "simbólica", protegida da realidade diária de muitos tipos de opressão.[54] Mas, logo após a publicação do livro, ela pagou um preço alto por ser um símbolo tão franco. Ela emergiu da sombra de Sartre e se encontrou na luz ardente do escândalo – alvo *ad feminam* da ridicularização, do despeito e da vergonha.

Toril Moi, em *Simone de Beauvoir: The Making of a Intelectual woman*, escreveu que, no final de 1949, "Simone de Beauvoir havia realmente se tornado Simone de Beauvoir: pessoal e profissionalmente, ela estava 'pronta'".[55] Declarou que sua obra após 1949 foi "retrospectiva", que ela produziu "quase nada além de autobiografia". Mas, profissionalmente, Beauvoir ainda não havia escrito seu romance premiado, *Os mandarins*, além de mais dois livros de ficção, nada ainda sobre sua vida de escritora, seu livro sobre a velhice, nem material de apoio para mudanças maciças na legislação francesa; *O segundo sexo* ainda não havia desempenhado seu papel na gênese da segunda onda do feminismo; e a carreira de Beauvoir como ativista feminista ainda nem tinha começado. Pessoalmente, sua vida ainda mantinha a promessa de relacionamentos recíprocos. Havia muito mais para Beauvoir se tornar.

13
Dando um novo rosto ao amor

No início de 1950, os dias de Beauvoir entraram novamente em uma rotina tranquila: escrever, trabalhar na *Les Temps Modernes* e fazer entrevistas para *O segundo sexo*. Mas, certo dia de fevereiro, inteiramente por acaso, Beauvoir encontrou alguém que não via fazia muito tempo: seu primo Jacques. Ele era uma sombra do que havia sido: arruinado, alcoólatra, sem um tostão – fora rejeitado até pela própria esposa e os cinco filhos. Seja por ternura desgastada pelo tempo ou por pura generosidade, ela deu um jeito de vê-lo de novo e deu-lhe suporte financeiro.[1]

Beauvoir queria conhecer o Saara, e, em março, deixou Paris com Sartre mais uma vez. Atravessaram o deserto de caminhão durante quatro dias, passaram por Tamanrasset e por caravanas a caminho de El Menia antes de ir para Mali.

Junto de seus projetos maiores, Beauvoir continuou escrevendo artigos curtos, e em 1950 publicou uma matéria na *Flair*, uma revista estadunidense. A *Flair* durou pouco – apenas um ano –, mas, naquela época, incluía trabalhos de Jean Cocteau, Tennessee Williams, Eleanor Roosevelt, Salvador Dali e Margaret Mead. O artigo de Beauvoir, intitulado "It's About Time Women Put a New Face on Love"[2] – falava do desejo sexual à luz de sua visão de que os seres humanos são livres e conscientes, e encarnam em corpos distintos. A atração sexual, escreveu ela, prospera com a diferença: "o outro sexo tem o fascínio de um país exótico".

O problema, segundo a visão de Beauvoir, era que os homens pensavam no amor em termos de desigualdade e submissão, e muitas mulheres estavam resistindo ao amor porque "evocava antigos modos de escravidão". A diferença entre os sexos para ela era, muitas vezes, entre superior e inferior, sujeito e objeto, aquele que dá e aquele que toma de forma exploradora. Porém a dominação não era amor e nem devoção. As mulheres eram cada vez mais ativas no mundo, independentes e responsáveis. Mas, com as mulheres já participando da vida pública, algumas se consternavam, pensando: será que o amor vai ser arruinado? Vai perder sua poesia e felicidade? Beauvoir achava que não: "Não seria possível conceber um novo tipo de amor em que ambos os parceiros sejam iguais, em que um não busque a submissão do outro?"[3]

Ela havia tido vislumbres parciais do que seria esse novo amor em obras de escritores famosos; Nietzsche, Tolstoi e D. H. Lawrence reconheciam que o "amor verdadeiro e frutífero" incluía tanto a presença física do amado quanto seus objetivos na vida. Mas propunham esse ideal para a mulher, já que o amor era seu propósito e ela não tinha outro. No amor "igualitário", por outro lado, Beauvoir achava que as mulheres ainda aspirariam a ser aliadas de seus amantes – que buscariam reciprocidade e amizade –, mas que o mesmo ideal seria compartilhado pelos homens:

> O homem, em vez de buscar uma espécie de exaltação narcisista em sua companheira, descobriria no amor uma maneira de sair de si mesmo, de enfrentar outros problemas além dos seus. Com tudo que se escreveu sobre o esplendor de tanta generosidade, por que não dar ao homem a chance de participar de tanta devoção, da autonegação, que é considerada a invejável sina das mulheres?[4]

Se cada parceiro pensasse "simultaneamente no outro e no eu", ambos se beneficiariam.

É interessante, dada a natureza não sexual de seu relacionamento com Sartre, que nessa obra ela tenha sido explícita ao afirmar que esse tipo de amor pode ser platônico (porém reconhecia que a atração sexual é "o instrumento mais comum"). Voltando ao tema "Feminilidade: a armadilha" e ao assunto que ela abordou em *O segundo sexo*, Beauvoir escreveu sobre o medo generalizado que via nas mulheres de que a perda da "feminilidade" lhes custasse não serem mais atraentes aos olhos dos homens. Ela sabia que as mulheres queriam ser desejadas, mas não achava que esse poder de atração pudesse ser tão facilmente erradicado: "a necessidade física que cada [sexo] tem do outro manterá sua magia mútua".⁵

Em junho, Beauvoir foi a Chicago ver Algren. Simone pedira para ir em junho porque Sartre iria se encontrar com Vanetti pela última vez – ele estava tentando decepcioná-la gentilmente –, e eles preferiam que ambos estivessem fora de Paris na mesma época, para que pudessem ficar juntos mais tempo. Quando escreveu para Algren com o intuito de organizar tudo, ela não escondeu o fato de que estava programando sua viagem em função de Sartre.

Nelson concordou. Mas a quantidade de cartas dele foi diminuindo. Ela começou a se perguntar se deveria ir. Sartre a incentivou a tentar. No avião, foi surreal ver uma pessoa ao seu lado lendo *O segundo sexo*. Depois de visitar Stépha e Fernando Gerassi em Nova York, em setembro de 1951, ela foi para Chicago. Demorou menos de vinte e quatro horas para reconhecer que as coisas haviam mudado. Perguntou a Algren qual era o problema. Ele disse que estava feliz em vê-la, mas que não gostava do fato de ela ter que ir embora. Ela escreveu a Sartre dizendo que o desapego dele beirava a indiferença.⁶ A ex-mulher de Algren queria se casar com ele de novo, mas, depois de Beauvoir – disse ele –, não tinha certeza de que poderia amar outra mulher.

Mesmo assim, algo havia morrido, revelou Algren. Na noite seguinte, eles tentaram fazer amor, mas o corpo de nenhum dos dois cooperou. Quando ela e Algren foram para uma cabana no lago Michigan, no início de agosto, dormiram em quartos separados. Beauvoir começou a temer que nunca mais sentisse paixão. Ela tomou Corydrane, uma anfetamina que Sartre tomava em altas doses para sustentar sua enorme produção, e trabalhou em seu romance – que ela dedicaria a Nelson. Seus dias assumiram um ritmo pacífico, sem paixão, mas produtivo: escrevia de manhã, nadava, lia à tarde. Uma vez, ela quase se afogou no lago – ela nunca havia nadado muito bem. E então, Nathalie Sorokine foi visitá-los, e as coisas degringolaram. Algren a detestava, e disse a Beauvoir que Sorokine havia chocado seus amigos com seu "lado lésbico".⁷ Beauvoir sentiu-se dividida entre os dois – não era fácil conviver com Sorokine, mas Algren não se comportara exatamente bem. Ela estava ansiosa para voltar a Sartre, seu "queridinho absoluto".[8]

Em *A força das coisas*, Beauvoir descreveu essa visita como uma situação em que o desespero drenou todas as suas emoções. Ela foi superficial sobre isso, mas falou dos abundantes insultos que Sartre estava recebendo em Paris na época.[9] Mas suas cartas mostram que, no final de outubro, pouco antes de sair de Chicago para Nova York, sua esperança no relacionamento com Algren estava renovada. No fim da visita, Beauvoir disse a Nelson que estava feliz por ter a amizade dele. Ao que Algren respondeu: "Não é amizade. Eu nunca poderia lhe dar menos que amor".[10]

Ela escreveu para Nelson na mesma noite dizendo que havia chorado a caminho do aeroporto e também no avião: "Naquela 'introdução' que você me fez ler ontem, Thomas Mann diz que antes de cada ataque Dostoiévski tinha alguns segundos de felicidade que valiam dez anos de vida. Certamente você tem o poder de me dar em alguns minutos, às vezes, um tipo de febre que vale dez anos de saúde".

Era justo, disse ela, que ele a quisesse expulsar de seu coração. Mas, como disse em seu inglês não muito fluente: "pensar que é justo não impediu que fosse difícil".[11] Simone disse que o amava "pelo amor que você me deu", "pelo grande e novo desejo e felicidade sexuais que você despertou em mim". Mas, mesmo na ausência disso tudo, ela o amava "por causa de quem você é".[12]

Quando voltou a Paris, Sartre estava escrevendo peças e lendo sobre o marxismo; ele parecia distante, mas ela atribuiu isso ao fato de ele ter se tornado uma figura pública; ele não queria mais ficar sentado em cafés, passear por Paris, nem participar das viagens dela para esquiar. Sartre a convidou a ler as coisas que ele estava lendo, a seguir seu caminho intelectual, mas ela tinha seu romance para terminar, e embora estivesse interessada em política, não queria gastar seu tempo seguindo-o. Ele queria criar uma nova ideologia que resolvesse os problemas da humanidade; ela não tinha as mesmas ambições. Alguns dias, a crescente distância entre eles pairava como um fino véu de tristeza; em outros dias, o desespero a corroía.[13]

Beauvoir ganhou dinheiro com *O segundo sexo*, além de uma reputação bastante indesejada. Ela comprou um toca-discos e alguns vinis;

Sartre ia à rue de la Bûcherie algumas noites por semana para ouvir jazz ou música clássica. E em novembro de 1951, Beauvoir escreveu para Algren, empolgada: havia encontrado uma nova paixão: "Como o amor é proibido, decidi entregar meu coração sujo a algo não tão pungente quanto um homem; e me dei um belo carro preto".[14] Ela fazia aulas de direção três vezes por semana.

Depois da guerra, Paris floresceu como um dos principais centros culturais da Europa. Miles Davis tocava em clubes de esquerda, e intelectuais, artistas e escritores – inclusive ativistas anticolonialistas – se reuniam para encontros e eventos. Em 1950, o poeta martinicano Aimé Césaire publicou um discurso sobre o colonialismo, no qual comparava o nazismo europeu ao colonialismo por conta das atividades de dominação e controle comuns aos dois. A Índia havia conquistado sua independência em relação aos britânicos em 1947, e o anticolonialismo estava ganhando terreno. Em 1952, foi publicado *Peles negras, máscaras brancas*, de Frantz Fanon, e descrevia ardentemente os efeitos do racismo sobre os oprimidos. Mas muitas pessoas na França relutavam a abandonar seu império, apesar do crescimento dos movimentos nacionalistas argelinos e anticolonialistas desde a década de 1930.

Durante esse período, as obras de Beauvoir estavam se tornando um dos principais artigos culturais que a França exportava. A primeira tradução de *O segundo sexo* saiu na Alemanha Ocidental, em 1951, sob o título *Das andere Geschlecht*. Vendeu tão depressa que teve que ser reimpresso três vezes: 14 mil cópias em cinco anos.[15]

Enquanto isso, a correspondência de Beauvoir com Algren passava por mais variações do mesmo tema melancólico. Ela começou a chamá-lo de "colecionador de dores". Ele queria estar com ela, mas queria que fosse em Chicago, o que significava que poderiam estar juntos apenas um mês por ano, em vez dos três ou quatro que conseguiriam se ele fosse a Paris. E ele estava furioso por causa da carta que ela mandara de Nova York. Mas, o que ela deveria fazer? Ele a acusava de querer manter Algren para si sem se entregar, mas ela achava isso injusto. "Você não poderia esperar que eu reagisse como uma máquina obediente", escreveu ela.[16] Aquilo que Beauvoir defendia em *O segundo sexo* – que as mulheres deveriam ver o amor como a razão de sua vida e sacrificar tudo por ele –

se tornou dolorosamente pessoal. Para ela, o amor só poderia ser parte da vida. Em *A força das coisas*, ela escreveria que "Mesmo que Sartre não existisse, eu nunca teria vivido permanentemente em Chicago".[17]

Em 1952, as cartas entre Beauvoir e Algren se tornaram mais escassas; os intervalos entre elas, que eram trocadas quase diariamente, passaram a ser semanal, ou até mensal. Beauvoir estava com 44 anos, e preocupada por ter sido "relegada à terra das sombras".[18] Em *O segundo sexo*, ela descrevia como uma tragédia da sexualidade feminina o fato de perderem a capacidade de despertar desejo muito antes de pararem de sentir desejo, tornando-se "objetos sem vantagens". Ela achava que as mulheres atingiam seu ápice sexual aos trinta e poucos anos. Mas, logo depois, eram assombradas pelo envelhecimento. As mulheres fictícias de Beauvoir – especialmente em seus romances posteriores – frequentemente incorporam a solitária insatisfação do desejo apático.

No início de 1952, Beauvoir sentia que ela e Sartre haviam se afastado devido à proeminência pública e envolvimento político dele; passara a haver uma terceira pessoa no relacionamento: Beauvoir, Sartre e "Jean-Paul Sartre". Ela lhe disse que queria que ele fosse um poeta obscuro. Embora ele já houvesse adotado algumas das opiniões dela sobre ética e a importância dos valores culturais, as pressões que afetavam o tempo que passavam juntos, e as divergências de seus interesses, exacerbavam a sensação de perda e isolamento dela, o que a deixava muito desanimada. Em *A força das coisas*, ela descreveu sua tristeza como "um desespero universal" que "invadiu meu coração, até que comecei a desejar que o mundo acabasse".[19]

A datilógrafa de Beauvoir, Lucienne, havia morrido de câncer de mama em janeiro, e, pouco depois, ela mesma descobriu um nódulo em um de seus seios. Contou a Sartre, que a incentivou a procurar um médico se isso a preocupasse. Em março de 1952 o nódulo doía, de modo que ela marcou uma consulta, e, em abril, foi a um especialista. O cirurgião a tranquilizou: ela era jovem, era improvável que fosse muito ruim, mas, mesmo assim, teriam que operar e fazer uma biópsia. Na pior das hipóteses, teriam que retirar a mama. Acaso ela concordaria com isso?

Simone concordou. Mas saiu da consulta abalada; ela tinha visto aquelas salas de espera com Lucienne, e também vira mulheres que perderam um seio voltando dez anos depois para perder o outro ou morrer de infecção. Quando contou a Sartre o que o médico havia dito, ele respondeu com o sarcasmo típico da Guerra Fria: na pior das hipóteses, ela teria doze anos de vida, e a essa altura, a bomba atômica já teria matado todo o mundo.[20] Ela passou o dia antes da cirurgia visitando uma bela abadia com Bost.

Em Roma, em maio de 1952, Sartre soube que o governo francês havia reprimido violentamente uma manifestação do Partido Comunista Francês. Ele não era filiado ao partido, mas era um simpatizante franco e público exatamente no momento em que a maioria dos intelectuais ocidentais começava a se distanciar de Stálin. Qualquer que fosse seu conhecimento político, a conversão de Sartre ao comunismo propiciou a Beauvoir um benefício inesperado. O pessoal da *Les Temps Modernes* se reunia regularmente nas tardes de domingo na rue Bonaparte. Sartre queria que a revista refletisse seu novo zelo político, e convidou alguns jovens marxistas para o conselho editorial. Um deles era um jovem perspicaz, amigo do secretário de Sartre. Claude Lanzmann tinha 27 anos, era engraçado e tinha magníficos olhos azuis.

Um dia, o secretário de Sartre, Jean Cau, disse a Beauvoir que Lanzmann a achava atraente. Ela deu de ombros. Havia começado a ter ataques de ansiedade por estar envelhecendo e achava que o crepúsculo chegara a sua vida sexual.[21] Mas, às vezes, ela notava que o olhar dele repousava nela durante as reuniões. Depois de uma festa, certa noite de julho, seu telefone tocou: Lanzmann a convidou para assistir a um filme. "Qual", perguntou ela: "O que você quiser", disse ele. Marcaram para o dia seguinte, e quando ela desligou o telefone, caiu em prantos.[22]

Ficaria mais claro em sua obra *A velhice* (publicada aos 62 anos) que no relato autobiográfico de *A força das coisas* (publicado aos 55 anos), que a jovem Beauvoir sentia repugnância pela sexualidade da mulher madura. Quando jovem, ela "odiava" o tipo de mulher que chamava de "bruxas", que tinham a ousadia de pintar os cabelos, usar biquíni e flertar, quando seu lugar seria – para usar o termo de Beauvoir – "na prateleira". Ela havia prometido que iria "obedientemente me retirar para a prateleira" quando chegasse a hora. Aos 44, ela pensava que havia chegado a hora. Mas era cedo demais.[23]

No primeiro encontro, Lanzmann e Beauvoir conversaram durante a tarde e a noite, e, no fim, combinaram de jantar no dia seguinte. Quando ele flertou com ela, Simone protestou: ela era dezessete anos mais velha que ele. Ele disse que isso não importava; aos seus olhos, ela não era velha. Naquela noite, ele não deixou o apartamento dela na rue de la Bûcherie; nem na noite seguinte.

Alguns dias depois, ela e Sartre partiram para Milão – ela dirigindo seu Simca Aronde e ele de trem –, e se encontraram na Piazza della Scala. Ela queria ver museus, igrejas, arte; ele só queria trabalhar. Então, fizeram um acordo: passear de manhã e trabalhar à tarde. Para ele, o trabalho era "Les communistes et la paix", e, para ela, o romance que parecia nunca acabar. Sartre o lera no outono de 1952 e o elogiara muito, mas ainda não estava satisfeito com a conclusão. Ela estava exasperada, perguntando-se se não deveria abandoná-lo. Mas Bost e Lanzmann o leram e a incentivaram a continuar. Quando terminasse, Sartre o citaria como o motivo pelo qual ele deixara de escrever romances – deixando inclusive inacabada sua série *Os caminhos da liberdade*. Não fazia sentido acabar, disse ele, pois *Os mandarins* já "explorou os problemas da época muito melhor do que eu jamais poderia ter feito", "mantendo a liberdade, a incerteza e a ambiguidade por toda parte".[24]

Da Itália, Beauvoir escreveu cartas para Lanzmann. Cinco cartas, na verdade, antes de ele responder. Ela prometeu que ainda o amaria quando voltasse a Paris. "Só até então", perguntou ele? Mas ele estava mais confiante que isso.[25]

Beauvoir visitou sua irmã a caminho de Paris, mas teve que esperar duas semanas até Lanzmann voltar de sua viagem a Israel antes de seus "corpos se encontrarem alegremente de novo".[26] Eles começaram a compartilhar histórias do passado: ele era judeu, e suas reflexões sobre o judaísmo a auxiliaram a entendê-lo de uma maneira que ela não imaginava. (Mais tarde, muitos diriam o mesmo dele; com apoio constante de Beauvoir, ele acabou dirigindo o aclamado documentário sobre o Holocausto, *Shoah*.)

Histórias sobre o passado se transformaram em conversas sobre o futuro. Depois das viagens que fizera, ele tinha pouco dinheiro, de modo que Beauvoir o convidou a morar com ela. Era a primeira vez que ela morava com um amante, e estava aflita por abrir mão de sua solidão – mas viveriam juntos durante sete anos. Ele também foi o único amante a quem Beauvoir se dirigiu usando a segunda pessoa familiar, tu. Sartre comentou isso em entrevistas posteriores, alegando que nunca foi tão próximo de nenhuma mulher quanto de Castor. Mas, mesmo assim, nunca usaram o "tu".[27] Em 2018, as cartas de Beauvoir a Lanzmann ficaram disponíveis para os pesquisadores. Entrelaçadas com discussões sobre o que Beauvoir estava escrevendo, lendo e vendo quando estava longe de Lanzmann, existem doces declarações de amor e detalhes práticos da vida cotidiana. Para alguém que queria tanto ficar sozinha como Beauvoir, é significativo o fato de que ela estivesse disposta a compartilhar sua vida com ele dessa maneira.

No filme de Josée Dayan, *Simone de Beauvoir*, ela pergunta a Lanzmann qual fora sua primeira impressão sobre ela:

Lanzmann: Eu a achei muito bonita; você tinha um rosto suave, e eu queria ver o que havia por trás de sua impassibilidade.
Beauvoir: E então, você descobriu que eu era menos impassível do que parecia.
Lanzmann: Oh, com certeza. [...] Não sei se devo falar sobre isso... O que mais me impressionou desde o começo foi seu gosto pela vida, seus projetos constantes. Você sempre queria fazer alguma coisa, viajar, ver as coisas em detalhes. [...] Foi muito surpreendente descobrir o mundo com você; de fato, foi o que aconteceu.[28]

Os últimos dois anos haviam deixado para Beauvoir o fim amargo em um caso de amor, e pareciam sinalizar o fim de sua vida sexual. Mas, com Lanzmann, Beauvoir disse: "Encantada, me entreguei novamente à felicidade".[29]

Beauvoir continuava com Sartre, mas seus hábitos mudaram.[30] Ela não queria deixar Lanzmann por dois meses, como teriam exigido suas férias habituais de todos os anos. Então, concordaram que Lanzmann iria também, por pelo menos dez dias. Lanzmann sentia-se escrevendo sobre o recém-estabelecido Estado de Israel; ele estava profundamente impressionado com o fato de que lá, os judeus não eram forasteiros.

Então, ele e Beauvoir escreviam juntos de manhã, e à tarde, ela mantinha o costume de trabalhar com Sartre.

Mas, embora ela e Lanzmann dividissem um apartamento e uma cama, o relacionamento deles era conduzido pelos mesmos termos não exclusivos que os outros de Beauvoir. Ela esperava que ele ficasse com outras mulheres e lhe contasse tudo; esperava estar com Sartre e contar tudo a ele. Lanzmann se tornou parte da "família"; eles passaram a véspera de Ano-Novo com Olga, Bost, Wanda e Michelle. Com o tempo, ela passara a valorizar cada vez mais a longa e compartilhada história dessas pessoas: "havia tanto entendimento entre nós que um sorriso transmitia tanto quanto uma frase inteira".[31]

Lanzmann era um homem passional, expressava espontaneamente suas emoções e reações diante dos outros. No início do caso, ele expressou gratidão por Beauvoir poder amá-lo apesar de sua "loucura". Ele tinha um passado tempestuoso, mas não fora só isso que moldara seu temperamento. Ele ficara chocado com a descoberta pós-guerra da cumplicidade da França com o genocídio judeu. E fez parte da sua infância – além da excelência acadêmica no Lycée Louis le Grand e das amizades com Jean Cau e Gilles Deleuze – um grau tão severo de violência entre seus pais que sua mãe abandonara o marido e os três filhos sem deixar qualquer indicação de onde poderia ser encontrada.

Mas ele não era o único que tinha trevas com as quais lidar; e Lanzmann, como o único amante com quem ela já vivera, viu as inquietações de Beauvoir de perto. Lanzmann achava que uma das coisas importantes que ela compartilhava com Sartre era uma angústia existencial à beira da depressão ou desespero. Em Sartre, isso se manifestava como "melancolia e inatividade", e ele o combatia com Corydrane, escrita e sedução. Em Beauvoir, manifestava-se como o que Lanzmann chamava de "explosão":

> Sentada, em pé ou deitada, de carro ou a pé, em público ou em particular, ela caía em pranto violento e convulsivo, seu corpo era tomado por soluços, gritos de partir o coração pontuados por longos uivos de desespero incomunicável. Não me lembro da primeira vez; aconteceu muitas vezes durante os sete anos que passamos juntos. Mas, pensando nisso agora, enquanto escrevo,

nunca estava associado a algo errado feito a ela, nem a algum infortúnio. Pelo contrário, ela parecia uma onda quebrando nas pedras da felicidade, para ser esmagada por ela.

Lanzmann tentava tranquilizar Beauvoir, mas sentia-se "totalmente desamparado" diante da "excruciante consciência [dela] da fragilidade da felicidade humana".[32] Mas, assim como a "Mlle de Beauvoir" da época de estudante, as explosões passavam; Beauvoir e Lanzmann passaram horas pacíficas vivendo e trabalhando juntos na rue Schoelcher, às vezes escrevendo durante cinco horas sem se falar.[33]

Em 2018, Claude Lanzmann vendeu uma seleção de cartas de Beauvoir para ele à Universidade de Yale.[34] Ao divulgar a venda, o *Le Monde* publicou uma carta de 1953, na qual Beauvoir escrevera que, embora "certamente" houvesse amado Sartre, fora "sem verdadeira reciprocidade; e sem que nossos corpos jamais correspondessem a coisa alguma".[35] Essa afirmação reveladora mostra que em 1953 Beauvoir claramente não considerava Sartre o centro de sua vida em um sentido romântico; e, além disso, que suas críticas ao relacionamento não eram apenas sexuais, mas também éticas. Se a história se repetisse, os leitores dessas cartas focariam apenas no sexo. Eles ensaiariam uma reação de surpresa por "a maior história de amor" do século XX não ter sido o que foram levados a acreditar. Mas o sexo não era a única coisa que Beauvoir achava que faltava. Ela reclamava da falta de reciprocidade – coisa que julgava ser necessária para que o amor romântico fosse autêntico. Como gerações de leitores de Beauvoir se perguntam se ela tinha má-fé no que diz respeito a seu relacionamento com Sartre, é muito significativo o fato de ela ter admitido abertamente (para as pessoas mais próximas) que havia sérias imperfeições. Sim, ela amava Sartre. Mas em aspectos importantes, do seu ponto de vista, o relacionamento deles não era bem-sucedido.

O que ela contou ao público foi uma história diferente, mas também foi complicada pelo que o público disse sobre ela. Na primavera de 1953, foi publicada a primeira tradução para o inglês de *O segundo sexo*. Blanche Knopf, esposa do editor Alfred Knopf, ouvira pessoas falando sobre a obra quando estivera em Paris. Seu francês não era bom o bastante para avaliar o livro; achou que era algum tipo de manual intelectual sobre sexo, e escreveu a um professor de zoologia pedindo que ele fizesse uma resenha. H. M. Parshley respondeu elogiando a obra como "inteligente, instruída e bem equilibrada"; não era "feminista em nenhum sentido doutrinário".

Os Knopf lhe perguntaram se ele gostaria de traduzi-lo. E reduzi-lo um pouco também (A autora, como disse Knopf, sofria de "verborreia".[36]) Em francês, *O segundo sexo* tinha 972 páginas. Em correspondência com Knopf, Parshley disse que estava cortando ou condensando 145 páginas – excluindo quase 15% do que Beauvoir havia dito. Parshley não tinha formação em filosofia nem em literatura francesa, e não notou muitas das ricas conotações filosóficas e alusões literárias do francês original, fazendo a obra parecer muito menos rigorosamente filosófica do que era. Ele também cortou seções e traduziu partes de uma maneira longe de ser inocente. A seção mais atingida foi a da história das mulheres, de onde ele excluiu 78 nomes de mulheres e quase todas as referências a formas socialistas de feminismo. Ele cortou referências à raiva e à opressão das mulheres, mas manteve as relativas aos sentimentos dos homens. E cortou a análise de Beauvoir sobre o trabalho doméstico.[37]

Quando viu o que Parshley havia cortado, Beauvoir respondeu que "muito do que é importante para mim foi omitido". Ele escreveu dizendo que o livro ficaria "muito longo" se não o cortasse, e, então, Beauvoir pediu que ele declarasse claramente no prefácio que havia omitido e condensado a obra. Mas ele não foi tão franco quanto ela esperava.

Nos Estados Unidos, o livro não foi anunciado como uma obra "existencialista" porque Blanche Knopf achava que o existencialismo era "bobagem". De fato, havia pedido a Parshley que minimizasse esse foco em seu prefácio.[38] Quando o prefácio de Parshley foi publicado, dizia que, uma vez que o livro de "Mlle de Beauvoir é, afinal, sobre a mulher, e não sobre filosofia"[39], ele havia feito alguns cortes e condensações aqui e ali, com vistas à brevidade". "Praticamente todas essas modificações", disse, "foram feitas com a permissão expressa da autora".[40] Em uma entrevista de 1985, Beauvoir comentou que tinha muito ressentimento em relação a Parshley.[41] (Uma nova tradução para o inglês, com as partes omitidas restauradas, só seria publicada em 2009 na Grã-Bretanha e 2010 nos Estados Unidos.)

Assim que *O segundo sexo* foi posto à venda nos Estados Unidos, entrou nas listas dos mais vendidos. Algumas das primeiras avaliações foram muito positivas em relação ao estilo e à originalidade de Beauvoir, mas simultaneamente apontavam que ela falsamente universalizara os desafios que na verdade diziam respeito apenas às mulheres do campo artístico ou intelectual.[42] Outros concluíram que a autora (como disse um crítico do *The Atlantic*) claramente tinha "o tipo de personalidade feminista extrema".[43] Uma crítica do *New Yorker* e a antropóloga Margaret Mead disseram que era "uma obra de arte" e "uma obra de ficção", respectivamente.[44] Vendeu bem desde a publicação, supostamente passando de um milhão de cópias vendidas na década de 1980. Na década de 1950, era um dos poucos livros a que podiam recorrer as mulheres que quisessem pensar sobre seu status no mundo.[45]

Por causa de *O segundo sexo*, Beauvoir seria chamada de "mãe" da segunda onda do feminismo. Curiosamente, no entanto, algumas das feministas pioneiras mais conhecidas da década de 1960 só reconheceram sua influência mais tarde. O livro *Sexual Politics*, de Kate Millett, deve muito a *O segundo sexo*, e levou Beauvoir a comentar que o livro de Millet, embora fosse "muito bom", havia tomado dela "tudo, a forma, a ideia, tudo".[46]

Nos Estados Unidos, foram as ideias de Beauvoir sobre sexualidade, a "mulher independente" e a maternidade que atrairiam mais atenção contínua.[47] E embora as reações não tenham sido tão violentas com na França, ela conseguiu causar rebuliço em alguns lugares e provocar fúria em outros. Depois de uma viagem a Saint-Tropez com Sartre e Lanzmann, em abril de 1953, Simone recebeu um pacote em Les Deux Magots, em Paris. O carimbo era de Chicago, de modo que ela pensou que fosse de Nelson e o abriu com entusiasmo. Mas, na verdade, era um presente anônimo: "pílulas laxantes para ajudar na evacuação da bile".[48]

Ela ainda escrevia para Algren todo mês, atualizando-o regularmente sobre *Os mandarins*. Nas cartas, ela se referia ao livro como "dele" – apesar de que fora Lanzmann que lhe havia sugerido o título (desde o início, segundo ele, seu relacionamento fora "intelectual e carnal"[49]). *Os mandarins* estava tomando forma lentamente, mais devagar do que ela desejava, então, em agosto de 1953, em suas cartas para Algren, ela se referia à obra como "seu maldito livro". Em dezembro, era "o romance sujo e maldito" dela.

Em junho de 1953, Beauvoir e Lanzmann foram à Suíça e Iugoslávia antes de irem a Veneza, para "férias conjuntas" com Sartre e Michelle. Lanzmann dirigia o Simca Aronde, enquanto Beauvoir planejava caminhadas de oito horas com itinerários extenuantes. Em Trieste, descobriram que podiam obter vistos para entrar na Iugoslávia. Beauvoir nunca estivera atrás da cortina de ferro; encheram o carro de suprimentos e entraram em território comunista.

Em Amsterdã, em agosto, Beauvoir continuou trabalhando em *Os mandarins*. Ela estava aproveitando o ritmo de trabalho ali, ao lado de Sartre, quando recebeu notícias angustiantes de Lanzmann: ela havia planejado encontrá-lo na Basileia, mas ele fora hospitalizado em Cahors após um acidente automobilístico. Imediatamente ela pegou seu carro e foi ficar ao seu lado.[50]

Enquanto isso, Sartre voltou para Paris. Ia encontrar Beauvoir e Lanzmann em Cahors, mas tinha alguns assuntos a resolver para Castor e uma nova amante a cortejar. Ele se apaixonara pela irmã de Lanzmann, Evelyne. E embora Michelle não soubesse de nada, Evelyne também se apaixonara por Sartre. Ele tinha, então, três "amantes": Wanda, Michelle e Evelyne. Umas sabiam mais que outras, e a todas ele apoiava financeiramente e enchia de presentes literários.

Em fevereiro de 1954, Beauvoir recebeu uma carta de Algren perguntando se a vida dela ainda tinha "magia". Apesar da presença de Lanzmann, ela respondeu que nunca amaria um homem como havia amado Nelson. Simone ficara desencantada com o mundo, e culpava a idade por isso; agora, ela vivia uma "vida sem magia".[51] Mas, no final de abril, ela escreveu para ele mais uma vez, em júbilo — havia acabado o livro. Eram 1.200 páginas datilografadas, e Sartre, Bost e Olga o consideravam seu melhor romance de todos os tempos. Era uma história estadunidense sobre um homem e uma mulher, e embora ainda não houvesse entregado "o monstro" à Gallimard, já estava aliviada por ter acabado.

Beauvoir estava preocupada com a saúde de Sartre: ele se esforçava demais havia anos, tomava Corydrane em doses muito maiores que a recomendada. Tinha pressão alta, de modo que os médicos recomendaram descanso. Ele não mudou nada em sua rotina, só aumentou a ingestão de estimulantes quando começou a se sentir lento. Beauvoir e Lanzmann diziam que ele estava se matando, mas Sartre não queria parar.

Em maio de 1954, Sartre foi para a URSS. Sua visita foi coberta pelos jornais franceses, e Beauvoir a acompanhou pela imprensa. Mas ele não lhe mandou cartas. No mesmo mês, Hélène foi a Paris para expor suas pinturas, e, em junho, Simone e Lanzmann foram para a Inglaterra (o "verão" inglês não a impressionou em absoluto). Quando voltaram, encontraram um bilhete de Bost embaixo da porta do apartamento, pedindo que ela fosse vê-lo imediatamente. Eles desceram (Bost e Olga ainda moravam no andar de baixo) para ver qual era o problema: Bost lhes disse que Sartre havia sido hospitalizado em Moscou. Foi por causa da pressão alta, dissera Jean Cau, nada sério.

Beauvoir ligou para Moscou e se tranquilizou ao ouvir a voz de Sartre. Ele passou dez dias se recuperando antes de voltar à França. Mas, além de sua saúde, Beauvoir começou a achar suas premissas inquietantes. Nessa viagem, ele escreveu um artigo para a *Liberation* alegando que na URSS havia total liberdade de expressão. Todo o mundo sabia que isso não era verdade; o que ele tinha na cabeça? Sartre era teimoso, e só criticaria publicamente a URSS por ocasião da invasão soviética à Hungria.

Quando voltou da Rússia, Sartre foi a Roma para a convalescença. Michelle foi junto, mas tudo que ele sentia era vontade de dormir. Em agosto, ele foi com Beauvoir à Alemanha e à Áustria, e ela se surpreendeu com seu mau humor e estado físico; ela acreditava que o cansaço havia causado repulsa mental em Sartre. Ele estava irritadiço e desdenhoso, inclusive se referindo à literatura – a vocação à qual os dois queriam dedicar a vida – como "besteira".[52] Estava disfórico, e questionava o propósito de sua vida. Nenhuma quantidade de mulheres poderia libertá-lo desse desespero.

A publicação de *Os mandarins* veio em outubro de 1954. Beauvoir estava apreensiva após a repercussão do *O segundo sexo*: "Eu quase podia prever as fofocas desagradáveis". Entretanto o livro foi extremamente bem recebido, e o que mais a surpreendeu foi que isso aconteceu em todos os lugares: tanto a ala direita quanto a esquerda encontraram nele elementos que lhes agradavam. A primeira tiragem, de 11 mil cópias, não foi suficiente; no final do primeiro mês, já havia vendido 40 mil.⁵³ Ela escreveu a Nelson dizendo que o livro dele foi o maior sucesso que ela já teve. Até concorreu ao Prix Goncourt, um prestigioso prêmio francês concedido anualmente em novembro. Muitas pessoas disseram que o romance o merecia, mas Simone se perguntava se sua reputação como autora de *O segundo sexo* acaso não atestaria contra ela.

A convenção era que os indicados participassem de um almoço especial na Goncourt para ouvir o anúncio dos vencedores, e depois – quem tivesse sorte – agradecer ao júri. Na sequência, a editora faria um coquetel, no qual a imprensa poderia fazer perguntas e tirar fotos. Muitos escritores gostavam da badalação e da atenção do público, e queriam participar. Mas Simone de Beauvoir, não.

Ela não gostara da "sujeira" que os jornais haviam escrito sobre ela e Sartre, ou mais recentemente sobre ela como autora de *O segundo sexo*. Também não gostava de aparições públicas, pois, em sua opinião, "a publicidade desfigura aqueles que caem em suas mãos".⁵⁴ Então, ela decidiu fazer o jogo a sua maneira e ficar fora das mãos da imprensa – e se escondeu.

Dois dias antes do anúncio do prêmio, os repórteres começaram a vigiar a porta do prédio, postados em um bar do outro lado da rua. Mas ela saiu pela porta dos fundos e foi para outro lugar. No dia do anúncio, Simone fez uma festinha com Sartre, Olga e Bost, ouvindo ao rádio para saber quem havia ganhado, enquanto os jornalistas esperavam o dia inteiro na rue de la Bûcherie. Eles estavam impacientes e tentaram vários ardis, inclusive telefonar para ela fingindo ser Sartre.

Mas quem riu por último – e levou o Goncourt – foi ela.

Os agentes e intermediários literários ficaram furiosos; ela passara, com sucesso, sua mensagem de que conseguia dar conta sem eles. Com maldade, um jornal publicou uma foto dela envelhecida artificialmente, colocando sombras escuras sob seus olhos. Uma reportagem de televisão mostrou videoclipes do lugar dela à mesa, coberta de linho branco, vazio, antes de mostrar o "não tão tímido" vencedor do prêmio Renaudot, Jean Reverzy, dando autógrafos (cumprindo com "as pequenas obrigações da glória", como dizia o locutor).⁵⁵ Mas, apesar da recusa de Beauvoir a cumprir as regras, *Os mandarins* vendeu bem – mais que o normal, mesmo para um vencedor do Goncourt – e ela recebeu mais cartas. O tom dessas era mais suave que o dilúvio desdenhoso que se seguira a *O segundo sexo*. Simone recebeu cartas de velhos amigos, de antigas alunas, mas queria saber o que Algren achava. Essa história de amor americana não era exatamente a deles, disse a Algren; mas ela tentara pôr um pouco deles nela.[56]

Beauvoir foi a terceira mulher a receber o Goncourt desde que foi criado, em 1903. Um mês depois de recebê-lo, sua amiga Colette Audry explicou que Beauvoir "havia escolhido para si mesma uma vida de intelectual" e que seu romance mostrava as "feridas do amadurecimento individual e a seriedade da experiência coletiva". Audry escreveu que a obra de Beauvoir "pede aos leitores que reflitam sobre si mesmos e sobre sua própria situação".[57] Seu objetivo como escritora ainda era apelar à liberdade do leitor; em uma entrevista de 1963, Beauvoir expressou frustração com a insistência de alguns leitores em afirmar que *Os mandarins* era autobiográfico. "Na realidade, era um romance. Um romance inspirado pelas circunstâncias, pela era do pós-guerra, por pessoas que eu conhecia, por minha própria vida etc., mas transposto em um plano totalmente imaginário que se afasta da realidade".[58]

Apesar dos protestos de Beauvoir, até hoje o livro é vendido como um relato fiel dos intelectuais de esquerda em seu famoso círculo. A edição da Harper Perennial publicada em 2005 o descreve como "um romance épico e um manifesto filosófico" que fornecerá aos leitores uma visão da vida de homens famosos:

> Em Paris, durante a guerra, um grupo de amigos se reúne para comemorar o fim da ocupação alemã e planejar seu futuro. [...] Pontuada por retratos perversamente precisos de Sartre, Camus e outros gigantes intelectuais da época, esta é uma história de amor que você nunca esquecerá.

Embora *Os mandarins* tenha sido premiado, sua repercussão também demonstra a imagem de que Beauvoir era uma mulher egocêntrica cuja literatura carecia de imaginação e se inspirava apenas em sua própria vida.

Segundo essa leitura, Anne Dubreuilh é Beauvoir, seu marido Robert é Sartre, Henri Perron é Camus, sua amante Paule às vezes é considerada Violette Leduc (Apesar de que, como Beauvoir notou, várias mulheres se viram nessa personagem[59]). Há também um homem estadunidense chamado Lewis Brogan – um homem com quem Anne tem um caso.

Já vimos que Beauvoir reconheceu que o romance foi inspirado em sua vida. Mas, do ponto de vista dela, não era uma autobiografia nem um romance de tese, e como as pessoas diziam ser ambos, ela explicou suas intenções em *A força das coisas*. O tema de *Os mandarins* é o que Kierkegaard chamava de "repetição", que Beauvoir entendia como: para "possuir verdadeiramente algo, é preciso tê-lo perdido e encontrado de novo".[60] Ela não queria impor uma tese ao romance, e sim mostrar "a eterna dança de pontos de vista conflitantes".

Sobre essa obra, Beauvoir disse duas coisas bastante chocantes, do ponto de vista de sua lendária relação com Sartre: primeiro, que ela deliberadamente usou uma técnica filosófica chamada "comunicação indireta", na qual o leitor não se vê diante de um imperativo direto sobre certa maneira de viver, e sim de uma escolha. Kierkegaard usava essa técnica em seus textos – algumas vezes publicando sob pseudônimos e, outras, criando pseudônimos dentro de pseudônimos, para provocar reflexões em seus leitores sobre o que era verdade e sobre que modo de vida eles deveriam escolher. Tais textos, quando produzidos por Kierkegaard, eram chamados de filosofia – então, por que os dela não? Seria simplesmente porque Kierkegaard era um homem e ela uma mulher? Repetidas vezes ela foi menosprezada como uma pensadora superficial e sem imaginação, como incapaz de ser uma "verdadeira" filósofa. E quando ela defendia a profundidade e a originalidade de sua própria filosofia, raramente se acreditava nela.

Segundo, Beauvoir disse abertamente que esse romance era uma reformulação das perguntas filosóficas que ela fizera em seu diário *antes* de conhecer Sartre:

"O confronto básico entre o ser e o nada que eu esbocei aos 20 anos de idade em meu diário particular, perseguido em todos os meus livros e nunca resolvido, nem aqui ganha uma resposta firme. Eu mostrei algumas pessoas, diante de dúvidas e esperanças, tateando no escuro para encontrar seus caminhos; não creio que tenha provado nada".[61]

Em *A força das coisas*, Beauvoir defendeu a natureza filosófica e a originalidade de seu trabalho de maneira franca e firme. No início da década de 1960, ela já havia visto por quase vinte anos suas reflexões serem menosprezadas como "existencialismo aplicado", e seu intelecto e criatividade sendo descritos como parasitas de Sartre. Ela já sabia muito bem que tensões poderiam surgir não apenas pelo que um autor dissesse, mas entre o que fosse dito e por quem fosse dito. Então, ela declarou, inequívoca mas discretamente, que havia sim tido suas próprias ideias.

Porém uma decisiva crítica se desenvolveu, segundo a qual Beauvoir "havia escrito uma crônica exata e fiel",[62] um *roman-à-clef*:

Études, 1955
"Sim, é a história do 'bando de Sartre" que nos contam."[63]
Informations sociales, 1957
"A venda de 185 mil cópias de *Os mandarins* não se explica apenas pelo Prix Goncourt de Simone de Beauvoir, mas também por toda a lenda que prolifera em torno de Saint-Germain-des-Prés. Simone de Beauvoir é considerada a musa de Jean-Paul Sartre, o ícone do existencialismo, e muitos leitores esperavam, ao ler esse romance, ter uma nova luz sobre um movimento que parece cheio de mistérios."[64]

As críticas estadunidenses também afirmavam que: "Como esperado, encontramos a própria Simone de Beauvoir no romance".[65] Para Beauvoir, essa não só foi uma repercussão frustrante, como também lhe criou dificuldades pessoais: "Essa lenda transformou minhas invenções em indiscrições ou até em denúncias".[66]

Doris Lessing elogiou *Os mandarins* especialmente por seus "brilhantes retratos de mulheres".[67] Às mulheres da obra é dito que as mulheres são todas iguais.[68] No entanto, vemos certo sofrimento por causa do amor não correspondido;[69] outras mulheres frustradas porque os homens não as levam a sério a ponto de discutir assuntos sérios com elas. Uma dimensão intergeracional é explorada na história por meio da filha de Anne, Nadine, que objeta a seu amante: "Você discute coisas com outras pessoas. [...] Mas nunca quer comigo. Suponho que seja porque sou mulher, e mulheres só servem para transar".[70]

Um dos problemas da comunicação indireta é que deixa espaço para tantas interpretações quanto as possíveis. Embora Beauvoir tenha afirmado que havia tanto de si em Henri quanto em Anne, uma parte de *Os mandarins* – como revelou a publicação póstuma das cartas de Beauvoir a Algren – trazia um retrato muito próximo de sua vida:

> *Os mandarins*
> "Oh! Você já está na cama!", disse Brogan.
> Ele carregava lençóis limpos nos braços, e olhou para mim interrogativamente.
> "Eu queria trocar os lençóis."
> "Não é necessário [...]"
> "Anne!"
> O jeito como ele disse isso me comoveu profundamente. Ele se jogou em mim e pela primeira vez eu disse seu nome.
> "Lewis!"
>
> *Cartas (SdB a Algren)*
> "Não se esqueça de trocar os lençóis quando eu for dormir aí. Sempre me lembrarei de você tão intrigado, com os lençóis nos braços, quando me viu já deitada na cama na primeira noite. Acho que comecei a amar você nesse minuto, para nunca mais parar."

Depois que essa semelhança foi estabelecida após a publicação das cartas de Beauvoir, os leitores especularam sobre que outros exemplos o livro poderia conter. Onde se deveria traçar a linha entre o real e o imaginário?

Em 9 de janeiro de 1955, Beauvoir completou 47 anos e se sentia "realmente na meia-idade".[71] Aniversários tinham o infeliz efeito de fazê-la recordar a morte, tema sobre o qual ela ainda não conseguia pensar com equanimidade.

Naquele ano, com seu Prix Goncourt, ela comprou um flat na rue Victor Schoelcher, uma ruazinha que saía da avenida Raspail, que fazia fronteira com o lado sudeste do cemitério de Montparnasse. Era uma caminhada de nove minutos do apartamento em que ela nascera, perto do Dôme e do Coupole. Ela e Lanzmann se mudaram em agosto. Lanzmann não esqueceu de atravessarem o umbral da porta juntos, e comemoraram a ocasião com uma "festa sexual de inauguração".[72] Mas Beauvoir mal teve tempo de desfazer as malas antes de partir com Sartre para a China no início de setembro. Eles passaram um mês em Pequim e depois viajaram pelo país, curiosos sobre que tipo de vida as pessoas levavam sob o comunismo de Mao. Nessa viagem, perceberam intensamente que eram estrangeiros e privilegiados: ali não havia luxos e ninguém ouvira falar deles. Voltaram pela Rússia.

Na primavera, o romance de Violette Leduc, *Ravages*, foi publicado. Em um rascunho anterior, ela havia incluído um relacionamento lésbico que ofendera os leitores da Gallimard, e, fora, portanto – nas palavras de Beauvoir – "amputado".[73] Leduc ficou tão chateada por quererem cortá-lo que ficou até doente. Beauvoir passou um tempo com ela enquanto se recuperava, escrevendo para Sartre sobre o "dia difícil" que haviam tido juntas.[74] As cenas faltantes não foram restauradas quando o livro foi publicado. Mas, mesmo assim, ela e Leduc passearam entre jacintos e tulipas, falando sobre suas esperanças. Em relação a outras amizades literárias, Beauvoir ainda via Ellen e Richard Wright quando podia; eles costumavam entretê-la com sua editora estadunidense. Estavam trabalhando na tradução de *Os mandarins*, mas teriam que cortar um pouco do sexo, disse Richard, pois "Nos Estados Unidos, tudo bem falar de sexo em um livro", "mas não de perversão".[75]

Naquele mês de junho, Merleau-Ponty publicou *Les Aventures de la dialectique;* os críticos anunciaram que ele havia dado um golpe fatal na filosofia de Sartre. Beauvoir não concordava – ela escreveu uma resposta contradizendo a leitura que Merleau-Ponty fizera de Sartre, ponto por ponto. Seus contemporâneos a criticaram por isso – por que ela o defendia? Em *A força das coisas*, Beauvoir falou sobre os ataques que sua resposta atraíra. Alguns disseram que ela deveria ter deixado a resposta para Sartre, já que era a filosofia dele que estava sendo condenada; outros, que ela havia sido muito "virulenta". À crítica anterior, ela respondeu dizendo que quem vê os defeitos em um argumento filosófico pode se manifestar. E quanto a essa última, disse que sua amizade com Merleau-Ponty "era ótima"; "nossas diferenças de opinião eram frequentemente violentas; eu costumava me empolgar, e ele sorria". A sagacidade de Beauvoir aparece na descrição deste episódio: à alegação de que ela só teria a ganhar se o tom de seus ensaios filosóficos fosse mais temperado – uma acusação raramente levantada contra os filósofos do sexo masculino naqueles dias –, ela respondeu: "Acho que não. A melhor maneira de explodir um saco de ar quente não é acariciando-o, e sim cravando as unhas nele".[76]

No outono de 1955, a Guerra da Argélia começou e a França estava dividida entre questões de raça e colonialismo. O Marrocos e a Tunísia estavam prestes a conquistar sua independência. A Argélia também queria sua independência, mas os franceses haviam acabado de sofrer uma derrota na Indochina, em maio, e o governo estava humilhado. O império francês – e o orgulho francês – tinha que ser defendido, e isso seria feito ficando com a Argélia. Beauvoir estava profundamente desconcertada – enojada até; ela achava que as ações da França eram indefensáveis. Tinha dificuldade para dormir e sentia vergonha da tortura de inocentes em seu país. A *Les Temps Modernes* saiu em apoio à independência da Argélia desde o início, e mais uma vez enfrentou a acusação de trair sua nação, de ser antifrancesa.

Em 1955, ela publicou uma coleção de três ensaios sob o título *Privilèges*. A questão que os unia era: como os privilegiados podem pensar sobre sua situação? A antiga nobreza havia ignorado completamente essa questão; usavam seus direitos sem se preocupar se eram legítimos. Assim, o primeiro ensaio examinou o Marquês de Sade, porque, disse ela, ele ilustra o argumento de que se alguém deseja contestar hierarquias injustas, a primeira condição para isso é não ser ignorante em relação a elas. Sade não conseguira fazer o que Beauvoir achava que os escritores deveriam fazer: revelar as possibilidades do mundo e apelar à liberdade de seus leitores de trabalhar pela justiça. Em vez disso, Sade fugia para o imaginário e desenvolvia justificativas para a crueldade e a perversão. O chamado erotismo de Sade ignorava a verdade do erótico, que só pode ser encontrada por aqueles que se entregam à sua vulnerabilidade e à intoxicação emocional com seu amado. Porém, disse ela, Sade tem seu mérito: ele mostrou "com brilhantismo que privilégios só podem ser desejados de maneira egoísta, que não podem ser legitimados aos olhos de todos".[77]

No segundo ensaio, ela examinou os processos pelos quais alguns conservadores justificam a desigualdade: em geral, confundindo "interesses gerais" com os seus próprios. É impossível defender privilégios filosoficamente, diz ela. Portanto, as pessoas que os consideram defensáveis sucumbiram ao "esquecimento" – uma espécie de falta de atenção ao mundo – ou à má-fé. O terceiro ensaio analisou um caso particular: a cultura. Nesse, ela escreveu que a cultura é um privilégio e que muitos intelectuais são culpados, como outras classes privilegiadas, de esquecer a vida de pessoas menos afortunadas.

Apenas oito anos antes, Beauvoir havia escrito um artigo para a *France-Amerique* sobre a "incompetência" de "não especialistas" que queriam entender o existencialismo, dizendo que não poderia ser resumido em uma frase, nem mesmo em um artigo:

> Ninguém sonharia em exigir que o sistema de Kant ou de Hegel fosse apresentado em três frases; o existencialismo não se presta à popularização fácil. Uma teoria filosófica, como uma física ou matemática, é acessível apenas para iniciados. De fato, é indispensável familiarizarmo-nos com a longa tradição sobre a qual repousa se quisermos compreender os fundamentos e a originalidade da nova doutrina.[78]

Mesmo assim, ela reconhecia que o grande público estava interessado no existencialismo porque era "uma atitude prática e viva em relação aos problemas colocados pelo mundo hoje". As pessoas se identificavam com ele. Mas, nos Estados Unidos, isso levou alguns críticos a duvidar de que o existencialismo fosse, de fato, filosofia. Na França, a filosofia não era tão estritamente definida.[79] Mas, mesmo assim,

Simone deve ter se perguntado: será que esqueci que não só intelectuais precisam de respostas?

Após os ensaios sobre privilégios, Beauvoir decidiu escrever um livro sobre a China. Ela queria dar uma pausa na escrita dos romances, mas também desafiar os preconceitos de seus leitores ocidentais acerca do comunismo. *La longue marche: essai sur la Chine* (publicado em 1957) baseou-se na reação de Beauvoir a suas viagens em 1955. A viagem à China a desafiou a não tomar a riqueza da Europa e dos Estados Unidos como norma. "[...] Ver as massas da China transtornarem toda minha ideia acerca de nosso planeta; a partir de então passou a ser o Extremo Oriente, a Índia, a África, com sua escassez crônica de alimentos, que se tornaram a verdade do mundo, e nosso conforto ocidental apenas um privilégio limitado".[80] Ela queria que suas experiências, seus pontos de vista e suas conversas estivessem disponíveis para os outros, para que eles também pudessem ver que os chineses estavam "lutando muito para construir um mundo humano".

Simone escreveu um relato sobre a transição de "uma revolução democrática a uma socialista" porque queria fazer justiça não às definições filosóficas abstratas, e sim ao que chamava de "a mais concreta de todas as verdades: o presente não passa de evolução, de um devir". O que quer que houvesse visto durante o tempo que passara na China, Simone disse ao leitor que era "simultaneamente uma sobrevivência do passado" e "algo em processo de nascimento".[81] Embora seu otimismo acerca de Mao tenha se mostrado infundado, ela encontrara muito a exaltar no que vira.

Em 1956, *Os mandarins* se juntou a *O segundo sexo* na lista de livros proibidos da Igreja Católica, e Beauvoir se juntou a Sartre em algo que se tornaria uma rotina até que a morte os separasse: o outono na Itália. Eles reservavam quartos próximos um do outro em um hotel no centro da Cidade Eterna, e seus dias seguiam um ritmo harmonioso de solidão e companheirismo, trabalho, uísque e *gelato*. Tendo já recuperado seu ritmo literário, Beauvoir gostava especialmente do período entre a "vertigem" da página em branco e as "minúcias" da redação final; depois dos comentários de Sartre, Bost e Lanzmann, ela descreveu que no processo "ela cortava, ampliava, corrigia, rasgava, recomeçava, ponderava e tomava decisões".[82]

Naquele ano, Beauvoir retomou o projeto que havia arquivado uma década antes, em 1946: suas memórias. Muita coisa mudara desde que a ideia lhe ocorrera pela primeira vez: ela escrevera *O segundo sexo*, conhecera Algren, lutara contra o "monstro" que *Os mandarins* se tornara e ganhara o Prêmio Goncourt. Ela fora para os Estados Unidos, a China e para muitos outros lugares, e desenvolvera a convicção – como disse no ensaio final de *Privilèges* – de que a cultura era um privilégio e que os intelectuais não deveriam esquecer as pessoas cuja vida não lhes permitia arcar com o acesso a ela.

Na Itália, naquele outono, Beauvoir leu para Sartre passagens que escrevera sobre seu primo Jacques, que se tornariam parte de *Memórias de uma moça bem-comportada*. Ela escrevia para Lanzmann regularmente, descrevendo seus dias e os livros que achava interessantes, incluindo *A elite do poder*, de C. Wright Mills. Na sentença inicial, esse livro descreve como "os poderes dos homens comuns são circunscritos pelo mundo em que vivem, mas, mesmo nessas rodadas de trabalho, família e vizinhança, eles muitas vezes parecem movidos por forças que não conseguem entender nem governar". Mills achava que homens e mulheres na sociedade de massa se sentiam "sem propósito em uma época em que estavam sem poder".[83] Como Beauvoir deve ter se perguntado, poderiam as pessoas reconhecer o poder que tinham?

É curioso que a dedicação de Beauvoir à autobiografia coincida com crescentes críticas aos privilégios intelectuais e o envolvimento na política.[84] Pode ser uma mera coincidência, porém me parece mais provável que escrever sobre sua vida foi, para Beauvoir, uma das maneiras de colocar sua política em ação. Margaret Simons argumentou que a viagem de Beauvoir à China – e, mais especificamente, seu encontro com um livro muito popular de Ba Jin, intitulado *Família* – foi o que a inspirou a escrever sua vida de uma maneira que pudesse libertar seus leitores das convenções. *Família* conta a história de dois irmãos, um que aceitou um casamento arranjado e outro que se rebelou; vendeu dezenas de milhares de unidades, e Beauvoir achava que "deu voz aos ressentimentos e esperanças de toda uma geração".[85]

O segundo sexo havia articulado muitas das objeções de Beauvoir às "convenções" que restringiam as mulheres e suas esperanças de libertação, mas o livro não havia sido escrito pensando na mulher comum – a linguagem, o estilo e o tamanho do livro eram característicos das obras da elite filosófica parisiense dos anos 1940, empregando e adaptando conceitos de filósofos que não são exatamente conhecidos por serem acessíveis: Hegel, Marx, Husserl, Sartre, Merleau-Ponty. Em meados da década de 1950, Beauvoir sabia que muitas pessoas não estavam comprando – muito menos lendo – os dois volumes. Em maio de 1956, o volume I de *O segundo sexo* já havia tido 116 edições em francês. O volume II estava vendendo mais lentamente (atingiu 104 edições em 1958) –, e esse era o volume em que as mulheres falavam, com sua própria voz, sobre suas experiências de se tornarem mulheres; foi nesse volume que ela escreveu sobre amor, independência e sobre sonhar os próprios sonhos.[86] Ela deve ter se perguntado por que o segundo volume vendia mais devagar que o primeiro – talvez até se sentindo decepcionada, porque o que falava sobre amor e libertação era o menos lido. Simone também se perguntava se havia feito o suficiente para compartilhar seu privilégio com outras mulheres, se o havia compartilhado da melhor maneira possível.

Quando Beauvoir escreveu suas saudações de Ano-Novo para Algren, em 1957, disse que havia terminado o livro sobre a China (dizendo, com sua característica autodepreciação, que "não era muito bom") e que estava começando algo diferente: "memórias de infância e juventude, tentando não apenas contar uma história, mas explicar quem eu era, como isso me fez ser quem sou, em conexão com a maneira como o mundo inteiro em que eu vivia era e é".[87]

Como *O segundo sexo*, *Memórias de uma moça bem-comportada* fluiu dela, e levou dezoito meses para ser escrito. Ela leu velhos diários; checou jornais antigos na Bibliothèque Nationale, e pensou no que fazer com as *pessoas*. Ela estava contente por compartilhar sua vida – ou sua persona, pelo menos – com o público; mas, e os outros sobre quem escrevera, gostariam de compartilhar a deles? Ela deu pseudônimos a Merleau-Ponty (na parte do livro em que ele era namorado de Zaza, mas não na parte em que ele era seu colega filósofo), a Maheu e à família de Zaza. Mas tinha preocupações acerca de o que sua mãe pensaria.

Em janeiro de 1958, Beauvoir completou 50 anos e odiou – com muito mais força do que seu desconforto habitual ao pensar no fim da vida. A Guerra da Argélia havia se intensificado, e Beauvoir estava tão obcecada com isso, tão enojada por ser francesa, que não conseguia dormir e até a literatura parecia "insignificante"; ela trabalhava na *Les Temps Modernes* publicando o testemunho de argelinos e soldados. Sartre também estava intensamente perturbado com a política, embora não pelas mesmas razões. Em 4 de novembro de 1956, os tanques soviéticos haviam entrado em Budapeste, matando mais de 4 mil húngaros. Ele queria muito acreditar na União Soviética, entretanto não havia como ignorar isso. Sartre denunciou a ação dos russos em uma entrevista na *L'Express*, mas por causa da URSS e do agravamento da situação na Argélia, ele usava tanto Corydrane que, à noite, seu discurso já estava afetado e ele tinha que beber para relaxar. Beauvoir queria que ele parasse, dizia chega! – às vezes com raiva, quebrando copos para enfatizar suas palavras.[88] Ele quase sempre aceitava os conselhos dela sobre literatura, mas, sobre isso, Simone não conseguia se fazer ouvir: ele *não* queria ouvir.

Em maio, Pierre Pflimlin se tornou primeiro-ministro da França. Era um democrata-cristão conhecido por ser a favor de negociar um acordo com os nacionalistas argelinos. Em 13 de maio houve tumultos em Argel; membros de direita do exército francês, liderados pelo general Massu, tomaram o poder para defender a "Argélia francesa". No dia seguinte, o general Massu exigiu que Charles de Gaulle voltasse ao poder, ameaçando atacar Paris se isso não acontecesse. O governo se reorganizou, com Charles de Gaulle à frente, e este desenvolveu uma nova constituição. Alguns políticos de centro-esquerda e comunistas se opuseram a esse golpe – inclusive Sartre –, mas a constituição iria para votação em setembro.

Em 25 de maio, Claude Lanzmann estava na Coreia do Norte, e Beauvoir, depois de se refugiar em Virgínia Woolf – "lida como um antídoto, para voltar a mim mesma" –, começou a realizar outra "avaliação" de sua vida. Ela havia terminado as memórias de sua infância; o que deveria escrever agora? Mais ficção? Ensaios na linha de *Privilèges* (1955) e *La longue marche* (1957)? Beauvoir queria escrever um livro que fosse "mais que o resto de minha obra", que compararia "a confusa 'vocação' de minha infância com o que havia alcançado aos 50 anos de idade".[89]

Em 1958, Beauvoir e Sartre foram para a Itália antes que o habitual, em junho. *Memórias de uma moça bem-comportada* deveria ser publicado em outubro, e ela já estava começando a ficar preocupada com a reação das pessoas.[90] Desde o primeiro volume da história de sua vida, Beauvoir havia explicitamente afirmado que não estava fazendo o usual "pacto" autobiográfico com o leitor.[91] Na divulgação do livro, ela disse que "talvez alguém possa dizer que reconstruí meu passado à luz do que me tornei; mas foi meu passado que me fez, então, interpretando-o hoje, eu o testemunho.[92] Em uma matéria do *France observateur*, de 4 de junho de 1958, ela disse abertamente que usara o estilo de narração ou história (*récit* em francês) a fim de evitar o uso de termos teóricos da filosofia e da psicanálise, mas que não queria disfarçar nada; queria pegar o tema *tornar-se* uma mulher, tão central em *O segundo sexo*, e escrever sobre como se tornara ela mesma. Embora ela não tenha dito isso no *France observateur*, em 1956 Simone sabia muito bem que sua vida era interessante para seus leitores (concordassem eles ou não com sua maneira de viver). Dado seu histórico de escrever textos filosóficos e depois "experiências imaginárias" em diferentes formas literárias, dificilmente seria um disparate considerar a possibilidade de que ela tenha escolhido deliberadamente escrever a filosofia de *O segundo sexo* em um formato literário diferente – sobre sua própria vida.

Enquanto o volume I das memórias era bem recebido, o próximo volume, ainda sem título, resistia a assumir uma forma definida na mente de Simone. Ela sabia que o próximo período de sua vida exigiria uma forma e um tratamento literário diferentes dos usados em *Memórias de uma moça bem-comportada*. Levantava questões diferentes, questões que eram difíceis intelectual e pessoalmente. Intelectualmente, ela percebia que sempre preferia romances acima de outras formas literárias. "Mas agora", escreveu em seu diário, "estou me perguntando por quê". "Com o benefício da retrospectiva", escreveu, "devo também falar sobre filosofia; por que não fiz isso?" Pessoalmente, ela queria escrever sobre o envelhecimento, a solidão e Sartre. Quanto deveria dizer sobre ele? Ou sobre Bost, Olga, Bianca e Nathalie? Durante maio e junho, ela hesitou entre duas opções: ficção ou uma continuação do projeto autobiográfico que assumiria a forma de um "ensaio sobre a escritora". Em uma entrevista ao *France observateur*, ela se referiu a ele como "ensaio sobre si mesma".[93]

Beauvoir voltou a Paris em meados de agosto, foi com Sartre para Pisa e voltou sozinha em seu carro. Achou mais difícil se despedir dele, e se perguntava se seria por causa da idade; separações estavam se tornando mais difíceis. Logo ela estava de volta à Bibliothèque Nationale, trabalhando em suas memórias, mas sua mente já estava vagando na direção de outro projeto. Ela escreveu em seu diário, em 24 de agosto, que cada vez mais queria "escrever sobre a velhice".[94]

Enquanto Beauvoir escrevia e passava um tempo com Lanzmann na Itália, Sartre descobriu que havia dez anos Michelle Vian estava tendo um caso com outro homem, André Rewliotty – ela deixava Sartre por causa dele. Apesar de seu próprio histórico de estar com duas – ou até três – pessoas ao mesmo tempo, ele ficou angustiado. Preferia fazer o papel de mentiroso ao de traído. Lanzmann também conheceu outra pessoa, e tentou esconder isso de Beauvoir. Era uma mulher aristocrática, mais jovem que Simone. Certa noite, ele voltou à rue Schoelcher mais tarde que o habitual. Foi até o quarto deles e encontrou Beauvoir sentada na cama, com o rosto sombrio: "Eu quero saber", disse ela.[95]

Lanzmann lhe contou tudo. Ela ficou imediatamente aliviada, e ele se surpreendeu com a aceitação dela. Beauvoir propôs um "acordo": três noites com ela em uma semana, quatro com a outra mulher, e o inverso em semanas alternadas. Lanzmann achava que sua aristocrata consideraria isso uma perspectiva atraente – chega de se esgueirar por aí, chega de noites reduzidas. Mas a aristocrata não aceitou nada: queria Lanzmann só para si.[96]

Na noite de 14 de setembro, Lanzmann levou Beauvoir para jantar. Na manhã seguinte, ela foi encontrar Sartre na estação. Eles passaram o dia conversando; ela já sabia que ele estava exausto porque tinha visto seu artigo mais recente no jornal – claramente, não tinha inspiração. O referendo – que aceitaria ou rejeitaria as mudanças constitucionais de De Gaulle – estava chegando, e Sartre estava ansioso para voltar às atividades. Mas, em poucos dias, teve uma infecção no fígado. Ele havia trabalhado vinte e oito horas seguidas: prometera um artigo ao jornal *L'Express* para a quinta-feira, 25 de setembro, e não queria perder o prazo.

Ele desabou, e ela editou o artigo, reescrevendo partes a fim de prepará-lo para publicação. No período que antecedeu a eleição, a polícia e os norte-africanos regularmente trocaram tiros de metralhadora pelas ruas de Paris. Na Argélia, "dez mil argelinos foram levados para o Vel' D'Hiv', como aconteceu antes com os judeus de Drancy". Beauvoir sentia-se exausta: seu pescoço estava constantemente tenso e era uma luta dormir e se concentrar. Certa noite, ela recebeu a visita de seu "velho horror", o desespero, sentindo que "só o mal neste mundo não tem fim".[97] Mas continuou tentando combatê-lo.

Em 27 de setembro, na noite anterior à votação do referendo, Beauvoir dirigiu-se a uma multidão de 2.400 pessoas na Sorbonne. Mas no dia seguinte o resultado foi de derrota. Em 28 de setembro, a nova constituição foi aprovada por 79,25%, e a França entrou na Quinta República. A nova constituição expandia os poderes executivos da presidência. A Argélia ainda era francesa, mas os argelinos receberam alguns dos direitos políticos que haviam sido prometidos fazia mais de um século. E os trabalhadores argelinos também receberam um toque de recolher.

Foi a rejeição de tudo em que eles acreditavam, mas o tipo de derrota que os levou a agir. Mas também foi um duro golpe para a saúde de Sartre. Quando Beauvoir finalmente o convenceu a procurar um médico, este disse que Sartre havia acabado de evitar um ataque cardíaco. Enquanto estavam em Roma, Sartre tomara Corydrane sem pausas para trabalhar em uma peça. E ele ainda queria trabalhar nela, apesar dos vários sinais de alerta que seu corpo lhe enviava: vertigem, dores de cabeça, dispraxia verbal.

O médico receitou um remédio – o proibiu de beber e de fumar – e o mandou descansar. Beauvoir se sentava e o observava do outro lado da mesa na rue Bonaparte: ele não sabia parar. Ela lhe dizia para descansar, e ocasionalmente ele concordava. Mas a peça – protestava – havia sido prometida para outubro, precisava ser feita. Então, Beauvoir foi ao médico de novo, com medo de que Sartre fosse se matar bem diante de seus olhos. Ele foi franco com ela – disse que Sartre era um homem emocional, que precisava de calma moral, e que se não desacelerasse, não duraria seis meses.

Calma! Na Quinta República? Beauvoir saiu do médico e foi direto ver a mulher a quem Sartre devia sua peça. Ela concordou em adiá-la – *Os sequestrados de Altona* – para o ano seguinte. Então, ela foi para casa e lhe contou o que o médico e a diretora haviam dito. Ele não devia se sobrecarregar. Simone esperava que ele ficasse irritado por ela ter feito tudo aquilo sem consultá-lo, mas ele recebeu as notícias com uma passividade irritante. A parte mais difícil de assistir o declínio de Sartre – ela começava a perceber – era que estava perdendo seu "amigo incomparável"; ela não podia discutir suas preocupações com Sartre porque agora ele era o tema.

Uma vez que Sartre estava fora de perigo, ela se permitiu curtir a repercussão de *Memórias de uma moça bem-comportada*, publicado em 6 de outubro – esse a afetou mais pessoalmente que seus livros anteriores. Alguns críticos se queixaram de que sua narrativa da vida cotidiana continha muitas minúcias tediosas (quem quer ouvir o outro lado do silêncio?). Outros a compararam a Rousseau e George Sand – como ela, escritores que tinham adotado a autobiografia na casa dos 50 anos.

Beauvoir havia recebido cartas após a publicação de suas outras obras, mas, dessa vez, foi diferente. Uma pesquisa de Marine Rouch mostrou, com base no arquivo de mais de vinte mil cartas que Beauvoir recebeu, que a publicação das memórias mudou drasticamente o público de Beauvoir e seu relacionamento com ele. A partir de então, ela receberia muito mais correspondência de "francesas comuns", que escreviam cartas efusivas e às vezes íntimas, porque achavam que a Simone das memórias era acessível: "Você desceu de um pedestal [...] você se tornou mais humana e sua superioridade intelectual e cultural não a deixam mais tão distante".[98]

Nessas cartas, descobrimos que os leitores de Beauvoir ficaram surpresos ao imaginá-la cozinhando, com fome ou frio, ao ver que seus livros eram mais caros que os de seus contemporâneos masculinos e que demoravam mais tempo que os de Sartre para sair em formatos mais baratos.[99] Centenas de leitoras escreveram dizendo que também ansiavam uma "justificativa" para sua existência, ou que sentiam um vazio na vida, apesar de seu "sucesso" confortável como esposas e mães. Uma até escreveu sobre sua tentativa de se matar.

As memórias de Beauvoir também levaram as mulheres a voltar a *O segundo sexo* e escrever para ela sobre suas experiências de leitura e a recomendá-lo:

Existem dois tipos de mulheres que leem *O segundo sexo*, e, ao pegá-lo na biblioteca, tive um pouco de medo: há aquelas que acordam, sentem medo e voltam a dormir; e as que acordam, sentem medo e não conseguem mais dormir! Esta última lê todos os seus livros e tenta compreender.[100]

Com o tempo, as cartas dos leitores de Beauvoir também revelaram que sua preocupação com as mulheres chegava ao ponto de ela as responder individualmente. Com algumas leitoras, ela se correspondeu durante dez anos ou mais, incentivando-as a ver o mundo com seus próprios olhos, a encontrar projetos de vida. Algumas dessas cartas levaram Simone a apoiar a carreira literária das mulheres e a conhecê-las pessoalmente. Sua agenda diária era rigorosamente disciplinada, como sempre, mas incluía uma hora por dia para essa correspondência.

Beauvoir havia encerrado *Memórias de uma moça bem-comportada* com a história da morte de Zaza, dizendo que juntas elas haviam lutado contra o "destino revoltante" que as esperava, e que, por muito tempo, "[eu] acreditava que a morte dela foi o preço de minha liberdade".[101] Mas só então – somente então – ela soubera da verdadeira razão da queda de prestígio de Merleau-Ponty.[102]

Após a publicação, uma das irmãs de Zaza, Françoise Bichon, escreveu para Simone para explicar as razões da desaprovação dos Lacoin ao casamento. Elas se encontraram em novembro, e Françoise mostrou a Simone certas cartas que havia recebido de Zaza. A verdade é que a família contratara um detetive para investigar seu possível genro – afinal, além da vida da filha, estava envolvido um dote de um quarto de milhão de francos –, e o homem descobrira que Merleau-Ponty era filho ilegítimo. Do ponto de vista católico dos Lacoin, o adultério era um pecado mortal, e qualquer aliança entre sua filha e Merleau-Ponty era, portanto, insustentável.

Merleau-Ponty prometera anular o processo se os Lacoin fossem discretos sobre sua descoberta – sua irmã estava noiva, e ele não queria que um escândalo impedisse o casamento. Zaza, no entanto, desconhecia a investigação e suas consequências. Só quando ela ficara chateada e confusa com o repentino desinteresse de Merleau-Ponty fora que sua mãe por fim lhe contara as razões. Zaza tentara se reconciliar com os desejos de seus pais; mas, quando eles perceberam quão desastrosa essa decisão fora para a filha, já era tarde demais.

Nada poderia reescrever a história de Zaza e lhe dar um final feliz – mas, por fim Beauvoir sabia a verdade. Ela queria que suas obras apelassem às liberdades de seus leitores, abrindo novas possibilidades na imaginação de cada um e caminhos em sua vida. Quem imaginaria que os leitores também poderiam lançar uma luz libertadora?

14

Sentindo-se enganada

No final de 1958 e início da sexta década de Beauvoir, Claude Lanzmann a deixou. Há pouco material sobre o ponto de vista dela sobre o fim do relacionamento; em *Lettres à Sartre* – as cartas a Sartre que Beauvoir publicou – só existe uma carta depois de 1958, datada de 1963; e também há uma lacuna nas cartas de Sartre nas coleções publicadas, e sabemos que eles só passaram a usar o telefone nos períodos que passavam separados a partir de 1963.[1] As cartas de Simone para Algren, desse período, mencionam apenas que ela "sentia necessidade de viver como uma solteirona de novo.[2] No relato público em *A força das coisas*, seus comentários são breves; ela comenta que "fomos nos distanciando e que "a separação foi uma situação difícil".[3] Por Lanzmann, sabemos que eles se afastaram um pouco após a separação, mas, depois, começaram a reconstruir um tipo diferente de amizade. Lanzmann recordou que "nunca houve o menor traço de amargura ou ressentimento entre Castor e eu, dirigíamos a revista como sempre, trabalhávamos juntos, fazíamos campanhas juntos".[4]

Eles foram visitar Josephine Baker, e Beauvoir ficou impressionada pelos efeitos da idade mais uma vez: ela podia ver no rosto de Baker seu próprio reflexo enrugado. Naquele ano, ela publicou um ensaio, "Brigitte Bardot and the Lolita Syndrome" [Brigitte Bardot e a síndrome de Lolita] na *Esquire*.[5] Ela havia lido recentemente *Lolita,* de Nabokov, e ficara impressionada ao ver como Brigitte Bardot era tratada de maneira diferente nos Estados Unidos e na França. O filme de Bardot, *E Deus criou a mulher,* arrecadou uma ninharia nos cinemas franceses e uma fortuna do outro lado do Atlântico. Simone tinha certeza de que não era só o puritanismo que afugentava os franceses (já que, segundo ela, não era característico deles "relacionar a carne com o pecado").

Não era a verdadeira Brigitte Bardot que importava, ela disse, e sim a criatura imaginária projetada na tela. Beauvoir achava que o diretor Roger Vadim havia recriado a "mulher eterna", introduzindo um novo erotismo que ajudou o mito a sobreviver aos desafios da época. Nas décadas de 1930 e 1940, as diferenças sociais entre os sexos diminuíram. As mulheres adultas passaram a viver no mesmo mundo que os homens, trabalhando e votando. Portanto, os "vendedores de sonhos" do cinema tinham que improvisar: criaram uma nova Eva – disse ela –, misturando o "fruto verde" com a "*femme fatale*". Os homens podiam ver que as mulheres adultas eram sujeitos no mundo, de modo que suas fantasias se adaptaram, mudando o foco para as mais jovens que não desafiavam seu estado de objeto. Não escapara à percepção de Simone que a Lolita de Nabokov tinha 12 anos; e um dos filmes de Vadim se centrava em uma garota de 14 anos. Ela atribuía o sucesso da sexualização de mulheres cada vez mais jovens à falta de vontade dos homens de desistir de seu papel de "senhor e mestre". Eles ainda queriam ver as mulheres como objetos – "fazer o que bem entender, sem se preocupar com o que acontece na cabeça, coração e corpo delas".

Beauvoir achava que a sociedade tinha pretensões espirituais sobre o sexo e gostou do fato de Vadim tentar "trazer o erotismo à Terra". Mas ele exagerou: ele o desumanizou.[6] Ele reduziu os corpos a objetos para consumo visual. Na vida real, as pessoas são definidas por mais que sua sexualidade; nosso corpo tem histórias e nossa vida erótica se desenrola em situações – situações que incluem nossas emoções e pensamentos. Mas, por alguma razão, escreveu Beauvoir, "o macho se sente desconfortável se, em vez de um pedaço de carne e osso, ele tem nos braços um ser consciente que o está avaliando".[7]

"Brigitte Bardot and the Lolita Syndrome" criticava a maneira como a autonomia sexual das mulheres era negada – e a maneira como os homens ainda buscavam "senhoria e domínio" sobre elas, em vez de reciprocidade. Mas, apesar dessas críticas, esse artigo foi citado em publicações de prestígio, como o *The New York Times*, em 2013, para afirmar que Beauvoir oferecia "uma defesa fervorosa da emancipação sexual dos jovens", que ela própria apoiava a busca de "Lolitas" ao mesmo tempo que discutia sobre Jimmy Savile e o Humbert Humbert de Nabokov.

É surpreendente que quem tenha lido o livro na íntegra possa chegar a essa conclusão. E também bastante irônico. Afinal, ela argumentava que os homens não gostavam de ser avaliados pelas mulheres e ter suas deficiências percebidas – e por isso escolhiam mulheres mais jovens, em seus sonhos e nas telas, para evitar confrontar o olhar de uma liberdade confiante o suficiente para ser "o olho que observa" e dizer o que pensa. O fato de Beauvoir ter sido mal interpretada dessa maneira levanta uma questão: de quem é o interesse de mostrá-la como uma libertina sexual que não tinha reservas nem se arrependia do consumo de "Lolitas"?

Ser avaliado por um ser consciente pode ser desconfortável, mesmo quando se trata de uma autoavaliação – e Beauvoir ainda estava hesitante sobre como trabalhar com o segundo volume de sua autobiografia. Em janeiro de 1959, ela disse a Nelson que não tinha vontade de escrever "neste tipo de França".[8] Durante o auge de sua agitação devido à Argélia, em 1958, Beauvoir começou novamente a escrever diários – algo que não fazia desde 1946.[9]

Em seus diários particulares, em maio de 1959 Beauvoir escreveu que, como uma mulher de 20, 30 e até 50 anos de idade, "nunca deixei de agradecer e pedir perdão" à menina de 5 anos que um dia havia sido. Sua vida tinha certa "harmonia admirável", pensava. Ela estava fazendo outra das suas "avaliações", e sob o título *Essencial*, ela anotou a pergunta que a preocupava havia décadas: o que significa amar? Deixava-a perplexa o fato de às vezes preferir Sartre, "a felicidade dele, seu trabalho, antes do meu":

> Existe algo em mim que torna esse caminho o mais fácil? É para mim, e para quem *ama*, mais fácil amar? [...] Essa é a verdadeira chave, o único, o único problema e o ponto crucial de minha vida. E justamente porque nunca fui questionada ou me questionei sobre isso. Se alguém estivesse interessado em mim, a quem eu chamaria de divino? Essa é a questão, a única.[10]

Até mesmo pioneiros precisam explorar longamente certos caminhos antes de descobrir que são becos sem saída. Em suas cartas aos amantes, Beauvoir utilizava a mesma linguagem efusiva usada por alguns místicos cristãos para descrever sua união com Deus – "união total" (com Lanzmann), "meu absoluto" (com Sartre). Mas nenhum homem poderia preencher o lugar vazio deixado por Deus: era querer demais que alguém a visse completamente – desde o nascimento até a morte, ou da primeira visão até o último suspiro – com um olhar de puro amor. Mesmo assim, aos 51 anos, ela já havia feito e refeito muitas vezes a escolha que fizera aos 21 anos, e decidiu mais uma vez: "Sartre é para mim o *incomparável*, o único".[11]

Eles novamente passaram um mês juntos em Roma; Sartre estava melhor, terminando a peça que quase o matara no ano anterior. Certa noite, ele deu o último ato para Beauvoir ler. Nenhum dos dois media as palavras para falar do trabalho do outro; mas, deste, ela realmente não gostara. Sempre que ela se decepcionava com uma obra dele, tentava primeiro se convencer de que estava errada. Isso a deixava furiosa, e a levava a ficar firmemente convencida de que estava certa. Naquela noite, na Piazza Sant'Eustacchio, Simone estava de mau humor quando ele chegou: estava decepcionada. Mas ele havia feito modificações, transformando a cena final em um diálogo entre pai e filho – e ela acabou achando que essa era a melhor cena da peça.[12] (Quando estreou, a reação à peça foi muito mais positiva do que Sartre esperava; depois que saíram as críticas, ele escreveu para Beauvoir: "Muito obrigado, meu amor, muito obrigado".[13]

Com Michelle Vian fora de cena, Sartre havia realocado o tempo que dedicava a ela para outra jovem, Arlette Elkaïm. Em vez de duas horas no domingo, Arlette foi promovida a duas noites por semana. Eles haviam tido um breve relacionamento sexual, mas, no geral, os sentimentos dele eram mais paternos que apaixonados. Em pouco tempo, ela se tornou sua companheira contingente de férias. Em setembro de 1959, ele deixou Beauvoir em Milão e viajou com Arlette, mas manteve contato com Simone por carta, assegurando-lhe que não estava bebendo *demais*.[14]

Lanzmann foi encontrar Beauvoir uma semana depois, amigavelmente. Eles passaram dez dias em Menton, onde ele também leu o trabalho dela e fez comentários. Quando o conhecera, refletiu, ainda não estava "madura para a velhice", e sentira que poderia se esconder dela na presença dele. Mas, gostando ou não, ela estava envelhecendo, de modo que, com relutância, aceitou isso. "Eu ainda tinha forças para odiar a velhice, mas não mais para me desesperar".[15]

Depois que Beauvoir entregou o segundo volume de suas memórias à editora, inicialmente sem título, voltou à Bibliothèque Nationale para começar a trabalhar na próxima parte. Ela já havia escrito uma boa parte delas em *Os mandarins*, mas achava que os romances não mostravam a contingência da vida da mesma maneira que uma autobiografia. Os romances são criados em um todo artístico; mas a vida é cheia de eventos imprevisíveis e gratuitos que não são mantidos juntos por nenhuma unidade abrangente.[16]

No outono de 1959, Beauvoir continuava trabalhando em seus livros e passava horas se dedicando ao de Sartre, *Crítica da razão dialética*.[17] Ela escreveu prefácios para livros sobre planejamento familiar e controle de natalidade – estava começando a se tornar uma voz proeminente nessas questões. Um deles – para um livro intitulado *The Great fear of Loving* [O grande medo de amar] – começava com a pergunta: "Como as outras mulheres fazem isso?". O "isso" em questão era não engravidar. E o prefácio de Beauvoir desafiava a otimista alegação de que os direitos e as possibilidades das mulheres eram iguais aos dos homens. Elas ainda não podiam controlar sua fertilidade de forma legal e segura. Então, como – perguntava Beauvoir –, "nas atuais circunstâncias econômicas, é possível ter sucesso em uma carreira, construir um lar feliz, criar filhos com alegria, prestar serviço à sociedade e alcançar a autorrealização, se a qualquer momento o ônus esmagador de uma nova gravidez pode recair sobre você?"[18]

No inverno, ela redescobriu a música: quando se cansava das palavras, ela passava as noites no divã com um copo de uísque e uma sinfonia. Ela e Sartre costumavam passear juntos no domingo e lamentavam os efeitos decrescentes da idade sobre sua curiosidade. Agora eles recebiam convites para viajar pelo mundo todo. Sartre não aceitava a ideia de renunciar a qualquer coisa, de modo que para se afirmar, ele aceitou um convite para ir a Cuba. Eles partiram em meados de fevereiro de 1960; Batista havia sido deposto apenas um ano antes e as relações entre Cuba e os Estados Unidos estavam tensas. Sartre e Beauvoir queriam ver o que a revolução havia feito pelo povo cubano. Eles passaram três dias com Fidel Castro e assistiram à peça de Sartre, *A prostituta respeitosa*, no Teatro Nacional de Havana.[19] Foram ver multidões felizes, cana-de-açúcar, palmeiras frondosas, Havana. A atmosfera era esperançosa, alegre até. Sartre chamou esses dias de "lua de mel da revolução".[20]

Quando Beauvoir voltou de Cuba, em 20 de fevereiro, Nelson Algren estava em seu apartamento.

Ela estava nervosa por vê-lo; *Os mandarins* fora publicado nos Estados Unidos em maio de 1956, ao mesmo tempo que o último romance dele, e a imprensa o perseguia. Ele havia dito algumas coisas bruscas na revista *Time*: ficara furioso, e dissera que um bom romancista deveria ter material suficiente para escrever sem precisar desenterrar coisas de seu jardim privado. Para mim, foi apenas um relacionamento rotineiro, e ela estragou tudo".[21] Em particular, no entanto, ele se desculpou por ter dito essas coisas – ele queria voltar a Paris para vê-la novamente.[22] Nelson estava abatido; casara-se de novo com a ex-esposa, mas o casamento fracassava pela segunda vez. Algren disse a Beauvoir que os melhores dias de sua vida foram aqueles passados com ela; mas ele ainda não queria abrir mão de seus termos, e nem ela. Ele sentia ter perdido aquilo que lhe dava a capacidade de escrever.

Durante muito tempo, o governo dos Estados Unidos se recusara a dar um passaporte a Algren porque anteriormente ele simpatizava com os comunistas, de modo que ele não podia ir a Paris. Mas Beauvoir sempre o encorajava a não desistir do passaporte nem de escrever: ele era muito duro consigo mesmo, dizia ela: "essa luzinha dentro de você não pode morrer; isso nunca vai acontecer".[23] Por alguns anos depois, a comunicação deles seguiu as convenções das datas comemorativas dos Estados Unidos e da França: cartões de Natal dele, cartões de Ano-Novo dela. Mas, em julho de 1959, Algren finalmente conseguiu o passaporte. Ele passou a escrever mais, mandava-lhe pacotes de livros e fez planos de visitá-la – por seis meses. Então, quando ela voltou de Cuba em março de 1960 e tocou a campainha, ele atendeu. Quando os olhos de Simone brilharam ao ver o rosto dele, ela não viu os efeitos do tempo: tudo que viu foi Algren. A idade não os impedia de se sentirem "tão próximos quanto nos melhores dias de 1949".[24]

Ele havia acabado de chegar de Dublin, e contou a ela que suas viagens nas névoas irlandesas foram como sua decepção com a política estadunidense. A última visita dele havia sido durante o furor do lançamento de *O segundo sexo*. A vida dela estava mais tranquila agora, então, eles passaram um tempo juntos na rue Victor Schoelcher e com a "família": Olga e Bost, Sartre e Michelle (que estava de volta) e Lanzmann.

Em Paris, eles trabalhavam juntos de manhã no apartamento dela; à tarde, ela ia à casa de Sartre, como sempre. Eles caminhavam até a rue de la Bûcherie para revisitar o passado e passavam as noites no Crazy Horse e em outros clubes de strip-tease, onde Algren se surpreendeu com a presença de strippers de ambos os sexos. Eles foram juntos para Marselha, Sevilha, Istambul, Grécia e Creta.

Na primavera de 1960, Beauvoir recebeu uma carta de uma estudante do *baccalaureate* em Rennes. Seu nome era Sylvie Le Bon. Nascida em 1941 em Rennes, Sylvie gostava de filosofia e admirava os livros de Beauvoir a ponto de lhe escrever expressando isso. Beauvoir respondeu, e quando Le Bon visitou Paris, alguns meses depois, saíram para jantar. Sylvie queria estudar na École Normale, e se saiu muito bem por lá, tornando-se *agregée* em filosofia. Com o tempo, ela também passaria a ocupar um lugar central na vida de Beauvoir.

Em agosto, Beauvoir foi para o Brasil com Sartre, deixando Algren em seu apartamento. Ele ficou até setembro. Ela lhe escreveu do Rio, e continuou regularmente pelo resto do ano. Seus epítetos voltaram ao auge do carinho do relacionamento anterior deles: Algren era o "animal subversivo" de seu coração. Beauvoir e Sartre foram celebrados com honras e convidados a dar várias palestras e entrevistas: em 25 de agosto, ela deu uma palestra na Faculdade Nacional de Filosofia sobre a condição da mulher no mundo moderno. No início de setembro, ela deu duas entrevistas publicadas em *O Estado de S. Paulo*, e, em outubro, Beauvoir e Sartre reservaram um tempo para viagens privadas. Ela adoeceu em Manaus e ficou hospitalizada por uma semana em Recife com suspeita de febre tifoide.

Mesmo quando eles não estavam na França, suas ações causavam rebuliço. Em agosto e setembro de 1960, Beauvoir e Sartre colocaram seus nomes no "*Manifeste dus 121*" [Manifesto dos 121], exigindo a independência da Argélia – e o publicaram na *Les Temps Modernes*.²⁵ Antes de eles saírem do Brasil, Lanzmann telefonou para dizer que não era seguro para Sartre voltar a Paris. Além de assinar o Manifesto, Sartre havia fornecido uma carta em defesa de Francis Jeanson, que estava sendo julgado por apoiar a Frente de Libertação Nacional da Argélia.²⁶ Ele estava sendo acusado de traição, e cinco mil veteranos marcharam pela Champs-Élysées gritando "Atirem em Sartre!". Trinta dos signatários do manifesto foram acusados de traição e muitos perderam o emprego. Houve ameaças de prisão.

FIGURA 10 – Simone dando autógrafos em São Paulo, 6 de setembro de 1960

Eles trocaram o voo e foram recebidos em Barcelona por Bost. Foram de carro até Paris, e Lanzmann os encontrou fora da cidade, para que pudessem entrar discretamente por estradas secundárias.²⁷ Quando Beauvoir voltou à Paris, em novembro, não havia cartas de Algren à sua espera.

Sartre estava recebendo ameaças de morte, e amigos temiam que ele e Beauvoir corressem perigo se ficassem em suas casas. Assim, nas semanas seguintes, eles viveram juntos, em quartos separados, em um apartamento amplo e elegante emprestado por um simpatizante, um tal de M. Boutilier.[28] Essa foi uma das únicas vezes que eles viveram assim, e em uma carta para Algren, datada de 16 de novembro, Beauvoir escreveu provocativamente sobre como era estranho: "Eu *cozinho* para ele". Não havia muito com que se virar: presunto, linguiça, coisas que podiam ser guardadas em lata. Às vezes, Bost aparecia com coisas frescas e fazia uma refeição.[29]

Beauvoir não testemunhou no julgamento de Jeanson, mas seu apoio logo foi cortejado por outra pessoa: Djamila Boupacha, uma muçulmana argelina membro da Frente de Libertação que foi cruelmente torturada – inclusive sexualmente – por soldados franceses. Muitas mulheres argelinas foram estupradas e torturadas antes dela. Mas Boupacha estava disposta a testemunhar, e tinha o apoio de uma advogada nascida na Tunísia, Gisèle Halimi, que esteve envolvida nos julgamentos de muitos combatentes da Frente de Libertação. Halimi pediu para conhecer Beauvoir e lhe contou a história de Boupacha. Como muitos de seus compatriotas, Boupacha se unira à luta pela independência e ajudara as redes de comunicação clandestinas, explorando as suposições francesas sobre os papéis "tradicionais" e "passivos" desempenhados por mulheres do norte da África. As mulheres argelinas eram consideradas apolíticas. Mas, em novembro de 1956 e janeiro de 1957, Boupacha plantara bombas em Argel. Ela fora descoberta, presa, torturada e julgada – mas contestara a legitimidade do tribunal.

Halimi havia convencido Boupacha a processar as autoridades francesas por causa das torturas que havia sofrido. Por acaso Beauvoir apoiaria publicamente a causa? As consequências poderiam ser graves: Boupacha poderia receber a pena de morte. Beauvoir concordou em apoiá-la de uma das maneiras mais poderosas que podia: por meio da caneta. Ela escreveu uma defesa de Djamila Boupacha, publicada em junho no *Le Monde*, e ajudou a criar um comitê para defendê-la. Seu objetivo era divulgar o caso, e com isso revelar o comportamento vergonhoso dos franceses durante a guerra. No *Le Monde*, Beauvoir escreveu que a coisa mais revoltante nesse escândalo era que as pessoas haviam se acostumado a isso. Como não ficavam horrorizados com sua própria indiferença ao sofrimento dos outros?

Em 1946, Beauvoir havia escrito sobre o julgamento de Robert Brasillach; na época, os franceses exigiam justiça para esse colaborador que traíra os valores da França. Em 1960, ela descreveu as ações da mesma nação: "homens, mulheres, idosos e crianças foram mortos a tiros durante ataques, queimados em suas aldeias, abatidos, suas gargantas cortadas, foram estripados, martirizados até a morte; em campos de reclusão, tribos inteiras foram deixadas passando fome, frio, sofrendo espancamentos, epidemias". Todo francês era cúmplice dessa tortura, disse ela: acaso isso refletia seus valores? A ação coletiva daqueles que responderam, dizendo que não refletia, deu mais esperança a Beauvoir acerca do futuro. Também renovou a força de uma longa amizade: Bianca Lamblin (antes Bienenfeld) fez campanha ao lado dela.[30]

Em 25 de outubro de 1960, foi publicado o segundo volume das memórias de Beauvoir – *A força da idade*. Foi um enorme sucesso. Muitos críticos acharam que o tema, a própria vida dela, trouxe à tona as melhores obras de Beauvoir. Carlo Levi descreveu o livro como "a grande história de amor do século". Os críticos celebraram o fato de Beauvoir ter feito Sartre parecer um ser humano: "Você revelou um Sartre que não havia sido entendido corretamente, um homem muito diferente do lendário Sartre". Beauvoir respondeu que essa era exatamente sua intenção. No começo, Sartre não queria que ela escrevesse sobre ele. Mas "quando ele viu como eu falava dele, deu-me carta branca".[31]

Com o benefício da retrospectiva, é fácil ver muitas razões pelas quais ela "simplificou" a "lenda do casal" Sartre e Beauvoir.[32] Olga, ao que parece, ainda não sabia sobre o caso de nove anos de duração entre Simone e Bost – mas se ela guardou segredo pelo desejo de proteger Olga, Bost ou a si mesma, não sabemos. Quanto a suas relações com mulheres, além de razões referentes à privacidade dela mesma e das mulheres com quem dormiu, a repercussão de *O segundo sexo* nos dá uma ideia de por que achou sensato não ser franca. Havia também razões legais a considerar – embora a lei francesa sobre vida privada (*la loi sur la vie privée*) de 1970 ainda estivesse a alguns anos de distância, o artigo

12 da Declaração Universal dos Direitos Humanos da ONU, de 1948, ainda sustentava: "Ninguém será sujeito a interferências em sua vida privada, em sua família, em seu lar ou em sua correspondência, nem a ataques a sua honra e reputação. Todo ser humano tem direito à proteção da lei contra tais interferências ou ataques". Olga, Nathalie e Bianca estavam vivendo a própria vida. Ainda eram amigas de Beauvoir, e pelo menos no caso de Bianca, sabemos que Simone prometeu nunca revelar sua identidade. Dada a frequência com que Beauvoir foi acusada de puritanismo ou de mentir, é importante lembrar que ela nunca prometeu a seus leitores que revelaria tudo. Suas exclusões podem ter sido motivadas por pudor, privacidade ou medo – ou simplesmente para cumprir a lei. Mas também é possível que ela tenha contado a história da maneira que contou devido à mensagem que queria transmitir aos leitores e a um desejo de não confundir essa mensagem com toda a verdade sobre o mensageiro.

Os críticos elogiaram a autobiografia de Beauvoir como sua melhor obra, mas, para as feministas, isso levantou várias suspeitas: era porque ela estava escrevendo algo mais convencionalmente feminino? Porque dera aos leitores acesso sem precedentes a um lado oculto de Jean-Paul Sartre? Há algo nessas suspeitas – afinal, *Os mandarins* foi seu romance de maior sucesso, e também considerado o mais autobiográfico. Mas tendo ou não Beauvoir sido elogiada por escrever obras "mais femininas", é altamente improvável – dados os riscos audaciosos que já correra – que ela tenha escolhido escrever nesse formato porque fosse *mais adequado* para uma mulher discorrer sobre sua vida com "um grande homem" que expressar suas ideias sobre política e filosofia. Afinal, essa conclusão é completamente oposta à sua política e filosofia.

Os intelectuais, ela disse, não devem esquecer aqueles que não têm acesso à cultura. Isso significava escrever coisas que essas pessoas leriam, abastecer sua mente com novas possibilidades por meio do relato. Independente do fato de ela ter feito essas reflexões exatas, suas memórias estavam alcançando um novo público. *A força da idade* vendeu 45 mil cópias antes mesmo de chegar às livrarias, e na primeira semana vendeu mais 25 mil.[33] Foi incrível! Ela escreveu para Nelson em dezembro dizendo que já havia vendido 130 mil cópias.[34]

Foi nesse volume que Beauvoir escreveu que "não era uma filósofa". Ela não se considerava criadora de um sistema, como um Kant, Hegel ou Spinoza – ou um Sartre. A tradução para o inglês de sua explicação descreve seu repúdio a sistemas filosóficos, chamando-os de "loucura", porque faziam alegações universais que não faziam justiça à vida, e "as mulheres não são por natureza propensas a obsessões desse tipo".[35] Suas afirmações deixaram seus leitores de língua inglesa perplexos – o que ela quer dizer com não ser filósofa? Por que justo ela faz essas generalizações tão grandes sobre as mulheres? A verdade é que não foi ela que fez isso – foi o tradutor. Em francês, ela escreveu que os sistemas filosóficos surgem da teimosia das pessoas que querem encontrar "chaves universais" em seus próprios julgamentos duros. E disse que "a condição feminina" não predispõe a esse tipo de obstinação. Seu ceticismo conseguiu passar pela tradução, mas o sarcasmo matizado, não.[36]

A essa altura, Beauvoir tinha poucas ilusões em relação à maneira como era menosprezada, como parceira derivada de Sartre, e incompreendida por pessoas que tinham interesse em não a entender. Então, ela foi direto ao ponto: não queria ser discípula de ninguém e não se contentava em desenvolver, agrupar ou criticar os pontos de vista de outras pessoas em vez de pensar por si mesma. Em *A força da idade*, ela perguntava abertamente: como alguém poderia suportar ser seguidor de outra pessoa? Ela admitiu que, às vezes, na vida, "consentia" em desempenhar esse papel, até certo ponto. Que não desistira de uma "vida de pensamento", como ela disse em seus diários de estudante, mas decidira pensar a vida na literatura, porque considerava esse o melhor veículo para comunicar "o elemento de originalidade" contido em sua própria experiência.[37]

Como a tradução para o inglês dessa passagem tem sido muitas vezes interpretada como sexismo internalizado da parte dela, é importante enfatizar que ser mulher não é a única razão pela qual alguém pode se sentir excluído do título "filósofo". De fato, ler a história de Beauvoir dessa maneira tira nosso foco das razões filosóficas subjacentes a sua negação. Muitos "filósofos" conhecidos negaram esse título – incluindo Albert Camus, que criticou a confiança da filosofia na razão, dizendo que era exagerada, além de Jacques Derrida. É importante, portanto, não enquadrar Beauvoir em uma única imagem do que as mulheres podem ou não podem ser: a questão do que a filosofia pode ou não pode ser também estava em jogo.

Para Beauvoir, fosse aos 19 ou aos cinquenta e poucos anos, a filosofia precisava ser vivida. Mas a essa altura da vida ela havia chegado à conclusão de que estar comprometida com a liberdade dos outros significava participar de projetos concretos de libertação. À medida que o conflito sobre o julgamento de Jeanson se intensificava, Sartre decidiu usar sua posição para protestar contra o tratamento que os signatários do Manifesto dos 121 estavam recebendo. Ele convocou uma entrevista coletiva no apartamento de Beauvoir e defendeu os trinta signatários que foram acusados de traição: se eles fossem considerados culpados, disse, então todos os 121 seriam. E se não, o caso deveria ser anulado. O governo retirou as acusações. A reputação de Sartre poupou todos eles, pois, nas palavras de De Gaulle, "não se aprisiona Voltaire".

As notícias eram boas, mas eles ainda não estavam fora de perigo; em julho de 1961, o apartamento da rue Bonaparte, de Sartre, foi bombardeado com um explosivo plástico. O dano foi limitado, no entanto, mesmo assim, ele saiu da casa da mãe e foi morar com Beauvoir. Em outubro de 1961, trinta mil argelinos protestaram contra o toque de recolher imposto a eles em Paris. Foi uma marcha pacífica com um objetivo claro – queriam ter permissão de ficar fora depois das 20h30. Mas a polícia francesa reagiu violentamente, com armas e porretes, inclusive jogando alguns argelinos no Sena. Testemunhas oculares relataram que policiais estrangularam argelinos, e pelo menos duzentos foram mortos naquele dia.

A imprensa francesa encobriu o caso. Mas a *Les Temps Modernes,* não.

Em julho de 1961, Beauvoir conheceu C. Wright Mills, autor de *A nova classe média* e *A elite do poder*. Ela estava interessada em seu trabalho e em sua popularidade em Cuba. Depois, ela partiu para sua viagem de verão à Itália com Sartre. Eles passaram as noites na Piazza Santa Maria del Trastevere e ela tentou trabalhar no terceiro volume de suas memórias. Mas era difícil pensar no passado quando se sentia "perseguida pelo presente". Lanzmann havia entregado recentemente um manuscrito de Frantz Fanon – *Os condenados da Terra* – a Sartre com o pedido de que escrevesse um prefácio para a obra. Sartre concordou, e os três ficaram encantados quando Fanon disse que os visitaria na Itália. Depois que a revolução da Argélia começou, em 1954, Fanon entrara para a Frente de Libertação Nacional da Argélia. Ele havia sido expulso da Argélia em 1957, mas continuara lutando ainda assim – mesmo depois de ter recebido um diagnóstico de leucemia no início de 1961.

Lanzmann e Beauvoir foram encontrá-lo no aeroporto. Beauvoir o viu antes que Fanon os visse. Seus movimentos eram irregulares e abruptos; ele ficava olhando em volta e parecia agitado. Dois anos antes, ele havia ido a Roma para fazer um tratamento médico depois de ter sido ferido na fronteira marroquina, e um assassino fora atrás dele no quarto do hospital. Quando ele desembarcou, disse Beauvoir, essa lembrança estava "muito viva em sua mente".[38]

Nessa visita, Fanon falou de si mesmo com uma franqueza incomum, levando seu biógrafo David Macey a comentar que Beauvoir e Sartre deviam ter sido questionadores hábeis e compreensivos. Certamente não há outro registro de Fanon falando tão abertamente com alguém.[39] Ele contou que quando era jovem, na Martinica, achava que educação e mérito pessoal eram suficientes para romper a "barreira da cor". Ele queria ser francês, serviria no exército francês e depois fizera medicina na França. Mas nem todo o mérito ou a qualidade da educação o impedira de ser "negro" aos olhos dos franceses.[40] Mesmo sendo médico, as pessoas o chamavam de "garoto" – e coisa pior. Sua história de vida provocou conversas sobre ser francês, ser negro e colonização.

Beauvoir suspeitava que Fanon sabia mais sobre a Argélia do que estava dizendo. Ele se mostrava aberto e descontraído quando falavam sobre filosofia; mas, depois, eles o levaram para ver a Appian Way, e ele não conseguia entender por quê. Segundo Beauvoir, Fanon lhes disse abertamente que "as tradições europeias não tinham valor aos seus olhos". Sartre tentou dirigir a conversa para as experiências de Fanon com psiquiatria. Mas Fanon pressionou Sartre: "Como você pode continuar vivendo e escrevendo normalmente?". Na opinião dele, Sartre não estava fazendo esforço suficiente para denunciar a França. Fanon deixou em Beauvoir uma forte impressão, mesmo muito tempo depois de se despedirem. Quando ela apertou a mão dele, "parecia estar tocando a própria paixão que o consumia", um "fogo" que ele comunicava aos outros.[41]

Naquele outono, Sartre escreveu o prefácio de *Os condenados da Terra*, de Fanon, enquanto Beauvoir escreveu o de um livro de Gisèle Halimi, *Djamila Boupacha*, que contava a história da mulher por trás do julgamento. Assim como ela criticara o Marquês de Sade por fugir dos horrores da realidade por meio da segurança ilusória da imaginação, Beauvoir queria que o Estado francês encarasse a feiura de suas ações. A publicação desse prefácio provocou uma ameaça de morte.

Em 7 de janeiro de 1962, houve outro ataque com explosivos plásticos na rue Bonaparte. A bomba foi colocada no quinto andar por engano – o apartamento de Sartre ficava no quarto –, mas quando Beauvoir foi vê-lo no dia seguinte, a porta do apartamento havia sido arrancada. Um armário também desapareceu, e seu conteúdo – manuscritos e cadernos de anotações de Sartre e Beauvoir – haviam sido roubados.[42] A mãe de Sartre agora morava permanentemente em um hotel, para sua segurança. Em 18 de janeiro, o proprietário do apartamento da Saint-Germain despejou Sartre, então, ele se mudou para a Quai Blériot 110, no 14º distrito.[43]

Em fevereiro, a reação à posição de Beauvoir acerca de Djamila Boupacha a fez perceber que seu apartamento também estava em risco. Então, alguns estudantes da frente antifascista da universidade ficaram com ela como guardiões.

Naquela primavera, ela participou de reuniões antifascistas e de marchas contra a violência do Estado. Depois que as Nações Unidas aprovaram uma resolução que reconhecia o direito à independência da Argélia, De Gaulle começou a negociar com o Partido da Libertação e, em março de 1962, assinaram o Acordo de Évian – que derivou em uma votação na França em 1962, e o eleitorado francês o aprovou.

Em 1º de julho, houve um referendo na Argélia: 99,72% votaram pela independência. Mas quando Beauvoir e Sartre pegaram um avião para Moscou, em 1º de junho, estavam desiludidos pelo modo como a França se apegava desesperadamente ao colonialismo. Aos olhos deles, era má-fé em escala nacional. Sartre também ficou surpreso por receber um convite para ir à Rússia depois do que havia escrito sobre a Hungria em 1956. Mas, sob Nikita Krushchev, a Rússia estava "derretendo". Os abusos de Stálin foram condenados. Acaso estaria o grosso muro ocidental afinando?

Quando Sartre e Beauvoir chegaram, ficaram impressionados com o que viram: os russos ouviam jazz e liam romances estadunidenses. Krushchev até permitira a publicação do livro de Solzhenitsyn, *Um dia na vida de Ivan Denisovich*. A União de Escritores Soviéticos havia providenciado uma guia para Sartre e Beauvoir – Lena Zonina.[44] Era uma crítica literária e tradutora – na verdade, tinha esperança de traduzir as obras deles. Não demorou muito para Sartre começar a seguir aquela regra que seu biógrafo chamou de "regra tácita pela qual Sartre se apaixonava em todos os países que visitava". Sartre se apaixonou por ela – e muito.[45]

Sartre voltou à vida depois de conhecer Zonina. Ele lhe escrevia diariamente, e ela respondia. Mas não podiam usar o correio devido aos censores soviéticos. Por isso, precisavam contar com mensageiros, aguardando longos períodos sem meios de se comunicar. Não era uma maneira fácil de conduzir um namoro, e quando Sartre contou a Zonina sobre sua "ronda médica" (era assim que ele passara a chamar a rotação de mulheres em sua vida), ela não se impressionou. Ele ainda se encontrava com Wanda duas vezes por semana; assim como com Evelyne, Arlette Elkaïm e Michelle. Por que Zonina deveria acreditar que ele teria tempo e atenção para ela também? Naquele dezembro, Sartre e Beauvoir foram a Moscou passar o Natal com ela, e para ver as noites brancas em Leningrado. Como funcionária da União da Comissão Internacional de Escritores, Zonina era representante oficial do governo soviético. Nos quatro anos seguintes, Sartre e Beauvoir fizeram nove viagens à URSS.

No início dos anos 1960, Sartre havia se distanciado do existencialismo, que estava começando a ser visto como uma filosofia de seu tempo e para seu tempo. No fim da década de 1950, Sartre havia escrito que o marxismo era realmente "a filosofia insuperável de nosso tempo" e, na década de 1960, fora criticado por Claude Lévi-Strauss, e por outros por focar demais no tema do consciente mas não o suficiente no inconsciente.[46] O brilho filosófico de Sartre estava se apagando, mas o interesse feminista de Beauvoir estava em ascensão. Em sua sexta década de vida, Beauvoir já tinha bastante prática no uso de termos subversivos e habilidade na criação de experiências imaginárias que apelavam à liberdade de seus leitores. Contudo ela queria mais que termos subversivos e liberdades imaginárias – queria legislação que fizesse diferenças concretas na situação da vida de mulheres reais.

Durante essa segunda onda, o feminismo ganhou impulso. Até a década de 1960, o planejamento familiar era tabu e a legislação restringia a venda de contraceptivos. Em 1960, a pílula foi aprovada nos Estados Unidos; no Reino Unido, o Serviço Nacional de Saúde a disponibilizou em 1961 – mas só para mulheres casadas. Só seria legalizada a venda de contraceptivos na França em 1967 (quando mulheres solteiras na Grã-Bretanha também obtiveram acesso legal a eles), e Beauvoir teria um papel significativo na defesa dessa mudança. Mas *O segundo sexo* continuava inspirando mulheres e escritoras feministas no mundo todo. Em 1963, Betty Friedan publicou *A mística feminina* – muitas vezes visto como obra inaugural do movimento feminista nos Estados Unidos e profundamente influenciado por *O segundo sexo*.[47]

No verão de 1963, Sartre e Beauvoir voltaram à URSS; visitaram a Crimeia, a Geórgia e a Armênia com Lena Zonina. Todas as esperanças sobre o tal "degelo" se mostraram decepcionantes. Havia novamente escassez de alimentos e Krushchev voltara a defender Stálin e a atacar o Ocidente. Sartre conversou com Beauvoir: deveria pedir Zonina em casamento? Era pouco provável que eles pudessem continuar se vendo se ele não fizesse isso. Se um homem com sua reputação intelectual internacional pedisse autorização para se casar com Zonina, o governo russo provavelmente diria que sim, e ela e a filha teriam permissão para ir à França. Mas Zonina não queria deixar sua mãe, ou tornar-se dependente de Sartre, mais uma parada em suas "rondas". Ela disse não. Mas aceita ou recusada, a proposta de casamento de Sartre a mais uma mulher mostra quão distante seu relacionamento com Beauvoir estava de um romance.

Depois da Rússia, foi a hora de ir a Roma de novo. Ficaram no Minerva, um hotel no centro da cidade, em uma praça de mesmo nome. Beauvoir estava dando um tempo de escrever para aproveitar suas leituras e a Itália – foram de carro a Sienna, Veneza e Florença. Quando estavam em Roma, Sartre recebeu uma carta de Zonina. Quanto mais ela lia as memórias de Beauvoir, disse ela, mais percebia que não podia modificar o vínculo entre eles; e não queria ser uma mulher de segunda linha na vida de Sartre. Ela admirava Beauvoir como amiga e a respeitava. "Mas você e Castor criaram uma coisa notável e deslumbrante, muito perigosa para as pessoas que se aproximam de vocês".[48]

No final de outubro, pouco antes de eles voltarem a Paris, Bost ligou para Beauvoir: a mãe dela havia caído e quebrado o fêmur. No mês seguinte, já era irremediavelmente evidente: ela estava morrendo.

Após o outono, Françoise foi levada a uma casa de repouso, e lá, descobriram um câncer terminal. Quando Beauvoir recebeu a notícia, Sartre a acompanhou de táxi até a clínica; mas ela entrou sozinha.[49] Os médicos haviam informado o diagnóstico a Simone e Hélène, mas não a Françoise. As filhas decidiram que seria mais sensato não contar à mãe. Após a cirurgia, houve duas semanas otimistas, nas quais Simone e Hélène ficavam com ela no quarto, em paz. Simone escreveu a Nelson dizendo que não fora o amor que a fizera ficar, e sim "uma compaixão profunda e amarga".[50] Na noite da cirurgia de sua mãe, Beauvoir voltou para casa, conversou com Sartre e ouviu Bartók antes de explodir em "lágrimas que quase se transformaram em histeria".[51] A violência de sua reação a pegou de surpresa; quando seu pai morrera, ela não derramara nem uma única lágrima.

Algumas semanas após a cirurgia, Françoise começou a sentir mais dor, e isso a consumia. Então, pediram aos médicos que lhe dessem mais morfina – mesmo que isso encurtasse sua vida, encurtaria seu sofrimento também. Depois disso, ela passou a maior parte dos dias dormindo. Ela nunca pediu para falar com um padre nem com nenhuma de suas "amigas piedosas", como Beauvoir as chamava. Durante o mês de novembro, Beauvoir se sentiu mais próxima da mãe, como não se sentia desde a infância. Na noite seguinte à cirurgia, Beauvoir foi tomada por uma onda de emoção: estava sofrendo pela morte de sua mãe, mas também pela vida – Françoise havia sacrificado muita coisa em nome da sufocante camisa de força das convenções.

Depois que sua mãe faleceu, Beauvoir se dedicou a escrever *Uma morte muito suave*, um relato que cobre as últimas seis semanas da vida de Françoise e sua própria experiência dolorosa de amor, ambivalência e privação. Simone nunca se sentira tão compelida a escrever algo, a pensar na vida por meio de sua caneta. E ela sabia a quem dedicaria a obra: a

Hélène. Ela manteve um diário durante os meses de declínio de sua mãe (quando lhe deu um título, chamou-o de *"Doença de minha mãe"*; ela não sabia que seria morte). Ela narrou no diário a companhia de Bost, Olga e Lanzmann, de uma maneira que não contou em *Uma morte muito suave*. Seus dias eram pontuados por tentativas frustradas de conter as lágrimas, e em vários momentos ela mencionou ter tomado calmantes antes de ir ver Sartre, para se assegurar de "não o irritar com seu choro".[52]

Em *Uma morte muito suave*, Beauvoir registrou sua mãe dizendo: "Eu vivi demais para os outros. Agora, vou me tornar uma dessas velhas egocêntricas que só vivem para si mesmas".[53] Ela descreveu a perda da inibição de Françoise, e como se sentiu abalada ao ver o corpo nu de sua mãe no hospital – um corpo que a enchera de amor na infância e de repulsa na adolescência.[54]

> Eu havia desenvolvido um grande carinho por aquela mulher moribunda. Enquanto conversávamos na semiescuridão, eu aplaquei uma velha infelicidade; renovei o diálogo interrompido durante a adolescência, que nossas diferenças e semelhanças nunca nos permitiram retomar. E a antiga ternura, que eu julgava morta para sempre, reviveu quando conseguiu se transformar em palavras e ações simples.[55]

Quando o livro foi publicado, alguns jornalistas a acusaram de capitalizar o sofrimento de sua mãe e sua própria dor; até encontraram um cirurgião que declarou que Beauvoir ficava sentada ao lado da cama de sua mãe, insensivelmente fazendo anotações, porque queria colher "material". Mais uma vez, a visão de fora a mostrava sob uma luz sinistra. Por dentro, disse ela, escrever lhe dava "o mesmo conforto que a oração dá ao crente".[56] Em sua opinião, não existia morte "natural".

Desde que conhecera Sylvie Le Bon, em novembro de 1960, Beauvoir mantinha contato com ela, e se encontravam ocasionalmente. Em 1964, seus encontros se tornaram mais regulares; Sylvie deu muito apoio para ela na época da morte de Françoise. Beauvoir escreveu que gostava da reciprocidade do relacionamento delas; Sylvie era intelectualmente capaz e compartilhava com Beauvoir muitas de suas paixões. Beauvoir sentia uma conexão com ela, e quanto mais a conhecia, mais a sentia. Sylvie sabia ouvir, era atenciosa, generosa e afetuosa.[57] *Balanço final*, o último volume da autobiografia de Beauvoir, seria dedicado a ela.

Beauvoir descreveu a vida de cada uma delas como entrelaçadas, e era grata pela vida ter lhe propiciado essa nova companhia. Ela estava errada, disse, quando afirmara, em 1962, que já tinha os relacionamentos mais significativos de sua vida. Ambas negaram que seu envolvimento fosse sexual, mas era fisicamente afetuoso – Sylvie se referia a ele como *charnel*, em francês, que muitas pessoas optaram por traduzir como "carnal". Mas também pode significar "integrado", englobando formas não sexuais de afeto físico.

Em 30 de outubro de 1963, *A força das coisas* foi publicado em francês, pouco mais de cinco meses depois de ser entregue à editora.[58] Nesse livro, Beauvoir continuou conscientemente avaliando seu legado, negando insinuações de que suas obras eram parasitas intelectuais de Sartre e que não continham seus próprios interesses e insights filosóficos. Foi nesse volume de sua autobiografia que Beauvoir discutiu a mudança de tratamento que experimentou após a publicação de *O segundo sexo*: "Eu nunca havia sido tratada com sarcasmo antes de *O segundo sexo*; antes dele, as pessoas eram ou indiferentes ou gentis comigo".[59] Ela percebera que esse livro, em particular, provocava reações *ad feminam*, e queria que seus leitores notassem também.

Em *A força das coisas*, ela escreveu que *O segundo sexo* era "possivelmente o livro que me trouxe a maior satisfação de todos que escrevi".[60] Olhando para trás, havia coisas que ela teria mudado, claro. Mas as cartas que recebia mostravam que ela havia ajudado mulheres a se tornarem conscientes de si mesmas e de sua situação.[61] Ela estava com 55 anos e sabia que (apesar de não ser um modelo) sua vida se tornara um exemplo idealizado no qual outras pessoas buscavam inspiração. Mesmo depois de doze anos, ela ainda recebia cartas a agradecendo por *O segundo sexo*, dizendo que a obra havia ajudado as mulheres a superar os mitos que as esmagavam. Na década seguinte à publicação dele, outras feministas publicaram obras que ela descreveu como mais ousadas que as suas. Muitas focavam demais na sexualidade; mas, disse ela, pelo menos agora as mulheres podem "se apresentar como olhos que observam, como sujeitos, consciência, liberdade".[62]

No entanto, foi também nesse livro que Beauvoir fez a famosa e desconcertante declaração: "evitei cair na armadilha do 'feminismo' em *O segundo sexo*".[63] Três anos antes, em uma entrevista de 1960, Beauvoir havia explicado que queria que os leitores soubessem que ela não era sectária, ou anti-homens, porque, se visto através dessa lente, seu ponto de vista seria prejudicado: "Gostaria que se soubesse que a mulher que escreveu *O segundo sexo* não o fez [...] para se vingar por uma vida que [...] a amargurou. Se alguém interpreta o livro dessa maneira, então o [...] repudia."[64]

Foi no epílogo da *A força das coisas* que Beauvoir escreveu que seu relacionamento com Sartre era o "sucesso inquestionável" de sua vida. Mas esse epílogo confundiu os leitores: começava falando de seu sucesso com Sartre, celebrando o interesse interminável que tinham em conversar um com o outro. Mas terminava com uma sentença intrigante: "Todas as promessas foram cumpridas. No entanto, olhando incrédula para aquela garota jovem e crédula, percebo com estupor quanto fui enganada."[65]

O que isso significava? Os críticos especularam: "*la grande Sartreuse*" se arrependia de seu "romance do século" com Sartre? A "moça bem-comportada" se arrependia de ter se tornado ateia? Estava desapontada com o discurso ambíguo de uma França que alegava defender a *liberdade*, a *igualdade* e a *fraternidade*, mas só se não fosse para os argelinos?

Os leitores também escreveram para Simone chocados: ela era um farol de esperança na vida das pessoas; como podia, com tantas realizações, amantes e a vida que tinha, sentir-se enganada? Françoise d'Eaubonne escreveu que não havia uma frase mais discutida na época que a de Beauvoir: "eu fui enganada"; nem mesmo as palavras mais famosas de De Gaulle eram páreo para essa frase. Françoise recordou que as pessoas recorriam ao dicionário para saber o sentido exato do termo, para tentar discernir se era uma brincadeira ou o drama de uma autêntica desilusão.[66]

Beauvoir sabia que havia sido uma maneira provocativa de terminar o livro. Sylvie Le Bon de Beauvoir disse que o "mal-entendido" provocado por essas palavras era "em parte, deliberado", e "trata-se da própria natureza da literatura".[67] Em uma entrevista de 1964 com Madeleine Gobeil (publicada na *The Paris Review*,em 1965), perguntaram a Beauvoir sobre seu projeto autobiográfico e o que a levara a seguir a vocação de escritora. Sua resposta foi que ela queria que seus livros "tocassem os leitores". Ela queria criar personagens que ecoassem dentro de seus leitores, traçando caminhos, na imaginação das pessoas, que transformassem suas possibilidades na vida – como Jo March em *Mulherzinhas* e Maggie Tulliver em *O moinho sobre o rio* haviam ecoado dentro dela.[68]

Simone havia, sim, tocado seus leitores, mas muitos não gostaram disso. Depois de ler a alegação de Beauvoir de que havia sido "enganada", alguns até escreveram para tranquilizá-la, dizendo "você está sendo injusta consigo mesma, porque é falso que sua experiência não tenha produzido nada". Como ela podia pensar isso, se havia acendido uma "esperança luminosa no coração de milhões de mulheres"?[69] Acaso ela havia lutado contra os mitos da mulher só para se tornar ela mesma um?

Beauvoir havia minimizado os papéis de Bost e Lanzmann em sua vida. Havia excluído do desenrolar de sua história um caso aparentemente sério de amor na vida de Sartre porque a mulher era soviética. Sem dúvida, as preocupações com a privacidade afetavam os dois. Mas no caso de Beauvoir, estava começando a parecer que a idade a condenava ao celibato; no caso de Sartre, não.

Ela sabia que as pessoas eram fascinadas por seu relacionamento com Sartre: era uma história interessante. Mas por que não mostrar, em vários volumes, que se tornar uma mulher pode implicar a valorização de coisas diferentes em momentos diferentes da vida? Ou que uma pessoa possa entender sua própria situação de maneira diferente ao olhar para trás? Ou, de fato, que ter a audácia de expressar o que muitos calam pode nos tornar alvo de ataques daqueles que não querem que sejamos ouvidos?

Há uma passagem em *A força das coisas* em que Beauvoir voltou a Nelson Algren e aos desafios do "pacto" porque percebera um problema que seu eu mais jovem julgara que seria facilmente resolvido: "Existe alguma reconciliação possível entre fidelidade e liberdade? E, se sim, a que preço?"[70]

Frequentemente pregada, raramente praticada, a fidelidade total é, em geral, experimentada como uma mutilação por aqueles que a impõem a si mesmos. [...] Tradicionalmente, o casamento costumava permitir ao homem algumas "aventuras paralelas" sem reciprocidade; hoje em dia, muitas mulheres têm consciência de seus direitos e das condições necessárias para sua felicidade. Quando não há nada em sua vida para compensar a inconstância masculina, elas se tornam vítimas do ciúme e do tédio.

Analisando em retrospectiva, Beauvoir disse a seus leitores que a abordagem do relacionamento deles apresentava muitos riscos. Um dos dois pode começar a preferir um novo amor ao antigo, fazendo que o outro se sinta traído; "no lugar de duas pessoas livres, uma vítima e um torturador se enfrentam". Alguns casais, na opinião de Beauvoir, eram inexpugnáveis. Mas havia uma pergunta que ela e Sartre evitavam "deliberadamente: como a terceira pessoa se sentiria em relação a nosso acordo?" Sobre isso, ela escreveu:

> uma inevitável discrição comprometeu a veracidade exata do quadro pintado em *A força da idade*, pois, embora meu entendimento com Sartre tenha durado mais de trinta anos, não foi sem algumas perdas e transtornos, pelos quais os "outros" sofreram. Esse defeito em nosso sistema se manifestou com uma acuidade particular durante o período que estou relatando agora.[71]

Quando esse volume foi lançado, recebeu críticas negativas e outras bastante rancorosas. E vendeu bem. No entanto, mais uma vez, Beauvoir não gostou da maneira como a mídia a tratou. Eles a chamaram de "complacente", "desesperada";[72] a personificação da "mutação" do mundo feminino. Ela foi acusada de querer chamar atenção, de fazer "tudo para chocar de forma gratuita e inútil", de derrubar "mais aparências que o necessário para transmitir sua mensagem".[73]

Uma crítica da *Esprit*, de Francine Dumas, foi intitulada "Uma resposta trágica". Para as mulheres que escolheram viver uma vida tradicional de fé, maternidade e casamento, foi ganancioso e injusto atribuir à ausência dessas coisas a responsabilidade pelo "tremor interno" de Beauvoir:

> Pois a grandeza de seu destino é justamente esse abandono deliberado de um contexto tradicional (que, a seus olhos, tinha seu preço) e a vontade de substituí-lo pelo caminho arriscado de escolhas em constante mudança. A corda está tão retesada que pode quebrar, e Simone de Beauvoir recusa qualquer rede de segurança.[74]

Na imprensa, um artigo traduziu seletivamente partes de *Who Lost an American?* [Quem perdeu um americano?], de Nelson Algren, para parecer que ele tinha ressentimentos em relação a Sartre e Beauvoir. Ela objetou que eles haviam tirado todo o humor do texto, as "pequenas palavras amigáveis". A essa altura, ela e Algren ainda se correspondiam, e ela lhe escreveu para expressar sua frustração: "Essas pessoas sujas não sabem nada de nada, especialmente quando se trata de amizade e amor".[75]

Em meados da década de 1960, o segundo e terceiro volumes da autobiografia de Simone haviam consolidado a lenda Sartre-Beauvoir. Algumas pessoas próximas a eles achavam que ela tinha uma intenção pessoal: colocar-se no controle de sua imagem pública. Sartre ficou feliz com a forma como Beauvoir o retratou, mas as outras mulheres de Sartre ficaram inquietas – ou pior. Wanda odiou as memórias; achava que o Sartre-Beauvoir que retratavam era um ideal imaginário que tinha pouca semelhança com a realidade. Mas também a fizeram se preocupar com Sartre: depois de todos esses anos, ele ainda negava para Wanda que fosse romanticamente próximo de Beauvoir.

Já com a idade avançada, Sartre continuava conduzindo múltiplos relacionamentos simultaneamente, e não se convertera à crença de que a verdade era algo que todos mereciam. Beauvoir, por outro lado, era aberta sobre seu relacionamento com Sartre e os termos de sua disponibilidade para outros – que apesar de mais honesta, não machucava menos.

A força das coisas foi publicado nos Estados Unidos na primavera de 1965, levando a amizade de Beauvoir e Algren a uma interrupção abrupta. Simone já havia feito um relato ficcional do romance deles em *Os mandarins*, mas o que escreveu em *A força das coisas* provocou a fúria de Algren. Quando a *Newsweek* lhe perguntou sobre a precisão do relato do livro de memórias, ele disse que "Madame Yackety-Yack" havia escrito as fantasias de uma solteirona de meia-idade.[76] Ele criticou o livro em duas revistas – *Ramparts* e *Harper* – com sarcasmo e despeito. E no verão seguinte, publicou um poema na *Zeitgeist* dedicado a ela: o tema era uma tagarela que ele desejava banir para um porão úmido. Beauvoir havia publicado dois trechos de *A força das coisas* na *Harper's* em novembro e dezembro de 1964, intitulados *A Question of Fidelity* [Uma questão de fidelidade] e *An American Rendezvous* [Um encontro americano]. Na réplica de maio de Algren, ele escreveu:

> Qualquer pessoa que possa experimentar o amor de forma contingente acabou de perder o controle da sua mente. Como o amor pode ser contingente? Contingente a quê? Essa mulher fala como se a capacidade de sustentar o relacionamento básico humano – o amor físico entre o homem e a mulher – fosse uma mutilação; enquanto a liberdade consiste em "manter certa fidelidade por entre todos os desvios!", o que ela quer dizer, é claro, quando despojado de seu jargão filosófico, é que ela e Sartre criaram uma fachada de respeitabilidade *petit-bourgeois*, por meio da qual ela poderia continuar procurando sua própria feminilidade. O que Sartre tinha na cabeça, eu certamente não sei.[77]

A última carta que restou de Beauvoir a Algren foi escrita em novembro de 1964. Ela tinha intenção de visitá-lo em 1965, mas sua viagem aos Estados Unidos foi cancelada por causa da Guerra do Vietnã. No entanto, não está claro se puderam recuperar algo de sua intimidade depois da reação de Algren à publicação da *A força das coisas*.[78] Algren seria eleito para a American Academy of Arts and Letters [Academia Americana de Artes e Letras] em 1981. Em uma entrevista sobre o prêmio, um jornalista lhe perguntou sobre Beauvoir; e disse que Algren respondeu com emoções ainda fortes. Como ele tinha problemas no coração, o entrevistador mudou de assunto. No dia seguinte, Algren ia dar uma festa em sua casa para comemorar, mas, quando o primeiro hóspede chegou, encontrou-o morto.

Quando as cartas de Beauvoir a Algren foram publicadas, em 1997, a verdade contida nas memórias dela provocou um alvoroço. A longa correspondência que trocaram revelou que a paixão de Simone por ele, embora oculta, era profunda. As memórias conseguiram forjar o mito Sartre-Beauvoir; mas deixaram o público espetacularmente mal informado. Pelas cartas, parecia que Algren era o amor mais ardente de sua vida; alguns chegaram a acusá-la de má-fé no que diz respeito a seu relacionamento com Sartre.[79] O relacionamento deles também teria uma vida literária fantástica após a morte: Kurt Vonnegut escreveu um longo capítulo sobre Algren em *Destinos piores que a morte*, onde "Miss de Beauvoir" aparece como "Madame Yak Yak", a quem Algren "ajudou a atingir o primeiro orgasmo".[80]

Um ano antes de *A força das coisas* ser publicado nos Estados Unidos, Beauvoir escreveu um prefácio bem curto para *The Sexually Responsive Woman*, um estudo sobre outro fenômeno incompreendido: a sexualidade feminina. "Nesse reino, como em muitos outros", escreveu Beauvoir, "o preconceito masculino insiste em manter as mulheres em um estado de dependência. Em contraste, os autores concedem às mulheres autonomia – tanto fisiológica quanto psicológica – igual à dos homens." Sua resenha é cômica e tocante ao mesmo tempo: ela diz que "não está qualificada para julgar definitivamente" todas as afirmações dos doutores Phyllis e Eberhard Kronhausen, mas que era uma "leitura absorvente e fascinante".[81]

É interessante que, nas críticas da *A força das coisas*, como em outros domínios, Beauvoir tenha sido acusada de não ter senso de humor.[82] As feministas são frequentemente acusadas de ser desmancha-prazeres, e muitos episódios da vida de Beauvoir ilustram o que agora é uma dinâmica bem documentada: quando Beauvoir expressava infelicidade, esta era discutida como se o assunto em questão fosse *sua insatisfação*, e não a *razão de sua insatisfação*.[83] Durante décadas Beauvoir esteve insatisfeita com o modo como a sociedade maltratava mulheres, judeus e argelinos – por que não podia simplesmente relaxar agora? Mas, neste momento, ela estava cada vez mais insatisfeita com a maneira como a sociedade maltratava os idosos. Não era suficiente apenas trazer à luz situações sombrias – o objetivo era torná-las menos sombrias.

Em maio de 1964, após terminar *Uma morte muito suave*, ela decidiu que queria se distanciar da autobiografia e escrever novamente um romance. Desta vez, ela escreveria sobre protagonistas bem diferentes dela em quase todos os aspectos, exceto pelo fato de serem mulheres – mulheres idosas.[84] Durante os anos 1960, Beauvoir continuou usando a escrita para apoiar projetos que julgava melhorarem a situação das mulheres – fossem estudos acadêmicos ou artigos para revistas, como "What Love Is – And Isn't" [O que o amor é – e o que não é]. Ela escreveu que o amor só aparece para aqueles que desejam, aberta ou secretamente, mudar. "Pois é então que você antecipa o amor e o que ele traz: por meio de outra pessoa, um novo mundo lhe é revelado e dado".[85]

Enquanto 1965 se fazia próximo, também se aproximava o aniversário de 60 anos de Sartre, e ele decidiu que, como um homem sem filhos cujo futuro estava ficando mais curto, precisava de um herdeiro e executor literário. Não fazia sentido, pensava, dar essa tarefa a Beauvoir, visto que ela era quase tão velha quanto ele. Assim, Sartre adotou legalmente Arlette Elkaïm quando ela completou 30 anos, em 18 de março de 1965. As testemunhas foram Simone de Beauvoir e Sylvie Le Bon. Saiu no *France-Soir*, mas a maioria de seus amigos não sabia de nada – Wanda, Evelyne e Michelle ficaram fora de si.

Após o Vietnã do Norte ser bombardeado pelos Estados Unidos, em fevereiro de 1965, Beauvoir recusou um convite para dar uma palestra na Universidade de Cornell. Ela deu entrevistas sobre envelhecer, escrever, sobre literatura e autobiografia. Sartre também foi entrevistado sobre ela: em julho de 1965, a revista estadunidense *Vogue* publicou uma entrevista com ele intitulada "Sartre Talks of Beauvoir" [Sartre fala sobre Beauvoir]. Sartre disse que a achava uma "escritora muito boa":

> Ela alcançou algo que se manifestou particularmente a partir de *Os mandarins*. Isso fica evidente em suas memórias e em seu livro *Uma morte muito suave*, que considero a melhor coisa que ela já escreveu. O que ela alcançou é uma comunicação imediata com o público. Digamos assim: há uma diferença entre ela e eu. Eu não me comunico emocionalmente; eu me comunico com pessoas que pensam, refletem e são livres em relação a mim. Isso

pode ou não ser bom. Mas Simone de Beauvoir se comunica emocionalmente ao mesmo tempo. As pessoas estão sempre envolvidas com ela em virtude do que ela diz.[86]

Nas anotações de Beauvoir para *Balanço final*, escritas em 1965-1966, ela disse que a história publicada de sua vida havia transmitido apenas uma "verdade mutilada" porque não era minuciosa; uma "verdade deformada, uma vez que o tempo não é exatamente restaurado". Mas havia transmitido uma "verdade literária".[87] Ela considerava sua vida um exemplo do que significava viver uma escolha existencial: não havia um "decreto" divino sobre quem ela deveria ser, nenhum caminho predeterminado ou clinâmen epicurista por meio do qual ela se desviasse. O que havia era um devir sem esquema prévio – um projeto que ela perseguiu ao longo de sua vida, que às vezes se ramificava em projetos secundários pelo caminho.[88]

Às vezes, ela sentia o peso das escolhas passadas. Ela ainda se arrependia de como tratara "Lise" (Nathalie Sorokine) e se sentia "aprisionada" pela maneira como seus projetos haviam se "petrificado", acumulando atrás de si um "passado inescapável".[89] Mas, por outro lado, seu passado inescapável fazia parte da maneira como ela se tornara quem era, e ser uma figura pública abria novas possibilidades – e responsabilidades. Ela não poderia, em sã consciência, ter escrito o que escrevera sobre o mundo sem *agir* para torná-lo melhor. Portanto, como poderia se recusar a responder às cartas que recebia e a assinar petições? Sua situação tinha o poder de transformar a vida dos outros: ela tinha que tirar o máximo proveito disso.

Em agosto de 1965, Sylvie e Simone foram para a Córsega. Depois disso, Beauvoir e Sartre foram tomar sua dose anual de Roma. Sartre deixou a Itália para voltar a Paris em 12 de outubro, de trem; Beauvoir voltou dirigindo. Eles planejavam se encontrar na noite do dia 14, às 19h, na casa dela. Mas, naquele dia, na hora do almoço, o telefone tocou. Diziam os noticiários que Beauvoir sofrera um acidente de carro em Yonne e estava hospitalizada em Joigny. Lanzmann e Sartre partiram imediatamente, dirigindo em altíssima velocidade para estar com ela. Ela teve quatro costelas quebradas. Seu rosto estava inchado, levou pontos e tinha um olho machucado. Havia feito uma curva muito rápido.

Sartre passou a noite em um hotel próximo e depois a acompanhou de volta à rue Victor Schoelcher de ambulância. Ele a ajudou a subir até o apartamento e disse que ficaria com ela até que pudesse andar; ela sentia muita dor, despir-se era um desafio. Simone ficou de cama por três semanas, durante as quais Sartre, Lanzmann e Sylvie Le Bon cuidaram dela – com a ajuda diária de uma enfermeira.

Ela teve uma boa recuperação; em junho de 1966, Sartre e Beauvoir voltaram à URSS, e em setembro, partiram para Tóquio. Nunca haviam estado no Japão. Eles sabiam que suas obras eram lidas lá – o Japão era um dos melhores mercados para as obras de Sartre e *O segundo sexo* havia acabado de ser traduzido para o japonês. Mas, quando saíram do avião, não esperavam ser cegados pelos flashs das câmeras dos jornalistas. O intérprete os levou a uma sala para responder às perguntas da imprensa; os jovens tentaram tocá-los quando passaram. Em suas memórias, Beauvoir escreveu sobre a leitura voraz que fez da história e da cultura japonesas e sobre os compromissos de Sartre, sem se estender no conteúdo de suas próprias palestras.[90] Mas ela não estava lá como acompanhante de Sartre; Simone deu três palestras sobre "A situação das mulheres hoje". Mais uma vez, não está claro se ela omitiu isso por autodepreciação, por modéstia, ou para não escrever sobre sua vida de uma maneira que a tornasse muito distante para seus leitores.

Essa questão só se intensifica quando sabemos o que suas memórias deixaram por dizer. Em sua palestra de 20 de setembro, ela disse que o feminismo estava "longe de estar desatualizado" e não só vale a pena para as mulheres, como também é "uma causa comum a homens e mulheres, e os homens só passarão a viver em um mundo mais justo, mais organizado e mais decente, quando as mulheres tiverem um status mais justo e mais decente. A aquisição da igualdade entre os sexos é assunto de ambos".[91] Beauvoir expressou sua esperança de que *O segundo sexo* se tornasse ultrapassado, porque, uma vez que as mulheres alcançassem a igualdade, suas análises sobre a alienação delas seriam redundantes. Simone achava que a exploração das mulheres poderia ser abolida sem abolir a diferença sexual. Mas estava preocupada com o que via como uma "regressão" antifeminista na sua e em outras culturas. Na França, as mulheres alegavam que sua verdadeira vocação era ser esposas e mães: donas de casa.

Parte da preocupação de Beauvoir era que as mulheres "confinadas" à vida privada vivessem precariamente, dependentes do dinheiro de alguém que poderia deixar de amá-las a qualquer momento, deixando-as sem recursos e sem o significado ao redor do qual elas haviam construído a vida. Mas Beauvoir não escondia o fato de que achava esse tipo de vida "inferior" à "participação real na vida social", a "ajudar a construir o mundo em que vivemos".[92] Ela achava que as mulheres eram "vítimas" da regressão a ser donas de casa: em parte, porque elas sofriam ao se compararem com outras mulheres, e também porque ainda se esperava que aquelas que trabalhassem ainda fossem donas de casa quando voltassem do trabalho. O resultado era culpa e exaustão devido a suas decisões: "Se uma mulher passa oito horas no trabalho e trabalha mais cinco ou seis horas em casa, no fim da semana encontra-se em um estado absolutamente terrível de exaustão. Ainda não é habitual que o homem ajude a mulher".[93]

O que Beauvoir achava valioso em países onde havia visto um número maior de mulheres no mercado de trabalho era a "autoconexão", a relação consigo mesmas; ela achava que esse autoconhecimento era derivado da participação na vida pública. Beauvoir sempre se interessara pelo que significava tornar-se uma pessoa, e identificou em *O segundo sexo* um desafio comum para as mulheres: a possibilidade de serem "sujeitos divididos", divididos entre o eu que desejam ser como amantes e mães e os eus que querem se tornar no mundo mais amplo. A segunda palestra de Beauvoir no Japão voltou ao "caráter dividido da condição das mulheres". Como as mulheres que trabalham também querem uma vida feliz, amor e um lar, muitas optam por sacrificar sua ambição: "ela acha prudente deixar-se ofuscar no plano profissional".[94]

Três anos depois, em 1969, quando *O segundo sexo* foi publicado no Japão, saiu na lista de mais vendidos. Na volta de Tóquio, Beauvoir e Sartre pararam em Moscou. Era a décima primeira visita de Sartre à URSS, mas, então, ele se deu conta de que havia perdido a razão de voltar: estava tudo acabado com Lena Zonina.

Em novembro de 1966, o retorno de Beauvoir à ficção, *As belas imagens*, foi publicado. Uma crítica no *La Cité* descreveu-o como um "romance curto sobre a moral contemporânea inteiramente impregnada de moralidade existencialista", reforçando novamente a narrativa de que

Beauvoir pertencia à mesma categoria intelectual de Sartre e ainda não se dando conta da maneira como as representações que ela apresentava das mulheres questionavam o tratamento que a sociedade lhes dispensava. A crítica disse com desdém que era uma sátira malsucedida; uma lista de "todos os clichês lidos nos semanários apresentados em uma espécie de colagem".[95] Mas as vendas contaram uma história diferente: 120 mil cópias vendidas rapidinho.[96]

Mais tarde, Beauvoir descreveu sua protagonista Laurence como "enojada com a vida a ponto de chegar à anorexia".[97] Ela é uma bem-sucedida publicitária, esposa e mãe de duas filhas. Gosta de sexo extraconjugal no trabalho antes de voltar para casa para pôr as crianças na cama e passar a noite com seu bem-sucedido marido arquiteto. Ela bebe, mas não come.

O equilíbrio de Laurence (se é que se pode chamar assim) é rompido pelas perguntas de sua filha – Por que as pessoas existem? Por que algumas são infelizes? O que fazer pelos infelizes? –, fazendo-a refletir sobre o que ela valoriza. Ela trabalha no mundo das belas imagens do marketing, escrevendo belos slogans; aperfeiçoou as habilidades necessárias para apresentar uma imagem muito bonita de si mesma. Mas, manter a aparência de uma vida bonita – com seus carros bonitos, casa bonita, roupas bonitas, comida bonita, férias bonitas – deixa-a insatisfeita com o *status quo*. Laurence tinha 10 anos em 1945; ainda se lembra do holocausto. E começa a se perguntar por que há tão pouca tristeza em relação à Argélia; nota que as imagens de manifestantes defensores dos direitos civis nos Estados Unidos são esquecidas assim que desaparecem das telas de TV.

O livro critica o capitalismo e o consumismo, perguntando explicitamente se o dinheiro nos faz felizes.[98] Implicitamente, pode ser usado para responder às mudanças no feminismo e nas situações das mulheres, e à equação que relaciona dinheiro com independência. Ele também satiriza Michel Foucault, que estava se tornando conhecido como um dos principais pensadores da França. Em uma entrevista de 1966, Beauvoir afirmou que as obras de Foucault e a revista *Tel Quel* forneciam "álibis" à "cultura burguesa". Enquanto a mensagem da *As belas imagens* era que o progresso "deve ser ao mesmo tempo material, intelectual e moral, ou simplesmente não será progresso", na opinião de Beauvoir, o pensamento de Foucault não tinha compromisso com a mudança social.[99]

O romance de Beauvoir termina com Laurence refletindo sobre suas filhas: "Criar um filho não é criar uma imagem bonita". Beauvoir havia dito em *O segundo sexo* que criar um filho é um empreendimento ético, a formação de uma liberdade humana – e que, com demasiada frequência, para mulheres e crianças, era uma formação em indiferença. Na cena final do romance, Laurence se olha no espelho e pensa que, para ela, o jogo havia acabado. Mas suas filhas teriam chance. Mas, que chance?[100]

Em fevereiro seguinte, Beauvoir, Sartre e Lanzmann foram para o Oriente Médio – Egito e Israel. *Les Temps Modernes* publicou uma edição especial sobre o conflito árabe-israelense. No Egito, foram recebidos por Mohamed Hassanein Heikal, diretor do jornal *Al-Ahram* e amigo do segundo presidente do Egito, Gamal Abdel Nasser. O *Al-Ahram* fez uma entrevista com Beauvoir intitulada "A Filósofa de *O segundo sexo* no Cairo".[101] Do Egito, foram para campos palestinos em Gaza em 10 de março, e no dia 11, Beauvoir deu uma palestra sobre "Socialismo e Feminismo" na Universidade do Cairo.

FIGURA 11 – Claude Lanzmann, Simone de Beauvoir e Jean-Paul Sartre em Gizé

Por causa do conflito árabe-israelense, nenhuma companhia aérea tinha voos diretos do Egito para Israel; por isso, eles tiveram que ir por Atenas.[102] Quando chegaram a Israel, visitaram Jaffa, Tel Aviv e alguns kibutzim. Ficaram duas semanas, e Beauvoir novamente deu palestras, dessa vez sobre "O papel do escritor no mundo contemporâneo", na Universidade Hebraica em Jerusalém. Beauvoir era fascinada pelo status das mulheres nessa sociedade e queria entender como os jovens se sentiam em relação às reivindicações concorrentes de israelenses e palestinos. Em junho, a Guerra dos Seis Dias remapeou os territórios e dividiu a opinião política no mundo e na "família". Beauvoir apoiava Israel; Sartre apoiava a Palestina. Uma vez que o apoio de Beauvoir a Israel era público, suas obras foram proibidas no Iraque – dois dias antes da Guerra dos Seis Dias. De maneira mais pessoal, Lanzmann se sentia traído por Sartre. Ele havia lido seu livro sobre antissemitismo na década de 1940 e o achara extremamente inspirador; acaso Sartre era agora um antissemita?

No mês anterior, Sartre e Beauvoir haviam participado do Tribunal Russell. O filósofo britânico Bertrand Russell – então com 94 anos – liderou um grupo destinado a conscientizar o público e a condenar as atrocidades que os estadunidenses estavam cometendo no Vietnã (devido a sua idade, seu cargo de presidente era honorário; Russell permaneceu na Inglaterra). Em maio, o grupo se reuniu em Estocolmo para dez dias de discussão; em novembro, reuniram-se de novo em Copenhague.[103] Eles ouviram relatos de testemunhas oculares, que duraram exaustivos dias. Muitos membros da "família" estavam lá – Lanzmann, Bost (trabalhando para o *Le Nouvel Observateur*), Sylvie Le Bon e Arlette Elkaïm.

Após *As belas imagens*, Beauvoir começou a trabalhar em uma coleção de três contos, que foram lançados em 1967 como *A mulher desiludida*. Por um longo tempo, ela e Hélène quiseram produzir algo escrito por Beauvoir e ilustrado pela irmã, e foi perfeito: Hélène fez algumas gravuras para os títulos, e Beauvoir providenciou para que fossem publicados em série na *Elle*.[104] Foi um fracasso tão grande que algumas pessoas perguntaram a Hélène por que ela concordara em criar ilustrações para o pior livro de sua irmã.

A ficção anterior de Beauvoir tinha protagonistas masculinos e femininos, mas cada conto de *A mulher desiludida* foi escrito sob o ponto de vista da consciência de uma única mulher – em cada caso, a consciência de uma mulher de idade –, e aborda os temas isolamento e fracasso. Beauvoir escreveu que nessa obra tentara "descrever os momentos críticos de três existências femininas: o encontro com a velhice, a exasperação da solidão e o fim brutal de um caso de amor".[105]

"A idade da discrição" descreve o desgosto de uma escritora, esposa e mãe de um filho adulto. Ela é profundamente consciente de que está envelhecendo, e experimenta seu próprio corpo com um misto de repulsa e resignação.[106] Ela acaba de publicar um livro e receia nunca alcançar o nível de suas obras anteriores, de não ter mais nada que valha a pena dizer. Seu filho fez uma escolha que ela desaprova veementemente, e a personagem ameaça nunca mais falar com ele se o rapaz não atender a seus desejos. Seu marido a desafia continuando a falar com o filho, enfiando mais fundo uma grossa cunha de alienação em um casamento já ferido; ela sofria com a perda da intimidade física entre eles. O conto inclui uma reconciliação de naturezas: juntos, a protagonista e seu marido enfrentam o futuro decrescente, aprendendo a viver "uma vida de curto prazo".[107]

A prosa do segundo conto é diferente de tudo que Beauvoir já havia escrito – é o fluxo de uma consciência beirando o limite da loucura. O filho dessa protagonista foi tirado dela, ela vive isolada, é pária, um feio reflexo da realidade que mostra que as pessoas podem ser "desprezíveis" quando alguém está deprimido.[108]

O conto que dá título à obra, "A mulher desiludida" é escrito em forma de diário; é a crônica devastadora de uma mulher caindo em depressão. O casamento de Monique está em decadência e ela quer desesperadamente revitalizá-lo. Sua vocação, realizada alegremente, era ser esposa e mãe. Mas seus filhos acabaram de atingir a idade adulta, e agora ela quer viver "um pouco para si mesma".[109] A devoção e a doação de si – temas dos diários de estudante de Beauvoir – foram gratificantes para ela e vividas como uma livre escolha. Mas então, seu marido, Maurice, começa a ter um caso. E sem a fidelidade dele, a vida que eles construíram desmorona, enterrando-a sob uma ansiedade e uma insegurança paralisantes.

A história de Monique aborda os temas familiares de julgamento e sofrimento – o julgamento que as mulheres enfrentam quando "não fazem nada" além de ficam em casa com os filhos, e o sofrimento que padecem quando se comprometem com um projeto conjunto com um parceiro que aceita sua doação, mas que depois a abandona por uma "doadora" mais jovem. Monique desafia seu marido, mas ele, por meio de *gaslighting*, a convence de que ela está errada por fazer uma "cena", tentando fazê-la se sentir culpada por criar uma situação desconfortável, mas ainda pálida em comparação com o sofrimento dela. Ele consegue virar os holofotes morais para que ceguem sua consciência, em vez de queimar a dele. Várias vezes ela acha que chegou ao fundo do poço, só para afundar ainda mais na infelicidade.

Quando *A mulher desiludida* foi publicado, provocou duras críticas, mesmo pelos padrões de reação aos outros livros de Beauvoir. O crítico literário Henri Clouard escreveu que Beauvoir nunca havia "usado tanto seu talento para fazer uma campanha desmoralizante". Acaso esse incômodo de uma mulher agora sugere que todas as mulheres que constroem a vida em torno dos homens fracassam? Mais uma vez, disse Clouard, Beauvoir estava "dando" uma "lição" ao público.[110] E a personagem de Maurice, o ponto de vista do homem? Não havia sido suficientemente desenvolvido. Realmente – queixou-se ele –, esperava-se mais "clareza de mente", "mais liberdade" em sua arte. "Na verdade, ela está desatualizada"; "Madame de Beauvoir continua sua campanha pela emancipação das mulheres como se nossas contemporâneas ainda precisassem disso".[111]

A própria Beauvoir não teria pulado tão rapidamente de um caso particular (ou melhor, três contos particulares) para uma conclusão universal. Ela teve o cuidado de tornar ambígua a situação de Monique: sua intenção era fazer do livro uma história de detetive, uma investigação *post mortem* de um casamento, no qual o leitor é convidado a descobrir quem ou o quê é o culpado. Jacqueline Piatier, porém, escreveu no *Le Monde* que "existem lições por toda parte, independentemente do que ela diga".[112] Em *Balanço final*, Beauvoir lamentou a maneira como *A mulher desiludida* fora lido; como sempre, ela foi acusada de escrever autobiografia, de incluir as vozes de Simone e Jean-Paul como se falassem por toda a humanidade. Perguntaram a ela se Sartre a havia abandonado.[113] Ironicamente, outros objetaram que esse livro não era

"Simone de Beauvoir" de verdade, porque a ficção não se baseava no mundo que eles achavam que ela habitava. Onde estava Sartre? Por que só falava de esposas e mães?

Em *Balanço final*, Beauvoir escreveu que não entendia por que *A mulher desiludida* provocara tanto ódio. Mas a condescendência não a surpreendia: ela publicara os contos em série na *Elle*, e o *Le Figaro Littéraire* alegou que era um romance água com açúcar. Mas as reações que ela experimentou foram peçonhentas, pessoais, discriminativas de gênero e de idade:

> Desde que vislumbrei Simone de Beauvoir na rue de Rennes, eu me arrependo muito de ter escrito aquele artigo; ela andava rastejando, parecia desbotada e exaurida. Devemos ter pena dos idosos. A propósito, é por isso que a Gallimard continua publicando seus livros.
> Ah sim, senhora, é triste envelhecer![114]

Beauvoir sabia que estava envelhecendo e era suficientemente honesta para admitir que não gostava disso. Mas não via razão para se esconder da velhice. Ela a enfrentou com aprumo, como um assunto carente de análise filosófica e de ação política. Ela já andava pensando em seu livro sobre a velhice havia alguns anos; mais tarde, ela se referiria a ele como a contraparte de *O segundo sexo*. Mas, quando começou a pesquisar a sério e a procurar livros sobre a velhice, ficou surpresa com o pouco que pôde encontrar. Na sala de catálogos da Bibliothèque Nationale, ela descobriu ensaios de Emerson e Faguet, e devagar foi compilando uma bibliografia. Ela leu periódicos gerontológicos franceses; encomendou de Chicago enormes volumes estadunidenses em inglês.[115] Seu ex-colega, Claude Lévi-Strauss, deu-lhe acesso ao material de antropologia comparada do Collège de France, para que ela pudesse estudar as monografias que discutiam o status dos idosos em várias sociedades.

Dia após dia, ela trabalhava em sua pesquisa. Com o desenrolar dos eventos de maio de 1968 – protestos estudantis e greves gerais tão gigantescos que pararam a economia da França –, Sartre e Beauvoir fizeram uma breve declaração no *Le Monde* apoiando a causa dos estudantes.

O levante político desse ano levou Sartre a reconsiderar sua posição sobre o papel que os intelectuais deveriam desempenhar na sociedade; ele estava cada vez mais interessado no maoísmo.

O comitê da *Les Temps Modernes* passara a se reunir quinzenalmente no apartamento de Beauvoir. Às quartas-feiras, 10h30 da manhã, eles chegavam e começavam a trabalhar. Sylvie Le Bon era um novo membro da equipe, e Bost e Lanzmann também participavam (Lanzmann ainda não havia começado a trabalhar em seu épico documentário sobre o Holocausto, *Shoah*). Mas Sartre aparecia cada vez menos. *Les Temps Modernes* foi inovadora na década de 1940; mas já estava coberta pelo pó de uma instituição já estabelecida. Sartre queria fazer parte de algo revolucionário, e se tornara amigo de alguns maoístas, incluindo um jovem chamado Pierre Victor. Victor perguntou a Sartre se ele assumiria o cargo de editor do jornal maoísta francês *La cause du peuple*, pois se ele fosse o editor, talvez a publicação não encontrasse tanta censura por parte do governo. Em abril de 1970, Sartre foi nomeado editor-chefe. Naquele mês de junho, ele e Beauvoir distribuíram a publicação nas ruas de Montparnasse e foram presos. Foram liberados com a mesma rapidez, mas a prisão deu a Sartre uma plataforma para alegar o uso de dois pesos e duas medidas e exigir a verdadeira liberdade de imprensa.

Beauvoir não compartilhava com Sartre seu mais recente entusiasmo político. De fato, em termos políticos, suas batalhas divergiam dramaticamente nos últimos anos. Enquanto o maoísmo de Sartre o marginalizou da corrente intelectual, o feminismo de Beauvoir deu-lhe um papel de liderança no movimento internacional das mulheres. Somente em 1969, a edição em brochura de *O segundo sexo* havia vendido 750 mil cópias.[116] Em 1970, ganhou o status de "clássico" na América do Norte. A ativista canadense Shulamith Firestone dedicou seu livro *A dialética do sexo*, de 1970, a Beauvoir, e Firestone e muitas outras feministas expressaram seu apreço pela vida de Beauvoir, bem como por seu trabalho, no que seria uma versão interessante e reversa do "escândalo de 1949" (após a publicação de *O segundo sexo* na França). A dedicatória em *A dialética do sexo* dizia: "A Simone de Beauvoir, que manteve sua integridade". Em *Man's World, Woman's Place* [O mundo dos homens, o lugar das mulheres], de Elizabeth Janeway, 1971, a autora estabeleceu conexões entre a teoria da mulher de Beauvoir como "Outro" e os comportamentos de grupos subordinados. Mesmo na França, em 1971 uma proeminente revista cultural incluiu a obra – com *O processo*, de Kafka, e o primeiro Relatório Kinsey (masculino) – como um dos livros mais significativos da época.[117]

Durante o ano anterior, o movimento de libertação das mulheres na França havia ganhado força política. Na primavera de 1970, houve manifestações femininas na Universidade de Vincennes. Mas foi em Paris, deserta durante as férias de agosto, que nasceu o *Mouvement de Libération des Femmes*, o MLF, [Movimento pela Emancipação das Mulheres]. Uma coroa de flores foi colocada embaixo do Arco do Triunfo em memória à esposa do Soldado Desconhecido. As faixas diziam: "A cada duas pessoas, uma é mulher"; "Mais desconhecido que o soldado desconhecido é sua esposa".

Em outubro, saiu uma edição especial da *Partisans* sob o título "Libération des femmes, année zéro" [Emancipação das mulheres, ano zero].[118] Pouco depois, Beauvoir se encontrou com as ativistas que haviam dado início ao movimento – embora, por escrito, nem Beauvoir nem elas reconhecessem ter dado o primeiro passo.[119] Anne Zelinsky, Christine Delphy e outras queriam montar uma campanha séria para derrubar as restrições ao aborto. A contracepção havia sido legalizada na França em 1967, mas o aborto ainda era ilegal. O semanário *Le Nouvel Observateur* concordou em publicar um manifesto, mas com a condição de que alguns nomes famosos o endossassem. Simone de Beauvoir tinha um nome famoso, e concordou em emprestá-lo à causa. Elas também precisavam de espaço para se reunir, e ela ofereceu seu apartamento.

Nos domingos dos próximos meses, a campanha foi organizada nos sofás da casa de Simone. Foi um sucesso: reuniram 343 assinaturas e o "*Manifeste dus 343*" [Manifesto dos 343] foi publicado em 5 de abril de 1971 no *Le Nouvel Observateur*. Sua mensagem era simples:

> Um milhão de mulheres abortam a cada ano na França, em condições perigosas devido ao sigilo ao qual estão condenadas, embora o procedimento, quando realizado por médicos profissionais, seja extremamente simples. Esses milhões de mulheres

são silenciadas. Declaro que sou uma delas. Declaro que fiz um aborto.

Cada signatária afirmou já ter feito um aborto (mas não temos certeza de que Beauvoir fez algum, ou de que muitas outras signatárias não tenham feito nenhum[120]); elas assinaram porque queriam que as mulheres tivessem o direito de abortar de forma livre e segura.

A palavra aborto nunca havia sido pronunciada antes nas emissoras de rádio ou de TV francesas. Mas, naquele momento, Colette Audry, Dominique Desanti, Marguerite Duras, Gisèle Halimi, Catherine Deneuve e Jeanne Moreau afirmavam ter feito o indizível. Além de Beauvoir, muitos membros da "família" também assinaram: Olga, Arlette, Michelle e Hélène apoiaram a causa. Sem surpresa, as signatárias foram difamadas como as "343 vadias".

15

A velhice revelada

Quando Sartre e Beauvoir voltaram de Roma, em setembro de 1970, ela estava esperando *A velhice* ser lançado e pensando no que faria a seguir. A saúde de Sartre já não a preocupava havia um tempo, mas certa noite, em um sábado de outubro, quando Sartre estava no apartamento dela com Sylvie – ele passava as noites de sábado com elas –, ele bebeu muita vodca e adormeceu. Na manhã seguinte, ele voltou a seu apartamento. Mas, quando Sylvie e Beauvoir o levaram para almoçar no domingo (um encontro semanal no La Coupole), ele ficava esbarrando nos móveis. Sartre havia bebido muito pouco até esse momento, então, por que não conseguia andar direito?

Quando Beauvoir voltou para sua casa, estava desesperada; tinha pressentimentos desde o susto que levaram em Moscou, em 1954, e Sartre ainda fumava dois maços de Boyards por dia e bebia muito. No dia seguinte, ele parecia ter recuperado o equilíbrio, mas foi ao médico, que pediu exames. O encefalograma estava normal. No entanto ele passou a tomar remédio para vertigem, que o deixava tonto, e o efeito colateral era sonolência. Ela tentava não temer o pior, mas, e se fosse?

Assim que *A força das coisas* foi publicado, em 1963, Beauvoir tinha 55 anos e muitos leitores ficaram ofendidos por ela ter sido explícita sobre seu desconforto com a velhice. Ela julgava entender por quê: as pessoas a transformaram em uma imagem porque queriam se identificar com a Simone de Beauvoir de sua imaginação, um ícone não preocupado com a mortalidade, imperturbável pelo declínio. Eles preferiram não enfrentar a realidade do envelhecimento e da morte; como ela se atrevia a admitir que tinha medo disso?[1]

FIGURA 12 – Beauvoir com Sylvie Le Bon e Sartre na Piazza Navonna, Roma, agosto de 1970

Ela havia se sentido um "Outro" como mulher, o que contribuíra para sua análise em *O segundo sexo*. Mas, na década de 1960, ela começou a se sentir um "outro" de uma nova maneira: começou a se sentir velha. Mais uma vez, sua própria experiência a fez pensar na experiência dos outros. Porém era tabu falar sobre o envelhecimento e os velhos. O romancista André Gide também se questionara sobre isso e perguntara (por meio de seu personagem La Pérouse) por que os livros tinham tão pouco a dizer sobre os idosos. Sua resposta fora: "porque os velhos não podem mais escrevê-los, e porque, quando somos jovens, não nos preocupamos com isso".[2]

Então, Beauvoir decidiu se preocupar enquanto podia. Ela começou a trabalhar nessa questão em meados de 1967, voltando à Bibliothèque Nationale para estudar. Leu relatos biológicos, etnológicos e históricos para a primeira metade do livro, e na segunda metade – como havia feito em *O segundo sexo* –, queria incluir experiências de vida. Ela visitou casas de repouso, leu memórias escritas por pessoas em idade avançada, e, como sempre, leu literatura. O produto final havia recorrido a fontes que iam da filosofia de Alain aos diários de Sophia Tolstói, passando por Louis Aragon, Samuel Beckett,

Charles Baudelaire, Buda, Chateaubriand, Confúcio, Winston Churchill, Dickens, Diderot, Dostoiévski, Marguerite Durand, Ralph Waldo Emerson, Erasmus, James Fraser, Judith Gautier, Gide, Mme. de Grafigny, Hegel, Kant, Mme. de Maintenon, Nietzsche, Proust, George Sand, Schopenhauer, Mme. de Sévigné, George Bernard Shaw, Valéry, Voltaire – e Virginia Woolf.

Quando Virgina Woolf tinha 58 anos, escreveu em seu diário:

Detesto a dureza da velhice. Sinto que está chegando. Eu ranjo. Estou amargurada.
O pé mais lento para pisar o orvalho
O coração menos sensível às emoções novas
Esmagada a esperança mais lenta para crescer de novo
Acabei de abrir Matthew Arnold e copiei essas linhas.[3]

Em *A velhice*, Beauvoir argumentou que nem todo envelhecimento é igualmente difícil, rangente ou amargo, porque "velhice" não se refere a uma única experiência universal. Assim como tornar-se mulher, envelhecer varia muito, dependendo do contexto físico, psicológico, econômico, histórico, social, cultural, geográfico e familiar do indivíduo em questão. A *situação* do envelhecimento afeta drasticamente sua experiência.

Assim como ser mulher ou estar grávida, a velhice tem um componente biológico óbvio. Mas Beauvoir argumentou que também é um fenômeno cultural. Ela se sentia perplexa com a maneira como a sociedade ignorava a velhice. No caso das mulheres, disse, apenas metade delas tem que viver o status secundário que lhe é atribuído pelo sexismo. Mas a idade é um destino que afeta todos que tenham uma vida longa. A velhice como um fato biológico é um destino humano universal – para quem vive o suficiente. Mas a velhice como marginalização e solidão, não.

Ela usou a filosofia, construída a partir de experiências realmente vividas, para desenvolver sua argumentação, como fez em *O segundo sexo*. Também demonstrou como o preconceito de idade e o sexismo frequentemente trabalham em conjunto. Os idosos de ambos os sexos são o tempo todo impedidos de realizar novos projetos e possibilidades. Mas, para os homens, a velhice não parece ter o mesmo efeito decrescente sobre suas perspectivas eróticas.

Sua análise nessa obra difere de *O segundo sexo* na medida em que se concentra muito mais na escassez econômica. Não é por acaso, disse Beauvoir, que as pessoas falam de crianças e idosos como extraordinários para sua idade: "o extraordinário reside em se comportarem como seres humanos quando ainda não o são, ou já não o são mais". Entretanto a criança representa o futuro, ao passo que o idoso é "não mais que um cadáver cuja sentença está suspensa".[4]

Quando visto assim, de fora, não é de se admirar que envelhecer pareça estar encarcerado por dentro. Beauvoir queria mostrar ao leitor como a experiência do devir muda com o passar do tempo. Ela disse que o passado ficou "mais pesado" com a idade; ficou mais difícil se libertar das escolhas passadas e fazer novos projetos. Na juventude, estamos cheios de sonhos e possibilidades; com a idade, escreveu, percebemos que alguns dos sonhos que sonhamos são "infinitamente distantes do sonho realizado".[5] Mas também percebemos que o que dá sentido à vida – mesmo em seu final agridoce – são os "relacionamentos recíprocos".[6]

A velhice foi publicado em janeiro de 1970 e logo entrou na lista dos mais vendidos. Mais uma vez, Beauvoir havia enfrentado um tabu, aproveitando uma gama diversificada de experiências que a "velhice" pode acarretar. Ela citou pessoas que haviam experimentado o envelhecimento e refletido sobre ele por escrito, o que significava que sua pesquisa se baseava principalmente nas experiências de envelhecimento de pessoas privilegiadas. Mas ela achava justificado incluir fontes literárias, porque lhe permitia enfatizar o papel da experiência subjetiva em suas discussões sobre a velhice como uma categoria social e política. A velhice, quando vista de fora, se encaixa nesse tipo de uma categoria. Mas deve ser vivida por dentro, em situações que podem ser melhoradas ou pioradas.

Mais uma vez, Beauvoir foi acusada de não ser original, de escrever um livro de "segunda mão", uma "compilação"[7] que não dizia nada de novo, uma "tentativa grandiosa de conceber uma filosofia completamente sofisticada do indivíduo idoso, baseada nos princípios do existencialismo de Sartre".[8] Um crítico chegou a afirmar que "Beauvoir não tem uma mente sutil ou original. [...] Ela aparentemente devorou bibliotecas inteiras, mas as digeriu de maneira incompleta. [...] ela engoliu o trabalho de três homens em particular (Marx, Freud e Sartre) de uma maneira acrítica".[9]

De fato, ela havia publicado críticas filosóficas de todos os três desde a década de 1940. Não é de se surpreender, portanto, que no quarto volume de suas memórias, *Balanço final* (1972), ela tenha defendido sua própria originalidade em *A velhice*: Na parte I, disse: "A análise deste material, as reflexões que suscitou e as conclusões a que cheguei – tudo isso foi um trabalho que ninguém havia feito antes de mim".[10] E que a parte II era "um trabalho inteiramente pessoal", guiado por suas próprias perguntas: "Qual é a relação entre a pessoa idosa e sua imagem, seu corpo, seu passado e seus compromissos?". Ela leu cartas, diários e memórias, e se interrogou; mas "chegar às conclusões foi um trabalho inteiramente original".[11]

Mais uma vez, ela chamou atenção para comportamentos que considerava antiéticos. E mais uma vez, foi chamada de não original, derivativa de Sartre e incapaz de entender grandes homens. Então, ela se defendeu na mídia impressa e decidiu tentar lançar suas ideias também por meio de outros veículos. Em 1974, ela concordou em participar de um documentário sobre a velhice. Ela raramente concordava em fazer qualquer coisa no rádio ou na TV, mas abriu uma exceção para discutir o tratamento da sociedade ao idoso e sua própria experiência de envelhecimento. Em cenas em casas de repouso, ela deixou claro aos telespectadores que considerava desumano esse jeito de passar o fim da vida. Ambientes institucionais estéreis foram justapostos a cenas em seu apartamento em Paris, onde ela estava cercada pelos vestígios materiais de sua vida ilustre – livros, artefatos do mundo todo, fotos de amigos. A pior coisa da morte, disse ela, era que o futuro estava se fechando diante de seus olhos. Na cena final, ela está andando pelo cemitério: a morte, diz, não lhe deixa mais horrorizada como quando era jovem. Aos 30 anos, ela não conseguia imaginar, sem horror, desaparecer da Terra. Com quase 80 anos, sentia mais repulsa pela vida desconhecida que tinha diante de si que pela ideia de que estava acabando.[12]

No início dos anos 1970, Beauvoir chamou muita atenção "de fora" e começou a atrair críticas de algumas feministas por ter uma "fixação por

Sartre" e por escrever para um periódico masculino (*Les Temps Modernes*).¹³ Para ela, essas conclusões eram precipitadas e irritantes, e não é difícil imaginar por quê. Profissionalmente, apesar de sua obra assumir posições filosóficas diferentes das de Sartre, ela ainda era considerada marionete, sombra ou cúmplice dele. Pessoalmente, o público sabia pouco sobre seu relacionamento com Bost, uma fração da história com Algren, e nada sobre seus relacionamentos com Lanzmann e Sylvie (para não falar de seus relacionamentos com mulheres durante a guerra). Ela ficava consternada com a facilidade com que as pessoas tiravam conclusões precipitadas. E embora isso possa parecer falso, dada a maneira como ela apresentou sua vida, a tendência de muitos leitores e críticos a definir e menosprezar Beauvoir não parece ter a intenção de incomodar, e sim de punir. Quando ela falou da hipocrisia de sua sociedade, foi chamada de triste, sem originalidade e coisas piores.

FIGURA 13 – Beauvoir em casa, em Paris

Em 1971, Sartre teve que substituir seus dentes por dentaduras, com as quais lutava simbólica e praticamente: poderia continuar falando em público, ou sua própria boca poria um fim nisso?¹⁴ Para Beauvoir, isso era um lembrete inevitável do declínio dele. Em maio, Sartre ficava com ela mais que o habitual, porque o apartamento dela ficava no térreo e o elevador do prédio dele estava quebrado – ele achava muito cansativo subir dez lances de escada. Ele apareceu na noite de terça-feira, 18 de maio, com a sensação de que suas pernas estavam cedendo. Suas palavras eram indistintas e sua boca estava estranha. Era obviamente um AVC, mas ela tentou não entrar em pânico, lembrando a si mesma que havia visto amigos se recuperarem por completo. Ele concordou em ir ao médico na quarta-feira de manhã, mas insistiu em tomar seu uísque noturno. À meia-noite, foi uma luta para ele se deitar; para Beauvoir, foi uma luta não se apavorar.

Quando foram atendidos pelo médico, ele disse que dessa vez fora pior que em outubro, e sua preocupação era ver esses sintomas de novo tão cedo. Sylvie os levou de volta ao apartamento de Beauvoir naquela noite e Sartre tomou suco de frutas em vez de uísque. Ele estava em choque, ainda não conseguia controlar seu corpo. Seu cigarro caiu de sua boca. Sylvie o pegou e o devolveu a ele, que o deixou cair novamente. E o mesmo ciclo se repetiu, de uma maneira desoladora, durante a noite inteira. No dia seguinte, o médico mudou sua prescrição e recomendou descanso e companhia; ele não devia ficar sozinho. Se ele seguisse as instruções do médico, disseram, poderia estar recuperado em três semanas.

Na quarta-feira seguinte, ele estava andando e conversando normalmente, mas ainda não conseguia tocar piano ou escrever. Beauvoir assumiu a missão de mantê-lo longe do álcool, da cafeína e de estimulantes. Ele reagia ao seu declínio com indiferença, morbidamente fazendo gracinhas acerca de sua condição porque sabia que não duraria muito tempo. Beauvoir não se consolava com isso. O medo de sua própria morte podia ter diminuído, mas da dele, não.

Naquele verão, Sartre passaria cinco semanas viajando – três com Arlette e duas com Wanda – enquanto Beauvoir viajaria com Sylvie. Beauvoir amava suas viagens com ela, mas deixar Sartre naquela condição era difícil. Na Itália, ela chorou todas as noites até dormir.

Mas ela continuou politicamente ativa. Prosseguiu com sua defesa feminista, tornando-se presidente do movimento *Choisir* [Escolha] em julho de 1971. Ela foi sua cofundadora, ao lado de Gisèle Halimi, Jean Rostand (uma acadêmica), Christiane Rochefort (uma romancista) e Jacques Monod (um médico vencedor do Nobel). O grupo tinha três objetivos: educar as mulheres sobre sexo e contracepção; alterar a lei francesa sobre o aborto, em vigor desde 1920; e fornecer defesa legal gratuita às mulheres que fizessem aborto.

No mesmo mês, enquanto estava na Suíça, Sartre teve uma recaída – mas proibiu Arlette de contar a Beauvoir. Quando Simone se encontrou com Sartre na estação Termini, em Roma, achou seu rosto inchado por causa de um abscesso dentário, mas ele parecia cheio de vida; ficaram acordados até a 1 hora da manhã conversando. Ele tinha energia de novo, e curtiu Roma. Estava tomando seus remédios e restringira a ingestão de álcool a uma taça de vinho no almoço, cerveja no jantar e dois uísques *digestifs*. Sartre estava trabalhando em sua biografia de Flaubert, *O idiota de família*, e falando sobre a vida como se ainda tivesse décadas para viver. De volta a Paris, ele recuperou o interesse por pessoas e eventos mundiais. Leu e fez a crítica do manuscrito do quarto volume de memórias de Beauvoir, *Balanço final*. Em meados de novembro, ela quase parou de se preocupar. O momento foi bom, do ponto de vista de seu ativismo – o MLF estava crescendo em ritmo acelerado, e em 11 de novembro de 1971, ela marchou por Paris com milhares de mulheres exigindo o direito legal ao aborto.

Comprovando a alegação de Beauvoir – em *A velhice* – de que a idade afeta as possibilidades eróticas de homens e mulheres de maneira diferente, em 1972 Sartre deu início a seu último romance: com Hélène Lassithiotakis, uma mulher na faixa dos vinte anos. No mesmo ano, *A velhice* foi lançado em inglês. Teve uma crítica mordaz no *Los Angeles Times*, que considerou a obra descuidada e excessivamente geral – o crítico era Nelson Algren.

Com Beauvoir em campanha pelo direito ao aborto, ela começou a receber cartas de mulheres que alegavam se sentir realizadas com a maternidade e o trabalho doméstico. Algumas tinham um tom agressivo de repreensão; outras a incentivavam a ver a maternidade como mais que servidão. Então, em 6 de março de 1972, Beauvoir publicou um artigo no *Le Nouvel Observateur* intitulado "Response à quelques femmes et à un homme" [Resposta a algumas mulheres e um homem], dizendo que sabia que a maternidade podia ser uma escolha deliberada e que estava "ciente da alegria que os filhos podem provocar quando são desejados".

Ela não queria impor seu modo de vida a todas as mulheres, disse, pois estava "lutando ativamente pela liberdade delas: liberdade de escolher a maternidade, a contracepção ou o aborto".[15]

Mas Beauvoir também achava que o respeito que a maternidade recebia era suspeito, e que a realidade ainda era assolada por mitos que faziam mal a mulheres e crianças. Beauvoir apontou que era difícil na França, em 1972, ser mãe solteira. Muitas mulheres optavam por se casar porque consideravam essa a opção segura; mas "um filho sem pai costuma ser mais feliz que aquele cujos pais não se dão bem".[16]

Corajosamente, Beauvoir declarou que era a favor da dissociação entre maternidade e casamento: "Sou a favor da abolição da família". Esse é o tipo de sentença que, fora de contexto, caiu como uma luva para os leitores conservadores e *ad feminam* de Beauvoir, que a repudiaram como antimaternal, não feminina e até mesmo não feminista. Mas, no mesmo parágrafo, ela definia o termo "família" da seguinte maneira:

> a família é o intermediário pelo qual este mundo patriarcal explora as mulheres, extorquindo delas bilhões de horas de 'trabalho invisível' a cada ano. Na França, em 1955, quarenta e três bilhões de horas foram dedicadas ao trabalho remunerado, em comparação com quarenta e cinco bilhões de horas dedicadas ao trabalho não remunerado em casa.[17]

Beauvoir achava que as mulheres deviam estar *condicionadas* a aceitar esse trabalho como sua sina. Mas, como não é natural aceitar que a vida de uma pessoa seja lavar louça e roupa, disse, algo melhor deveria ser encontrado:

> A maternidade é exaltada porque é a maneira de manter as mulheres em casa e fazê-las fazer o trabalho doméstico. Em vez de dizer a uma garotinha de 2, 3 ou 4 anos: "Você está destinada a lavar louça", dizem: "Você está destinada a ser mamãe". Ela ganha bonecas e a maternidade é exaltada, e quando se torna jovem, só pensa em uma coisa: casar e ter filhos. Ela tem certeza de que não será uma mulher completa se não tiver filhos.

Mas o mesmo não se diz dos homens: ninguém fala que um homem sem filhos "não é um homem de verdade".[18]

A lei do aborto (como era) penalizava as mulheres mais pobres da sociedade. Se uma mulher pudesse planejar sua gravidez "segundo seus desejos e interesses", poderia se reconciliar com uma vida que incluísse estudar e ter uma carreira. Beauvoir dizia que a resistência dos homens a essa possibilidade tinha sua raiz no medo – "medo de que as mulheres descubram e recuperem sua autonomia em todos os domínios, tomando seu destino em suas próprias mãos.[19]

Para contextualizar, antes de 1965, as mulheres casadas na França não podiam trabalhar – ou ter uma conta bancária – sem a permissão do marido. Em 1970, a lei francesa instituiu a "autoridade parental" no lugar do "poder paterno". E, em 1972, uma lei de filiação concedia status igual a crianças nascidas dentro ou fora do casamento.

Beauvoir queria tornar o "aborto irrelevante, disponibilizando mais os métodos contraceptivos oficialmente autorizados, que apenas 7% das francesas usam"; ela acreditava que "a realização dessa reforma vai, ao mesmo tempo, torná-la ultrapassada".[20] A defesa de Beauvoir ao aborto levantou questões de poder, responsabilidade e justiça – não apenas de "escolha". Em outubro de 1972, Beauvoir escreveu que era "uma grande responsabilidade trazer um ser humano a este mundo", perguntando: "Como alguém pode consentir isso se é incapaz de ajudá-lo a encontrar seu lugar na Terra?".[21] As mulheres mais pobres eram as mais desfavorecidas, pela falta de acesso à contracepção e ao aborto seguro, e eram elas as acusadas de violar a lei, ao passo que as ricas e burguesas tinham recursos para escapar dessas consequências.

No outono de 1972 foi publicado o quarto e último volume da memórias de Beauvoir, ominosamente intitulado *Balanço final* (*Tout compte fait*). Esse volume segue a ordem cronológica de seus três antecessores, oferecendo uma compilação das reflexões de Beauvoir sobre coisas que ela valorizava: escrita, leitura, filmes, política, música, arte e estar engajada no mundo. Desde a publicação de *A força das coisas*, em 1963, ela viu que os leitores queriam considerar a conclusão desse livro como "uma admissão de fracasso e uma rejeição de minha vida, apesar de todas as declarações que negavam fundamentalmente tal interpretação".[22]

Sobre a publicação de *Balanço final*, a *Esprit* levantou a questão em uma crítica: "Por que ela escreveu este livro? O que queria nos dizer?" Não era "nem história nem lenda", mas sim "exercícios (como se diz na escola) sobre o pensamento de Sartre, o que é meio irritante". Disse que foi decepcionante constatar sua "total falta de reflexão sobre um compromisso pontuado por tantas falhas".[23]

Mas não era um *exercício* sobre a filosofia de Sartre, e embora ela não mostrasse ao mundo todas, Simone era uma mulher que refletia sobre suas falhas. Entre as coisas que Beauvoir incluíra estavam as defesas de sua originalidade e as descrições da metodologia que usara em *A velhice*, bem como o papel mutável da escrita em sua vida. Entre 1963 e 1970, ela escreveu as memórias da morte de sua mãe, duas obras de ficção, dois prefácios e *A velhice*. Mas passou por períodos em que a simples ideia de segurar uma caneta a deixava doente. Ela havia se tornado uma pessoa que achava que o trabalho público de sua vida havia sido realizado: "Meu trabalho está completo, mesmo que eu continue".[24]

No começo do livro, Beauvoir também fala da morte e das doenças de pessoas próximas: Giacometti estava doente, sua mãe havia morrido; a morte da mãe de Sartre também foi narrada.

Ela celebrou Violette Leduc. Desde que conhecera a aspirante a romancista em uma fila de cinema em meados da década de 1940, a vida de Beauvoir estava "intimamente mesclada" com a de Violette, especialmente nos dez anos que antecederam a súbita morte desta, por câncer, em maio de 1972.[25] Leduc sempre considerou Beauvoir sua mentora literária, e fez dela a guardiã de seus escritos não publicados. Simone continuaria supervisionando a publicação de Leduc, em 1973, de *La chasse à l'amour* [A busca pelo amor].[26]

Beauvoir ainda tinha prazer com a leitura, que lhe permitia ver o mundo por meio dos olhos dos outros. Em *Balanço final*, ela narrou alguns dos seus interesses literários, *Um dia na vida de Ivan Denisovich*, de Solzhenitsyn, *On trial* [Em julgamento], de Artur London, estudos etnológicos, *A fortaleza vazia*, de Bettelheim, e biografias. Ela leu Oscar Wilde, George Sand, Anais Nin, Hannah Arendt, psicanálise e romances policiais. Ela releu a Bíblia.[27] Também fez palavras cruzadas; o tempo não era mais uma mercadoria que ela queria acumular.

Beauvoir ainda estava interessada na pergunta "como uma mulher se ajusta a seu estado feminino, a sua condição feminina?" Mas suas opiniões haviam evoluído, e ela queria dizer aos leitores como o processo de viver a levara a ter novas perspectivas. Se ela escrevesse *O segundo sexo* de novo, disse, adotaria uma abordagem mais materialista, em vez de basear sua análise na oposição entre o eu e o outro. Em retrospectiva, ela viu que não dera peso suficiente à economia da escassez e às situações em que os homens se tornam homens. Sua afirmação de que "não se nasce mulher, torna-se mulher" estava correta, disse ela, mas precisava ser complementada com: "não se nasce homem, torna-se homem".[28]

Simone lamentava que desde a publicação de *O segundo sexo* houvesse se dado uma reação negativa, com uma série de livros incentivando as mulheres a aceitar as "vocações" femininas tradicionais, além de falsos profetas declarando que o feminismo estava ultrapassado. O que a nova geração de feministas (Millet, Firestone, Morgan, Greer) exigia era a "descolonização das mulheres", uma vez que elas foram "colonizadas por dentro" para ver como natural o trabalho não remunerado em casa, a discriminação e a exploração no local de trabalho.[29] No fim de *Balanço final*, ela escreveu: "Desta vez, não escreverei uma conclusão para meu livro. Deixo que o leitor tire a que escolher".[30] Como sempre, a vocação do escritor era apelar à liberdade de seu leitor – mesmo quando escrevia sobre sua própria vida.

Em 1972, Simone de Beauvoir adotou publicamente o rótulo de "feminista" em uma entrevista com a jornalista alemã Alice Schwarzer. Dados seus escritos e campanhas políticas entre os anos 1940 e o início dos anos 1970, é muito difícil acreditar que Beauvoir estava fazendo uma admissão surpreendente – mas era uma notícia suficientemente grande para ser engolida por um jornal. Pois embora em 1949 Beauvoir tenha se declarado, como as sufragistas, feminista,[31] e em 1965 chegado a se qualificar como "radicalmente feminista" (em uma entrevista com Francis Jeanson, colega da *Les Temps Modernes*),[32] no mais amplamente lido *A força das coisas*, Beauvoir alegou que "evitei cair na armadilha do 'feminismo' em *O segundo sexo*".[33]

Com o aumento da força política, no início dos anos 1970 os debates sobre o feminismo na França (e em outros lugares) se tornaram diversificados o bastante para exigir definições precisas de lealdade. Beauvoir e Schwarzer fizeram a entrevista por dois motivos: porque queriam que o público soubesse que Beauvoir havia "se convertido" a um tipo particular de feminismo político, e porque precisavam arrecadar fundos para um "Tribunal" feminista a ser realizado em fevereiro no Paris Mutualité. Uma entrevista como essa poderia ser vendida, pensaram: e o *The nouvel observateur* a comprou.

Schwarzer apresentou essa entrevista como "histórica"; disse que Beauvoir proclamava "alto e claro, 'eu sou feminista'".[34] Schwarzer fez a pergunta óbvia: por que a autora de *O segundo sexo* se dizia feminista só vinte e três anos depois? A resposta de Beauvoir foi que a situação na França não havia mudado o suficiente nesses anos. Apenas 7% das mulheres tomavam pílula, e elas ainda eram impedidas de ter carreiras interessantes e de progredir. Ela alegou que não havia se identificado com os feminismos reformista e legalista que vira na França antes do MLF, e que gostara da abordagem radical desse último porque parecia melhor para combater a profunda desigualdade que persistia entre os sexos. Mesmo dentro de grupos políticos cujo objetivo era libertar todo o mundo, Beauvoir ainda via mulheres fazendo trabalhos tediosos, sem crédito e sem poder, enquanto os homens recebiam cargos interessantes de responsabilidade pública. Ela deixou claro que não repudiava os homens – rejeitava a fusão entre feminismo e misandria e reconhecia que os homens de sua época não haviam criado as estruturas patriarcais da sociedade. Mas eles ainda lucravam com elas, e, por esse motivo, ela achava importante ter uma "atitude cautelosa".[35]

Outras feministas criticaram *O segundo sexo* por ser um documento de classe média, escrito por uma mulher de elite que não enxerga seus próprios privilégios. E nessa entrevista, Beauvoir reconheceu que havia ignorado muitas questões de classe em suas obras anteriores. Mas ela não achava que a luta de classes emanciparia as mulheres porque elas não eram uma *classe* diferente, e sim uma *casta* diferente. As pessoas podem subir ou descer de classes, mas quando alguém nasce em uma casta, fica nela. Uma mulher não pode se tornar um homem, disse ela, e econômica, política e socialmente, elas eram tratadas como uma casta inferior.[36]

Em vez de confessar uma conversão de perspectivas não feministas para feministas, Beauvoir rejeitou publicamente sua crença anterior de que a independência econômica e o socialismo propiciariam as mudanças necessárias para emancipar as mulheres. Em vez disso, ela endossou os movimentos exclusivamente femininos que trouxeram à luz as vozes "anônimas" das mulheres, e não as dos "especialistas" homens.

O MLF tinha uma corrente homossexual, e Beauvoir achava que isso era prejudicial, até certo ponto, porque perpetuava a imagem de que elas eram – nas palavras de Simone – "bruxas histéricas e lésbicas".[37] Suas palavras são chocantes para os leitores modernos, particularmente por saber que ela mesma era alvo de insultos de gênero e tinha relações lésbicas. Seus relacionamentos ainda não eram de conhecimento público, mas, na entrevista, Schwarzer perguntou a Beauvoir se a homossexualidade feminina poderia ser uma "arma política". A resposta de Beauvoir, e a conversa que se seguiu, mostra que ela associava feministas lésbicas à imposição de "dogmas sexuais". Ela disse que a homossexualidade poderia desempenhar um papel útil politicamente, mas "quando elas se permitem ficar obcecadas com seus preconceitos, correm o risco de afastar heterossexuais do movimento":

Alice Schwarzer: O primeiro argumento é que, nas circunstâncias atuais, qualquer relacionamento sexual com homens é opressivo. Mas eles refutam isso. O que você pensa disso?

Simone de Beauvoir: É realmente verdade que qualquer relacionamento sexual entre um homem e uma mulher é opressivo? Não seria possível trabalhar isso, não recusar esse relacionamento, mas transformá-lo de maneira que não seja opressivo? A alegação de que todo coito é estupro me choca. Eu não acredito nisso. Quando elas dizem que todo coito é estupro, estão retomando mitos masculinos. Isso significaria que o órgão sexual do homem é uma espada, uma arma. A questão é inventar novas relações sexuais que não sejam opressivas.[38]

Em maio de 1972, Beauvoir foi a Grenoble para dar uma palestra ao *Choisir*, movimento no qual ela fazia campanha ativa, e em 8 de novembro houve um julgamento no Tribunal de Bobigny que atraiu a atenção nacional para a causa. Uma jovem de 16 anos, "Marie-Clare C.", havia feito um aborto, com a cumplicidade da mãe. Havia violado a lei, e estava sendo julgada com mais três mulheres. Gisèle Halimi as defendeu, valendo-se de várias autoridades científicas e culturais de destaque (incluindo Beauvoir). Ela argumentou que essas mulheres estavam sendo julgadas com base em outra era. A lei de 1920 penalizava especialmente os pobres. A cada ano, milhões de mulheres mal informadas sobre contracepção recorriam a essa opção. E ao fazer isso, colocavam em perigo sua vida e corriam o risco de sofrer uma mutilação irreversível.

O julgamento mudou a maré da opinião pública – em 1970, apenas 22% dos franceses eram a favor de derrubar as restrições ao aborto; um ano depois, o apoio havia aumentado para 55%.[39] Embora ainda fosse necessário esperar alguns anos, em dezembro de 1974 a ministra da Saúde, Simone Veil, desenvolveu uma nova legislação, facilitando o acesso à contracepção e defendendo o que ficou conhecido como "la loi Veil" [a lei Veil], legalizando o aborto a partir de janeiro de 1975.

Enquanto isso, em março de 1973, Sartre sofreu outro AVC. Dessa vez, foi pior; sua memória ficou comprometida e ele não reconhecia as pessoas. O médico disse que ele estava com asfixia no cérebro, e, mais uma vez, recomendou não beber nem fumar. Sartre tinha 67 anos, e fez uma tímida tentativa de renunciar a seus vícios. Mas logo voltou com tudo a eles.

Além de sua obra e trabalho feministas, Beauvoir continuava se dedicando a seu cargo editorial na administração da *Les Temps Modernes,* e, com Sartre doente, assumiu a tarefa de presidir as reuniões das manhãs de quarta-feira. Claire Etcherelli, romancista que Lanzmann lhe apresentara no final dos anos 1960, recordou uma cena:

> 11h. Ela recebeu todos, sentada em seu divã amarelo. Ao lado dela havia uma pilha de artigos [...] conscienciosamente lidos e cheios de anotações. O pequeno grupo que constituía o comitê tomou seu lugar, formando um semicírculo ao redor do divã.[40]

Etcherelli disse que testemunhara telefonemas de Beauvoir rejeitando aspirantes a escritores, durante os quais ela chegava a fazer críticas "francas e brutais". Mas Beauvoir não usava seu status de diretora para publicar nada sem o apoio do comitê.⁴¹

Naquele verão, Beauvoir e Sylvie Le Bon viajaram pelo sul da França antes de encontrar Sartre para irem juntos a Veneza. (Ele já havia passado as férias de verão com Arlette e estava a caminho das férias com Wanda.) Beauvoir e Le Bon ficaram em Veneza por alguns dias, mas depois foram embora; Beauvoir não queria que Sylvie se entediasse em Veneza, e as duas tinham sede de conhecer lugares novos. Mas Beauvoir estava começando a sentir uma "culpa como uma faca de dois gumes": de um lado, se deixasse Sartre, culpa por desapontá-lo; e por outro, se ficasse com ele, culpa por decepcionar Sylvie.⁴²

Os três se encontraram em Roma em meados de agosto. A visão de Sartre havia se deteriorado; ele teve uma hemorragia atrás do olho esquerdo e não enxergava mais com clareza com nenhum dos dois olhos. Eles sempre haviam seguido horários rígidos em casa, mas a rotina teve que mudar para acomodar as novas necessidades de Sartre: Beauvoir lia para ele todas as manhãs; depois almoçavam; então, Sartre dormia, enquanto Beauvoir e Sylvie passeavam ou liam em silêncio. Quando Sartre acordava, Beauvoir lia os jornais para ele, em francês ou italiano, e os três iam jantar juntos. Durante as refeições, ficava evidente quão fundo ele chegara. Estava pré-diabético, e Beauvoir ficava aflita, porque ele comia macarrão e *gelato* sem preocupação. Devido às dentaduras e aos AVCs, ele não controlava mais seus lábios plenamente, por isso, não comia de maneira muito limpa.⁴³ Quando Olga e Bost os encontraram em Roma naquele ano, ficaram surpresos ao ver seu grande declínio.

Pouco depois de retornarem a Paris, Sartre decidiu contratar um novo secretário, não para cuidar da correspondência (ele já tinha alguém para isso), mas para ler e conversar com ele. O secretário era Pierre Victor, o maoísta que lhe pedira para assumir *La cause du peuple*. A princípio, Arlette ficou desconfiada. Telefonou para Beauvoir dizendo que não queria ter que encarar uma situação "Schoenman". (Ralph Schoenman fora secretário-geral do Tribunal de Russell, que impressionara bastante em Estocolmo e Copenhague ao afirmar falar em nome de Bertrand Russell, cuja idade o impedia de estar presente.) Mas Sartre queria isso, pensou Beauvoir, e ela não queria infantilizá-lo. Isso também significava que Beauvoir teria um pouco de tempo para si mesma de manhã, já que Pierre faria a leitura em voz alta para Sartre.⁴⁴ Mas ela se arrependeria dessa decisão.

Sartre já não fazia mais suas rondas pelas mulheres; agora elas cuidavam dele. Ele tinha 68 anos e era completamente dependente. Em outubro de 1973, ele se mudou para um apartamento no décimo andar de um edifício moderno, na boulevard Edgar Quinet 22, perto da Torre Montparnasse. Da casa de Beauvoir, ficava do outro lado do cemitério. Em Roma, no verão de 1974, Beauvoir gravou uma série de conversas com Sartre, que, segundo ela, seriam uma sequência oral da autobiografia dele, *As palavras*. No fim daquele verão, Sartre se deu conta de que sua visão não melhoraria: ele nunca mais enxergaria.

Mas ele ainda tentava trabalhar; estava planejando um livro com Pierre Victor, que provisoriamente intitularam *Pouvoir et liberté* [Poder e liberdade]. Como muitos de sua geração, Victor estava interessado no pensamento de Foucault e Deleuze, e dizia a Sartre que a colaboração deles era uma espécie de dialética, na qual eles pensavam em oposição um ao outro. Beauvoir tinha certeza, mesmo após os eventos que se desenrolaram, de que Victor assumira o cargo com sincero afeto por Sartre. Não era fácil; Victor muitas vezes tinha vontade de desistir. Quando ele chegava, frequentemente Sartre estava sentado, cochilando ou ouvindo música. Era "uma luta constante contra a morte", escreveu Victor, e ele havia sido contratado para combater o "sono, a falta de interesse ou simplesmente o torpor. [...] O que eu realmente fazia era uma espécie de ressuscitação".⁴⁵

Durante o inverno de 1973-1974, o movimento feminista na França chegou a um ponto de viragem. Com a batalha pelo aborto quase vencida, surgiram divisões no movimento entre diferentes tendências e estratégias. Simone de Beauvoir queria uma lei contra o sexismo, como as que existiam contra o racismo. O sexismo não poderia ser erradicado, assim como o racismo, mas Beauvoir acreditava que uma lei contra ele seria uma ferramenta útil. Assim, junto com Anne Zelinsky, ela fundou a *Ligue du droit des femmes* [Liga dos Direitos das Mulheres], uma associação que tinha como objetivo uma legislação antissexista.

A Liga encontrou oposição de colegas feministas, que a viam como uma concessão – ou até mesmo uma colaboração com a estrutura burguesa e patriarcal do sistema legal. A Liga defendia que a subversão social não era mais o caminho certo; em vez disso, elas buscavam a reforma das estruturas existentes. Beauvoir era a presidente da Liga, mas usava seu poder em outros domínios para dar voz à oposição também. Em 1973, ela ofereceu uma coluna permanente na *Les Temps Modernes* para quem quisesse denunciar o sexismo. Chamada "sexismo cotidiano", seus colaboradores utilizavam o humor, a experiência vivida e a reflexão para expor e desafiar o sexismo, em vez de buscar reparação legal. O prefácio da coluna era poderosamente direto:

> Um indivíduo que chama o outro de "negro sujo" diante de testemunhas, ou que publica comentários ofensivos sobre judeus ou árabes, pode ser processado e condenado por "difamação racial". Mas se um homem grita publicamente com uma mulher, chamando-a de "prostituta", ou se em seu trabalho escrito ele acusa uma *mulher* de desleal, tola, inconstante, estúpida ou histérica, ele não corre absolutamente nenhum risco. [...] Nós [Liga dos Direitos da Mulher] exigiremos que a difamação sexista também seja considerada crime.[46]

No ano seguinte, ela fez o prefácio de um livro que implorava apaixonadamente por uma reforma do divórcio. Mais uma vez, a análise de Beauvoir incluía nuances filosóficas que são facilmente esquecidas no calor do debate político. À objeção de que o divórcio era ruim para os filhos, ela respondeu que "uma criança pode ser 'assassinada' por pais que insistem em viver lado a lado em desunião". O divórcio, segundo Beauvoir, "não é uma panaceia"; "só pode libertar as mulheres se elas souberem pôr em uso sua liberdade de maneira positiva. Mas, para que elas descubram suas próprias possibilidades, o divórcio costuma ser uma condição necessária".[47]

Durante a década de 1970, Beauvoir usou cada vez mais sua voz para amplificar a dos outros. Na introdução a uma edição especial de *Les Temps Modernes*, intitulada "Les femmes s'entêtent" [As mulheres persistem], ela escreveu que a luta contra o sexismo "ataca, dentro de cada uma de nós, aquilo que nos é mais íntimo e o que parece mais certo. Ele questiona nossos próprios desejos, as formas de nosso prazer."[48] As feministas deixam as pessoas constrangidas; mas, se suas palavras fossem de fato impotentes, elas não seriam ridicularizadas, tratadas como bruxas e abusadas psicologicamente. Nesse artigo, Simone reconheceu que no passado havia "mais ou menos desempenhado o papel da mulher simbólica", acreditando que a melhor maneira de superar as barreiras impostas a seu sexo era ignorá-las. No entanto feministas mais jovens a ajudaram a ver que essa postura a tornava cúmplice da perpetuação da desigualdade, de modo que agora ela estava atuando.

O reconhecimento de Beauvoir a sua própria cumplicidade era admirável; ela se tornara uma mulher capaz de ver as falhas de seu antigo eu. Mas, acaso poderia ver todas? Quando ela escreveu que a luta contra o sexismo "ataca dentro de cada uma de nós aquilo que nos é mais íntimo e o que parece mais certo", quais foram as restrições e desejos que a impediram de contar a história completa de seu amor à filosofia e seus outros amores além de Sartre? Fora motivada pela autopreservação, pela preocupação com os outros da "família", ou a ilusão? Ou sua motivação fora, como ela própria disse em *Balanço final*, dar à sua vida uma "necessidade artística" que infundiria o potencial de libertar seus leitores, para mostrar-lhes novas possibilidades, como a Jo de Louisa May Alcott e a Maggie de George Eliot haviam feito com ela?[49] (Em uma entrevista para a *The Paris Review* em meados da década de 1960, ela disse que era isso que estava fazendo. Repetir isso em *Balanço final* poderia implicar que ela estava falando sério.)

Dada a merecida reputação de mulherengo de Sartre — e as mentiras que ele contava a suas mulheres contingentes —, é meio surpreendente vê-lo contar sua história de uma maneira que enfatizava a centralidade intelectual de Beauvoir em sua vida. Mas, quando Sartre deu entrevistas, na década de 1970, foi exatamente isso que ele fez. Ele escreveu: "vocês têm a versão dela em suas memórias", mas "para mim, acho que nosso relacionamento se desenvolveu intelectualmente no início".[50] Diante disso, o entrevistador, John Gerassi — filho da amiga de Beauvoir, Stépha — perguntou abertamente: "vocês não se amam?".

A resposta de Sartre foi que eles se amavam, mas não da maneira como o amor é comumente entendido:

nós nos apaixonamos pela intuição, imaginação, criatividade e percepções um do outro, e, por um tempo, também pelo corpo; mas, assim como não se pode dominar uma mente (exceto pelo terror, é claro), não se pode dominar gostos, sonhos, esperanças etc. Em algumas coisas Castor era melhor, em outras eu. Sabia que eu nunca permiti que nada do que já escrevi fosse publicado, nem mostrado a ninguém, enquanto Castor não aprovasse o material?"[51]

Sartre sempre teve consciência da posteridade, e sempre fora determinado a derrotar a mortalidade tendo uma longa vida após a morte, como um grande escritor. Em junho de 1975, para marcar a ocasião – aniversário de 70 anos de Sartre –, o *Le Nouvel Observateur* encomendou uma entrevista. Entre outras coisas, seu entrevistador, Michel Contat, perguntou sobre todas as suas mulheres. Sartre admitiu que havia várias. Mas disse que "de certa forma", Simone de Beauvoir era a única. Citou outras duas pelo nome – Michelle e Arlette. Mas Beauvoir, disse ele, desempenhou um papel que ninguém mais poderia desempenhar:

J-P.S.: Eu conseguia formular ideias para Simone de Beauvoir antes que fossem realmente concretas. [...] Apresentava todas as minhas ideias para ela quando ainda estavam em processo de formação.
M.C.: Isso porque ela está no mesmo nível que você filosoficamente?
J-P.S.: Não só isso, mas também porque ela era a única que sabia de mim, do que eu queria fazer. Por esse motivo, ela era a pessoa perfeita para conversar, do tipo que raramente se tem. Essa é minha grande sorte...
M.C.: Ainda assim, você teve que se defender das críticas de Simone de Beauvoir, não é?
J-P.S.: Oh, frequentemente! De fato, nós até nos insultamos. [...] Mas eu sabia que, no fim, ela estaria certa. Isso não quer dizer que eu aceitei todas as críticas dela, mas aceitei a maioria.
M.C.: Você é tão duro com ela quanto ela com você?
J-P.S.: Sem dúvida. O mais duro possível. Não faz sentido não criticar severamente quando você tem a sorte de amar a pessoa que está criticando.[52]

No mesmo ano, Beauvoir decidiu entrevistar Sartre para *Les Temps Modernes* (mas não chamaram a matéria de entrevista quando a publicaram, e sim de "interrogatório"). Ela foi direto ao ponto: "Sartre, quero lhe perguntar sobre a questão das mulheres". Por que ele alegava estar do lado dos oprimidos, defendê-los quando eram "trabalhadores, negros ou judeus, mas não mulheres? Como você explica isso?".

Provavelmente devido a sua infância, disse ele.

"Mas você é um adulto!" Ela o pressionou, perguntando se seria possível que muitos homens tivessem um ponto cego no que dizia respeito às mulheres (como ela própria teve durante muito tempo). A incapacidade deles de enxergar o sofrimento das mulheres não poderia ser como a cegueira dos atenienses antigos, que falavam sobre ideais como justiça e democracia enquanto os escravos trabalhavam em suas terras e preparavam seus banquetes? Não seria possível que sua indiferença parecesse tão chocante para as gerações posteriores quanto a apatia dos atenienses?[53]

Beauvoir continuava envolvida com escritores e campanhas feministas, participando de muitas entrevistas. Em 1976, ao recordar sua vida em uma conversa com Alice Schwarzer, ela comentou que havia escapado do "trabalho escravo" das mulheres porque não era mãe nem dona de casa. Contudo, por mais de duas décadas, ela havia recebido cartas de mulheres do mundo todo contando sobre suas lutas, o que a fizera perceber que o outro lado do silêncio era ainda pior do que ela pensava. Muitas mulheres que lhe escreviam tinham entre 35 e 45 anos e eram casadas. Haviam se casado jovens, por amor, e ficaram felizes na época; mas, mais tarde, viram-se em um beco sem saída: seus filhos não precisavam mais delas e elas não tinham formação profissional nem projetos próprios.

Em 1976, Beauvoir achava que casamento e maternidade ainda eram – com muita frequência – armadilhas. Se uma mulher quisesse ter filhos, dizia, deveria pensar seriamente nas condições em que os criaria, uma vez que era esperado que *ela* abrisse mão de seu emprego e ficasse em casa quando as crianças adoecessem. E *ela* seria responsabilizada se os filhos não fossem bem-sucedidos.[54] O problema não era o trabalho doméstico e os cuidados em si, disse Beauvoir, porque nenhum trabalho em si é degradante; mas era que todo o mundo – e não apenas as mulheres – deveria fazer o trabalho necessário para manter uma vida, porque assim, todos ainda teriam tempo suficiente para fazer coisas energizantes. Ela se autodenominava "ativista da maternidade voluntária".⁵⁵

No mesmo ano, do outro lado do Atlântico, Adrienne Rich publicou *Of Woman Born*, um livro que começava com a discussão de Beauvoir sobre a maternidade construída em *O segundo sexo* para desenvolver um relato sobre o poder materno. Em março de 1976, foi realizado em Bruxelas um Tribunal Internacional de Crimes Contra as Mulheres, e uma carta de Beauvoir fez parte dos processos. Ela achava ridículo que o evento fosse aberto logo após o "Ano da Mulher" – outra coisa "organizada pela sociedade masculina para a mistificação das mulheres.⁵⁶

Em março de 1977, Sartre começou a sentir dores na perna; os médicos o alertaram de que, se não parasse de fumar, teria que amputar os dedos dos pés – ou mais. Dois dias depois, ele entregou seus cigarros e seus isqueiros a Sylvie Le Bon. Mas largar o álcool era mais difícil, e ele começou a fazer joguinhos com as mulheres que faziam parte de sua vida para conseguir bebida. Ele disse a Beauvoir que tomaria só um copo de uísque à noite, mas mandou Michelle contrabandear garrafas, escondendo-as atrás dos livros em sua estante. Castor não precisava saber tudo, disse.

Um dia, Beauvoir o pegou de ressaca e ficou furiosa. Quando descobriu que ele ainda estava bebendo uísque – pela meia garrafa de Michelle –, ela ficou irada. Telefonou para Michelle e a dispensou das noites de sábado.⁵⁷ Arlette ficou satisfeita; sempre sentira ciúmes das outras mulheres de Sartre. Com o tempo, Arlette Elkaïm Sartre acabou superando sua aversão a Pierre Victor, que era, como ela, norte-africano e judeu. Em 1978, eles começaram a aprender hebraico juntos, pois Victor se interessava pela teologia e pelo messianismo judaicos. Em fevereiro de 1978, Beauvoir começou a recear que eles estivessem se aproveitando da fraqueza de Sartre, cooptando a reputação dele para seus próprios fins políticos: Sartre, Victor e Elkaïm estavam indo para Jerusalém. Sartre foi levado até o avião de cadeira de rodas e ficou em um hotel de luxo; voltou inteiro. Mas, quando voltaram, Victor tentou publicar no *Le Nouvel Observateur* um artigo sobre o movimento pela paz em Israel, com o nome de Sartre como coautor. Beauvoir recebeu um telefonema de Bost, que trabalhava no jornal na época, dizendo que o artigo era ruim e que Sartre deveria retirá-lo. Beauvoir o leu e concordou, e convenceu Sartre a não o publicar.

Beauvoir era, sem dúvida, uma das cuidadoras de Sartre a essa altura. Mas várias pessoas queriam ser seu guardião intelectual, e existem relatos conflitantes acerca do que ele próprio queria. Sartre nunca disse a Victor por que o artigo não havia sido publicado. Mas, em uma reunião editorial da *Les Temps Modernes* (da qual Victor participara no lugar de Sartre), Beauvoir mencionara isso, achando que ele sabia. Ele ficou furioso, e saiu da reunião chamando seus colegas de "cadáveres putrefatos".[58] Ele deixou de comparecer às reuniões da *Les Temps Modernes* e passou a se referir com desdém aos membros da velha guarda, chamando-os de "os sartreanos". Arlette ficou do lado de Victor.

Enquanto isso, Sartre deu mais entrevistas, nas quais disse que nunca deixava ninguém, além de Simone de Beauvoir, ler seus manuscritos antes da publicação, alegando, mesmo em julho de 1978, que o papel dela em sua vida era "essencial e único".[59] De acordo com Sylvie Le Bon, os últimos cinco anos da vida de Sartre foram particularmente difíceis para Beauvoir. Ela teve que acompanhar a cegueira dele se desenvolver, e achava mais difícil ser estoica por ele que por si mesma. Ela bebia e tomava Valium, mas isso não a impedia de cair em lágrimas regularmente. Simone se consolava em outras amizades quando podia. Claude Lanzmann morava na rue Boulard, a cinco minutos, e quando estava em Paris, eles se viam duas vezes por semana. Mas ele estava dirigindo *Shoah* – Beauvoir havia lhe emprestado dinheiro para dar o pontapé inicial desse documentário –, e estava frequentemente viajando.

Em 1978, foi feita uma adaptação cinematográfica de *A mulher desiludida*, e o *Le Monde* publicou uma crítica, de novo declarando que a obra de Beauvoir era desatualizada e seu feminismo inferior: "Hoje, o argumento e o tom do livro parecem ter especialmente um valor arqueológico. Possibilitam medir a evolução acelerada de um feminismo para o qual esse tipo de problema é mais uma questão de *Elle* ou *Marie Claire* que, por exemplo, de 'Femmes en mouvement'[Mulheres em movimento]".[60]

No final da década de 1970, Beauvoir estava exausta devido ao declínio de Sartre e não tinha vontade de escrever material novo que fosse longo; mas, em 1979, publicou *Quando o espiritual domina* (o romance que ela escrevera na década de 1930, que a Gallimard e a Grasset haviam rejeitado). Fala de um casal fictício baseado em Zaza e Merleau-Ponty – Anne e Pascal – e foi escrito antes de Beauvoir descobrir a verdade sobre ele. A mãe de Anne persegue a filha, criticando suas ideias, os livros que ela lê e sua amizade com a personagem Simone "como se fossem tantos pecados".[61] A execução do livro não era tão boa quanto das obras posteriores de Beauvoir, mas revela que as preocupações dela na década de 1930 incluíam questões de amor e autossacrifício, felicidade e o que significa se tornar uma mulher. Também mostra que ela não tinha medo de apimentar sua prosa com filosofia: seus personagens discutem Duns Scotus, Bergson, Leibniz e Hobbes, ao lado de Racine, Baudelaire, Claudel e Péguy.

Naquele outono, ela participou de um filme sobre seu trabalho, de Josée Dayan e Malka Ribowska: "Simone de Beauvoir", e os créditos iniciais dizem que é "um documentário sobre nossa única filósofa".[62] Em entrevistas sobre o filme, perguntaram-lhe por que ela concordara em fazê-lo, uma vez que já havia falado tanto de si mesma em suas obras. Ela respondeu que queria "corrigir" certas coisas, dizer a verdade, passar "uma imagem mais justa de si mesma".[63]

Em 1979, ela também se tornou diretora da *Questions feministes*, uma revista feminista cujo relançamento ela supervisionaria no início dos anos 1980, e que ganhou o Prêmio Austríaco de Literatura Europeia. O *Le Figaro* anunciou a honra sob a manchete: "Uma burguesa perfeita: Simone de Beauvoir", explicando que "Simone de Beauvoir, a primeira mulher a receber o Prêmio Austríaco de Literatura Europeia, deve tudo a um homem".[64] Não é de admirar que quando lhe perguntaram por que continuava advogando pela causa feminista, ela tenha dito que era porque, mesmo em 1980, as mulheres "têm a ilusão de que uma mulher pode realizar qualquer coisa hoje em dia, e que é culpada quando não consegue".[65]

No mês de março seguinte, Beauvoir soube que o *Le Nouvel Observateur* publicaria entrevistas entre Sartre e Pierre Victor, em três edições de domingo. Sartre não publicava nada havia muito tempo (pelos próprios padrões, pelo menos); isso chamaria muita atenção. Ela havia pedido várias vezes para ver em que estavam trabalhando nos últimos anos, mas nada a preparara para o que veria – Sartre e Elkaïm a haviam enrolado. Quando ele deixou que Simone visse os trechos selecionados para publicação, ela ficou horrorizada.

Pierre Victor usaria seu nome verdadeiro – Benny Lévy. (Ele só passou a ter direito legal de estar na França quando Sartre aceitou apoiar sua causa.) O tom desdenhava muito do que Sartre havia defendido, repudiando o significado da literatura e do engajamento político a que ele havia dedicado sua vida. Na última entrevista, Lévy até conseguiu que Sartre – que toda a vida havia sido amigo de judeus seculares – afirmasse que os únicos judeus "verdadeiros" eram os religiosos. Ele até fez concessões ao messianismo. Beauvoir implorou a Sartre que não publicasse isso, mas ele não se permitiu dissuadir. Acaso seu amigo incomparável estava perdendo a capacidade de pensar?

Ela estava profundamente chateada – ansiosa, e chorando. Lanzmann e Bost ligaram para o editor do *Le Nouvel Observateur* para tentar impedir a publicação. Mas o editor, Jean Daniel, recebeu uma ligação do próprio Sartre dizendo que queria que a entrevista fosse publicada: se o *Le Nouvel Observateur* não a publicasse, outro jornal publicaria. As entrevistas saíram em 10, 17 e 24 de março de 1980.

Entre o segundo e o terceiro domingo, na quarta-feira, 19 de março, o clima entre eles ainda estava tenso quando Beauvoir chegou para fazer seu turno no apartamento de Sartre. Na manhã seguinte, às 9 horas, quando ela entrou no quarto para acordá-lo, ele estava sentado na cama, ofegante. Havia ficado assim por horas, incapaz de falar ou pedir ajuda. Ela foi ligar para o médico, mas não tinha linha; o secretário não havia pagado a conta telefônica.

Então, ela correu escada abaixo para usar o telefone do zelador. O médico chegou depressa e chamou uma ambulância. Beauvoir observava ansiosa enquanto eles administravam um tratamento de emergência e depois o levavam ao hospital Broussais. Ela voltou para o apartamento, vestiu-se e foi almoçar com Jean Pouillon, como havia planejado. Perguntou se ele a acompanharia ao hospital; ela não queria ir sozinha. A princípio, a situação parecia esperançosa. Eles montaram outro esquema de revezamento de leitores e visitas para fazer companhia a Sartre; durante algumas semanas, Beauvoir cumpriu regularmente seu horário da tarde. No domingo, 13 de abril, Sartre segurou o pulso de Simone e disse que a amava muito. Em 15 de abril, ele entrou em coma. Beauvoir passou o dia ao seu lado, ouvindo-o respirar; depois, voltou a seu apartamento e começou a beber. Às 21 horas, seu telefone tocou. Era Arlette Elkaïm – estava tudo acabado.

16

O ocaso da luz

Beauvoir voltou ao hospital com Sylvie Le Bon. Ligou para Bost e Lanzmann, Jean Pouillon e André Gorz, que chegaram imediatamente. A equipe do hospital disse que eles poderiam ficar com o corpo até as 5 horas, e então, ele seria retirado.

Como podiam chamá-lo de "corpo"?

Elkaïm foi para casa, enquanto a velha "família" bebia e recordava Sartre carinhosamente até as primeiras horas da manhã. Jornalistas já estavam rondando a área, mas Bost e Lanzmann os mandaram cair fora. Então, Beauvoir quis ficar sozinha com ele. Depois que os outros saíram, ela se deitou na cama com Sartre. Já estava quase embaixo do lençol quando a enfermeira a deteve – as escaras dele estavam gangrenadas. Então, ela se deitou por cima do lençol, ao lado dele, e adormeceu.

Às 5 horas da manhã, foram buscar o corpo. Ela foi dormir na casa de Lanzmann e ficou lá na quarta-feira. Não podia suportar o telefone tocando em seu apartamento, muito menos os jornalistas à espreita, por isso, depois de Lanzmann, ela foi para a casa de Sylvie Le Bon. Hélène, que estava na Alsácia, foi ficar com Simone, que foi inundada de cartões, cartas e telegramas. Lanzmann, Bost e Sylvie cuidaram dos preparativos para o funeral: seria sábado, 19 de abril.

Quando chegou o dia, Beauvoir entrou no carro fúnebre com Sylvie, Hélène e Arlette. Atrás deles seguiam dezenas de milhares de pessoas homenageando Sartre. Mas Beauvoir não viu nada. Não havia Valium e uísque que pudesse conter suas lágrimas, mas ela tomou os dois mesmo assim. Ao chegarem ao cemitério de Montparnasse, ela pediu uma cadeira. Naquela semana, o *The Times* de Londres relataria que "madame de Beauvoir [...] estava à beira do colapso, apoiada por dois amigos" diante do caixão.¹ Havia um enxame de pessoas ao seu redor, porém sua mente estava vazia. Ela não se lembrava do que acontecera depois disso – ela foi à casa de Lanzmann e depois jantaram em uma sala privada, mas ela bebeu demais e precisou de ajuda para descer a escada. Sylvie já havia tentado fazê-la parar de beber, mas agora ela não pararia.²

Depois disso, ela ficou na casa de Sylvie. Na quarta-feira seguinte, a cremação ocorreu em Père Lachaise, porém Beauvoir estava cansada demais para ir. Quando Sylvie e Lanzmann voltaram, encontraram-na no chão, delirando. Ela estava com pneumonia.

Simone ficou internada no Hôpital Cochin por um mês; a princípio, os médicos achavam que ela não se recuperaria; devido à compulsão por pílulas e uísque, ela tinha cirrose hepática e alguns danos em neurônios motores. Quando ela por fim voltou à rue Victor Schoelcher, a pneumonia havia desaparecido, mas a depressão, não. Durante junho e julho, Sylvie ficou com Beauvoir o máximo que pôde durante a semana, e quando estava lecionando, Lanzmann e Bost ficavam com ela. Beauvoir sempre havia dito que sua vida acabaria quando Sartre morresse; eles tinham receio de que isso acontecesse literalmente. Aos fins de semana, Sylvie a levava para longe de Paris, de carro. Em agosto, quando chegou a hora da viagem anual a Roma, ela disse a Sylvie que precisavam sair de Paris: "Eu quero viver, e para isso preciso ir para algum lugar bem longe".³

Foram à Noruega, em um cruzeiro pelo fiorde. Lentamente, ela começou a ressurgir, a lembrar que havia outros relacionamentos significativos em sua vida pelos quais ainda valia a pena viver. Mas também começou a ver que alguns nunca mais seriam os mesmos. Três dias após a cremação de Sartre, Arlette esvaziou seu apartamento. Isso foi surpreendente do ponto de vista jurídico, porque a lei exigia que os bens dele permanecessem intocados até que fosse feita uma avaliação para fins fiscais. Arlette contou várias histórias diferentes sobre o motivo de ter feito isso: que não poderia pagar o aluguel até o fim do inventário; que temia uma invasão. Mas Beauvoir tinha certeza de que ela havia feito isso para impedi-la de pegar coisas que eram dela por direito. Foi uma disputa desagradável; outros amigos queriam lembranças de Sartre, e quando Lanzmann pediu a Arlette que desse algo a Bost, dada sua amizade de quarenta anos, ela lhe deu os chinelos velhos de Sartre.

Sylvie, que nunca havia gostado particularmente de Arlette, ficou furiosa. Os livros do pai de Beauvoir estavam no apartamento de Sartre; não eram herança de Arlette. Sartre também tinha um desenho que Picasso havia dado a ambos e um quadro de Riberolle com a mesma proveniência. Sylvie e Lanzmann pediram as obras a Arlette em nome de Beauvoir, mas ela disse que Simone mesma poderia pedir se as quisesse tanto.

Le Bon conseguiu recuperar os livros de Georges Bertrand. Mas havia só uma coisa que a própria Beauvoir pedia: o manuscrito de *Cahiers pour une morale* de Sartre. Quando Sartre terminara o *O ser e o nada*, entregara o manuscrito a Beauvoir assim que o livro fora publicado; era seu bem mais precioso. E no final de *O ser e o nada*, Sartre havia prometido publicar uma ética, que havia começado no fim da década de 1940, na mesma época em que Beauvoir escrevera seu *Por uma moral da ambiguidade*. Arlette sabia que Simone queria esse manuscrito, já que uma das primeiras coisas que ela fizera quando saíra do hospital fora "humilhar-se" para pedi-lo. Mas Arlette dissera que não. E em 1983, ela o publicou.

Assim que Beauvoir teve alta do hospital, em maio de 1980, os médicos lhe disseram para parar de tomar Valium e de beber, e fazer massagem e fisioterapia a fim de ajudar seu corpo a se recuperar. Ela seguiu a maioria dos conselhos dos médicos – menos largar o uísque e a vodca. Durante essas semanas, ela percebeu que queria que seus médicos pudessem discutir seu estado de saúde com Sylvie. Segundo a lei francesa, seu parente mais próximo, Hélène, era sua guardiã legal e herdeira. Sylvie não poderia nem levar Beauvoir de carro para fazer seus tratamentos sem a permissão de Hélène.

Beauvoir não queria se mudar para a Alsácia e morar com Hélène e Lionel, e não teria sido prático para eles largarem tudo e ir a Paris cuidar dela. Então, Beauvoir decidiu perguntar a Sylvie se poderia adotá-la legalmente. Ela comentou isso com Lanzmann e Bost primeiro, e ambos foram a favor. Com o caso Arlette, eles haviam aprendido que problemas poderiam surgir quando todas as partes não eram igualmente favoráveis a novos arranjos. Então, ela abordou o assunto cuidadosamente com Sylvie primeiro, e depois com Hélène. Inicialmente, Hélène sentiu desconforto por ser preterida, mas logo se deu conta que ela mesma não viveria muito mais que sua irmã, e já tinha bastante com que se preocupar.

Sylvie, por outro lado, ficou meio relutante. Ela sempre detestara a disposição de Arlette de viver sustentada por Sartre. Sylvie Le Bon era uma mulher independente, que tinha sua própria vida profissional – era *agrégée* e dava aula de Filosofia –, e não queria que seu relacionamento com Beauvoir fosse considerado igual ao de Arlette e Sartre. Ela também sabia que a pesquisa acadêmica havia começado a se concentrar no papel de mães e filhas nas obras de Beauvoir, e achava que a adoção proporcionaria um "banquete" de especulação.

Mas, a essa altura, Beauvoir já havia tido décadas para se acostumar com pessoas criando personagens imaginários de sua vida. Ela incentivou Sylvie a ver a amizade delas "de dentro", onde não era definida pela idade ou por papéis tradicionais. Beauvoir confidenciou a Sylvie que, ao longo de sua vida, fizera várias tentativas de encontrar outra amizade como a que tivera com Zaza. Mas, até conhecer Sylvie, nenhuma servira. Com ela, disse Beauvoir, era como se ela houvesse encontrado a reencarnação de Zaza. Sylvie aceitou, e mais tarde escreveu que seu relacionamento com Beauvoir era de uma "intimidade única e incomparável".[4] Durante uma entrevista, Beauvoir disse a Deirdre Bair que havia tido sorte por ter um relacionamento perfeito com um homem e com uma mulher.[5]

O ano da morte de Sartre foi apenas de mágoa e de tristeza: lágrimas, depressão, pensando no que ela poderia ter feito diferente. Mais uma vez, Beauvoir se voltou para a literatura como catarse – decidiu escrever um relato sobre a morte de Sartre. *A cerimônia do adeus* foi publicado em 1981. Narrava o declínio e a morte dele, focando na mudança de situação de sua vida à medida que a idade e a doença foram restringindo suas possibilidades. Também incluía as entrevistas que ela fizera com Sartre em Roma, em meados da década de 1970, como testemunho da amizade intelectual que cultivaram, de suas conversas constantes. Seus amigos estavam preocupados por ela trabalhar nesse projeto, mas essa era a única maneira de ela processar a morte dele. Escrever fora uma catarse com Zaza e com sua mãe, de modo que ela persistiu. As palavras iniciais do livro diziam:

Este é meu primeiro livro – o único, sem dúvida – que você não terá lido antes de ser impresso. Ele é total e inteiramente dedicado a você; e você não é afetado por isso. [...] Quando eu digo *você*, é só uma ilusão, um recurso retórico. Eu não estou falando com ninguém.[6]

Alguns leitores consideraram *A cerimônia do adeus* seu quinto volume de memórias. Porém esse é mais velado que os outros, descrevendo o declínio de Sartre com pouco foco na própria vida dela. E é uma mistura de dois formatos: memórias e diálogo. Beauvoir acreditava que *A cerimônia do adeus* era uma homenagem a Sartre e uma extensão de *A velhice*. Em 1970, *A velhice* descrevia como os idosos eram marginalizados e tratados por alguns como subumanos. Em *A cerimônia do adeus*, os leitores viram que até Jean-Paul Sartre havia tido esse destino reservado para ele.[7]

Simone achava que a obra seria muito mal recebida, e tinha razão. Mais uma vez, ela foi acusada de indiscrição ou de falar por Sartre quando ele mesmo não podia falar. Na *Le Point*, Pascal Bruckner descreveu o livro como uma mistura de "homenagem e vingança".[8] (Entre outras coisas, ela havia lhe perguntado por que ele achava que os homens tinham "certo orgulho", se ele sempre se sentira livre, desde pequeno.[9]) Seus defensores eram principalmente mulheres anglófonas. A tradutora do *O ser e o nada* de Sartre, Hazel Barnes, condenou as fofocas que definiam *A cerimônia do adeus* como uma vingança de Beauvoir "por ter tido que aturar as infidelidades de Sartre. Isso é uma calúnia. A narrativa é um relato factual e um tributo".[10] A biógrafa de Sartre, Annie Cohen-Solal, disse que a obra provocara as reações usuais em relação ao mítico casal: "respeito absoluto ou repúdio radical".[11]

Uma das críticas mais severas foi, claro, Arlette Elkaïm Sartre. Ela publicou uma carta aberta em *Libération* atacando Beauvoir, menosprezando seu relacionamento com Sartre, suas alegações de ser o centro da vida dele e sua conduta no caso Benny Lévy. Cada uma pensava que a outra estava reduzindo Sartre a um ser inferior e afirmava ser testemunha preeminente da vida dele. Beauvoir se recusou a responder a essa matéria porque não queria dignificar as alegações de Arlette com uma resposta, nem ser um espetáculo público. Em particular, ela sentia desdém.

Em 1981, Beauvoir iniciou suas conversas com Deirdre Bair, sua primeira biógrafa. Ela gostava de mulheres estadunidenses, e Beauvoir e Bair criaram o hábito de fazer entrevistas às 16 horas, regadas a uísque puro. Ela pensava na imagem que deixaria para a posteridade havia mais de vinte anos, com o benefício de décadas de experiência sobre como "a publicidade desfigura aqueles que caem em suas mãos".[12] Ela não queria que Arlette tivesse a última palavra sobre seu relacionamento com Sartre. Então, decidiu publicar as cartas de Sartre e anunciou publicamente sua intenção, para que o mundo pudesse ver por si mesmo o que Jean-Paul Sartre pensava de Simone de Beauvoir. Ela não tinha o direito legal de fazer isso, uma vez que, na França, o executor literário teria direito a qualquer palavra que Sartre houvesse escrito, independentemente de a quem fosse escrita ou de quem estivesse em posse dos textos em questão. Então, Beauvoir consultou seu editor, Robert Gallimard, que lhe disse que deixasse que ele conversaria com Arlette.

Havia muito mais em jogo ali que duas das mulheres de Sartre discutindo quem ele amava mais. Para Beauvoir, isso não era uma questão de romance; ela havia sido perseguida a vida inteira por pessoas que negavam sua independência como pensadora, alegando inclusive que Sartre havia escrito seus livros. E achava que as cartas mostrariam "minha influência crítica sobre ele, assim como a dele sobre mim."[13]

Quando Sartre morreu, alguns obituários de Paris não mencionaram Beauvoir nem uma única vez. O *Le Monde* mencionou as milhares de pessoas em seu funeral, mas não Simone.[14] Um longo artigo na *L'Express* apresentou uma linha do tempo com a data em que eles se conheceram, e com Beauvoir tirando o segundo lugar na *agrégation*; mas, o resto do relacionamento não recebeu um único comentário.[15]

Em inglês, o *The Times* londrino não mencionou Beauvoir em seu artigo inicial anunciando a morte de Sartre;[16] o obituário completo a apresentou como uma de suas "amigas mais íntimas", que "se tornou sua amante e aliada política, filosófica e literária ao longo da vida".[17] O anúncio da morte no *The Guardian* também não a mencionou, declarando que ele "viveu seus últimos anos sozinho em Paris, visitado e ajudado por amigos e discípulos".[18] Em seu obituário completo, ela não foi incluída no "grupo de talentosos intelectuais" com quem ele estudava; ao contrário, ela foi mencionada pela "união vitalícia" deles, durante a qual ela o ajudara em seus vários empreendimentos intelectuais.[19]

O *The New York Times* foi um pouco mais inclusivo: "Sartre era quase tão conhecido como escritor e pensador quanto Simone de Beauvoir, sua companheira constante e íntima de muitos anos. O relacionamento deles passou por inúmeras fases, mas seu vínculo básico, a força que davam um ao outro, nunca foi seriamente questionado".[20] Mas o *Washington Post* a apresentou como um "caso"[21] – será que ninguém a via como interlocutora intelectual, como participante ativa ou até mesmo como inspiração no desenvolvimento do pensamento dele?

Essa imagem de "mulher como discípulo do homem" também não a afetava em relação a Sartre. Durante o início dos anos 1980, Beauvoir continuou saindo para almoçar com Bianca Lamblin (anteriormente, Bienenfeld) regularmente. Mas, quando falavam de Israel, a discussão pegava fogo. Lamblin criticava Beauvoir por ser "incondicionalmente pró-Israel", por nem sequer tentar ver o lado palestino. Lamblin ficou bastante perturbada com essas conversas, e escreveu para Beauvoir depois, explicando melhor sua posição. Assim como sua resenha sobre *Les Aventures de la dialectique*, de Merleau-Ponty, a resposta de Beauvoir a Lamblin mostra ambos os temperamentos em conflito e sua frustração diante da suposição de que suas opiniões seriam derivadas das de Sartre ou das de qualquer outro homem:

> Estou respondendo a sua carta para que você não pense que a li com indiferença, mas é estúpida. Se a situação é "ambígua", como você diz, por que eu guardaria ressentimento ou desprezo por alguém que não compartilha minhas opiniões? [...] Quanto a Lanzmann [...], lamento que você endosse o preconceito chauvinista de que uma mulher só é capaz de formar suas ideias com base em um homem.[22]

O fato de Beauvoir publicar sua correspondência com Sartre lhe custou algumas amizades – pela primeira vez, Olga e Wanda veriam a realidade de seu papel na vida de Sartre. O casal Bost havia se separado várias vezes nos últimos anos, e Beauvoir via menos Olga porque era mais próxima dele; eles ainda trabalhavam juntos na *Les Temps Modernes*. Segundo Deirdre Bair, Beauvoir alertou Olga de que iria publicar as cartas e ignorou seus pedidos de excluir qualquer coisa que fizesse referência a ela e a sua irmã, causando uma brecha permanente no relacionamento entre elas.[23] Mas, se o preço fossem as ilusões das irmãs, valeria a pena, na opinião de Beauvoir, mostrar a verdade ao resto do mundo. A essa altura, ela já tinha voltado a dar palestras e fazer programas sobre feminismo, mais consciente que nunca de que seus prêmios eram atribuídos à genialidade de Sartre. Demorou muito tempo para organizar a volumosa correspondência entre os dois; mas, em novembro de 1982, ela entregou o manuscrito à Gallimard. Foi dedicado "a Claude Lanzmann, com todo meu amor".[24]

O caminho até a publicação não foi fácil. Antes que pudesse ser publicado, Arlette queria se estabelecer como herdeira legítima do legado filosófico de Sartre, e publicou não apenas *Cahiers pour une morale* [Notas sobre a moral] (o manuscrito que ela recusara a Beauvoir), mas também os diários de guerra de Sartre, *Carnets de la drôle de guerre* [Registro dos absurdos da guerra].

Quando as cartas finalmente foram publicadas, os leitores puderam ver, sem dúvida, o que Sartre havia dito. Mas perguntaram: por que ela não publicava seu lado da história? Em suas entrevistas de 1974, Sartre havia dito que queria que suas cartas fossem publicadas após sua morte, de modo que ela disse que estava atendendo aos desejos dele. Quanto a suas próprias cartas, ela disse a Bair que não eram da conta de ninguém, só dela mesma.[25] Margaret Simons perguntou a Beauvoir se ela havia lido a resenha de Michèle Le Doeuff sobre as cartas de Sartre. Acaso Simone sabia que Le Doeuff alegava que Sartre era "o único sujeito falante" do relacionamento?[26] Beauvoir respondeu que essas cartas eram as de Sartre; naturalmente, era ele quem estava falando nelas. "Se eu publicasse as minhas, eu seria o sujeito falante. Mas, enquanto viver, não vou publicar minhas cartas."[27]

Após a publicação das cartas de Sartre, Beauvoir dedicou seu tempo às duas coisas que lhe davam prazer: trabalhar pela libertação das mulheres e passar momentos com Sylvie e outros amigos. Em uma de suas entrevistas com Beauvoir, Alice Schwarzer disse que "grandes amizades" entre mulheres eram incomuns. Mas Beauvoir respondeu "não tenho tanta certeza". "Muitas amizades entre mulheres perduram, ao passo que o amor desaparece. Amizades verdadeiras entre homens e mulheres são muito, muito incomuns, eu acho."[28]

O ano de 1980 também anunciou o fim do feminismo dos anos 1970 na França, não apenas porque o calendário marcava uma nova década, mas também pela formação de uma nova associação, denominada Mouvement de Libération des Femmes (MLF) – o movimento fez desse nome uma marca registrada, oficialmente inscrita no Instituto Nacional de Propriedade Industrial. Qualquer pessoa que usasse o nome sem consentimento poderia ser processada. Enquanto a MLF da década de 1970 era um movimento orgânico com três critérios simples nos quais quem quisesse entrar nele deveria se encaixar – ser mulher, ter ciência da opressão das mulheres e comprometer-se a combatê-la –, esse novo MLF alegava falar pelas mulheres, em vez de deixá-las falar por si mesmas. Isso não era mais feminismo, na visão de Beauvoir; era "tirania".[29]

Mas houve boas notícias também: em 1980, surgiu na França o primeiro ministério das mulheres. A primeira ministra da mulher, Yvette Roudy, pediu apoio a Beauvoir para a campanha de François Mitterrand.

Em 1981, Beauvoir deu uma entrevista para divulgar o relançamento de *Nouvelles Questions Féministes*, na qual falou de quanto uma nova lei antissexista significava para ela. Yvette Roudy, então secretária dos direitos da mulher, estava trabalhando na legislação relativa à igualdade profissional, e queria complementá-la com um projeto de lei contra a discriminação baseada no sexo. Isso estenderia a legislação antirracista ao sexismo e tornaria possível o combate à publicidade que atacasse a dignidade das mulheres.

Beauvoir queria que fosse ilegal insultar mulheres, mesmo se dando conta que a legislação "não impediria as mulheres de tomarem a frente das suas próprias lutas contra o sexismo". Ao longo da vida, ela tinha visto cartas e matérias sobre mulheres que sofriam muita violência nas mãos de homens. Mas, embora isso fosse um fato, ela estava certa de que não havia uma "predisposição imutável" que tornasse os homens violentos. Ela alegava que "não se nasce homem, torna-se homem" – a violência está enraizada em homens individuais dentro de sociedades que toleram o sexismo e a discriminação.

Beauvoir não gostava que "[p]artes de nosso corpo sejam exibidas nas ruas da cidade para a glória desta sociedade consumista". O manifesto da Liga dos Direitos da Mulher afirmava que o corpo da mulher não deveria ser usado como mercadoria; o prazer físico e a iniciativa sexual não devem ser domínio dos homens; que elas lutariam pela aplicação dos direitos já conquistados para as mulheres e buscariam outros. Publicitários, alegando ser arautos da liberdade, denunciaram a proposta de Beauvoir com desprezo, dizendo que era ao mesmo tempo puritana e hipócrita. Acaso ela não notava que se suas regras fossem implementadas, a própria literatura teria que ser banida – inclusive a dela?

A fundamentada resposta de Beauvoir foi ignorada: ela não estava atacando a literatura. Ela achava que havia boas razões para atacar as propagandas porque "em vez de serem *oferecidas* a liberdades [individuais]", "são *impostas* a todos os olhos submetidos a ela, voluntariamente ou não".[30] Alguns alegaram que uma lei antissexista era vingança contra os homens. Mas Beauvoir argumentou que sua motivação era mudar o ambiente cultural em que os homens se tornavam homens, para que houvesse menos legitimação de sua violência contra as mulheres. Ela queria conseguir isso proibindo imagens degradantes de mulheres em "propagandas, pornografia, literatura. Uma lei antissexista nos permitiria denunciar publicamente cada caso de discriminação sexista".[31] Também ajudaria as mulheres a desenvolver reflexos contra o sexismo, ajudando-as a enfrentar a injustiça e os maus-tratos, em vez de aceitá-los porque "são assim mesmo", os homens são assim – como a sina das mulheres.

Beauvoir e suas colegas feministas foram acusadas de serem "intelectuais sem contato com a realidade". Mas elas eram médicas, advogadas, engenheiras, mães – isso não era realidade? Por trás do clamor público, Beauvoir via duas motivações: dinheiro e manipulação. O argumento do dinheiro é familiar o bastante no capitalismo para não exigir ensaios. Quanto à manipulação, na opinião de Beauvoir, muitos homens ainda estavam "profundamente convencidos de que a mulher é um objeto a ser manipulado e de que eles são os mestres dessa manipulação".[32]

Ela queria que as mulheres fossem "os olhos observadores", que sua perspectiva do mundo fosse articulada, ouvida e respeitada.

Quando Roudy fundou a Commission Femmes et Culture [Comissão Mulheres e Cultura], Beauvoir assumiu a presidência honorária. Ela foi uma participante ativa e o grupo se denominava informalmente "Comissão Beauvoir". Ela participava das reuniões mensais na sede do ministério, onde estudavam a estrutura da sociedade para fazer propostas concretas ao governo a fim de melhorar a situação das mulheres. Em 1982, François Mitterrand lhe ofereceu a condecoração Légion d'Honneur, mas ela recusou. Ela era uma intelectual engajada, não uma instituição cultural.

Após doze anos, Claude Lanzmann estava finalmente chegando ao fim de seu filme, *Shoah*. Foi um filme difícil de fazer, e ele havia contado fortemente com a companhia e o apoio de Beauvoir: "Eu precisava conversar com ela, falar sobre minhas incertezas, meus medos, minhas decepções". Depois de suas conversas, ele saía "fortalecido", por causa do "modo único e intensamente comovente que ela tinha de ouvir, sério, solene, aberto, totalmente confiante".[33] Nos primeiros anos após a morte de Sartre, Lanzmann acompanhou o cansaço que Beauvoir demonstrava em relação à vida. Várias vezes, durante a realização do filme, ele a convidou a ir ao estúdio onde *Shoah* estava sendo editado – ela ainda gostava de se envolver nos projetos dele, de ver partes do filme em andamento.

Em 1982, o presidente Mitterrand solicitou a Lanzmann uma exibição privada das primeiras três horas. Beauvoir foi com ele ao Palácio do Eliseu e assistiu a cenas ainda não legendadas, enquanto Lanzmann gritava as traduções do corredor. Simone escreveu a Lanzmann no dia seguinte: "Não sei se ainda estarei viva quando o filme for lançado". Mas ela estaria, e escreveria uma matéria de primeira página no *Le Monde* sobre o lançamento e, mais tarde, o prefácio do livro *Shoah, vozes e faces do Holocausto*. Mas, no dia seguinte à exibição presidencial, ela disse a Lanzmann o que pensava, caso não vivesse para ver o lançamento:

> Eu nunca li ou vi algo que transmitisse de maneira tão emocionante e arrebatadora o horror da "solução final"; nem nada que trouxesse à tona tantas evidências dessa mecânica infernal.

Colocando-se ao lado das vítimas, dos executores, das testemunhas e de cúmplices, mais inocentes ou mais criminosos que os outros, Lanzmann nos mostra inúmeros aspectos de uma experiência que, até agora, eu julgava inexprimível. É um monumento que permitirá que muitas gerações da humanidade compreendam um dos momentos mais malignos e enigmáticos de sua história.[34]

Além de notas como essa (escritas com um pé na posteridade), há pouco material privado disponível da época do fim da vida de Beauvoir. Mas, nos anos 1980, ela participou de várias entrevistas. Em uma delas, Alice Schwarzer lhe perguntou como conseguira permanecer independente durante seu relacionamento com Sartre. Sua resposta foi que ela sempre quis ter sua própria carreira: "Eu tinha sonhos, não fantasias; e sonhos bastante ousados, coisas que eu sabia que queria fazer muito antes de conhecer Sartre! Para ser feliz, eu devia a mim mesma me realizar na vida. E, para mim, realização significa trabalho".[35] Nessas entrevistas, ela revelou que teve dúvidas sobre seu relacionamento com Sartre durante o caso com Dolores Vanetti, e lamentou que o envolvimento deles houvesse causado tanto sofrimento aos terceiros que participaram da vida dos dois. Ela já havia admitido prontamente, em uma entrevista pública, que Sartre não tratava bem as mulheres. Mas, para ele, Simone fora um caso excepcional, simbólico – como ela se considerava quando era mais jovem. Mas ele também a encorajara como ninguém mais; acreditou no potencial dela, mesmo nos momentos em que era uma luta para ela mesma acreditar. Nenhum dos dois teria se tornado quem eram se não fosse o diálogo entre eles – se não fosse a soma das ações dos dois.

Grande parte de seus dias ela ainda dedicava à escrita; escreveu prefácios e introduções de livros nos quais acreditava. Também escreveu referências para empregos, incentivou ativistas, respondeu cartas. Deu apoio financeiro a editoras feministas e fez doações para abrigos femininos. Às vezes, ela achava que sua reputação pública havia se tornado uma "relíquia sagrada", dizia, cujas palavras eram mandamentos para as gerações mais jovens de mulheres que tinham energia para dar os próximos passos em direção à mudança.[36]

Dois anos após a morte de Sartre, ela estava satisfeita com seu trabalho, passado e presente, e seu desejo de viajar se reacendeu. Quando ainda estava se recuperando, Sylvie havia sugerido uma viagem a Nova York, para incentivá-la: e deu certo. Desde a década de 1940, Beauvoir tinha sentimentos ambivalentes em relação aos Estados Unidos; achava que havia muito a adorar e muito a detestar. Ela ganhou o Prix Sonning de Cultura Europeia em 1983; o prêmio foi em dinheiro, 23 mil dólares, e ela estava pronta para uma nova aventura. Então, em julho daquele ano, ela e Sylvie pegaram o Concorde para Nova York. Como ela não queria ser vista pelo público, precauções foram cuidadosamente tomadas por seu editor estadunidense da Pantheon Books. Ela se encontrou com Stépha Gerassi e seu filho John, e alguns amigos mais recentes, como a feminista Kate Millett. Mas ela queria que a viagem fosse tranquila e pessoal. Beauvoir não deu palestras nem fez anotações.

Apesar de seus esforços, quando chegaram ao Algonquin Hotel, em Nova York, foram vistas quase imediatamente por um jornalista do *The New Yorker*. Ele ligou para o quarto dela, e Simone disse, em termos inequívocos, que não fazia entrevistas por telefone. Ele a deixou em paz, e ela e Sylvie visitaram museus sem problemas: o Metropolitan, o Guggenheim, o MOMA e – o favorito de Beauvoir – o Frick. Subiram ao topo do World Trade Center. Jantaram na casa de Elaine uma noite, onde conheceram Woody Allen e Mia Farrow. Depois disso, viajaram pela Nova Inglaterra por seis semanas e visitaram a fazenda de árvores de Natal de Kate Millett, em Poughkeepsie, onde ela fundara uma comunidade de mulheres artistas. Essa fazenda foi palco para o único compromisso profissional da viagem: as filmagens de uma conversa com Kate Millett para uma série de TV sobre *O segundo sexo*. Elas regressaram à França a tempo de Sylvie voltar a lecionar. Beauvoir voltou com hordas de livros.

Em dezembro de 1983, Beauvoir sofreu uma queda: Sylvie a encontrou caída no chão, e havia ficado ali tanto tempo que pegara pneumonia.

Ela passou o Natal e a maior parte de janeiro no hospital, mas estava bem o bastante na Páscoa para ir a Biarritz. No verão, já havia se recuperado o suficiente para viajar mais longe, então ela e Sylvie pegaram um avião para Budapeste e passearam de carro pela Hungria e a Áustria.

Beauvoir ainda era diretora da *Les Temps Modernes* em 1985, no entanto Claude Lanzmann administrava a revista cada vez mais. Eles se encontravam no apartamento dela e ela lia artigos, selecionava-os, editava-os e os revisava, como sempre – ela continuou participando das reuniões até poucas semanas antes de sua morte. Claire Etcherelli recordou a "presença física de Beauvoir, sua força, sua autoridade, que a inspiraram a manter a revista viva"[37], a manter o comitê unido, apesar de muitas tempestades, pessoais e políticas.

Ela ainda estava envolvida no ativismo feminista e dava entrevistas, expressando sua esperança de que uma nova tradução de *O segundo sexo* fosse lançada em inglês – "Uma tradução honesta, com sua dimensão filosófica e com todas as partes que Mr. Parshley julgou inútil e que eu considero importantes".[38] Em conversa com Margaret Simons, ela esclareceu o sentido da afirmação confusa que fizera em *A força da idade*, de que não era filósofa:

FIGURA 14 – Uma cena da vida ativista de Beauvoir: no debate sobre mulheres e o Estado em Paris, 15 de maio de 1984

> Eu não sou filósofa no sentido de que não sou a criadora de um sistema; mas sou filósofa no sentido de que estudei muito

filosofia, sou formada em filosofia, dei aula de filosofia, estou imersa na Filosofia, e quando ponho Filosofia em meus livros é porque ela é uma maneira de ver o mundo, e não posso permitir que essa maneira de ver o mundo seja eliminada.[39]

Séculos antes de Beauvoir, pensadores como Pascal e Kierkegaard haviam rejeitado filósofos "sistemáticos" como Descartes e Hegel por esquecerem que uma parte do que significa ser humano é que cada pessoa deve viver sua vida sem conhecer seu futuro – almejando um significado que não pode ser conhecido com antecedência. Beauvoir também acreditava que, como a vida não pode ser conhecida adiante, sentimos ansiedade a respeito de quem nos tornaremos, para nós mesmos e aos olhos dos outros.[40] Mas, para muitos contemporâneos franceses de Beauvoir, mesmo Pascal e Kierkegaard eram considerados "subfilosóficos", não por serem mulheres, claro, mas por serem religiosos. As primeiras ideias filosóficas de Beauvoir – e sua preocupação em evitar a Cila e o Caríbdis do egoísmo e devoção – foram escritas em forma de diálogos com muitos pensadores que hoje não podem ser chamados de "filósofos" pela mesma razão.[41]

Em 1985, a saúde de Beauvoir se deteriorou. Ela se importou com isso por causa das próximas eleições, em março de 1986, mas todo o mundo podia ver que ela estava pagando o preço pelo uísque. Sua cirrose havia deixado sua barriga tão distendida que ela não conseguia ficar reta. Caminhar era doloroso, e os amigos ficavam agoniados enquanto ela fingia não perceber. Sylvie tentou diluir o uísque de Beauvoir, mas, dessa vez, era ela a paciente que rejeitava a moderação – passou a beber mais. Como Bost não era uma influência virtuosa nesse aspecto, Sylvie apelou a Lanzmann, que achou que poderia distrair Beauvoir pedindo-lhe para escrever o prefácio da versão impressa de *Shoah*. Ela concordou com prazer – e também escreveu o prefácio de outro livro –, mas não parou de beber.

No início de 1986, Beauvoir ainda fazia suas reuniões com amigos, estudiosos e escritores. Sua única concessão à idade era que agora ela as conduzia vestindo um roupão vermelho.

Em fevereiro de 1986, ela viu Hélène: Simone caminhava mal, mas visitaram uma galeria juntas. Ela sempre encorajara os empreendimentos artísticos de sua irmã. Naquele ano, Hélène estava ansiosa por uma exposição de suas obras que aconteceria na Califórnia – na Universidade de Stanford, financiada pelo Ministério Francês dos Direitos das Mulheres. Mas as eleições legislativas de 16 de março determinaram o contrário: o ministro das mulheres e os fundos não estavam mais disponíveis. Simone se recusou a aceitar que sua irmã não participaria de sua própria exposição, e insistiu em pagar sua viagem.[42]

Na noite de 20 de março, Simone de Beauvoir teve cólicas estomacais. Achou que era por causa do presunto que comera no jantar, mas a dor persistiu, até que Sylvie insistiu para que ela fosse ao hospital. Depois de vários dias sem um diagnóstico claro, fizeram uma cirurgia exploratória: além do diabetes e dos danos às artérias, ela tinha tudo que Sartre tivera: dano cirrótico, retenção de líquidos e edema pulmonar. Após a cirurgia, ela teve pneumonia, e foi transferida para a terapia intensiva. Ficou lá por duas semanas, tentando convencer sua massagista a não votar no nacionalista de extrema direita Jean-Marie Le Pen.

Hélène e Lanzmann estavam na Califórnia – ela em sua exposição, ele para receber um prêmio – quando receberam a notícia. Simone estava morta.[43] Eram 16 horas de 14 de abril, oito horas antes do aniversário da morte de Sartre. Ela tinha 78 anos.

No dia seguinte, quando sua morte foi anunciada no *Le Monde*, a manchete proclamava: "Suas obras: mais popularização que criação".[44]

17
Posfácio
O que será de Simone de Beauvoir?

Devemos respeito aos vivos; aos mortos, devemos apenas a verdade.[1]
Voltaire

O Le Monde não estava sozinho ao anunciar a morte de Beauvoir – e ao definir o tom para sua vida após a morte terrestre – em termos sexistas, depreciativos e falsos. Obituários em jornais globais e resenhas literárias comentaram que, mesmo morrendo, ela seguiu Sartre, obedientemente assumindo seu lugar apropriado: o segundo. Enquanto alguns obituários de Sartre não mencionaram nada sobre Beauvoir, os dela nunca deixam de mencioná-lo – às vezes extensamente, deixando um espaço absurdamente estreito nas colunas para se falar das obras dela.

O *The Times* londrino declarou que Sartre era "seu guru"; que, como estudante de filosofia, Beauvoir "não era nominalmente pupila de Brunschvicg, mas, na prática, foi orientada por dois colegas estudantes com quem mantinha *casos*, primeiro René Maheu e depois Sartre".[2] Na verdade, ela havia, sim, sido aluna de Brunschvicg, alcançara seus primeiros sucessos filosóficos sem nenhum desses homens, ensinara Maheu e Sartre sobre Leibniz antes da prova oral e dera feedback crítico sobre quase tudo que Sartre escrevera.

No *The New York Times*, lemos que "Sartre incentivou as ambições literárias de Beauvoir, e ela lhe deu o crédito por levá-la a investigar a opressão das mulheres, o que levou à fúria e acusação de "Le Seconde (sic) Sexe". Sim, Sartre incentivou as ambições literárias dela;

é inquestionável que ela valorizava o "amigo incomparável de seu pensamento". Mas, de fato, seu livro se chamava *Le deuxième sexe*, e ela já desenvolvia sua própria filosofia e análise da opressão das mulheres anos antes de escrevê-lo. O *Washington Post* acertou o título da obra, mas também a descreveu como a "enfermeira" de Sartre, a "biógrafa" de Sartre e a mulher "ciumenta" de Sartre.[3]

Poder-se-ia esperar mais justiça nas resenhas literárias especializadas, mas essa esperança também foi frustrada. As sete páginas do *Dictionary of Literary Biography Yearbook* de 1986 sobre "Simone de Beauvoir" são inteiramente dedicadas à vida de Sartre e dela. Sartre é o agente nessa narrativa, considerado o responsável por fazê-la se sentir "intelectualmente dominada" e por sugerir a ideia para *O segundo sexo*.[4]

Na *Revue de deux mondes*, lemos que, mesmo na morte, "a hierarquia é respeitada: ela é a número dois, depois de Sartre"; "Como ela é mulher, Simone continua sendo fã do homem que ama". Ela seria uma fã, um receptáculo vazio e sem imaginação: "ela tinha tão pouca imaginação quanto seu tinteiro". E esses também não eram seus únicos vícios. Devido a seu papel na "família", ela teria limitado e enfraquecido um grande homem: "a vida de Sartre teria sido diferente sem esse muro impermeável construído pouco a pouco ao redor do casal, sem essa vingança cuidadosamente sustentada".[5]

Quando as cartas de Beauvoir a Sartre foram publicadas em inglês, em 1991, incluindo as passagens em que ela contava seus encontros sexuais com Bienenfeld e Sorokine, chamaram-na de "mulher vingativa e manipuladora", tão "escandalosa quanto insípida e egocêntrica".[6] Claude Lanzmann havia sido contrário à publicação das cartas na época, escrevendo que Beauvoir e Sartre haviam escrito cartas "arrogantes e competitivas" na juventude, e

> que embora ela às vezes houvesse pensado mal das pessoas mais próximas, a simples ideia de magoá-las era insuportável para ela: eu nunca soube de ela ter perdido um compromisso com a mãe, com a irmã ou com intrusos, se concordasse em se encontrar com eles; nem com os alunos que ela conhecera havia muito tempo, por lealdade a alguma ideia compartilhada do passado.[7]

Os medos de Lanzmann se mostraram bem fundamentados; as palavras de Beauvoir foram dolorosas. Depois que a biografia de Deirdre Bair tornou sua identidade pública, Bianca Lamblin escreveu um livro de memórias, *Mémoires d'une Jeune Fille Dérangée* [Memórias de uma garota estorvada], acusando Beauvoir de mentir a vida toda. Nas palavras de Lamblin, Beauvoir era "uma prisioneira de seu passado hipócrita".[8]

Mas é totalmente grosseiro reduzir a vida de Beauvoir a seus piores momentos, a múmias de eus mortos dos quais ela mesma se arrependia profundamente. Simone pode ter sido refém de seu próprio passado, mas também era prisioneira do preconceito da sociedade; sua vida é um testemunho dos dois pesos e duas medidas que assolam as mulheres na "condição feminina" e, especialmente, do modo como as mulheres são punidas quando ousam falar sua verdade – quando afirmam ter o poder de ser o "olho que observa" e perceber deficiência nas ações dos homens.

Pessoal, filosófica e politicamente, Sartre não escapou das críticas dela; ela achava que ele tinha pontos cegos, e publicou alguns para que o mundo visse também.[9] Mas, mesmo assim, ela escolheu amá-lo.

Beauvoir foi enterrada ao lado de Sartre no cemitério de Montparnasse, com seu turbante vermelho, o roupão vermelho e o anel de Algren. Foi homenageada por grupos do mundo inteiro, desde o Partido Socialista de Montparnasse até universidades nos Estados Unidos, Austrália, Grécia e Espanha. Em seu funeral, a multidão entoou as palavras de Elisabeth Badinter: "Mulheres, vocês devem tudo a ela!".

Elas podem ter se expressado na hipérbole da dor, mas Beauvoir foi a primeira a admitir que algumas mulheres achavam suas ideias "perturbadoras".[10] Dias após sua morte, o último prefácio de Beauvoir foi publicado: abria um romance, *Mihloud*. O livro falava de uma história de amor entre dois homens que levantava questões sobre sexualidade e poder. Como muitos outros a que Beauvoir emprestou seu nome, contava uma história perigosa de se publicar: o Holocausto, a tortura e o estupro de mulheres argelinas, as lutas do feminismo ou a alienação de uma lésbica talentosa – essas eram facetas da humanidade que muitos achavam difíceis de encarar.

Na época de sua morte, Beauvoir já era uma celebridade havia quarenta anos; amada e odiada, difamada e idolatrada.[11] Na época, e desde então, famosos capítulos de sua juventude com Sartre foram usados, *ad feminam*, para minar sua integridade moral, bem como os desafios filosóficos, pessoais e políticos de suas obras – especialmente *O segundo sexo*. Ela havia dito que, se os homens queriam ser éticos, precisavam reconhecer que suas ações contribuíam para as condições opressivas das outras pessoas do mundo e agir melhor. E também desafiara as mulheres – parem de consentir em se submeter ao mito que diz que ser mulher é ser para os homens. É difícil florescer como humano quando a pessoa é tão incansavelmente definida de fora para dentro.

De dentro, Beauvoir nunca se viu como um "ídolo". Em uma entrevista com Alice Schwarzer, ela disse: "Eu sou Simone de Beauvoir por outras pessoas, não para mim mesma".[12] Ela sabia que as mulheres ansiavam por modelos positivos para imitar; muitas vezes perguntavam a ela por que não havia criado heróis mais positivos em seus romances, em vez de escrever sobre mulheres que não atendiam a seus ideais feministas. Quando os leitores alegavam ver Beauvoir em suas personagens femininas,[13] perguntavam-se: elas deixaram de realizar seus ideais feministas porque a própria Beauvoir não conseguiu?

Beauvoir respondeu que achava heróis positivos "assustadores", e livros com heróis positivos desinteressantes. Um romance, disse, "é problemático". E, nas próprias palavras de Beauvoir, sua vida também:

> A história de minha vida, em si, é meio problemática, e não tenho que dar soluções às pessoas, e as pessoas não têm o direito de esperar isso de mim. Foi nessa medida que, ocasionalmente, isso que vocês chamam de minha celebridade – enfim, a atenção das pessoas – me incomodou. Há certo caráter demandante que eu acho meio estúpido, porque me aprisiona, prendendo-me completamente em uma espécie de bloco de concreto feminista.[14]

Durante sua vida, os leitores rejeitaram as ideias de Beauvoir por causa da maneira como ela viveu: porque ela amara muitos homens, o homem errado, o homem certo do jeito errado (eles ainda não sabiam sobre as mulheres). Acusaram-na de dar muito pouco ou muito de si, de ser muito feminista ou não o suficiente. Beauvoir admitiu que a maneira como tratava os outros nem sempre estava acima de qualquer crítica. Expressou claramente seu pesar pelo sofrimento que seu relacionamento com Sartre causara a *les tiers* – os "terceiros" contingentes.

Quando Schwarzer perguntou a Beauvoir sobre a afirmação de que seu relacionamento com Sartre havia sido o maior sucesso de sua vida, questionou também se tinham conseguido ter um relacionamento baseado na igualdade. Beauvoir disse que o problema da igualdade nunca surgira entre eles, porque não havia "nada de opressor" em Sartre.[15] É curioso que ela tenha dito isso: "Se amasse alguém além de Sartre", não teria se deixado oprimir. Alguns interpretaram que esse comentário atribui à sua autonomia profissional sua fuga da dominação; as feministas se perguntam se ela é culpada de má-fé, se Sartre era "a única área sacrossanta de sua vida a ser protegida até mesmo de sua própria atenção crítica".[16]

Não há dúvida, agora, de que ela era crítica com ele – se bem que muitos podem não a considerar crítica o bastante.

Em meados dos anos 1980, uma filósofa estadunidense disse à estudiosa de Beauvoir, Margaret Simons, que estava brava com Simone porque havia escrito "nós, nós, nós" em sua autobiografia. Onde estava *ela*? "Ela desapareceu completamente." Mas ela não desapareceu. Ela usou sua voz. Ela disse "nós", e, com isso, também disse "eu" – porque acreditava que "alguém pode ser próxima de um homem e ser feminista".[17] Alguém poderia, de fato, ser próxima de vários homens e mulheres. Ela achava que o mais importante nela eram seus pensamentos, e que Sartre era seu amigo incomparável. Os críticos de Beauvoir, de fora, chamavam-na de derivativa e sem imaginação; até amantes seus lhe disseram que seus livros eram chatos ou cheios de filosofia;[18] mas Sartre foi, durante grande parte de sua vida, a "principal fonte de encorajamento"[19] dela, um interlocutor em um encontro inigualável de mentes.

Nunca saberemos como era Beauvoir por dentro; não se pode ressuscitar a vida vivida a partir da vida relatada. Mas, de fora, não devemos esquecer quanto lutou para se tornar ela mesma. Em alguns casos, ela optou por escrever sobre instâncias negligenciadas da palavra "eu". Em *A força das coisas*, ela afirma que tinha uma filosofia sobre o ser e o nada antes de conhecer Sartre, o homem que se tornaria famoso por escrever

O ser e o nada. Havia um "confronto básico entre o ser e o nada que eu esbocei aos 20 anos de idade em meu diário particular, perseguido em todos os meus livros e nunca resolvido"[20]. E ela também disse que depois de *A convidada*, algo mudou: "Eu sempre tive 'algo a dizer'".[21]

Em *Balanço final* (1972), há uma passagem na qual Beauvoir diz explicitamente que preferia compartilhar a vida com alguém de quem gostava "bastante – em geral com Sartre, às vezes com Sylvie". Ela diz abertamente que não fazia distinção entre "eu" e "nós" porque "de fato, afora alguns curtos períodos, eu sempre tive alguém comigo".[22] Quando era mais velha, ela descreveu a solidão como uma "forma de morte", e ela mesma como voltando à vida quando sentira "o calor do contato humano".[23]

Beauvoir amava a filosofia, mas queria que ela expressasse a "realidade palpável", para "rasgar a teia inteligentemente tecida de nosso eu convencional".[24] Em muitos casos, ela escolheu a literatura como o melhor meio de fazer isso, porque seus personagens poderiam ganhar vida em contato um com o outro. Nietzsche achava que "é impossível ensinar amor",[25] mas Beauvoir achava que poderia *mostrá-lo*. Em seus romances, ela deu exemplos concretos em que mulheres e homens sofriam por falta de reciprocidade. E em *O segundo sexo*, ela fez afirmações explicitamente filosóficas: que, para ser ético, o amor deve ser recíproco – o amante e o amado devem ser reconhecidos como conscientes e livres, comprometidos com os projetos um do outro na vida, e nos casos em que o amor fosse sexual, vistos como sujeitos sexuais – não como objetos.

Quando Rousseau analisou a história da "civilização" para fins políticos em *Discurso sobre a origem e os fundamentos da desigualdade entre os homens*, foi para melhor descrever as desigualdades existentes entre os homens. Ao se voltar ao passado, Nietzsche iluminou a moralidade do presente em *Genealogia da Moral*, foi porque achava que era necessária uma "reavaliação de valores" na sequência da "morte de Deus". Beauvoir achava necessária uma reavaliação filosófica da mulher, e que a liberdade concreta das mulheres não seria alcançada sem uma reavaliação do que a "civilização" chamava de amor.

Quando um filósofo como Platão usa uma forma literária, é filosofia. Ao falar de amor, é filosofia – mesmo quando vem de um contexto no qual a pederastia é uma norma cultural e discute algo tão absurdo quanto a história de que todos os seres humanos já foram quadrúpedes, de que fomos separados de nossa outra metade, e que agora ansiamos reencontrar nosso par perdido.[26]

A vida de Simone de Beauvoir se tornou um símbolo de sucesso para gerações de mulheres que não se contentavam mais com "sonhar por meio dos sonhos dos homens".[27] Ela foi "a voz feminista do século XX"[28] – uma filósofa cujo pensamento comprovadamente alterou o curso da legislação e de muitas vidas. No entanto, no centenário de seu nascimento – 2008 –, o *Le Nouvel Observateur* decidiu homenageá-la – uma mulher cujo trabalho incluiu campanhas para tornar ilegais imagens explícitas de mulheres – publicando uma fotografia dela nua.

De dentro, Beauvoir se via como um eterno devir. Ela acreditava que nenhum momento de sua vida mostrava "a" Simone de Beauvoir, porque "Não há instante em uma vida em que todos os momentos estejam reconciliados".[29] Toda ação abriga a possibilidade de fracasso – e alguns só se revelam como fracasso após o fato. O tempo passa; os sonhos mudam; e o eu está sempre além do alcance. Os momentos individuais no processo de tornar-se Beauvoir foram dramaticamente diversos. Mas, se há algo a aprender com a vida de Simone de Beauvoir, é isso: ninguém se torna o que é sozinho.

Notas

Introdução
1 DPS 266, 28 de maio de 1927.
2 Ver Toril Moi, *Simone de Beauvoir: The Making of a Intelectual woman*, 2ª ed., Oxford: Oxford University Press, 2008, p. 26.
3 Claude Jannoud, "L'Œuvre: Une vulgarisation plus qu'une création", *Le Monde*, 15 de abril de 1986.
4 Moi, *Simone de Beauvoir*, p. 27.
5 Beauvoir, "Existentialism and Popular Wisdom", PW 218.
6 Sandrine Sanos, *Simone de Beauvoir: creating a feminist Existence in the world*, Oxford: Oxford University Press, 2017, p. 118.
7 SS 3.
8 DPS 57, 7 de agosto de 1926.
9 FC 288.
10 Henri Bergson, *Time and free will: An Essay on the Immediate data of consciousness*, Nova York: Dover, 2001, p. 178.
11 Ovídio, *Tristia* III.iv.25, citado em Descartes (Descartes, Carta a Mersenne), abril de 1634, *Oeuvres de Descartes*, eds. Charles Adam e Paul Tannery, volume I, Paris: Cerf, 1897, pp. 285-6.
12 PL 22.
13 Annie Cohen-Solal, *Sartre: A Life*, Londres: Heinemann, 1987, p. 86.
14 Disponível em <http://www.bbc.com/culture/story/20171211-were-sartre-and-de-beauvoir-the-worlds-first-modern-couple>. Acesso em: 22 de dezembro de 2019.
15 Citado por Madeleine Gobeil em uma entrevista com Simone de Beauvoir, "The Art of Fiction No. 35", *Paris Review* 34 (primavera-verão 1965).
16 Hazel Rowley, *Tête-à-tête: The Lives and Loves of Simone de Beauvoir and Jean-Paul Sartre*, Londres: Vintage, 2007, p. ix.
17 MDD 344.
18 Beauvoir, citado em Simone de Beauvoir, Margaret A. Simons e Jane Marie Todd, "Two Interviews with Simone de Beauvoir", *Hypatia* 3(3) (1989): 13.
19 Alice Schwarzer, *Simone de Beauvoir Today: conversations 1972-1982*, Londres: Hogarth Press, 1984, p. 13.
20 Todas as datas de publicação mencionadas neste parágrafo se referem às primeiras edições em francês.
21 Como Margaret Simons observou, a tradução para o inglês das cartas de Beauvoir para Sartre não ajudou muito: foi excluído um terço do material disponível em francês. Apenas de novembro a dezembro de 1939, 38 referências ao trabalho de Beauvoir sobre o romance *A convidada* foram cortadas. (Ver Margaret Simons, "Introdução", PW 5.)
22 As cartas estão disponíveis para consulta na Beinecke Rare Book & Manuscript Library da Universidade de Yale.
23 PL 8.
24 Robert D. Cottrell, *Simone de Beauvoir*, Nova York: Frederick Ungar, 1975, p. 95.

25 "Elle is incapable d'inventer, de s'oublier". P. de Boisdeffre, "LA REVUE LITTERAIRE: Deux morts exemplares, un même refus: Jean Genet et Simone de Beauvoir", *Revue des deux mondes* (1986): 414-28.
26 SS 166.
27 DPS 77, 21 de agosto de 1926.
28 Bianca Lamblin, *A disgraceful Affair*, trad. Julie Plovnick, Boston: Northeastern University Press, 1996 [Fr. 1993], p. 161.
29 *CJ*, 758, 2, 3, 4 de setembro de 1929, "l'ami incomparable de ma pensée" (grifos acrescentados).
30 SdB para Nelson Algren (NA), 8 de agosto de 1948, TALA 208.
31 Virginia Woolf, *A Room of one's own*, in *A Room of one's own/Three Guineas*, Londres: Penguin Classics, 2000, p. 32.
31 William Barrett, *Irrational Man: A Study in Existential Philosophy*, Nova York: Doubleday, 1958, ver pp. 231-2.
33 "Simone De Beauvoir", *The Times* [Londres, Inglaterra] 15 de abril de 1986: 18. Arquivo digital *The Times*. Online 24 de março de 2018.
34 Deirdre Bair, *Simone de Beauvoir: A Biography*, Londres: Jonathan Cape, 1990, p. 514.
35 <https://www.the-tls.co.uk/articles/private/sartres-sex-slave/>. Acesso em: 22 de dezembro de 2019. Página não identificada.
36 Moi, *Simone de Beauvoir*, pp. 44-5.
37 Moi, *Simone de Beauvoir*, p. 39
38 Bell Hooks, "True Philosophers: Beauvoir and Bell', em Shannon M. Mussett e William S. Wilkerson (eds), *Beauvoir and western Thought from Plato to Butler*, Albany, NY: SUNY Press, 2012, p. 232.
39 Rowley, *Tête-à-tête*, p. 13.
40 Elizabeth Bachner, "Lying and Nothingness: Struggling with Simone de Beauvoir's Wartime Diary, 1939-41", *Bookslut*, novembro 2008.
41 Richard Heller, "The Self-centred Love of Madame Yak-yak", *The Mail on Sunday*, 1º de dezembro de 1991, 35.
42 Para a edição de 1978 de *Le Petit Robert*. Consulte Prefácio de "Everyday Sexism", Notas, FW 241.
43 Bell Hooks, "Beauvoir and Bell", p. 231.
44 Sarah Churchwell, *The Many Lives of Marilyn Monroe*, Nova York: Picador, 2005, p. 33.
45 François Mauriac, "Demande d'enquête", *Le Figaro* (1949), 30 de maio. Ver Ingrid Galster, *Le deuxième Sexe de Simone de Beauvoir*, Paris: Presse Universitaire Paris-Sorbonne, 2004, p. 21. Beauvoir discute a repercussão à publicação desse capítulo em FC 197.
46 Por exemplo, na discussão de Mill sobre imparcialidade e o mandamento "amar ao próximo como a si mesmo" no capítulo 2 de *Utilitarianism*, ou na discussão de Kant sobre o mesmo mandamento na seção I de *Groundwork for the Metaphysics of Morals*.
47 Laurie A. Rudman, Corinne A. Moss-Racusin, Julie E. Phelan e Sanne Nauts, "Status Incongruity and Backlash Effects: Defending the Gender Hierarchy Motivates Prejudice against Female Leaders', *Journal of Experimental and Social Psychology* 48 (2012): 165-79.
48 Para a psicologia, ver Z. Kunda e R. Sanitioso, "Motivated Changes in the Self-concept", *Journal of Experimental Social Psychology* 25 (1989): 272-85; R. Sanitioso, Z.Kunda G. T. Fong, "Motivated Recruitment of Autobiographical Memories", *Journal of Personality and Social Psychology* 59 (1990): 229-41; R. Sanitioso e R.Wlordarski, "In Search of Information that Confirms a Desired Self-perception: Motivated Processing of Social Feedback and Choice of Social Interactions", *Personality and Social Psychology Bulletin* 30 (2004): 412-22.

49 Voltaire, "Première Lettre sur Oedipe", em *Oeuvres* (1785) vol. 1.
50 Carolyn Heilbrun, *writing a woman's Life*, Londres: The Women's Press, 1988, p. 30.
51 Por exemplo, as biografias psicanalíticas ou marxistas buscam alcançar a compreensão dos seres humanos por meio de experiências significativas da infância ou estruturas econômicas, além de outras estruturas sociais. Ver James Conant, "Philosophy and Biography", palestra proferida em um simpósio sobre "Filosofia e Biografia" em 18 de maio de 1999.
52 BO 39.
53 EA 20.
54 SS 88.
55 PC 120.
56 Bair, p. 13.
57 SdB a S, 24 de abril de 1947, LS 451.
58 "A story I used to tell myself", UM 159.
59 DPS 297, 29 de julho de 1927.
60 Schwarzer, *Simone de Beauvoir Today*, p. 86; DPS 296, 29 de julho de 1927.
61 Virginia Woolf, "Not One of Us", outubro de 1927, CE IV, p. 20, citado em Hermione Lee, *Virginia Woolf*, Londres: Vintage, 1997, p. 773 n. 42.

Capítulo 1
1 A grafia original em sua certidão de nascimento era "Simonne".
2 Embora o endereço da família fosse boulevard du Montparnasse 103, segundo Hélène de Beauvoir, o apartamento ficava no lado da Raspail. Ver HdB para Deirdre Bair, citado em Bair, p. 620 n. 18.
3 Bair escreveu que a história dos Bertrand de Beauvoir remontava ao século XII, a um cofundador da Universidade de Paris e discípulo de Santo Anselmo, e que se consideravam nobres menores. Em minha entrevista com Sylvie Le Bon de Beauvoir ela negou isso, corroborando a versão que Hélène de Beauvoir dá em *Souvenirs*, (HdB, p. 14). Para a infância de Beauvoir, contamos com as memórias de MDD, VED, Bair, Hélène de Beauvoir, *Souvenirs*, Paris: Séguier, 1987, e "Chronologie" de Sylvie Le Bon de Beauvoir em MPI.
4 MDD 37.
5 Ver Sylvie Le Bon de Beauvoir, "Chronologie", MPI lv; para o relato de Bair (baseado em entrevistas com SdB e HdB) do encontro dos pais, ver Bair, pp. 27-30.
6 Simone de Beauvoir, citado em Bair, p. 620 n. 19
7 MDD 37.
8 MDD 42.
9 HdB, *Souvenirs*, p. 13.
10 MDD 75, 24, 25.
11 HdB, *Souvenirs*, p. 16.
12 MDD 23.
13 MDD 36, 51.
14 HdB, *Souvenirs*, p. 44.
15 HdB, *Souvenirs*, p. 58.
16 MDD 43.
17 SLBdB, "Chronologie", 1915, MPI lvii. Em *Memórias de uma moça bem-comportada*, ela não mencionou essa história; escreveu que *La famille cornichon*, de 89 páginas, foi o primeiro (outubro de 1916,

aos 8 anos). Outras histórias da infância sobreviveram, mas não foram publicadas, incluindo uma que ela dedicou à irmã, *Histoire de Jeannot Lapin* (escrita em 1917-18, 54 páginas escritas à mão); "Contes et histories variées" (1918-1919, dezenove páginas); *En vacances. Correspodance de deux petites amies* (junho de 1919, 23 páginas).
18 MDD 61.
19 Em MDD, ela foi chamada de Elisabeth Mabille para proteger sua identidade.
20 Hélène de Beauvoir, citado em Bair, p. 133
21 MDD 114.
22 DPS 67, 16 de agosto de 1926.
23 VED 33.
24 MDD 38.
25 MDD 41, 82.
26 MDD 41.
27 Citado em Bair, p. 47

Capítulo 2
1 MDD 72.
2 MDD 106.
3 MDD 16.
4 MDD 71.
5 Bair, p. 51.
6 Hélène de Beauvoir, citado em Bair, p. 58.
7 MDD 97.
8 MDD 131.
9 VED 35.
10 Thion de la Chaume, citado em HdB, *Souvenirs*, p. 27.
11 MDD 66.
12 MDD 29.
13 MDD 30.
14 MDD 55.
15 *Entretiens avec Simone de Beauvoir* [1965], em Francis Jeanson, *Simone de Beauvoir ou l'entreprise de vivre*, Paris: Seuil, 1966, citado em Deguy e Le Bon de Beauvoir, *Simone de Beauvoir: Ecrire la liberté*, Paris: Gallimard, 2008, p. 99.
16 MDD 121.
17 MDD 36.
18 SLBdB, "Chronologie", MPI lix. Françoise de Beauvoir deu uma cópia a Simone em julho de 1919.
19 1965 Entrevista *Paris Review* Disponível em: <https://www.theparisreview.org/interviews/4444/simone-de-beauvoir-the-art-of-fiction-no-35-simone-de-beauvoir>. Acesso em: 22 de dezembro de 2019.
20 MDD 85.
21 MDD 109.
22 Quando Beauvoir leu a sequência na qual Laurie se casa com Amy, jogou o livro do outro lado da sala; quando Jo March se casou com um antigo professor e "fechou seu tinteiro" para dar início a uma escola, Beauvoir escreveu que "a intrusão dele" a perturbara (MDD 104-5) [ela também se refere a isso em SS].

23 DPS 63, 12 de agosto de 1926.
24 MDD 140.
25 Ver VED 36-7.
26 MDD 166.
27 MDD 131.
28 BO 10-11.
29 HdB, *Souvenirs*, p. 29.
30 Bair, p. 55.
31 VED 35.
32 MDD 57.
33 SS 320.
34 MDD 92.
35 Ver Bair, pp. 79-80.
36 SS 378.
37 HdB, *Souvenirs*, p. 36.
38 MDD 176.
39 MDD 121.
40 Ver, por exemplo, CJ 744, 3 de agosto de 1929.
41 Ver MDD 152.
42 Félicien Challaye para Amélie Gayraud, em Amélie Gayraud, *Les Jeunes fill d'aujourd hui*, Paris: G. Oudin, 1914, pp. 281-3.
43 Bair, p. 90.
44 MDD 157.
45 MDD 158.
46 Ver MDD 101-2, 107.
47 MDD 160.
48 MDD 160.
49 Claude Bernard, *Introduction to the Study of Experimental Medicine*, 85, citado em Margaret Simons e Hélène N. Peters, "Introdução" de "Analysis of Bernard's *Introduction*", Beauvoir, PW 18.
50 Bernard, *Introduction to the Study of Experimental Medicine*, 37, 38, 39, 73, citado em Margaret Simons e Hélène N. Peters, "Introdução" de "Analysis of Bernard's *Introduction*", Beauvoir, PW 18.
51 Em francês, "On ne naît pas libre, il le devient". Essas palavras são citadas no livro escolar de Beauvoir: Charles Lahr, S. J., *Manuel de philosophie résumé du cours de philosophie*, Paris: Beauchesne, 1920, p. 366. A mesma frase ("o homem não nasce, mas se torna livre") é frequentemente atribuída ao poeta Rimbaud e tomada para resumir a filosofia da liberdade de Espinosa. Ver, por exemplo, Alain Billecoq, "Spinoza et l'idée de tolérance", *Philosophique* 1(1998): Spinoza, pp. 122-42.
52 Ver Alfred Fouillée, *La Liberté et le déterminisme*, 3ª ed., Paris: Alcan, 1890. Beauvoir escreveu em suas *Mémoires* que *Les Idées-forces* de Fouillée era de leitura obrigatória em suas aulas de filosofia, mas não está claro a qual livro ela se refere: Fouillée publicou três ensaios sobre "idées-forces" entre 1890-1907: *L'Evolutionisme des idées-forces* (1890), *La psychologie des idées-forces* (1893) e *La Morale des idées-force* (1907). Ver MDD 157; MPI 146.
53 MDD 160.
54 Moi, *Simone de Beauvoir*, p. 42; HdB, *Souvenirs*, p. 67.
55 Ver SLBdB, "Chronologie", MPI lxi.

56 MDD 208.
57 Ver DPS 58-61, 66, especialmente 16 de agosto de 1926.
58 Simone de Beauvoir, *Carnets* 1927, holografia não publicada MS, Bibliothèque Nationale, Paris, 54-5; citado em Margaret A. Simons, "Introdução" de "Literature and Metaphysics", PW 264.
59 PL 265-6.
60 DPS 55, 6 de agosto de 1926.
61 DPS 55, 6 de agosto de 1926.
62 DPS 63, 12 de agosto de 1926.
63 DPS 63, 12 de agosto de 1926.
64 Ver DPS 65, 63.
65 DPS 67, 16 de agosto de 1926.
66 SLBdB, "Chronologie", MPI lxi.
67 DPS 68, 17 de agosto de 1926.
68 Ver DPS 112, 12 de outubro de 1926.
69 DPS 162, 5 de novembro de 1926.
70 DPS 164, 5 de novembro de 1926.
71 Ver Bair, p. 112.
72 Ver Elizabeth Fallaize, *The novels of Simone de Beauvoir*, Londres: Routledge, 1990, p. 84.
73 MDD 171-3.
74 DPS 232, 20 de abril de 1927.
75 MDD 195.
76 DPS 246-8, 6 de maio de 1927.
77 DPS 246-8, 6 de maio de 1927.
78 MDD 82. Ver Isaías 6:8. en Gênesis 22:1, Abraão também usa as mesmas palavras na famosa passagem discutida por Kant e Kierkegaard sobre a ética da Akedah.
79 MDD 188.
80 MDD 193.
81 DPS 265, 28 de maio de 1927.
82 DPS 277, 7 de julho de 1927.
83 DPS 279, 10 de julho de 1927.
84 DPS 274, 29 de junho de 1927.
85 MDD 158.
86 Ver Bair, p. 119
87 DPS 163, 5 de novembro de 1927.
88 A referência de que se pensa que Sartre se "juntou" ao hegeliano em si e por si, o *pour autrui*, é, de fato, encontrada nas obras de Alfred Fouillée, que Sartre e Beauvoir leram na adolescência. (Ver Herbert Spiegelberg, *The Phenomenological Movement: A Historical Introduction*, volume 2, Haia: Primavera, 2013, 472-3.) E a distinção de Beauvoir entre "dentro e fora" pode ser atribuída à metafísica de Bergson, que emprega uma distinção semelhante (ver *The creative Mind: An Introduction to Metaphysics*, trad. Mabelle L. Anderson, Nova York: Citadel Press, 1992).
89 Ver Bair, p. 124.

Capítulo 3
1 CJ 255-62, 4 de janeiro de 1927.

2 Ver George Pattison e Kate Kirkpatrick, *The Mystical Sources of Existentialist Thought*, Abingdon: Routledge, 2018, especialmente os capítulos 3 e 4.
3 MDD 234-43.
4 MDD 239.
5 Ver Bair, p. 124.
6 MDD 262.
7 DPS 277, 7 de julho de 1927.
8 MDD 314. A "personalidade" foi um conceito discutido por Henri Bergson e outros que Beauvoir estava lendo nesse período. Em *Time and free will*, Bergson escreveu que "somos livres quando nossos atos surgem de toda nossa personalidade, quando a expressam, quando têm uma semelhança indefinível com ela, o que às vezes se encontra entre o artista e sua obra". Beauvoir continuaria escrevendo uma tese sobre a filosofia de Leibniz para o Diplôme d'Études Superieures, sob a supervisão de Léon Brunschvicg. Leibniz havia escrito que o lugar do outro [*la place d'autrui*] é o verdadeiro ponto de perspectiva na política e na ética. Ver "La Place d'autrui est le vrai point de perspective" em Jean Baruzi, Leibniz: *Avec de nombreux textes inédits* (Paris: Bloud et cie, 1909), p. 363.
9 MDD 265.
10 DPS 277, 7 de julho de 1927.
11 Que eu saiba, a tese não sobreviveu; isso foi confirmado em uma conversa por Sylvie le Bon de Beauvoir e Jean-Louis Jeannelle.
12 MDD 295.
13 Bair, p. 124.
14 MDD 137.
15 MDD 138.
16 MDD 138.
17 CJ 771, "résumé de ma vie".
18 MDD 74.
19 MDD 125.
20 MDD 132.
21 MDD 161.
22 HdB, *Souvenirs*, p. 39
23 HdB, *Souvenirs*, p. 43
24 MDD 41.
25 MDD 138.
26 MDD 141.
27 DPS 262, 21 de maio de 1927.
28 DPS 284, 18 de julho de 1927.
29 É estranho que Beauvoir associe aqui "razão" aos homens e "coração" às mulheres, porque, na filosofia francesa, existe uma tradição segundo a qual o "coração" é uma faculdade separada de conhecimento. O "coração", como Blaise Pascal disse, "tem razões que a razão desconhece", ou seja, razões que nos movem por intuição ou desejo, não por dedução.
30 Jules Lagneau, *De l'existence de dieu*, Paris: Alcan, 1925, pp. 1-2, 9. Lagneau afirmava que argumentos racionais para a existência de Deus eram menos bem-sucedidos que uma "prova moral" enraizada no desejo humano de perfeição.
31 DPS 289, 20 de julho de 1927.

32 DPS 299, 1 de agosto de 1927.
33 Ver CJ 733, 20 de julho de 1929.
34 DPS 303, 304, 5 e 6 de agosto de 1927.
35 DPS 311, 7 de setembro de 1927.
36 Ver "Notes for a Novel", manuscrito datado de 1928, em UM 363-4.
37 "Libre de se choisir", "Notes for a Novel", UM 355.
38 Citado por Jean Lacroix, *Maurice Blondel: Sa vie, son oeuvre, avec un exposé de sa philosophie* (Paris: Presses Universitaires de France, 1963), p. 33.
39 "Notes for a Novel", UM 367.
40 DPS 315, 3 de outubro de 1927.
41 Essa carta é citada em Bair, p. 137.
42 Ver MDD 349-60.
43 Citado em MDD 354.

Capítulo 4
1 MDD 323.
2 MDD 313.
3 Em francês, "la douceur d'être femme". Resumo de setembro de 1928-1929, CJ 766.
4 Sheila Rowbotham afirma que Beauvoir "começou um caso" (prefácio de SS 12); Fullbrook e Fullbrook (2008) fazem inferências sobre sua intimidade sexual que considero não estarem de acordo com os textos de Beauvoir. Ver Edward Fullbrook e Kate Fullbrook, *Sex and Philosophy: Rethinking de Beauvoir and Sartre*, Londres: Continuum, 2008.
5 Bair, p. 129.
6 MDD 321.
7 SLBdB, "Chronologie", MPI lxv.
8 CJ 704, 22 de junho de 1929.
9 CJ 709, 25 de junho de 1929.
10 Citado em MDD 331. O original, em seus diários, pode ser encontrado em CJ 707, 25 de junho de 1929.
11 MDD 331-2.
12 Bair, pp. 144, 142-3.
13 HdB, *Souvenirs*, p. 90
14 A 245.
15 Sartre, Jean-Paul, com Michel Contat e Alexandre Astruc, *Sartre by Himself*, Nova York: Urizen Books, 1978, pp. 21-2.
16 MDD 334.
17 Ver CJ 720, segunda-feira, 8 de julho de 1929.
18 Ver CJ 721, 10 de julho de 1929.
19 Sartre, Jean-Paul, com Michel Contat e Alexandre Astruc, *Sartre by Himself*, Nova York: Urizen Books, 1978, p. 23. Ver também CJ 723, quinta-feira, 11 de julho de 1929.
20 MDD 337.
21 CJ 724, 12 de julho de 1929.
22 CJ 727, 14 de julho de 1929.
23 CJ 730–1, 16 de julho de 1929.

24 MMD 339.
25 CJ 731, 17 de julho de 1929.
26 CJ 731, 17 de julho de 1929.
27 *Le Nouvel Observateur*, 21 de março de 1976, 15; citado em Gerassi, *Jean-Paul Sartre: Hated conscience of His century*, vol. 1, Londres: University of Chicago Press, 1989, p. 91.
28 Entrada do diário de 14 de julho de 1929, *Zaza: correspondence et carnets d'Elisabeth Lacoin (1914-29)*, Paris: Seuil, 1991, pp. 304, 367.
29 CJ 731, 17 de julho de 1929.
30 CJ 734, 22 de julho de 1929.
31 CJ 738-9, 27 de julho de 1929.
32 Ver Jean-Paul Sartre, Écrits de jeunesse, Paris: Gallimard, 1990, 293 e segs.
33 CJ 740, 29 de julho de 1929.
34 CJ 731, 17 de julho de 1929; MDD 343-4.
35 MDD 344.
36 Bair, pp. 145-6; prefácio 16.
37 CJ 734, 22 de julho de 1929.
38 Maurice de Gandillac, citado em Cohen-Solal, *Sartre*, p. 116.
39 Moi, 2008, p. 37.
40 Moi, 2008, pp. 44-5.
41 MDD 343.
42 Moi, 2008, p. 71
43 Ralph Waldo Emerson, "Considerations by the Way", de *Complete Works*, vol. 6, "The Conduct of Life", 1904.
44 CJ 734, 22 de julho de 1929.

Capítulo 5
1 CJ 744, de 3 de agosto de 1929.
2 Bair, p. 148.
3 CJ 734, 22 de julho de 1929.
4 CJ 749, 8 de agosto de 1929.
5 Carta de Hélène de Beauvoir, citada em Bair, p. 148.
6 Ver CJ 749-50.
7 CJ 753.
8 CJ 756.
9 CJ 757.
10 CJ 757.
11 CJ 757.
12 CJ 758, 2, 3, 4 de setembro de 1929, "l'ami incomparable de ma pensée".
13 CJ 759. 2, 3, 4, setembro de 1929.
14 DPS 76, 21 de agosto de 1926.
15 CJ 760, 6, 7, 8 de setembro de 1929.
16 CJ 762, 10 de setembro de 1929.
17 Gerassi, *Jean-Paul Sartre*, p. 90. Maheu confirmou que havia sido o primeiro amante de Beauvoir em outra entrevista com Gerassi; ver Bair, p. 628.

18 PL 62.
19 CJ 763.
20 Alice Schwarzer, *After the Second Sex: conversations with Simone de Beauvoir*, trad. Marianne Howarth, Nova York: Pantheon Books, 1984, p. 84.

Capítulo 6
1 VED 40.
2 PL 12. SLBdB, "Chronologie", MPI lxvi.
3 WT 50.
4 PL 14.
5 CJ 789.
6 CJ 795.
7 CJ 788, 24 de setembro de 1929.
8 CJ 783, 20 de setembro de 1929.
9 A distinção é atribuída a Sartre em PL 19; para uso nos diários, ver CJ 801-2, 14 de outubro de 1929.
10 DPS 274, 29 de junho de 1927.
11 PL 22.
12 PL 24.
13 PL 27.
14 PL 25.
15 CJ 801-2.
16 CJ 807.
17 CJ 808, 23 de outubro de 1929.
18 CJ 808, 814.
19 PL 15-16.
20 CJ 815, 3 de novembro de 1929.
21 CJ 825, 12 de dezembro de 1929.
22 CJ 824, 12 de dezembro de 1929.
23 CJ 828, 13 de dezembro de 1929.
24 Maheu, copiado em SdB para Sartre, 6 de janeiro de 1930, LS 3.
25 CJ 824, 12 de dezembro de 1929.
26 PL 52-3.
27 CJ 839, 9 de junho de 1930.
28 CJ 839, 9 de junho de 1930.
29 HdB, *Souvenirs*, pp. 71, 96.
30 Para a dívida de Beauvoir para com Schopenhauer, consulte Christine Battersby, "Beauvoir's Early Passion for Schopenhauer: On Becoming a Self", disponível.
31 PL 52.
32 CJ 839.
33 CJ 842, 6 de setembro de 1930.
34 CJ 842, 6 de setembro de 1930.
35 CJ 814-15.
36 Sartre para Simone Jollivet, sem data (1926), em *Witness to My Life*, pp. 16-17.
37 PL 40.

38 PL 41.
39 PL 42. Ver também MDD 343-5.
40 MDD 145.
41 CJ 827.
42 SS 710.
43 PL 70-74.
44 PL 47.
45 PL 61.
46 CJ 848-9, 31 de outubro de 1930.
47 CJ 848-9, 31 de outubro de 1930.
48 PL 59.
49 PL 51.
50 PL 54.
51 FC 287.
52 Cohen-Solal, *Sartre*, p. 43.
53 PL 82.
54 PL 71.
55 PL 56.
56 PL 57.
57 PL 76.
58 PL 78.
59 PL 88.
60 Bair, p. 177.
61 PL 94.
62 PL 95.
63 PL 80, 101.
64 PL 106
65 Bair, p. 176.
66 Colette Audry, "Portrait of l'écrivain jeune femme", *Biblio* 30 (9), novembro de 1962: 3-5.
67 Bair, p. 173, citando uma entrevista com Audry.
68 PL 128.
69 PL 128.
70 Citado em Bair, p. 201.
71 PL 16.
72 PL 134.
73 PL 129.
74 Jean-Louis Viellard-Baron afirma abertamente que o que mais tarde seria chamado de "abordagem fenomenológica" na filosofia francesa e no estudo da religião é o que Bergson chamava de "metafísica concreta". Ver "Apresentação" em Jean Baruzi, *L'Intelligence Mystique*, Paris: Berg, 1985, p. 16.
75 Ver DPS 58-61, 66, especialmente em 16 de agosto de 1926.
76 Anon. "Views and Reviews", *New Age* 1914 (15/17): 399. Meus agradecimentos a Esther Herring por me mostrar isso.
77 PL 143.
78 PL 145.

79 PL 17, 18.
80 PL 15.
81 SLBdB, "Chronologie", MPI lxx. Sobre o caso Nozière, veja Sarah Maza, *Violette Nozière: A Story of Murder in 1930s Paris*, Los Angeles: University of California Press, 2011.
82 PL 149.
83 PL 181.
84 SLBdB, "Chronologie", MPI lxxii-lxxiii.
85 Ver Cohen-Solal, *Sartre*, pp. 99-100. Jean-Pierre Boulé, *Sartre, Self-formation, and Masculinities*, Oxford: Berghahn, 2005, p. 165.
86 PL 184.
87 PL 186.
88 Cohen-Solal, *Sartre*, p. 100.
89 PL 153.
90 PL 162.
91 WD 87.
92 Jean-Paul Sartre, *War Diaries*, trad. Quintin Hoare, Londres: Verso, 1984, p. 76, citando Rodolphe Töpffer.
93 Nicolau de Cusa e muitos outros chamavam Deus de "o Absoluto"; ver WD 77; PL 207.
94 PL 107.
95 PL 206-9.
96 PL 210.
97 PL 213.
98 SdB para Sartre, 28 de julho de 1935, LS 6-7.
99 PL 212.
100 PL 222.
101 Ver Eliane Lecarme-Tabone, "Marguerite", de Simone de Beauvoir, como uma possível fonte de inspiração para "The Childhood of a Leader", de Jean-Paul Sartre, trad. Kevin W. Gray, em Christine Daigle e Jacob Golomb, *Beauvoir & Sartre: The Riddle of Influence*, Bloomington: Indiana University Press, 2009.
102 Ver Jean-Louis Jeannelle e Eliane Lecarme-Tabone, "Introdução", MPI x.

Capítulo 7
1 HdB, *Souvenirs*, p. 115.
2 Julia Kristeva e Philippe Sollers, *Marriage as a fine Art*, trad. Lorna Scott Fox, Nova York: Columbia University Press, 2016, p. 6.
3 Apesar de ela ter mudado a data para 1917 em sua certidão de casamento em *mairie*. Ver Hazel Rowley, *Tête-à-tête*, p. 59.
4 PL 165.
5 PL 166.
6 WML 249, SdB para Sartre, 24 de janeiro de 1940.
7 Entrevista de John Gerassi com Olga Kosakiewicz, 9 de maio de 1973, coleção Gerassi em Yale.
8 PL 218-19; WML, S para SdB, 3 de maio de 1937.
9 PL 220.
10 PL 220.

11 Beauvoir, "Jean-Paul Sartre", PW 232.
12 PL 221.
13 Simone de Beauvoir, entrevista com Madeleine Gobeil, "The Art of Fiction Nº. 35", *Paris Review* 34 (primavera-verão de 1965).
14 Simone de Beauvoir, citado em Bair, p. 194.
15 Citado em Rowley, p. 357: SdB para Olga, 6 de setembro de 1935; Arquivos de Sylvie Le Bon de Beauvoir.
16 PL 226.
17 PL 239.
18 PL 261.
19 PL 246.
20 PL 260.
21 PL 260.
22 DPS 267, 3 de junho de 1927.
23 Entrevista com Deirdre Bair, citado em Bair, p. 200.
24 PL 276-7.
25 Bair, p. 203.
26 PL 288, 290.
27 PL 315.
28 PL 316.
29 SdB a S, 10 de setembro de 1937, no LS 9.
30 Citado em *Nouvelle Revue Française*, janeiro de 1970, p. 78.
31 Sylvie Le Bon de Beauvoir, "Avant-propos" de *Correspondences Croisées*, p. 8.
32 Citado em PL 327.
33 Bair, p. 197.
34. Ver Sarah Hirschman, "Simone de Beauvor: professeur de lycée", *Yale french Studies* 22 (1958-9), citado em Jacques Deguy e Sylvie Le Bon de Beauvoir, *Simone de Beauvoir: Ecrire la liberté*, Paris: Gallimard, 2008.
35 Lamblin, *A disgraceful Affair*, p. 18; Jacqueline Gheerbrant e Ingrid Galster, "Nous sentions un petit parfum de soufre..." *Lendemains* 94 (1999): 42.
36 SdB para Bost, 28 de novembro de 1938, CC 136.
37 SdB para Sartre, 19 de janeiro de 1940, LS 262.
38 Lamblin, *A disgraceful Affair*, p. 25.
39 Bianca escreveu um livro sobre o relacionamento delas, *A disgraceful Affair*, com seu nome de casada, Bianca Lamblin, depois que seu acordo com Beauvoir (de nunca revelar seu nome) foi quebrado com publicação da biografia de Deirdre Bair (ver pp. 8-9 para as razões de Lamblin para escrever depois de tantos anos).
40 Em uma entrevista com Alice Schwarzer, ver Schwarzer, *Simone de Beauvoir Today*, p. 112.
41 Ver Lamblin, *A disgraceful Affair*, pp. 6, 25.
42 Lamblin, *A disgraceful Affair*, pp. 6, 9.
43 Lamblin, *A disgraceful Affair*, pp. 8–9.
44 Lamblin, *A disgraceful Affair*, p. 171.
45 Lamblin, *A disgraceful Affair*, pp. 6-7.
46 WML, sem data, domingo, julho de 1938, p. 145

47 SdB para Sartre, 15 de julho de 1938, LS 16.
48 SdB para Sartre, 27 de julho de 1938, LS 21 (tradução modificada).
49 Bost para SdB, 6 de agosto de 1938, CC 52.
50 CC 74 e *passim*.
51 Bost para SdB, 3 de agosto de 1938, CC 47.
52 SdB para Bost, 30 de julho de 1938, CC 33.
53 SdB para Bost, 22 de agosto de 1938, CC 57.
54 SdB para Bost, 21 de setembro de 1938 CC 86; SdB para Bost, 27 de agosto de 1938, CC 62.
55 Sylvie Le Bon de Beauvoir, "Avant-propos" de CC 12.
56 SdB para Sartre, 6 de julho de 1939, LS 30.
57 SdB para Bost, 28 de agosto de 1938, CC 64.
58 Bost para SdB, 13 de setembro de 1938, CC 79.
59 SdB para Bost, 21 de setembro de 1938, CC 84.
60 SdB para NA, 8 de agosto de 1948, TALA 209.
61 SdB para Bost, 25 de agosto de 1938, CC 59.
62 SdB para Bost, 2 de setembro de 1938, CC 69.
63 SdB para Bost, 28 de novembro de 1938, CC 136.
64 Ver Lamblin, *A disgraceful Affair*, p. 5.
65 Lamblin, *A disgraceful Affair*, p. 39.
66 SdB para Bost, 5 de fevereiro de 1939, CC 233.
67 "Que tipo de realidade tem a consciência do outro", SdB para Bost, 24 de maio de 1939, CC 373.
68 Bost para SdB, 25 de maio de 1939, CC 376.
69 SdB para Bost, 4 de junho de 1939, CC 386.
70 Bost para SdB, 7 de junho de 1939, CC 391.
71 SdB para Bost, 8 de junho de 1939, CC 397.
72 PL 319-20.

Capítulo 8
1 WD 40, 2 de setembro de 1939.
2 Bair, p. 201.
3 WD 51, 5 de setembro de 1939.
4 WD 85, 3 de outubro de 1939.
5 André Gide, *The Journals of André Gide*, trad. Justin O'Brien, Nova York: Knopf, 1948, vol. II: 1914-27, p. 91, 16 de outubro de 1914.
6 WD 61, 14 de setembro de 1939.
7 WD 63-70, 16-19 de setembro de 1939.
8 WD 73, 20 de setembro de 1939.
9 WD 75, 22 de setembro de 1939.
10 WML 275, 2 de outubro de 1939.
11 Jean-Paul Sartre, *Carnets de la drôle de guerre*, Paris: Gallimard, 1995, pp. 116-21, 10 e 11 de outubro de 1939. Essa edição de 1995 inclui o primeiro caderno, cobrindo setembro-outubro de 1939, que foi omitido no primeiras edições em francês e inglês.
12 WD 105, 15 de outubro de 1939.
13 WD 120, 20 de outubro de 1939.

14 WD 86, 4 de outubro de 1939.
15 WD 98, 11 de outubro de 1939.
16 WD 119, 29 de outubro de 1939.
17 Sartre para SdB, 30 de outubro de 1939, WML 322-3.
18 WD 129-30, 2 de novembro de 1939.
19 SdB para Algren, 8 de agosto de 1948, TALA 208.
20 WD 132-3, 3 de novembro de 1939.
21 Ver WD 109 para a comenda.
22 WD 143, 147, 9 a 12 de novembro de 1939.
23 Ver Annabelle Martin Golay, *Beauvoir intime et politique: La fabrique des Mémoires*, Villeneuve d'Ascq: Presses Universitaires du Septentrion, 2013, p. 147.
24 WD 144, 10 de novembro de 1939.
25 WD 147, 11 de novembro de 1939.
26 Ver WD 147-9.
27 WD 157, 16 de novembro de 1939; WD 159.
28 WD 176-7, 2 de dezembro de 1939.
29 WD 192, 14 de dezembro de 1939. Para comentários de Marie Ville, consultar WD 187. Marie Ville é chamada de Marie Girard ou "la femme lunaire" nas memórias e nos diários.
30 SdB para Sartre, 11 de dezembro de 1939, LS 206.
31 SdB para Sartre, 14 de dezembro de 1939. *Lettres à Sartre*, p. 351 (edição francesa).
32 WD 192, 13 de dezembro de 1939.
33 Note-se que nesta carta não há menção de ter sido amada dessa maneira por Olga. SdB para Sartre, 21 de dezembro de 1939, LS 223.
34 WD 210, 30 de dezembro de 1939.
35 WD 210, 30 de dezembro de 1939.
36 SdB para Sartre, 14 de dezembro de 1939. *Lettres à Sartre*, p. 350. Em seu diário, no mesmo dia, ela escreveu: "Não sei como ele dará conteúdo à sua ética" (14 de dezembro de 1939, WD 192).
37 Beauvoir, citado em Bair, p. 270
38 SdB para Sartre, 12 de janeiro de 1940, LS 252. 39 Ver Lamblin, *A disgraceful Affair*, p. 90. 40 Ver WD 217-20.
41 Sartre para SdB, 12 de janeiro de 1940, QM 25.
42 SdB para Sartre, 14 de janeiro de 1940, LS 255.
43 Sartre para SdB, 16 de janeiro de 1940, QM 31.
44 Sartre para SdB, 17 de janeiro de 1940, QM 33.
45 SdB para Sartre, 19 de janeiro de 1940, LS 261.
46 Sartre para SdB, 18 de fevereiro de 1940, QM 61.
47 Sartre para SdB, 19 de fevereiro de 1940, QM 64.
48 SdB para Bost, 5 de fevereiro de 1939, CC 234.
49 SdB para Sartre, 18 de fevereiro de 1940, LS 277.
50 Sartre para SdB, 29 de fevereiro de 1940, QM 87-8.
51 SdB para Sartre, 4 de março de 1940, no LS 285.
52 Lamblin, *A disgraceful Affair*, p. 9.
53 Lamblin, *A disgraceful Affair*, p. 86
54 SdB para Sartre, 27 de fevereiro de 1940, LS 279.

55 Sartre para SdB, 28 de fevereiro de 1940, QM 85.
56 SdB para Sartre, 1º de março de 1940, LS 282.
57 SdB para Sartre, 4 de março de 1940, LS 285.
58 Ver LS 311.
59 SLBdB, "Chronologie", MPI lxxix.
60 Sartre para SdB, 29 de maio de 1940, QM 206.
61 SdB para Sartre, 11 de julho de 1940, LS 312.
62 SdB para Sartre, 11 de julho de 1940, LS 315.
63 Para mais, ver Ursula Tidd, *Simone de Beauvoir*, Londres: Reaktion, 2009, p. 70.
64 Bair, pp. 242-3.
65 Sandrine Sanos, *Simone de Beauvoir*, p. 88.
66 Simone de Beauvoir, *La force de l'âge*, Paris: Gallimard, 1960, p. 549.
67 PL 456-7.
68 PL 456-8. Ver também WD 304-9.
69 WD 304, 6 de julho de 1940.
70 Lamblin, *A disgraceful Affair*, p. 89.
71 Lamblin, *A disgraceful Affair*, pp. 94, 92.
72 WD 318, 19 de novembro de 1940.
73 WD 320, 9 de janeiro de 1941.
74 WD 320, 21 de janeiro de 1941.
75 VED 104.
76 VED 31.
77 VED 15.
78 VED 42.
79 Sylvie Le Bon de Beauvoir, "Chronologie", MPI lxxxiii.
80 A homossexualidade era descriminalizada na França na década de 1790. Mas, em 6 de agosto de 1942, o governo de Vichy introduziu uma lei no Código Penal aumentando a idade de consentimento para as relações homossexuais – para 21 anos; era 13 para as heterossexuais, mas aumentaria para 15 em 1945. (Artigo 334 do Código Penal [movido para o artigo 331 de 8 de fevereiro de 1945], portaria 45-190, Governo Provisório da República Francesa.)
81 Ver Ingrid Galster, *Beauvoir dans tout ses états*, Paris: Tallandier, 2007.
82 Embora ela possa ter começado mais cedo, pelo menos no ano acadêmico de 1942-43 no Lycée Camille Sée Beauvoir ensinou fenomenologia a seus alunos. Uma de suas alunas, Geneviève Sevel, descreveu seus cursos como "unidos pela perspectiva da fenomenologia" e expressou gratidão a Beauvoir "por ter lhe apresentado tão cedo, e com tanto talento intelectual, o pensamento de Husserl e Heidegger", que ainda não era lecionado nas universidades francesas. Geneviève Sevel, "Je considère comme une grande chance davoir pu recevoir son sonense", *Lendemains* 94 (1999): 48.
83 Ver SdB para Sartre, 20 de janeiro de 1944, LS 380.
84 Ingrid Galster, "Simone de Beauvoir et Radio-Vichy: A propos de quelques scenarios retrouvés", *Romanische forschungen* 108. Bd. H. 1/2 (1996): 112-32.
85 Ver LS 384 n. 320; "Chronologie", MPI lxxxi.

Capítulo 9
1 WD 320, 21 de janeiro de 1941.

2 PL 434.
3 SCTS 343.
4 PL 340.
5 SCTS 6-7.
6 Angela Carter, "Colette", *London Review of Books* 2(19) 2 outubro 1980: 15-17.
7 Edward Fullbrook e Kate Fullbrook, *Sex and Philosophy*, Londres: Continuum, 2008, 79 e *passim*.
8 PL 434.
9 Ver VED 68.
10 SCTS 108.
11 SCTS 17.
12 SCTS 16.
13 SCTS 158.
14 SCTS 159.
15 Ver SCTS 124, 207, 297, 337.
16 SCTS 244.
17 Claude Francis e Fernande Gontier, *Les écrits de Simone de Beauvoir*, Paris: Gallimard, 1979, p. 16. Ver SCTS 371.
18 SdB para Sartre, LS 21.
19 SCTS, capítulo 8.
20 "Introdução", MPI: xii.
21 "Notes" da autora de *Tout compte fait*, MPI 984.
22 Ver LS 381 n. 318.
23 As fontes acadêmicas indicam que havia sete artigos desses; não está claro se ele pediu ou se ela se ofereceu. Ursula Tidd, "Some Thoughts on an Interview with Sylvie le Bon de Beauvoir", *Simone de Beauvoir Studies* 12 (1995): 22-3.
24 PL 46.
25 Jean-Paul Sartre, *Being and nothingness*, trad. Hazel Barnes, Londres: Routledge, 2003, p. 647.
26 Sartre, *Being and nothingness*, 627.
27 PC 90.
28 PC 92, tradução alterada. O substantivo francês "enfant" é masculino, portanto, essa passagem foi traduzida com pronomes masculinos para o inglês; mas a história corresponde à da própria infância de Simone, registrada mais tarde em *Memórias de uma moça bem-comportada* em 1958, então usei "ela" em vez de "ele".
29 PC 93.
30 PC 107.
31 Embora ela diga aqui "não sei se Deus existe" (PC 116).
32 PC 118.
33 Não era a "liberdade do eu" que importava, como sugeria a "transcendência do ego" de Sartre, mas a liberdade de se tornar um eu ético. Muitos estudiosos de Beauvoir escreveram material excelente sobre esse tópico, incluindo Karen Vintges, "Introdução" a "'Jean Paul Sartre", PW 223-8 e "Simone de Beauvoir: A Feminist Thinker for the Twenty-First Century" em Margaret Simons (ed.) *The Philosophy of Simone de Beauvoir*, Bloomington, IN: Indiana University Press, 2006; Sonia Kruks, *Situation and Human Existence: freedom, Subjectivity, and Society*, Londres: Unwin Hyman, 1990; Nancy Bauer, *Simone de Beauvoir, Philosophy, and feminism*, Nova York: Columbia University Press, 2001.

34 LS 389, SdB para Sartre, 13 de dezembro de 1945.
35 Lamblin, *A disgraceful Affair*, p. 170.
36 FC 75.
37 Dominique Aury, 'Qu'est-ce que l'existentialisme? Escarmouches et patrouilles", *Les Lettres Françaises*, 1ª de dezembro de 1945, p. 4, citado em Simons, "Introdução", PW II n. 14.

Capítulo 10
1 Ver Cohen-Solal, *Sartre*, p. 237.
2 SdB a S, 26 de julho de 1945, LS 386 n. 321.
3 FC 46.
4 Jean Lacroix, "Charité chrétienne et justice politique", *Esprit* 1945 (fevereiro).
5 BO, contracapa.
6 BO 128.
7 BO 129.
8 BO 174.
9 UM 3.
10 Ver BO 9.
11 BO 17.
12 BO 51.
13 BO 102.
14 Para Jean, ver BO 106; para Marcel, BO 126.
15 PL 607.
16 FC 44, 45.
17 WD 322, 29 de janeiro de 1941.
18 UM 66.
19 SdB para sua mãe, em Bair, p. 267.
20 A. Collingnon, "Bouches inutiles aux Carrefours", *Opéra*, 31 de outubro de 1944.
21 FC 59.
22 Jean-Jacques Gautier, escrevendo no *Le Figaro*, citado em Maragaret A. Simons, "Introdução" de "Literature and Metaphysics", PW 263.
23 Citado em UM 25.
24 Emmanuel Levinas, em Jean Wahl, *Petite histoire de "l'existentialisme"*, Paris: Éditions Club Maintenant, 1946, pp. 84-6.
25 Seria publicado em 1946 com o título "Literature and Metaphysics".
26 Maurice Merleau-Ponty, "Metaphysics and the Novel", trad. Hubert Dreyfus e Patricia Allen Dreyfus, *Sense and nonsense*, Evanston, IL: Northwestern University Press, p. 28. Publicado pela primeira vez como "Le roman et la métaphysique", *Cahiers du Sud* 270 (março de 1945).
27 "Literature and Metaphysics", PW 270.
28 "Literature and Metaphysics", PW 274. Em "Literature and Metaphysics", Beauvoir distinguiu os filósofos que expressavam sua metafísica (ou seja, a maneira como apreendiam o mundo) em dois grupos: filósofos do "sistema" e filósofos da "subjetividade". Ela escreveu que seria um absurdo para os primeiros (como Aristóteles, Spinoza ou Leibniz) escrever romances, porque não estavam interessados em subjetividade ou temporalidade. Mas filósofos como Kierkegaard sentiam atração pelo uso de formas literárias que comunicavam verdades sobre indivíduos em sua singularidade, à medida que se desenrolavam no tempo.

29 Ver Jonathan Webber, *Rethinking Existentialism*, Oxford: Oxford University Press, 2018, p. 3.
30 FC 164.
31 Bair, p. 302.
32 "Existentialism and Popular Wisdom", PW 210.
33 "Existentialism and Popular Wisdom", PW 214.
34 "Existentialism and Popular Wisdom", PW 204, 205.
35 "Existentialism and Popular Wisdom", PW 216.
36 "Existentialism and Popular Wisdom", PW 213. 37 FC 27.
37 FC 27. Ver também LS 390 n. 350.
38 SdB para JPS, 25 de janeiro de 1946, LS 400.
39 SdB para Sartre, 18 de janeiro de 1946, LS 395.
40 SdB para Sartre, 18 de janeiro de 1946, LS 397.
41 Sartre para SdB, fevereiro de 1946 (s/d), QM 274.
42 Sartre para SdB, fevereiro de 1946 (s/d), QM 275.
43 Cohen-Solal, *Sartre*, p. 279.
44 *TIME* (1946) "Existentialism", 28 de janeiro, 28-9.
45 Sartre para SdB, janeiro 1946 (s/d), QM 274. Ele reitera um sentimento semelhante em fevereiro de 1946 também.
46 Ver Jean-Pierre Boulé, *Sartre, Self-formation and Masculinities*, p. 168.
47 Beauvoir, "An Eye for an Eye", em Margaret Simons, ed., *Philosophical Writings*, Urbana: University of Illinois Press, pp. 245-60, aqui p. 257.
48 FC 87.
49 FC 78.
50 FC 84.
51 Em *Labyrinthe*, ver Sylvie le Bon de Beauvoir, "Chronologie", XC. FC 92.
52 ASD 105.
53 Por exemplo, ver *Letters to Sartre*, 25 de janeiro de 1946, "acabamos de ganhar 300.000 F do nada". Também na década de 1950, as cartas se referiam a "nossas finanças" (ver SdB para Sartre, 20 de agosto de 1950, LS 472).
54 FC 171.
55 Ver FC 70, 84.
56 "Introduction to an Ethics of Ambiguity", PW 290.
57 FC 103.
58 DPS 259, 19 de maio de 1927.
59 DPS 284, 19 de julho de 1927.
60 WD, 3 de novembro de 1939.
61 WD 133.
62 Ver SdB, em SdB, Simons e Todd, "Two Interviews with Simone de Beauvoir", *Hypatia* 3: 3 (1989): 17.
63 *La force de l'age*, p. 417, citado em Simons, 2010, p. 921.
64 Sartre para SdB, QM 277-8.
65 AMM 187.
66 FC 72.
67 FC 75.
68 SSP 187.

69 Elizabeth Fallaize, *The novels of Simone de Beauvoir*, p. 83.
70 FC 73.
71 FC 72.

Capítulo 11

1 SdB para Sartre, 26 de janeiro de 1947, LS 412.
2 PL 138-41.
3 ADD 15.
4 SdB para Sartre, 30 de janeiro de 1947, LS 415.
5 Ver Margaret Simons, "Introdução" de FW 2.
6 Ver Bair, p. 389.
7 SdB para Sartre, 11 de fevereiro de 1947, LS 425.
8 Gunnar Myrdal, com Richard Sterner e Arnold Rose, *An American dilemma: The negro Problem and Modern democracy*, Nova York: Harper, 1944, Apêndice 3.
9 "The Talk of the Town", *The New Yorker*, 22 de fevereiro de 1947.
10 Beauvoir, "Problems for Women's Literature", 23 de fevereiro de 1947, *France-Amérique* 14. Traduzido por Véronique Zaytzeff e Frederick Morrison, em FW 24.
11 "Problems for Women's Literature", de Beauvoir FW 25.
12 "Women of Letters", em FW 30.
13 SdB para Sartre, 28 de fevereiro de 1947, LS 433.
14 "Chicago's Bowery", *The Chicago Tribune*, 13 de novembro de 1910.
15 SdB para Sartre, 28 de fevereiro de 1947, LS 433.
16 Ver SdB para NA, 12 de março de 1947, TALA 13.
17 ADD 72.
18 Ver Nancy Bauer, "Introdução" a "Femininity: The Trap", em FW 39.
19 Ver ADD 40; e LS 419, 423, 427, 430.
20 "Femininity: The Trap", FW 43.
21 "Femininity: The Trap", FW 46.
22 ADD 330-34.
23 *Daily Princetonian*, 22-24 abril 1947, citado em Francis e Gontier, *Les écrits de Simone de Beauvoir, Textes inédits ou retrouvés*, Paris: Gallimard, 1979, p. 147.
24 ADD 57.
25 ADD 272.
26 ADD 58.
27 SdB para Sartre, 24 de abril de 1947, LS 451.
28 Simons 182. Ver Diane Rubenstein, "'I hope I am not fated to live in Rochester": America in the Work of Beauvoir', *Theory & Event* 15:2 (2012).
29 SdB para Sartre, 8 de maio de 1947, LS 454.
30 SdB a S, 8 de maio de 1947, *Lettres à Sartre*, p. 355
31 SdB para NA, 17 de maio de 1947, TALA 15.
32 SdB para NA, 18 de maio de 1947, TALA 16.
33 SdB para NA, 17 de janeiro de 1954, TALA 490.
34 Ver SdB para NA, 23 de maio de 1947, TALA 18.
35 SdB para NA, 24 de maio de 1947, TALA 19.

36 Ver ADD 236-48; ver também Margaret Simons, *Beauvoir and* The *Second Sex: feminism, Race, and the origins of Existentialism*, Nova York: Rowman & Littlefield, 2001, p. 177.
37 SdB para NA, 1º de dezembro de 1947, TALA 113.
38 SdB para NA 23 de julho de 1947, TALA 51.
39 Nelson Algren, "Last Rounds in Small Cafés: Remembrances of Jean-Paul Sartre and Simone de Beauvoir", *Chicago*, dezembro de 1980, p. 213, citado em Bair, pp. 335-6.
40 SdB para NA, 26 de setembro de 1947, TALA 66.
41 Ver Isabelle Grell, *Les chemins de la liberté de Sartre: genèse et ereciture (1938-1952)*, Berna: Peter Lang, 2005, p. 155. Sobre as lembranças posteriores de Swing, ver Hazel Rowley, *Tête-à-tête*, p. 187. Rowley entrevistou Swing em 2002. Sessenta e dois trechos da correspondência entre Sartre e Swing estão sob os cuidados da Morgan Library, em Nova York. Sartre se refere a Swing como "a pequena" em correspondência com SdB; ver QM 282.
42 EA 101.
43 EA 71.
44 EA 40.
45 EA 66.
46 EA 71.
47 Jean-Louis Jeannelle e Eliane Lecarme-Tabone, "Introdução", MPI xl. Em inglês, consulte Webber, *Rethinking Existentialism*.
48 A. de Waelhens, *compte-rendu* de Francis Jeanson, *Le problème moral et la pensée de Sartre*, Revue Philosophique de Louvain 1948 (10): 229.
49 Ver Beauvoir, "What is Existentialism?", PW.
50 SdB para NA, sexta-feira, 20 de agosto de 1948, TALA 213.
51 FC 170.
52 SdB para NA, 3 de agosto de 1948, TALA 206.
53 SdB para NA, 8 de agosto de 1948, TALA 208.
54 SdB para NA, sexta-feira, 20 de agosto de 1948, TALA 210, 212.
55 SdB para NA, sexta-feira, 20 de agosto de 1948, TALA 214.
56 SdB para NA, 26 de agosto de 1948, TALA 216.
57 SdB para NA, 31 de dezembro de 1948, TALA 254.
58 Sartre, citado em entrevista com John Gerassi, *Talking with Sartre: conversations and debates*, New Haven: Yale University Press, 2009, p. 32.

Capítulo 12
1 PL 62.
2 TALA 184. O romance era *Ravages*, mas a seção inicial que Beauvoir leu era escandalosa demais para ser publicada com o restante do livro em 1954 – só sairia em francês em 2000, como *Thérèse et Isabelle*.
3 DPS 77, 21 de agosto de 1926.
4 Gisela Kaplan, *contemporary western European feminism*, Londresn: UCL Press, 1992, p. 163.
5 Rosie Germain, "Reading *The Second Sex* in 1950s America", *The Historical Journal* 56(4): 2013: 1041-62, p. 1045.
6 Gustave Flaubert, citado em Allison Guidette-Georis, "Georges Sand et le troisième sexe", *Nineteenth century French Studies* 25 (1/2): 41-9, p. 41.
7 SS 25.

8 SS 32.
9 SS 13.
10 SS 37.
11 FC 199.
12 SS 475, 476.
13 Schwarzer, *Simone de Beauvoir Today*, p. 71.
14 François Mauriac, "Demande d'enquête", *Le figaro*, (1949), 30 de maio. Ver Ingrid Galster, *Le deuxième Sexe de Simone de Beauvoir*, Paris: Presse universitaire Paris-Sorbonne, 2004, p. 21. Beauvoir discute a repercussão da publicação desse capítulo em FC 197.
15 FC 197.
16 Ver Ingrid Galster, *Le deuxième Sexe de Simone de Beauvoir*, p. 45 n. 33, para a nota completa, que também mencionava seu clitóris.
17 FC 196.
18 SS 46.
19 Marie-Louise Barron, "De Simone de Beauvoir à Amour Digest. Les croisés de l'émancipation par le sexe", *Les Lettres Françaises* (1949), 23 de junho. Ibid. p. 128.
20 Armand Hoog, "Madame de Beauvoir et son sexe", *La nef* (1949), agosto. Ibid. p. 161.
21 FC 192 ss.
22 Citado em Brooke Horvath, *Understanding Nelson Algren*, Columbia, SC: University of South Carolina Press, 2005, p. 7.
23 FC 207.
24 SS 330.
25 SS 644.
26 Claire Laubier (ed.), *The condition of women in france, 1945-Present: A documentary Anthology*, Londres: Routledge, 1990, p. 1.
27 SS 607.
28 SS 641, 644.
29 SS 645.
30 Citado em SdB para Sartre, em 19 de janeiro de 1940, LS 262.
31 SS 724-5.
32 SS 310, 311.
33 MDD 148.
34 SS 442.
35 Citado em PL 327.
36 SS 816.
37 SS 37. Beauvoir não negou que as mulheres pudessem amar homens de forma autêntica e monogâmica ou amar crianças de forma maternal. Mas a condição necessária para isso não era a monogamia ou a maternidade em si, e sim *a situação* em que determinadas mulheres viviam essas vocações. No entanto, muitos dos seus primeiros leitores se chocaram tanto com suas alegações que ficaram cegos às suas nuances.
38 André Rousseaux, "Le Deuxième Sexe", *Le Figaro Littéraire* (1949), 12 de novembro. Ibid. p. 210.
39 Emmanuel Mounier, *L'Esprit*, dezembro de 1949.
40 FC 200.
41 Ver Ingrid Galster, "'The limits of the abject': The Reception of *The Second Sex* in 1949", em *A companion to Simone de Beauvoir*, ed. Laura Hengehold e Nancy Bauer, Oxford: Wiley, 2017, p. 40.

42 Citadoem Galster, "The limits of the abject", p. 39.
43 SS 127.
44 Essa seção está em dívida com a excelente discussão de Manon Garcia sobre o método de Beauvoir em *O segundo sexo* in, *on ne naît pas femme, on le devient*, Paris: Flammarion, 2018, p. 93.
45 Ver Garcia, *on ne naît pas femme*, p. 109.
46 George Eliot, *Middlemarch*, Oxford: Oxford University Press, 1988, p. 159.
47 Sobre o método fenomenológico de Beauvoir em *O segundo sexo*, ver Garcia, *on ne naît pas femme*, p. 124 e segs.
48 "Simone de Beauvoir: Le Deuxième Sexe", Actualité du Livre, Institut National de l'Audovisuel, France. Disponível em: <https://www.ina.fr/audio/PH806055647/simone-de-beauvoir-le-deuxieme-sexe-audio.html>. Acesso em: 22 de dezembro de 2019.
49 Essa carta, datada de 29 de janeiro de 1958, é citada em Marine Rouch, "'Vous êtes descendue d'un piédestal': une appropriation collective des Mémoires de Simone de Beauvoir par ses lectrices (1958-1964)" Littérature 191 (Setembro 2018): 72.
50 Michèle Le Doeuff, *Hipparchia's choice: An Essay concerning women and Philosophy*, trad. Trista Selous, Nova York: Columbia University Press, 2007, p. 34.
51 Veja, por exemplo, Eva Lundgren-Gothlin, que argumenta que a confiança de Beauvoir em Hegel tornou seu trabalho "androcêntrico", na medida em que "às vezes beira a misoginia". *Sex and Existence: Simone de Beauvoir's The Second Sex*, trad. Linda Schenck, Hanover, NH: Wesleyan University Press, 1996.
52 CB Radford, "Simone de Beauvoir: Feminism's Friend or Foe?" Parte II, *Nottingham French Studies* 7 (maio de 1968): 44. Sobre "raiva enérgica", ver Margaret Crosland, *Simone de Beauvoir: The woman and Her work*, Londres: Heinemann, 1992, p. 359.
53 Kathryn T. Gines, "Comparative and Competing Frameworks of Oppression in Simone de Beauvoir's *The Second Sex*", *Graduate faculty Philosophy Journal* 35 (1-2) (2014): 251-73.
54 Beauvoir, "Introdução" de *Women Insist*", trad. Marybeth Timmerman, em FW 250.
55 Moi, *Simone de Beauvoir*, p. 28.

Capítulo 13
1 Ver "Chronologie", MPI xcviii.
2 'It's About Time Women Put a New Face on Love', *Flair* 1(3), abril de 1950: 76-7. Incluído em FW.
3 'It's About Time', FW 76.
4 'It's About Time', FW 78.
5 'It's About Time', FW 79.
6 SdB para Sartre, início de julho de 1950, *Lettres à Sartre*, p. 370.
7 SdB para Sartre, 2 de setembro de 1950.
8 SdB para Sartre, 20 de agosto de 1950, LS 474.
9 FC 245.
10 TALA 434.
11 SdB para NA, 30 de outubro de 1951 TALA 434, 435.
12 SdB para NA, 30 de outubro de 1951, TALA 436.
13 FC 267-8.
14 SdB para NA, 9 de novembro de 1951, TALA 440.
15 Sylvie Chaperon, "The reception of The Second Sex in Europe", *Encyclopédie pour une histoire nouvelle de l'Europe*, 2016.

16 SdB para NA, 3 de dezembro de 1951, TALA 446.
17 FC 170.
18 FC 291.
19 FC 268. Sobre a adoção de Sartre de algumas das opiniões de Beauvoir na época em que ele publicou *Saint Genet* em 1952, ver Webber, *Rethinking Existentialism*.
20 FC 269.
21 FC 296-7.
22 FC 291.
23 FC 291.
24 Sartre,em "Sartre on Literature and Politics: A Conversation with Redmond O'Hanlon", *The crane Bag* 7(1), *Socialism and culture* (1983): 83.
25 Claude Lanzmann para SdB; Sylvie Le Bon de Beauvoir, citado em Rowley, *Tête-à-tête*, p. 214.
26 FC 294.
27 Entrevista de Gerassi com Sartre, 12 de março de 1971.
28 Ver Josée Dayan e Malka Ribowska *Simone de Beauvoir*, texto publicado pela Gallimard: Paris, 1979; baseado em um filme feito em 1978.
29 FC 297.
30 FC 297-8.
31 FC 298. Ver também Claude Lanzmann, *The Patagonian Hare: A Memoir*, trad. Frank Wynne, Londres: Atlantic Books, 2012, p. 244 sobre tornar-se parte da "família".
32 Lanzmann, *Patagonian*, p. 265.
33 Lanzmann, *Patagonian*, p. 259.
34 A venda para a Yale incluiu 112 cartas. No entanto, em 2008, Lanzmann disse ter trezentas. Ver Claude Lanzmann, "Le Sherpa du 11bis", em Julia Kristeva, Pascale Fautrier, Pierre-Louis Fort, Anne Strasser (eds.) *(Re)découvrir l'ouvre de Simone de Beauvoir: du Dexuième sexe à La cérémonie des Adieux*, Paris: Le Bord de L'eau, 2008, p. 20.
35 Citado em Franck Nouchi, "L'exil américain des lettres d'amour de Simone de Beauvoir à Claude Lanzmann", *Le Monde*, 19 de janeiro de 2018.
36 Ver Introdução a SS 12.
37 Ver Toril Moi, "While We Wait: The English Translation of *The Second Sex*", *Signs* 27(4): 1005-35 (2002).
38 Blanche Knopf para Harold Parshley, 2 de novembro de 1951, citado em Rosie Germain, "Reading *The Second Sex* in 1950s America", *The Historical Journal* 56(4) 2013: 1041-62.
39 Parshley, "Introdução", SSP VI.
40 Parshley, "Introdução", SSP X.
41 Beauvoir, em SdB, Simons e Todd, "Two Interviews with Simone de Beauvoir", p. 20.
42 Clyde Kluckholm, "The Female of our Species", *New York Times Book Review*, 22 de fevereiro de 1953, 3, 33.
43 Charles J. Rolo, "Cherchez la femme", *The Atlantic*, abril de 1953, 86.
44 Margaret Mead, em "A SR Panel Takes Aim at *The Second Sex*", *Saturday Review*, 21 de fevereiro de 1953.
45 Nos Estados Unidos, o livro de Beauvoir foi lançado em meio a um conjunto de livros contemporâneos sobre a mulher. *Sex and the Human Male*, de Alfred Kinsey, foi publicado em 1946 – e como Beauvoir desejara em suas cartas a Algren – começaram a surgir livros sobre a sexualidade feminina. *The*

natural Superiority of women, de Ashley Montagu, foi publicado em 1952; *Sex and the Human female*, de Kinsey, e *women in the Modern world*, de Mirra Komaraovksy, foram lançados em 1953.

46 Carol Giardina, *freedom for women: forging the women's Liberation Movement, 1953-1979*, Gainesville: University Press of Florida, 2010, 79.

47 Para mais informações sobre a repercussão de *O segundo sexo* nos Estados Unidos na década de 1950, consulte o excelente artigo de Rosie Germain "Reading the Second Sex in 1950's America".

48 SdB para NA, abril de 1953, TALA 479.

49 Lanzmann, *Patagonian*, p. 235.

50 SdB para Sartre, verão de 1953 (s/d), LS 493.

51 SdB para NA, 15 de fevereiro de 1954, p. 492.

52 FC 323.

53 FC 326.

54 FC 328.

55 "Les prix Goncourt et Renaudot", *Journal les Actualités Françaises*, 10 de dezembro de 1954, Institut National de l'Audovisuel, França, Disponível em: <https://www.ina.fr/video/AFE85007180/les-prix--goncourt-et-renaudot-video.html>. Acesso em: 22 de dezembro de 2019.

56 SdB para NA, 9 de janeiro de 1955, p. 512

57 Colette Audry, "Notes pour un portrait de Simone de Beauvoir", *Les Lettres Françaises*, 17-24 dezembro de 1954, p. 5.

58 Beauvoir, "A Story I Used to Tell Myself" [1963], UM 159.

59 FC 328.

60 FC 282.

61 FC 283.

62 FC 328.

63 A. Blanchet, "Les Prix littéraires", Études 284 (1955): 96-100; aqui, p. 98

64 G. Charensol, "Quels enseignements peut-on tirer des chiffres de tirage de la production littéraire actuelle?", *Informations sociales* (1957): 36-45.

65 G. J. Joyaux, "Les problèmes de la gauche intellectuelle et Les Mandarins de Simone de Beauvoir", *Kentucky Foreign Language Quarterly* 3 (1956): 121.

66 FC 328.

67 Doris Lessing, "Introdução" de M 9.

68 M 48.

69 M 107.

70 M 203.

71 TALA 511.

72 Lanzmann, *Patagonian*, p. 257.

73 FC 336.

74 SdB a S, final de maio de 1954 [sem data], LS 505.

75 FC 361.

76 FC 332.

77 PW 7.

78 "What is Existentialism?" PW 324.

79 "What is Existentialism?" PW 324.

80 FC 358-9.

81 LM 32.

82 FC 487.

83 Não tenho liberdade para citar diretamente as cartas de Lanzmann, mas essas em questão são de agosto e setembro de 1956, disponíveis na Beinecke Rare Book & Manuscript Library, Yale University. A citação de C. Wright Mills é de *The Power Elite*, Oxford: Oxford University Press, 2000, p. 3.

84 Ver Sandrine Sanos, *Simone de Beauvoir*, p. 117. Margaret Simons, "Beauvoir's Ironic Sacrifice; or Why Philosophy Is Missing from her Memoirs", disponível.

85 TLM 130.

86 Essa informação foi retirada das edições de 1956 (tomo I) e 1958 (tomo II) da edição da NRF de *Le deuxième Sexe* (Paris: Gallimard).

87 TALA 526, 1º de janeiro de 1957.

88 FC 398.

89 Diário não publicado, 25 de maio de 1958, arquivos de Sylvie Le Bon de Beauvoir, citados na "Introdução" de MPI ix.

90 FC 443.

91 Ver "Notice" em *Mémoires d'une jeune fille rangée*, em MPI 1226, sobre a ausência do que Philippe Lejeune chamou de "pacto autobiográfico", pelo qual o autor se compromete a contar ao leitor a verdade sobre si (ver *Le pacte autobiographique*, Paris: Seuil, 1975).

92 "Texte de Présentation de l'Édition Originale", Simone de Beauvoir, *Mémoires d'une Jeune fille Rangée*', MPI 352.

93 "Essai sur l'écrivain", citado em MPI, "Introdução", XV.

94 FC 448.

95 Lanzmann, *Patagonian*, p. 329

96 Lanzmann, *Patagonian*, p. 330

97 FC 614.

98 Carta de uma leitora datada de 20 de junho de 1959; citado em Marine Rouch, "'Vous êtes descendue d'un piédestal': une appropriation collective des Mémoires de Simone de Beauvoir par ses lectrices (1958-1964)" *Littérature* 191 (setembro de 2018): 68.

99 Ver Marine Rouch, "Vous êtes descendue d'un piédestal", p. 72

100 Carta de uma leitora, datada de 15 de novembro de 1959; citado em Rouch, "Vous êtes descendue d'un piédestal", p. 71

101 MDD 360.

102 FC 456.

Capítulo 14

1 Na coleção publicada de cartas de Sartre, Beauvoir registra que a de 25 de julho de 1963 foi a última que ele lhe escreveu, porque, a partir de então, eles passaram a usar o telefone durante suas separações. QM 304.

2 SdB para NA, setembro de 1959, TALA 530.

3 FC 466.

4 Lanzmann, *Patagonian*, p. 330.

5 *Brigitte Bardot and the Lolita Syndrome*, trad. Bernard Frechtman, Londres: Four Square, 1962. Publicado pela primeira vez na *Esquire* em agosto de 1959.

6 BB 36.

7 BB 30.
8 TALA 528, SdB para NA, 2 de janeiro de 1959.
9 "Chronologie", MPII xiv; xvi. Sabemos pela "Chronologie" de Sylvie Le Bon de Beauvoir que existem vários diários sobreviventes (não publicados), cujos extratos foram publicados em MPI e II em 2018.
10 Simone de Beauvoir, *Extraits du journal*, maio de 1959, MPI 349.
11 Simone de Beauvoir, *Extraits du journal*, maio de 1959, MPI 349.
12 FC 479-80.
13 Outubro de 1959, QM 295.
14 Sartre para SdB, outubro de 1959 [sem data], QM 297.
15 FC 480.
16 FC 511.
17 FC 487.
18 "Preface to *The Great fear of Loving*", FW 84.
19 SLBdB, "Chronologie", MPII xvii.
20 FC 503.
21 Nelson Algren, "People", *Time*, 2 de julho de 1956, p. 33.
22 SLBdB, "Chronologie", MPII xvii.
23 SdB para NA, 1º de janeiro de 1957, p. 526.
24 FC 506.
25 Ver SdB a S, agosto de 1958 (s/d), LS 514.
26 Cohen-Solal, *Sartre*, p. 419 e segs.
27 Cohen-Solal, *Sartre*, p. 428.
28 SLBdB, "Chronologie", MPII xx.
29 SdB para NA, 16 de novembro de 1960, TALA 538.
30 Lamblin, *A disgraceful Affair*, p. 148.
31 SdB, em entrevista a Madeleine Gobeil, "The Art of Fiction N. 35", *Paris Review* 34 (primavera-verão de 1965).
32 Ver "Introdução" de MPI xxxviii.
33 SdB para NA, 16 de novembro de 1960, TALA 538.
34 SdB para NA, dezembro de 1960, TALA 539.
35 PL 220.
36 O texto em francês diz: "il faudrait plutôt expliquer comment certains individus sont capables de mener à bein ce délire concerté qu'est un système et d'où leur vient l'entêtement qui donne à leurs aperçus la valeur des clés universelles. J'ai dit déjà que la condition féminine ne dispose pas à ce genre d'obstination".
37 PL 221.
38 SLBdB, "Chronologie", MPII xxii.
39 David Macey, *Frantz Fanon: A Biography*, Londres: Verso Books, 2012, pp. 455-6.
40 FC 606-7.
41 FC 611.
42 SLBdB, "Chronologie", MPII xxiii. Parte do material roubado reapareceu posteriormente em vendas privadas.
43 Ele não ficou lá por muito tempo; em dezembro, mudou-se para a avenida Raspail, 222.
44 ASD 306.

45 Cohen-Solal, *Sartre*, p. 406.
46 Ver Gary Gutting, *Thinking the Impossible: french Philosophy Since 1960*, Oxford: Oxford University Press, 2011, capítulo 4.
47 Mas Friedan só admitiu isso mais tarde: ver Sandra Dijkstra, "Simone de Beauvoir e Betty Friedan: The Politics of Omission", *Feminist Studies* 6 (2) (verão de 1980): 293-4.
48 Citado em Gonzague de Saint-Bris e Vladimir Fedorovksi em *Les Egéries Russes*, Paris: Lattès, 1994, p. 282.
49 VED 29.
50 SdB para NA, dezembro de 1963, p. 555.
51 VED 31.
52 "Maladie de ma mère", prefácio. 254, 287, 311. Citado em "Notice" MPII 1276.
53 VED 24.
54 VED 19-20.
55 VED 76.
56 ASD 135.
57 ASD 75.
58 SLBdB, "Chronologie", data de entrega do manuscrito até 7 de maio de 1963.
59 FC 199.
60 FC 202.
61 FC 202.
62 FC 203.
63 FC 202.
64 Simone de Beauvoir, "Une interview de Simone de Beauvoir par Madeleine Chapsal", em *Les écrivains en personne* (Paris: Julliard, 1960, pp. 17-37), reimpresso em *Les écrits de Simone de Beauvoir*, ed. Claude Francis e Fernand Gontier, Paris: Gallimard, 1979, p. 396.
65 FC 674.
66 Françoise d'Eaubonne, *Une femme nommée Castor*, Paris: Harmattan, 2008, p. 253. Ver também MPII 1017, prefácio de "j'ai été flouée".
67 SLBdB, "Chronologie", MPII xxvi.
68 Simone de Beauvoir, em entrevista a Madeleine Gobeil, "The Art of Fiction No. 35", *Paris Review* 34 (primavera-verão de 1965). Ver também SLBdB "Chronologie", MPII xxviii para obter informações sobre namoro.
69 Carta de 29 de outubro de 1964, citada em Rouch, "Vous êtes descendue d'un piédestal", p. 81.
70 FC 133.
71 FC 133-4.
72 Jacques Ehrmann, "The French Review", *The French Review* 37 (6) 1964: 698-9, 699.
73 G. Ménie, "Le Prix d'une révolte", *Esprit* 326 (3) 1964 (março): 488-96, 493.
74 Francine Dumas, "Une response tragique", *Esprit* 326 (3) 1964 (março): 496-502.
75 SdB para NA, dezembro de 1963, TALA 556.
76 Nelson Algren, "I ain't Abelard", *Newsweek*, 28 de dezembro de 1964, 58-9.
77 Nelson Algren, "The Question of Simone de Beauvoir", *Harper's*, maio de 1965, p. 136.
78 Ver nota em TALA 559.
79 Disponível em: <http://www.lepoint.fr/actualites-litterature/2007-01-18/simone-de-beauvoir-ces-lettres-qui-ebranlent-un-mythe/1038/0/45316>. Acesso em: 22 de dezembro de 2019.

80 Kurt Vonnegut, *fates worse than death: An Autobiographical collage of the 1980s*, Nova York: 2013, 60. A afirmação de Vonnegut é baseada na biografia que Bair escreveu de Beauvoir.
81 "Preface to *The Sexually Responsive woman*", publicado pela primeira vez em inglês em 1964; nenhuma versão francesa sobreviveu; FW 97.
82 Ver Jean-Louis Jeannelle e Eliane Lecarme-Tabone, "Introdução", MPI xliv.
83 Sara Ahmed, "Feminist Killjoys (and Other Wilful Subjects)", *Scholar and feminist online* 8(3), verão de 2010: 4.
84 SLBdB "Chronologie", MPII xxvi.
85 'What Love Is – And Isn't', *Mccall's* 71, agosto de 1965, 133. (Em FW 100.)
86 "Sartre Talks of Beauvoir", *Vogue*, julho de 1965, p. 73.
87 'Notes' autour de *Tout compte fait*, MPII 973.
88 'Notes' autour de *Tout compte fait*, MPII 978.
89 'Notes' autour de *Tout compte fait*, MPII 997-8.
90 ASD 275.
91 "The Situation of Women Today", FW 145.
92 "The Situation of Women Today", FW 133, 134.
93 "The Situation of Women Today", FW 139.
94 "Women and Creativity", FW 158.
95 "Les Belles Images (par Simone de Beauvoir, *Gallimard*)", *La Cité*, maio de 1967, p. 14.
96 SLBdB, "Chronologie", MPII xxxi.
97 ASD 144.
98 BI 151.
99 Entrevista de SdB com Jacqueline Piatier, *Le Monde*, 23 de dezembro de 1966.
100 BI 183.
101 SLBdB, "Chronologie", MPII xxxi.
102 ASD 414.
103 Ver ASD 369 para a discussão de Beauvoir.
104 ASD 142.
105 "Preface to *Through women's Eyes*", trad. Marybeth Timmermann, FW 253.
106 TWD 13.
107 TWD 70.
108 TWD 80.
109 TWD 107.
110 Henri Clouard, "La Revue littéraire", *Revue des deux mondes*, março de 1968: 115-24, p. 118.
111 Clouard "La Revue littéraire", pp. 118-19.
112 Jacqueline Piatier, "Le Démon du bien: 'La Femme rompue' de Simone de Beauvoir", *Le Monde*, 1968.
113 ASD 144.
114 ASD 143.
115 ASD 147.
116 ASD 490.
117 Bruno Vercier, "Les livres qui ont marqué la pensée de notre époque", *Réalités*, agosto de 1971.
118 "Libération des femmes, année zéro", Partisans 54-55: 1970, Maspero.
119 Em ASD, Beauvoir alegou que elas se aproximaram dela; Anne Zelinsky afirmou que Beauvoir se aproximou delas (em "Castor for ever", em *Le cinquantenaire du "Deuxième Sexe"*, 310-13).

120 Segundo Sylvie Le Bon de Beauvoir, Beauvoir nunca fez um aborto. Ela acreditava que o aborto devia estar disponível gratuitamente, mas que a disponibilidade da contracepção significaria que o aborto desempenharia "apenas um papel marginal" (Schwarzer, p. 30).

Capítulo 15
1 ASD 131.
2 Do antigo personagem de Gide, la Pérouse: citado em OA 237.
3 Woolf, 29 de dezembro de 1940, citado em OA 514.
4 OA 244.
5 OA 410.
6 OA 547.
7 Revue des Livres, *Vie Sociale*, março de 1970, pp. 157-160. Disponível em: <http://gallica.bnf.fr/ark:/12148/bpt6k62832097/f34.item.r=beauvoir>. Acesso em: 22 dezembro 2019.
8 Henry Walter Brann, crítica de "*La Vieillesse* by Simone de Beauvoir", *The French Review* 44 (2), dezembro de 1970: 396-7.
9 Edward Grossman, "Beauvoir's Last Revolt", *Commentary* 54(2), 1º de agosto de 1972: 56-9, aqui 56.
10 ASD 147.
11 OA 148.
12 Simone de Beauvoir, em *A walk Through the Land of old Age*, em PolW 363.
13 Schwarzer, Introdução, p. 13.
14 Ver A 10-11.
15 "Response to Some Women and a Man", FW 209.
16 "Response", FW 210.
17 "Response", FW 210.
18 "Beauvoir's Deposition at the Bobigny Trial", FW 220.
19 "Beauvoir's Deposition at the Bobigny Trial", FW 226.
20 "Beauvoir's Deposition at the Bobigny Trial", FW 226.
21 "Abortion and the Poor" FW 217.
22 ASD 134.
23 Jean-Marie Domenach, "Simone de Beauvoir: Tout compte fait", *Esprit* 1972 (dezembro): 979-80.
24 ASD 154.
25 Ver ASD 57ss, 163.
26 Carlo Jansiti, *Violette Leduc*, Paris: Grasset, 1999, 447-8.
27 ASD 193.
28 ASD 484.
29 ASD 489.
30 ASD 500.
31 Novembro de 1949, entrevista com Clodine Chonez, transmitida pelo programa de rádio "Les jours du siècle", France Inter, 17 de fevereiro de 1999.
32 Francis Jeanson, *Simone de Beauvoir ou l'entreprise de vivre, suivi d'entretiens avec Simone de Beauvoir*, Paris: Seuil, 1966, p. 258.
33 FC 202.
34 Alice Schwarzer, "I am a feminist", em *Simone de Beauvoir Today: conversations 1972-1982*, London: Hogarth Press, 1984, p. 16. Ver também pp. 29ss. Para uma excelente discussão sobre a continuidade

do feminismo de Beauvoir em 1949 e na década de 1970, ver Sonia Kruks, "Beauvoir and the Marxism Question", em Laura Hengehold e Nancy Bauer (eds), *A companion to Simone de Beauvoir*, Oxford: Wiley- Blackwell, 2017.

35 Schwarzer, p. 34.

36 Schwarzer, pp. 37-8.

37 "Preface to *Stories from the french women's Liberation Movement*", trad. Marybeth Timmermann, FW 260.

38 Alice Schwarzer, "The Rebellious Woman – An Interview with Alice Schwarzer", trad. Marybeth Timmermann, FW 197.

39 Sylvie Chaperon, "Introdução" de "MLF and the Bobigny Affair", FW 189.

40 Claire Etcherelli, "Quelques photos-souvenirs", *Les Temps Modernes* 63 (647-8), janeiro a março de 2008: 60. Lanzmann apresentou a Beauvoir o livro de Etcherelli Élise ou la vrai vie. Era uma história de amor proibido entre um argelino e uma operária durante a Guerra da Independência. O livro ganhou prêmios, e nos anos 1970, Etcherelli se juntou a Beauvoir e Lanzmann na equipe editorial do *Les Temps Modernes*.

41 Etcherelli, "Quelques photos-souvenirs", p. 61.

42 Bair, p. 676 n. 13.

43 A 54.

44 A 63.

45 Cohen-Solal, *Sartre*, p. 500.

46 Prefácio de "Everyday Sexism", *Les Temps Modernes* 329 (December 1973), trad. Marybeth Timmerman, em FW 240.

47 Simone de Beauvoir, "Preface to *divorce in france*", trad. Marybeth Timmerman, FW 248. Publicado pela primeira vez em Claire Cayron, *Divorce en france*, Paris: Denoël-Gonthier, 1974.

48 "Introduction to *women Insist*", trad. Marybeth Timmerman, FW 250.

49 Ver ASD 499.

50 Gerassi, p. 30. entrevista de dezembro de 1970.

51 Gerassi, p. 32. entrevista de dezembro de 1970.

52 Essa entrevista foi publicada em fascículos semanais no *Le Nouvel Observateur*, 23, 30 de junho e 7 de julho de 1975. Citado em Hazel Rowley, *Tête-à-tête*, p. 333.

53 'Simone de Beauvoir interroge Jean-Paul Sartre', em *Situations* X, 'Politique et autobiographie', Paris: Gallimard, 1976, pp. 116-17.

54 Schwarzer, p. 73.

55 "My Point of View: An Outrageous Affair", trad. Debbie Mann e Marybeth Timmermann, FW 258.

56 "When All the Women of the World...", trad. Marybeth Timmermann, FW 256.

57 A 100.

58 A 110-11.

59 "D'abord, je ne donnais pas à lire mes manuscrits – à personne sauf à Simone de Beauvoir – avant qu'ils sont imprimés: par consequent, elle avait un rôle essentiel et unique." (Michel Sicard, "Interférences: entretien avec Simone de Beauvoir et Jean-Paul Sartre", *Obliques* 18-19 [1979]: 326.)

60 Xavier Delacourt, "Simone de Beauvoir adaptée: Une fidélité plate", *Le Monde*, 1978. Disponível: <http://www.lemonde.fr/archives/article/1978/01/30/simone-de-beauvoir-adaptee-une-fidelite-plate_3131878_1819218.html#YOXP2bX45I01dulu.99>. Acesso em: 22 de dezembro 2019.

61 WT, pp. 74-5.

62 Josée Dayan e Malka Ribowska, Simone de Beauvoir, texto publicado por Gallimard: Paris, 1979; com base em um filme feito em 1978. Disponível em: <http://www.ina.fr/video/CAB7900140801>. Acesso em: 22 de dezembro de 2019.

63 Vídeo: "Film 'Simone de Beauvoir'" sur Samedi et demi, Institut National de l'Audiovisuel, France, Disponível em: <https://www.ina.fr/video/CAB7900140801/film-simone-de-beauvoir-video.html>. Acesso em: 22 de dezembro de 2019.

64 Julien Cheverny, "Une bourgeoise modèle: Simone de Beauvoir", *Figaro Magazine*, 17 de fevereiro de 1979, p. 57.

65 Schwarzer, p. 103.

Capítulo 16

1 Charles Hargrove, "Thousands escort Sartre's coffin", *The Times* [Londres, Inglaterra] 21 de abril de 1980: 4. Arquivo digital *The Times*. Online, 27 de março de 2018.

2 Bair, p. 587.

3 Bair, p. 588.

4 Sylvie Le Bon de Beauvoir, entrevista com Magda Guadalupe dos Santos, "Interview avec Sylvie Le Bon de Beauvoir", *Sapere Aude*, Belo Horizonte, v. 3, n. 6, pp. 357-65, 2º semestre 2012, p. 364.

5 Bair, p. 512.

6 A 3.

7 Bair, p. 595.

8 "La fin d'un philosophe", *Le Point*, 23-29 de novembro de 1981.

9 A 254, 353.

10 Hazel E. Barnes, "Beauvoir and Sartre: The Forms of Farewell", *Philosophy and Literature* 9(1): 28-9.

11 Cohen-Solal, *Sartre*, p. 518.

12 FC 328.

13 Beauvoir, citado em entrevista a Alice Schwarzer, p. 107.

14 Disponível em: <http://www.lemonde.fr/archives/article/1980/05/12/la-mort-de-jean-paul-sartre_2822210_1819218.html?xtmc=jean_paul_sartre_deces&xtcr=11>. Acesso em:

15 Disponível em:<https://www.lexpress.fr/culture/livre/sartre-face-a-son-epoque_486893.html>. Acesso em: 22 de dezembro de 2019.

16 "Jean-Paul Sartre dies in Paris hospital", *The Times* [Londres, Inglaterra] 16 de abril de 1980: 1. Arquivo digital *The Times*. Online, 27 de março 2018.

17 "Obituary", *The Times* [Londres, Inglaterra] 16 de abril de 1980: 16. Arquivo digital *The Times*. Online, 27 de março de 2018.

18 Schwarz, W. (1980, 16 de abril). "Sartre, sage of left, dies", *The Guardian* (1959-2003).

19 "J-P Sartre: As influential as Rousseau" (1980, 16 de abril), *The Guardian* (1959-2003).

20 Disponível em: <https://archive.nytimes.com/www.nytimes.com/learning/general/onthisday/bday/0621.html>. Acesso em: 22 de dezembro de 2019.

21 Disponível em: <https://www.washingtonpost.com/archive/local/1980/04/16/jean-paul-sartre-existential-author-dramatist-dies/120a0b98-9774-4248-a123-1efab2d68520/?utm_term=.2cad98e8c74e>. Acesso em: 22 de dezembro de 2019. Página não encontrada.

22 Simone de Beauvoir para Bianca Lamblin, outono de 1982, citado em Lamblin, *A disgraceful Affair*.

23 Bair, p. 598.

24 Ver Lanzmann, *Patagonian*, p. 352.

25 Bair, p. 601.
26 Michèle le Doeuff, "Sartre; l'unique sujet parlant", *Esprit – changer la culture et la politique*, 5: 181-91.
27 SdB em Beauvoir, Simons e Todd, "Two Interviews with Simone de Beauvoir", p. 24.
28 SdB em Schwarzer, *Simone de Beauvoir Today*, p. 210.
29 "Foreword to Deception Chronicles", FW 272.
30 "Women, Ads, and Hate", FW.
31 "The Urgency of an Anti-Sexist Law", trad. Marybeth Timmermann, FW 266. Publicado pela primeira vez no *Le Monde* como "De lurgurg dune dune loi anti-sexiste", 18-19 de março de 1979.
32 "Women, Ads, and Hate", FW 275.
33 Lanzmann, *Patagonian*, p. 257.
34 Citado em Lanzmann, *Patagonian*, pp. 258-9.
35 Schwarzer, p. 110.
36 Bair, p. 604.
37 Etcherelli, "Quelques photos-souvenirs", p. 61.
38 Beauvoir, em SdB, Simons e Todd, "Two Interviews with Simone de Beauvoir", p. 20.
39 Beauvoir, ibid.
40 A abertura de *Por uma moral da ambiguidade*, as últimas páginas de *Balanço final* e as páginas dos diários de estudante de Beauvoir fazem referência a Pascal, que descreveu a vida humana como ambígua em um sentido semelhante.
41 Até mesmo Sartre excluiu ou subestimou a influência desses pensadores de suas obras publicadas em favor de correntes filosóficas mais modernas, como a fenomenologia (e, posteriormente, a psicanálise e o marxismo). Ver Kate Kirkpatrick, *Sartre on Sin*, Oxford: Oxford University Press, 2017; *The Mystical Sources of Existentialist Thought*, Abingdon: Routledge, 2018.
42 HdB, *Souvenirs*, p. 8.
43 HdB, *Souvenirs*, p. 12; Lanzmann, *Patagonian*, p. 525.
44 Claude Jannoud, "L'Œuvre: Une vulgarisation plus qu'une création", *Le Monde*, 15 de abril de 1986.

Capítulo 17

1 Voltaire, "Première Lettre sur Oedipe" em *Oeuvres* (1785) vol. 1.
2 "Simone De Beauvoir", *The Times* [Londres, Inglaterra] 15 de abril de 1986: 18. Arquivo digital *The Times*. Online 24 de março de 2018.
3 Appreciation, Michael Dobbs, 15 de abril de 1986, *The Washington Post*. Disponível em: <https://www.washingtonpost.com/archive/lifestyle/1986/04/15/appreciation/39084b0c-a652-4661-b226-3ad12385b4d3/?utm_term=.55d325922220>. Acesso em: 22 de dezembro de 2019.
4 Liliane Lazar, "Simone de Beauvoir (9 January 1908-14 April 1986)", *Dictionary of Literary Biography Yearbook: 1986*, editado por J. M. Brook, Gale, 1987, pp. 199-206, aqui pp. 200, 201.
5 P. de Boisdeffre, "LA REVUE LITTERAIRE: Deux morts exemplaires, un même refus: Jean Genet et Simone de Beauvoir", *Revue des deux mondes* (1986): 414-28, aqui pp. 416, 419, 420.
6 Richard Heller, "The Self-centered Love of Madame Yak-Yak", *Mail on Sunday*, 1ª de dezembro de 1991, p. 35.
7 Lanzmann, *Patagonian*, p. 351. Em 1990, as cartas de Beauvoir a Sartre foram publicadas por Sylvie Le Bon de Beauvoir. Claude Lanzmann escreveu: "Eu sei que Castor nunca as publicaria, nem permitiria que fossem publicadas assim. Eu sei porque ela me disse isso, porque ela declara o mesmo na introdução da edição das cartas de Sartre publicada em 1983, e porque eu compartilhei a vida com ela". Para os

motivos de Sylvie para a publicação, ver Ursula Tidd, "Some Thoughts on a Interview with Sylvie le Bon de Beauvoir: Current issues in Beauvoir studies", *Simone de Beauvoir Studies* 12 (1995): 17-26.
8 Lamblin, p. 137.
9 "Simone de Beauvoir interroges Jean-Paul Sartre",em *Situations* X, "Politique et autobiographie", Paris: Gallimard, 1976, pp. 116-17.
10 ASD 143.
11 Ver Cohen-Solal, *Sartre*, p. 261. Ver também Marine Rouch 2018, sobre a forma como os leitores de Beauvoir a idolatravam ("'Vous êtes descendue d'un piédestal': une appropriation collective des Mémoires de Simone de Beauvoir par ses lectrices (1958-1964)," *Littérature* 191 (September 2018).
12 SdB em Alice Schwarzer, *Simone de Beauvoir Today*, p. 93.
13 ASD 144.
14 *Simone de Beauvoir*, filme de Josée Dayan e Malka Ribowska, texto publicado por Gallimard: Paris, 1979; filme feito em 1978.
15 Schwarzer, *Simone de Beauvoir Today*, p. 37.
16 Moi, 2008, p. 39.
17 Beauvoir em SdB, Simons e Todd, "Two Interviews with Simone de Beauvoir", p. 24.
18 Sorokine achou *O sangue dos outros* chato (ver SdB para Sartre, 27 de janeiro de 1944, LS 384). Algren disse que tinha "filosofia demais" (SdB para NA, sexta-feira, 20 de agosto de 1948, TALA 210, 212).
19 SdB para Schwarzer, *Simone de Beauvoir Today*, p. 110.
20 FC 283. Ênfase acrescentada.
21 PL 606. Nas últimas décadas, estudiosos reconsideraram a questão da influência entre Sartre e Beauvoir, dando mais atenção ao "eu" de Beauvoir que as gerações anteriores. Segundo Sylvie le Bon, Beauvoir descrevia seu relacionamento com Sartre com a imagem de "*astres jumeux*", estrelas gêmeas, alegando que era de "fraternidade absoluta" e apoio mútuo. De qualquer forma, Le Bon de Beauvoir publicou os *cahiers* de Beauvoir em francês em 2008 porque achava que nos permitiriam fazer mais justiça a quem ela era, "intelectual e pessoalmente, ao que pensava, queria e planejava antes de encontrar Sartre, antes de se tornar a Simone de Beauvoir que conhecemos". Sylvie Le Bon de Beauvoir, em Magda Guadalupe dos Santos, "Interview avec Sylvie Le Bon de Beauvoir", *Sapere Aude*, Belo Horizonte, 3(6), 357-65, 2ª semestre 2012, p. 359.
22 ASD 235.
23 ASD 619.
24 Ver DPS 58-61, 66, especialmente em 16 de agosto de 1926.
25 Nietzsche, "Schopenhauer as Educator",em *Untimely Meditations*, trad. R. J. Hollingdale, Cambridge: Cambridge University Press, 1997, 163.
26 Ver *O banquete*, de Platão.
27 SS 166.
28 Elizabeth Fallaize, *The novels of Simone de Beauvoir*, "Introdução", p. 1.
29 PC 120.

Bibliografia selecionada

ALGREN, Nelson, "Last Rounds in Small Cafés: Remembrances of Jean-Paul Sartre and Simone de Beauvoir", *chicago*, dezembro 1980.
ALGREN, Nelson, "People", *Time*, 2 julho 1956.
ALTMAN, Meryl, "Beauvoir, Hegel, War", *Hypatia* 22(3) (2007): 66-91. Anon. "Views and Reviews", *new Age* 1914 (15/17).
ARP, Kristana, *The Bonds of freedom: Simone de Beauvoir's Existentialist Ethics*, Chicago: Open Court, 2001.
AUDRY, Colette, "Portrait de l'écrivain jeune femme", *Biblio* 30:9 (novembro 1962).
AUDRY, Colette, "Notes pour un portrait de Simone de Beauvoir", *Les Lettres françaises* 17-24 dezembro 1954.
AURY, Dominique, "Qu'est-ce que l'existentialisme? Escarmouches et patrouilles", *Les Lettres françaises*, 1 dezembro 1945.
BAIR, Deirdre, *Simone de Beauvoir: A Biography*, Londres: Jonathan Cape, 1990.
BARRETT, William, *Irrational Man: A Study in Existential Philosophy*, Nova York: Doubleday, 1958.
BARRON, Marie-Louise, "De Simone de Beauvoir à Amour Digest. Les croisés de l'émancipation par le sexe", *Les lettres françaises*, 23 junho 1949.
BARUZI, Jean, *Leibniz: Avec de nombreux textes inédits*, Paris: Bloud et cie, 1909.
BATTERSBY, Christine, "Beauvoir's Early Passion for Schopenhauer: On Becoming a Self ", disponível.
BAUER, Nancy, *Simone de Beauvoir, Philosophy, and feminism*, Nova York: Columbia University Press, 2001.
BAUER, Nancy, "Introduction" para "Femininity: The Trap",em Simone de Beauvoir, *feminist writings*, ed. Margaret A. Simons e Marybeth Timmerman, Urbana: University of Illinois Press, 2015.
BEAUVOIR, Hélène de, *Souvenirs*, Paris: Séguier, 1987.
BEAUVOIR, Simone de – *ver em Abreviações, pp. xii-xiv, todas as principais fontes citadas*.
BEAUVOIR, Simone de, em discussão com Claudine Chonez, "Simone de Beauvoir: Le Deuxième Sexe" (actualité du livre), 30 novembro 1949, Institut National de l'Audiovisuel, France. Disponível em: <https://www.ina.fr/audio/PH806055647/simone-de-beauvoir-le-deuxieme-sexe-audio.html>. Acesso em: 22 de dezembro de 2019.
BEAUVOIR, Simone de, em entrevista com Madeleine Gobeil, "The Art of Fiction Nº 35", *Paris Review* 34 (primavera-verão 1965).
BEAUVOIR, Simone de, em entrevista com Margaret A. Simons e Jane Marie Todd, "Two Interviews with Simone de Beauvoir", *Hypatia* 3:3 (1989).
BERGSON, Henri, *Time and free will: An Essay on the Immediate data of consciousness*, trad. F. L. Pogson, Nova York: Dover, 2001.
BERGSON, Henri, *The creative Mind: An Introduction to Metaphysics*, trad. Mabelle L. Anderson, Nova York: Citadel Press, 1992.
BLANCHET, A., "Les Prix littéraires", Études 284 (1955): 96-100.
BOISDEFFRE, P. de "LA REVUE LITTERAIRE: Deux morts exemplaires, un même refus: Jean Genet et Simone de Beauvoir", *Revue des deux mondes* (1986): 414-28.

BOULÉ, Jean-Pierre, *Sartre, Self-formation, and Masculinities*, Oxford: Berghahn, 2005.
CARTER, Angela, "Colette", *Londres Review of Books*, 2:19, 2 outubro 1980.
CHALLAYE, Félicien, carta a Amélie Gayraud,em *Les Jeunes filles d'aujourd hui*, Paris: G. Oudin, 1914.
CHAPERON, Sylvie, "The reception of The Second Sex in Europe", *Encyclopédie pour une histoire nouvelle de l'Europe*, 2016.
CHARENSOL, G. "Quels enseignements peut-on tirer des chiffres de tirage de la production littéraire actuelle? ", *Informations sociales* (1957): 36-45.
CHURCHWELL, Sarah, *The Many Lives of Marilyn Monroe*, Nova York: Picador, 2005.
CLEARY, Skye, *Existentialism and Romantic Love*, Basingstoke: Palgrave Macmillan, 2015.
COHEN-SOLAL, Annie, *Sartre: A Life*, Londres: Heinemann, 1987.
COLLINGNON, A. "Bouches inutiles aux Carrefours", *opéra*, 31 outubro 1944.
CONANT, James, "Philosophy and Biography", palestra dada no simpósio "Philosophy and Biography", 18 May 1999, publicada on-line por Wittgenstein Initiative: Disponível em: <http://wittgenstein-initiative.com/philosophy-and-biography/>. Acesso em: 22 de dezembro de 2019.
COTTRELL, Robert D., *Simone de Beauvoir*, Nova York: Frederick Ungar, 1975.
CROSLAND, Margaret, *Simone de Beauvoir: The woman and Her work*, Londres: Heinemann, 1992.
DAYAN, Josée e RIBOWSKA, Malka. *Simone de Beauvoir*, Gallimard: Paris, 1979.
DEGUY, Jacques e BEAUVOIR, Sylvie Le Bon. *Simone de Beauvoir: Ecrire la liberté*, Paris: Gallimard, 2008.
DELACOURT, Xavier, "Simone de Beauvoir adaptée: Une fidélité plate", *Le Monde*, 1978.
DESCARTES, René, *oeuvres de descartes*, ed. Charles Adam e Paul Tannery, volume I, Paris: Cerf, 1897.
DIJKSTRA, Sandra, "Simone de Beauvoir and Betty Friedan: The Politics of Omission", *feminist Studies* 6:2 (verão 1980).
D'EAUBONNE, Françoise, *Une femme nommée castor*, Paris: Harmattan, 2008.
ELIOT, George, *Middlemarch*, Oxford: Oxford University Press, 1988.
EMERSON, Ralph Waldo, "Considerations by the Way", de *Complete Works*, vol. 6, "The Conduct of Life", 1904.
FALLAIZE, Elizabeth, *The novels of Simone de Beauvoir*, Londres: Routledge, 1990.
FALLAIZE, Elizabeth, (ed.) *Simone de Beauvoir: A critical Reader*, Londres: Routledge, 1998.
FOUILLÉE, Alfred, *La Liberté et le déterminisme*, 3ª ed., Paris: Alcan, 1890.
FRANCIS, Claude e GONTIER, Fernande. *Les écrits de Simone de Beauvoir*, Paris: Gallimard, 1979.
FULLBROOK, Edward e FULLBROOK, Kate. *Sex and Philosophy: Rethinking de Beauvoir and Sartre*, Londres: Continuum, 2008.
GALSTER, Ingrid, *Le deuxième Sexe de Simone de Beauvoir*, Paris: Presse universitaire Paris-Sorbonne, 2004.
GALSTER, Ingrid, *Beauvoir dans tout ses états*, Paris: Tallandier, 2007.
GALSTER, Ingrid, "Simone de Beauvoir et Radio-Vichy: A propos de quelques scenarios retrouvés", *Romanische forschungen* 108. Bd. H. 1/2 (1996).
GALSTER, Ingrid, "'The limits of the abject': The Reception of *The Second Sex* in 1949", em Laura Hengehold e Nancy Bauer (eds), *A companion to Simone de Beauvoir*, Oxford: Wiley-Blackwell, 2017.
GARCIA, Manon, *on ne naît pas femme, on le devient*, Paris: Flammarion, 2018.
GAYRAUD, Amélie, *Les Jeunes filles d'aujourd hui*, Paris: G. Oudin, 1914.
GERMAIN, Rosie, "Reading *The Second Sex* in 1950s America", *The Historical Journal* 56(4) (2013): 1041-62.

GERASSI, John, *Jean-Paul Sartre: Hated conscience of His century*, vol. 1, Londres: University of Chicago Press, 1989.
GERASSI, John, *Talking with Sartre: conversations and debates*, New Haven: Yale University Press, 2009.
GHEERBRANT, Jacqueline e GALSTER, Ingrid. "Nous sentions un petit parfum de soufre" *Lendemains* 94 (1999).
GIARDINA, Carol, *freedom for women: forging the women's Liberation Movement, 1953-1979*, Gainesville: University Press of Florida, 2010.
GIDE, André, *The Journals of André Gide*, trad. Justin O'Brien, Nova York: Knopf, 1948, vol. II: 1914-27.
GINES, Kathryn T., "Comparative and Competing Frameworks of Oppression in Simone de Beauvoir's *The Second Sex*", *Graduate faculty Philosophy Journal* 35 (1-2) (2014).
GRELL, Isabelle, *Les chemins de la liberté de Sartre: genèse et écriture (1938-1952)*, Bern: Peter Lang, 2005.
GUIDETTE-GEORIS, Allison, "Georges Sand et le troisième sexe", *nineteenth century french Studies* 25:1/2 (1996): 41-9.
GUTTING, Gary, *Thinking the Impossible: french Philosophy Since 1960*, Oxford: Oxford University Press, 2011.
HEILBRUN, Carolyn, *writing a woman's Life*, Londres: The Women's Press, 1988.
HELLER, Richard, "The Self-centred Love of Madame Yak-yak", *The Mail on Sunday*, 1 dezembro 1991.
HENGEHOLD, Laura e BAUER, Nancy (eds), *A companion to Simone de Beauvoir*, Oxford: Wiley-Blackwell, 2017.
HIRSCHMAN, Sarah, "Simone de Beauvor: professeur de lycée", *Yale french Studies* 22 (1958-9).
HOOG, Armand, "Madame de Beauvoir et son sexe", *La nef*, August 1949. hooks, bell, "True Philosophers: Beauvoir and bell",em Shannon M. Mussett e William S. Wilkerson (eds), *Beauvoir and western Thought from Plato to Butler*, Albany, NY: SUNY Press, 2012.
HORVATH, Brooke, *Understanding nelson Algren*, Columbia, SC: University of South Carolina Press, 2005.
JANNOUD, Claude, "L'Œuvre: Une vulgarisation plus qu'une création", *Le Monde*, 15 abril 1986.
JANSITI, Carlo, *Violette Leduc*. Paris: Grasset, 1999.
JEANNELLE, Jean-Louis e LECARME-TABONE, Eliane. "Introduction", em Simone de Beauvoir, *Mémoires*, tome I, ed. Jean-Louis Jeannelle e Eliane Lecarme-Tabone, Bibliothèque de la Pléiade, Paris: Gallimard, 2018.
JEANSON, Francis, *Simone de Beauvoir ou l'entreprise de vivre*, Paris: Seuil, 1966.
JOYAUX, G. J. "Les problèmes de la gauche intellectuelle et Les Mandarins de Simone de Beauvoir", *Kentucky foreign Language Quarterly* 3 (1956).
KAPLAN, Gisela, *contemporary western European feminism*, Londres: UCL Press, 1992.
KLUCKHOLM, Clyde, "The Female of our Species", *New York Times Book Review*, 22 fevereiro 1953.
KRISTEVA, Julia e SOLLERS, Philippe. *Marriage as a fine Art*, trad. Lorna Scott Fox, Nova York: Columbia University Press, 2016.
KRISTEVA, Julia, FAUTRIER, Pascale, FORT, PIERRE-LOUIS, e STRASSER, Anne (eds), *(Re)découvrir l'oeuvre de Simone de Beauvoir: du dexuième Sexe à La cérémonie des Adieux*, Paris: Le Bord de L'eau, 2008.
KRUKS, Sonia, *Situation and Human Existence: freedom, Subjectivity, and Society*, Londres: Unwin Hyman, 1990.
KUNDA, Z. e Sanitioso, R. "Motivated Changes in the Self-concept", *Journal of Experimental Social Psychology* 25 (1989): 272-85.

LACOIN, Elisabeth, *Zaza: correspondence et carnets d'Elisabeth Lacoin (1914-29)*, Paris: Seuil, 1991.
LACROIX, Jean, *Maurice Blondel: Sa vie, son oeuvre, avec un exposé de sa philosophie*, Paris: Presses Universitaires de France, 1963.
LACROIX, Jean, "Charité chrétienne et justice politique", *Esprit* 1945 (fevereiro).
LAGNEAU, Jules, *de l'existence de dieu*, Paris: Alcan, 1925.
LAMBLIN, Bianca, *A disgraceful Affair*, trad. Julie Plovnick, Boston: Northeastern University Press, 1996 [Fr. 1993].
LANZMANN, Claude, *The Patagonian Hare: A Memoir*, trad. Frank Wynne, Londres: Atlantic Books, 2012.
LANZMANN, Claude, "Le Sherpa du 11bis",em Julia Kristeva, Pascale Fautrier, Pierre-Louis Fort, Anne Strasser (eds), *(Re)découvrir l'oeuvre de Simone de Beauvoir: du dexuième Sexe* à *La cérémonie des Adieux*, Paris: Le Bord de L'eau, 2008.
LAUBIER, Claire (ed.), *The condition of women in france, 1945-Present: A documentary Anthology*, Londres: Routledge, 1990.
LE BON DE BEAUVOIR, Sylvie, "Chronologie", em Simone de Beauvoir, *Mémoires*, tome I, ed. Jean-Louis Jeannelle e Eliane Lecarme-Tabone, Bibliothèque de la Pléiade, Paris: Gallimard, 2018.
LE BON DE BEAUVOIR, Sylvie, "Avant-propos", Simone de Beauvoir et Jacques-Laurent Bost, *correspondence croisée*, Paris: Gallimard, 2004.
LE BON DE BEAUVOIR, Sylvie, entrevista com Magda Guadalupe dos Santos, "Interview avec Sylvie Le Bon de Beauvoir", *Sapere Aude*, Belo Horizonte, 3(6), 357-65, 2º semestre 2012.
LECARME-TABONE, Eliane, "Simone de Beauvoir's 'Marguerite'" as a Possible Source of Inspiration for Jean-Paul Sartre's 'The Childhood of a Leader'", trad. Kevin W. Gray, em Christine Daigle and Jacob Golomb, *Beauvoir & Sartre: The Riddle of Influence*, Bloomington: Indiana University Press, 2009.
LE DOEUFF, Michèle, *Hipparchia's choice: An Essay concerning women and Philosophy*, trad. Trista Selous, Nova York: Columbia University Press, 2007.
LEE, Hermione, *Virginia woolf*, Londres: Vintage, 1997.
LEJEUNE, Philippe, *Le pacte autobiographique*, Paris: Seuil, 1975.
LENNON, Kathleen, *Imagination and the Imaginary*, Londres: Routledge, 2015.
LESSING, Doris, "Introduction" para *The Mandarins*, trad. Leonard Friedman, Londres: Harper Perennial, 2005.
LUNDGREN-GOTHLIN, Eva, *Sex and Existence: Simone de Beauvoir's* The Second Sex, trad. Linda Schenck, Hanover, NH: Wesleyan University Press, 1996.
MACEY, David, *frantz fanon: A Biography*, Londres: Verso Books, 2012.
MARTIN, Andy, "The Persistence of 'The Lolita Syndrome'", *The new York Times*, 19 maio 2013. Disponível em: <https://opinionator.blogs.nytimes.com/2013/05/19/savile-beauvoir-and-the-charms-of--the-nymph/>. Acesso em: 22 de dezembro de 2019.
MARTIN GOLAY, Annabelle, *Beauvoir intime et politique: La fabrique des Mémoires*, Villeneuve d'Ascq: Presses Universitaires du Septentrion, 2013.
MAURIAC, François, "Demande d'enquête", *Le figaro*, 30 maio 1949.
MAZA, Sarah, *Violette nozière: A Story of Murder in 1930s Paris*, Los Angeles: University of California Press, 2011.
MEAD, Margaret, 'A SR Panel Takes Aim at *The Second Sex*', *Saturday Review*, 21 fevereiro 1953.
MERLEAU-PONTY, Maurice, "Metaphysics and the Novel", trad. Hubert Dreyfus e Patricia Allen Dreyfus, *Sense and nonsense*, Evanston, IL: Northwestern University Press, 1991.

MOI, Toril, *Simone de Beauvoir: The Making of an Intellectual woman*, 2ª ed., Oxford: Oxford University Press, 2008.

MOI, Toril, "While We Wait: The English Translation of *The Second Sex*", *Signs* 27:4 (2002): 1005-35.

MUSSETT, Shannon M. e Wilkerson, William S. (eds), *Beauvoir and western Thought from Plato to Butler*, Albany: State University of Nova York Press, 2012.

MYRDAL, Gunnar, com STERNER, Richard e ROSE, Arnold. *An American dilemma: The negro Problem and Modern democracy*, Nova York: Harper, 1944.

NOUCHI, Franck, "L'exil américain des lettres d'amour de Simone de Beauvoir à Claude Lanzmann", *Le Monde*, 19 Janeiro 2018.

PARSHLEY, Howard, "Introduction" para *The Second Sex*, trad. H. M. Parshley, Nova York: Random House, Vintage, 1970.

PATTISON, George e KIRKPATRICK, Kate *The Mystical Sources of Existentialist Thought*, Abingdon: Routledge, 2018.

RADFORD, C. B., "Simone de Beauvoir: Feminism's Friend or Foe?" Part II, *Nottingham French Studies* 7 (maio 1968).

ROLO, Charles J., "Cherchez la femme", *The Atlantic*, abril 1953.

ROUCH, Marine, "'Vous êtes descendue d'un piédestal': une appropriation collective des Mémoires de Simone de Beauvoir par ses lectrices (1958-1964)" *Littérature* 191 (setembro 2018).

ROUSSEAUX, André, "Le Deuxième Sexe", *Le figaro littéraire*, 12 novembro 1949.

ROWBOTHAM, Sheila, "Foreword" para *The Second Sex*, trad. Constance Borde e Sheila Malovany-Chevallier, Londres: Vintage, 2009.

ROWLEY, Hazel, *Tête-à-tête: The Lives and Loves of Simone de Beauvoir and Jean-Paul Sartre*, Londres: Vintage, 2007.

RUBENSTEIN, Diane, "'I hope I am not fated to live in Rochester': America in the Work of Beauvoir", *Theory & Event* 15:2 (2012).

RUDMAN, Laurie A., MOSS-RACUSIN, Corinne A., PHELAN, Julie E. e NAUTS, Sanne. 'Status Incongruity and Backlash Effects: Defending the Gender Hierarchy Motivates Prejudice against Female Leaders', *Journal of Experimental and Social Psychology* 48 (2012): 165-79.

SAINT-BRIS, Gonzague de e FEDOROVKSI, Vladimir. *Les Egéries Russes*, Paris: Lattès, 1994.

SANITIOSO, R., Z. Kunda e G. T. Fong, "Motivated Recruitment of Autobiographical Memories", *Journal of Personality and Social Psychology* 59 (1990): 229-41.

SANITIOSO, R. e WLORDARSKI, R. "In Search of Information that Confirms a Desired Self-perception: Motivated Processing of Social Feedback and Choice of Social Interactions", *Personality and Social Psychology Bulletin* 30 (2004): 412-22.

SANOS, Sandrine, *Simone de Beauvoir: creating a feminist Existence in the world*, Oxford: Oxford University Press, 2017.

SARTRE, Jean-Paul, Écrits de jeunesse, Paris: Gallimard, 1990.

SARTRE, Jean-Paul, *carnets de la drôle de guerre,* Paris: Gallimard, 1995.

SARTRE, Jean-Paul, *war diaries*, trad. Quintin Hoare, Londres: Verso, 1984.

SARTRE, Jean-Paul, *Being and nothingness*, trad. Hazel Barnes, Londres: Routledge, 2003.

SARTRE, Jean-Paul, com CONTAT, Michel e ASTRUC, Alexandre. *Sartre by Himself*, Nova York: Urizen Books, 1978.

SCHWARZER, Alice, *After the Second Sex: conversations with Simone de Beauvoir*, trad. Marianne Howarth, Nova York: Pantheon Books, 1984.

SCHWARZER, Alice, *Simone de Beauvoir Today: conversations 1972-1982*, Londres: Hogarth Press, 1984.
SEVEL, Geneviève, "Je considère comme une grande chance d'avoir pu recevoir son enseignement", *Lendemains* 94 (1999).
SIMONS, Margaret A., *Beauvoir and* The Second Sex: *feminism, Race, and the origins of Existentialism*, Nova York: Rowman & Littlefield, 2001.
SIMONS, Margaret A., "Introduction", para Simone de Beauvoir, *Philosophical writings*, ed. Margaret Simons com Marybeth Timmerman e Mary Beth Mader, Chicago: University of Illinois Press, 2004.
SIMONS, Margaret A., "Introduction" para Simone de Beauvoir, *feminist writings*, ed. Margaret A. Simons e Marybeth Timmerman, Urbana: University of Illinois Press, 2015.
SIMONS, Margaret A., "Introduction" para "Literature and Metaphysics", Beauvoir, *Philosophical writings*, ed. Margaret Simons com Marybeth Timmerman e Mary Beth Mader, Chicago: University of Illinois Press, 2004.
SIMONS, Margaret A., "Beauvoir's Ironic Sacrifice; or Why Philosophy is Missing from her Memoirs", disponível.
SIMONS, Margaret A. (ed.) *The Philosophy of Simone de Beauvoir: critical Essays*, Bloomington: Indiana University Press, 2006.
SIMONS, Margaret A. e PETERS, Hélène N. "Introduction" para "Analysis of Bernard's *Introduction*", Beauvoir, *Philosophical writings*, ed. Margaret Simons com Marybeth Timmerman e Mary Beth Mader, Chicago: University of Illinois Press, 2004.
SPIEGELBERG, Herbert, *The Phenomenological Movement: A Historical Introduction*, volume 2, The Hague: primavera, 2013.
TIDD, Ursula, *Simone de Beauvoir*, Londres: Reaktion, 2009.
TIDD, Ursula, "Some Thoughts on an Entrevista com Sylvie le Bon de Beauvoir", *Simone de Beauvoir Studies* 12 (1995).
TIME, "Existentialism", 28 Janeiro 1946, pp. 28-9.
TIMES, The [Londres], "Simone de Beauvoir", 15 abril 1986, p. 18.
VIELLARD-BARON, Jean-Louis, "Présentation" para Jean Baruzi, *L'Intelligence Mystique*, Paris: Berg, 1985.
VINTGES, Karen, "Introduction" para "Jean Paul Sartre", em *Philosophical writings*, ed. Margaret Simons com Marybeth Timmerman e Mary Beth Mader, Chicago: University of Illinois Press, 2004.
VINTGES, Karen, "Simone de Beauvoir: A Feminist Thinker for the Twenty-First Century", em Margaret Simons (ed.), *The Philosophy of Simone de Beauvoir*, Bloomington, IN: Indiana University Press, 2006.
VOLTAIRE, "Première Lettre sur Oedipe", em Œuvres complètes, tome I, Kehl: Imprimerie de la Société littéraire typographique, 1785.
WAELHENS, A. de, compte-rendu de Francis Jeanson, *Le problème moral et la pensée de Sartre*, *Revue Philosophique de Louvain* 10 (1948).
WAHL, Jean, *Petite histoire de "l'existentialisme"*, Paris: Éditions Club Maintenant, 1947.
WEBBER, Jonathan, *Rethinking Existentialism*, Oxford: Oxford University Press, 2018.
WOOLF, Virginia, *A Room of one's own/Three Guineas*, Londres: Penguin Classics, 2000.
WRIGHT MILLS, C., *The Power Elite*, Oxford: Oxford University Press, 2000.

Agradecimentos

É muito difícil saber quando este livro começou a tomar vida – e quando parar de agradecer às pessoas pela maneira como o inspiraram e o apoiaram. Por acender e alimentar meu amor pela filosofia e literatura francesa, gostaria de agradecer a Françoise Bayliss, Randall Morris, Meg Werner, Pamela Sue Anderson, Jeanne Treuttel, Michèle Le Doeuff, George Pattison e Marcelle Delvaux-Abbott – e à minha família.

Este livro oferece meu retrato de Beauvoir, mas repousa sobre os fundamentos de obras pioneiras de muitos estudiosos dela. Em particular, gostaria de agradecer a Margaret Simons e a todos os tradutores, editores e redatores da "Beauvoir Research Series", publicada pela University of Illinois Press, além de Michèle Le Doeuff, Elizabeth Fallaize, Sonia Kruks, Nancy Hooks e Nancy Bauer, Stella Sandford, Meryl Altman, Toril Moi, Tove Pettersen e Barbara Klaw. Sou grata às discussões generosas e acolhedoras com membros da Sociedade Internacional Simone de Beauvoir, que me deram vislumbres de suas Beauvoirs e enriqueceram os meus.

Agradeço a Aaron Gabriel Hughes por sua excelente assistência em pesquisa na busca de críticas francesas obscuras; a Emily Herring, por dar vida à Bergsonmania; a Marine Rouch, por compartilhar generosamente suas pesquisas sobre as cartas que Beauvoir recebeu de leitores; à Beinecke Rare Book and Manuscript Library, da Universidade de Yale; a Eric Legendre, dos arquivos Gallimard; a Jean-Louis Jeannelle, por artigos de jornal e uma conversa sobre fontes; e especialmente a Sylvie Le Bon de Beauvoir, por reservar um tempo para ser entrevistada para este livro e por responder generosamente às perguntas que fiz depois também.

Simone de Beauvoir: uma vida não existiria não fosse o entusiasmo inicial de Liza Thompson, da Bloomsbury, e não teria se tornado o que é sem suas críticas perspicazes. Sou muito grata pelos dois, tanto o entusiasmo quanto a crítica. Minha gratidão também a Daisy Edwards, Lucy Russell e Kealey Rigden, da Bloomsbury, por seu trabalho no projeto. Por ler o manuscrito durante seu desenvolvimento, sou grata aos revisores anônimos da Bloomsbury e também a Clare Carlisle e Suzannah Lipscomb.

Por seu interesse e incentivo em várias etapas do desenvolvimento deste projeto, gostaria de agradecer aos meus alunos e colegas da Universidade de Oxford, UH Philosophy e King's College Londres. Todo escritor sabe que escrever um livro exige uma aldeia, e sou grato por ter uma tão maravilhosa de amigos e familiares – obrigada especialmente a Sophie Davies-Jones, Melanie Goodwin, Phyllis Goodwin, Suzie e Tom, Naomi e Joseph, Mary e Ard, e Angela e Simon.

Por fim, agradeço aos meus filhos, criativos e inspiradores, cuja pergunta provocativa: "Simone de Beauvoir: quem é ela?" se tornou um tipo de slogan. E a meu marido: *vous et nul autri* [você e ninguém mais].

Créditos das imagens

A autora agradece a permissão para a inclusão das imagens deste livro:
1. Coleção Sylvie Le Bon de Beauvoir, © Distribuição Gallimard.
2. Coleção Sylvie Le Bon de Beauvoir, © Distribuição Gallimard.
3. Coleção Sylvie Le Bon de Beauvoir, © Distribuição Gallimard.
4. Foto: Frédéric Hanoteau/Coleção Sylvie Le Bon de Beauvoir, © Distribuição Gallimard.
5. Foto: Frédéric Hanoteau/Coleção Sylvie Le Bon de Beauvoir, © Distribuição Gallimard.
6. Coleção Sylvie Le Bon de Beauvoir, © DistribuiçãoGallimard.
7. Robert Doisneau/Gamma-Legends Coleção/Getty Images.
8. Robert Doisneau/Gamma-Legends Coleção/Getty Images.
9. Coleção Sylvie Le Bon de Beauvoir, © Distribuição Gallimard.
10. Coleção Sylvie Le Bon de Beauvoir, © Distribuição Gallimard.
11. Bettmann/Bettmann Coleção/Getty Images.
12. Coleção Sylvie Le Bon de Beauvoir, © Distribuição Gallimard.
13. Jacques Pavlovsky/Sygma Coleção/Getty Images.
14. Eric Bouvet/Gamma-Rapho Coleção/Getty Images.

Índice remissivo

ad feminam crítica 27, 45, 128, 173, 230, 239, 244, 297, 325, 362
Adler, Alfred, 180
Ahmed, Sara, 394 n.83
Alain, 63, 67, 110, 149, 150, 180
Alcott, Louisa May, 47, 94, 206, 335, 369 n.22
Algéria, guerra da independência da, 266, 284, 292
Algren, Nelson, 19, 23, 141, 210-212, 216, 217-219, 222, 224, 230, 233, 247-250, 257, 261, 264, 278, 283, 286, 301-303, 322, 324, 361
Amiel, Henri Frederic, 78
Amor, 13, 48, 54, 60, 63, 67, 71, 83, 90, 94, 97, 101, 102, 108, 118, 142, 210, 223, 226, 227, 235, 236, 237, 245-250, 263, 281, 287. 301-302, 335, 364
Arendt, Hannah, 327
Armstrong, Louis, 31, 208
Aron, Raymond, 89, 104, 120, 180
Ateísmo, 77
Audry, Colette, 119, 120, 123, 128, 156, 261, 316, 376 n.66
Awdykovicz, Stépha *ver* Stépha Gerassi

Ba Jin, 269
Bachner, Elizabeth, 367 n.40
Badinter, Elisabeth, 361
Bair, Deirdre, 31, 34, 63, 73, 84, 95, 118, 139, 168, 194, 346, 348, 350, 346, 361, 367 n,34, 378 n.23
Baker, Josephine, 31, 278
Baldwin, James, 214
Barbier, Charles, 66
Bardot, Brigitte, 278-279
Barnes, Hazel,, 347, 382 n.10
Barrett, William, 367 n.32
Baruzi, Jean, 71, 78, 121, 372 n.8, 376 n.74
Bataille, Georges, 65,178
Battersby, Christine, 375 n.30
Baudelaire, 129, 340
Bauer, Nancy, 382 n.33, 385 n.18
Beauvoir, Françoise Bertrand de (nascida Brasseur), 35, 39, 50, 59, 64, 167, 176, 366 n.18

Morte de, 295
Beauvoir, Georges Bertrand de, 34, 35, 43, 44, 53, 107, 137, 167
Beauvoir, Hélène Bertrand de, 40, 107, 117, 128, 149
Beauvoir, Simone de *passim;* para obras específicas, *ver*

A cerimônia do adeus, 346-347
A convidada, 128,153,156,159,162, 166, 171, 174, 176, 178, 190, 197, 364
A força das coisas, 230, 248, 250, 251, 262, 265, 278, 297, 301, 317, 326, 328, 363
A mulher desiludida, 310, 339
A força da Idade, 17, 61, 91,99,101-103, 111, 118, 121, 128, 172,179,226, 287,288, 300, 356
A velhice, 27, 191,251, 317-320, 327, 347
As belas imagens, 307-308
Balanço final, 287, 305, 312, 324,335
It's about time women put a new face on love, 245
L'Amérique au jour le jour, 211, 213-214, 218, 222
La longue marche: essai sur la Chine, 268
Les bouches inutiles, 187, 190
Littérature et métaphysique, 192
Memórias de uma moça bem-comportada, 46, 54, 60, 66, 72, 74, 75, 110, 237, 269, 271, 275, 276, 382, n.28
O sangue dos outros, 30, 49, 166, 170, 188, 190, 203, 224
O segundo sexo, 13, 18, 20, 26, 30, 110, 137, 171, 189, 202, 207, 226, 236, 238, 240, 244, 245, 246, 249, 257, 259, 269, 276, 287, 294, 306, 309, 313, 320, 328, 364; Tradução em inglês 215, 221, 255; Edição alemã 249; Edição em Japonês, 306
Oeil pour oeil, 198, 220
Os mandarins, 244, 252, 257-259, 261, 264, 268, 282, 283, 302, 304
Pirro e Cíneas, 30, 176, 180, 183,190, 204, 220, 226
Por uma moral da ambiguidade, 176, 198, 201, 220, 224, 345
Privilèges, 266, 269, 271

Quando o espiritual domina, 127, 132, 136,137, 175, 237, 340
The Novel and Metaphysics *ver* Littérature et métaphysique
Todos os homens são mortais, 203-204
Uma morte muito suave, 50, 295-296,304
Bebê de Louise, 49
Berdyaev, Nikolai, 192
Bergson, Henri, 15, 61, 121, 138, 158, 180, 366 n.10, 371 n.88, 372 n.8, 376 n.74
Bernanos, Georges, 180
Bernard, Claude, 57, 370 n.49, 370 n.50
Bienenfeld, Bianca, *ver* Lamblin, Bianca
Bisschop, Madeleine de, 41, 96
Blanchot, Maurice, 184, 192
Blondel, Maurice, 79
Blum, Leon, 134
Boisdeffre, P. de, 367 n.25
Bost, Jacques-Laurent, 19, 133-136, 140, 141, 142, 143, 147, 148, 149-154, 156, 162, 172, 178, 179, 197, 200, 213, 225, 251, 254, 259, 272, 285, 299, 314, 343, 350, 357
Boulé, Jean-Pierre, 377 n.85, 384 n.46
Boupacha, Djamila, 286, 292
Bourget, 47
Bourla, Jean-Pierre, 168, 179
Brasseur, Gustave, 35, 36, 44
Breton, André, 223
Brown *v.* Conselho de Educação, 208
Bruckner, Pascal, 347
Brunschvicg, Léon, 80, 359, 372 n.8
Buck, Pearl S., 153

Camus, Albert, 65, 178, 186, 239, 261, 289
Carter, Angela, 382 n.6
Casamento, 54, 60, 96, 102, 112, 115, 152, 199, 201, 231, 300, 337
Castro, Fidel, 283
Catherine Emmerich, 113
Catolicismo, 42, 73, 75 *ver também* ateísmo
Césaire, Aimé, 249
Champigneulle, Jacques, 53, 64, 98, 245
Chanel, Coco, 227
Chaperon, Sylvie, 389 n.15

Chaplin, Charlie, 31, 187, 214
Charles Dullin, 119, 147, 178
Christie, Agatha, 153
Churchwell, Sarah, 367 n.44
Claudel, Paul, 79, 223
Clayton Powell, Adam, 214
Clouard, Henri, 312, 394 n.110
Club Maintenant, 192
Código da família, 147
Código Napoleônico, 56, 147, 227
Cohen-Solal, Annie, 17, 198, 347, 366 n.13, 376 n.52, 377 n.85
Conant, James, 368 n.51
Condição feminina, 202, 229, 238, 242, 289, 328, 361
Condit, Jean, 212
Constant, Benjamin, 184
Contat, Michel, 336, 373 n.15, 373 n.19
Contracepção, 315, 324, 331
Cottrell, Robert D., 367 n.24
Cours Désir, 38, 40, 42, 46, 55, 64

Daniélou, Madeleine 59
Daudet, Alphonse, 47
Davis, Miles, 31, 249
Dayan, Josée, 253
de Gaulle, Charles, 179, 271
Declaração Universal dos Direitos Humanos, 288
Delacroix, Henri, 78, 125
Deleuze, Gilles, 254, 333
Delphy, Christine, 315
Deneuve, Catherine, 316
Derrida, Jacques, 289
Descartes, René, 16, 76, 104, 157, 357
Desejo, 108
Devoção, 42, 62, 183, 235, 357
Dickens, Charles, 122
Diderot, Denis, 64, 240
Domínio social, penas por, 27
Dostoiévski, Fiódor, 153, 180, 190, 193
Doyle, Arthur Conan, 153
Duchamp, Marcel, 214
Dumas, Francine, 300, 393 n.74
Duras, Marguerite, 316

ÍNDICE REMISSIVO

Eliot, George, 48, 206, 24, 355, 388 n.46
Elkaïm, Arlette, 281, 293, 304, 310, 338, 341, 342, 343, 347
Emerson, Raplh Waldo, 94, 313, 319, 374 n.43
Engels, Friedrich, 113
Espinosa 201, 370 n.51, 383 n.28
Estoicismo (estoica), 339
Etcherelli, Claire, 331, 336
Faguet, Émile, 313
Fallaize, Elizabeth, 371 n.72, 385 n.69
Fanon, Frantz, 214, 249, 290-292
Faulkner, William, 124
Fenomenologia, 61, 121, 164, 180, 381 n.82
Firestone, Shulamith, 314, 328
Flaubert, Gustave, 228, 386 n.6
Foucault, Michel, 308, 333
Fouillée, Alfred, 58, 158, 370 n.52, 371 n.88
Francis, Claude, 177 382 n.17, 385 n.23
Freud, 104, 119, 138, 180, 232, 321
Friedan, Betty, 294, 393 n.47
Fullbrook, Ed e Kate Fullbrook, 373 n.4, 382 n.7

Gallimard, Robert, 348
Galster, Ingrid, 367 n.45, 378 n.35, 381 n.81, 381 n.84, 387 n.16, 387 n.41
Gandillac, Maurice de, 71, 83, 92, 95, 96, 374 n.38
Garcia, Manon, 388 n.44, 388 n.45
Gayraud, Amélie, 370 n.42
Gégé *ver* Pardo, Geraldine
Gerassi, Fernando, 68, 117, 247
Gerassi, John, 99, 335, 374 n.27, 374 n.17, 377 n.7, 386 n.58
Gerassi, Stépha, 68, 84, 103, 104, 247, 355
Germain, Rosie, 386 n.5, 389 n.38
Giacometti, Alberto, 31, 201, 225, 327
Gide, André, 65, 110, 137, 149,150, 153, 168, 180, 318, 379 n.5
Gines, Kathryn T, 388 n.53
Giono, Jean, 149
Girard, Marie, 124
Gobeil, Madeleine, 299, 366 n.15, 378 n.13, 393 n.68
Gogol, 153
Golay, Annabelle Martin, 380 n.23
Goncourt, Jules e Edmond de, 47

Gontier, Fernande, 177, 382 n.17, 385 n.23
Gorz, André, 343
Greer, Germaine, 328
Grell, Isabelle, 386 n.41
Guerra Civil Espanhola, 134
Guerra dos Seis Dias, 310
Guille, Pierre, 104, 114, 115
Guitton, Jean, 239
Gurvitch, Georges, 192
Gutting, 393 n.46

Halimi, Gisèle, 286, 292, 316, 323, 331
Hegel, G.W.F., 164, 172, 174, 184, 195, 199, 205, 222, 357
Heidegger, Martin, 153, 164, 166, 169, 180, 192, 241
Heikal, Mohamed Hassanein, 309
Heilbrun, Carolyn, 28 368 n.50
Heller, Richard, 367 n.41
Hemingway, Ernest, 162, 180, 206, 233
Hitler, Adolf, 122, 126, 134
Holderlin, Friedrich, 180
Hooks, Bell, 24, 26, 367 n.38, 367 n.43
Horvath, Brooke, 387 n.22
Hugo, Victor, 195
Husserl, Edmund, 121, 123, 138, 153, 169, 180, 192, 241, 270

Institut Catholique, 58
Institut Sainte-Marie, 59, 60

Jacques *ver* Champigneulle, Jacques
James, William, 90
Janeway, Elizabeth, 314
Jaspers, Karl, 166, 180
Jean Cau, 200, 251, 254
Jeanelle, Jean-Louis, 377 n.102, 386 n.47
Jeanson, Francis, 221, 285, 286, 290, 328, 369 n.15
Jollivet, Simone, 109, 113, 119, 178, 375 n.36
Joyce, James, 180
Juramento de Vichy, 163

Kafka, Franz, 124, 166, 180, 184, 315
Kant, Emanuel, 26, 85, 138, 157, 158, 165, 184, 195, 267, 289, 319, 367 n.46

Kaplan, Gisela, 385 n.4
Kierkegaard, Søren, 164, 165, 166, 180, 192, 193, 262, 357, 383 n.28
Kinsey, Alfred, 225, 315
Kirkpatrick, Kate, 372 n.2, 398 n.41
Knopf, Blanche, 255-256, 389 n.38
Kosakiewicz, Olga, 128, 129, 138, 145, 146, 148, 172, 173 377 n.7, 380 n.33
Kosakiewicz Wanda, 138, 145, 146, 148, 173
Kristeva, Julia, 129, 377 n.2
Kruks, Sonia, 382 n.33
Krushchev,, Nikita, 292, 293

La Grillère, 37, 42, 96
La Rochefoucauld, 119, 180
Lacan, Jacques, 184
Lacoin, Elisabeth, *ver* Zaza
Lacroix, Jean, 373 n.38, 383 n.4
Lagache, Daniel,125
Lagneau, Jules, 67, 76, 110, 158, 372 n.30
Lamblin, Bianca (née Bienenfeld), 23, 287, 349, 361 367 n.28, 423, 426, 378 n.35
Lanzmann, Claude, 20, 251, 252, 253, 255, 258, 271, 278, 285, 296, 299, 305, 309, 339, 356, 350, 353, 356, 360, 399 n.7
Lassithiotakis, Hélène, 324
Laubier, Claire, 387 n.26
Lawrence, D.H., 246
Lazar, Liliane, 398 n.4
Le Bon de Beauvoir, Sylvie, 20, 64, 99, 142, 284, 296, 298, 304, 306, 310, 314, 317, 318, 323, 332, 338, 339, 343-346, 351, 358 ; 368 n.3, 368 n.5, 369 n.17, 372 n.11, 378 n.31, 395 n.120, 399 n.7, 399 n.21
Le Corbusier, 31, 214
Le Doeuff, Michèle, 350, 388 n.50, 398 n.26
Lecarme-Tabone, Eliane, 377 n.101, 377 n.102, 386 n.47
Leduc, Violette, 196, 226, 262, 265, 327, 386 n.2
Leibniz, Gottfried, 80, 87, 90, 117, 131, 197, 394, 396, 412 n.8, 412 n.28
Leiris, Michel, 178, 180, 201
Leis de Jim Crow, 229
Lejeune, Philippe, 391 n.91

Les Temps Modernes, 187-188, 194-195, 198-199, 201, 208, 216, 223, 225, 230-231, 245, 251, 266, 271, 285, 290, 309, 322, 328, 331, 334, 337, 339, 350
Lessing, Doris, 263, 390 n.67
Levi, Carlo, 17, 287
Levinas, Emmanuel, 180, 383 n.24
Lévi-Strauss, Claude, 80, 197, 206, 293, 313
Lévy, Bernard Henri (Benny), 341, 347
Liberdade, 22, 30, 31, 37, 54, 57, 58, 61, 76, 78, 85, 90, 96, 108, 113, 116, 118, 120, 123, 130, 133, 138, 151, 158, 166, 167, 171, 175, 176, 177, 181, 182, 189, 190, 192, 195, 220-222, 230, 238, 252, 276, 290, 309, 333, 364, 370 n.51, 382 n.33
Ligue du droit des femmes, 333
Lista de livros proibidos 239, 268
Louise, 36, 43, 45, 48
Lourdes, 61

Mabille, Elisabeth, *ver* Zaza
Macey, David, 291
Madeleine (prima de Simone) *ver* Bisschop, Madeleine de
Má-fé, 175-177, 180, 192, 220, 228, 237, 235, 267
Maheu, René, 83-89, 91, 95, 99, 105, 114, 124, 270, 359
Mancy, Joseph, 113
Manifeste des 121 (Manifesto dos 121), 284, 290
Manifeste des, 343, 315
Mao/Maoísmo, 265, 268, 314
Marcel, Gabriel, 190
Maritain, Jacques, 180
Marx, 104, 113, 115, 164, 232, 270, 321, 368 n.51, 398 n.41
Massu, Jacques Émile, 271
Maternidade, 231, 234, 257, 300, 324, 337, 388
Maupassant, Guy de, 47
Mauriac, François, 26, 77, 79, 180, 231, 367 n.45, 387 n.14
Mead, Margaret, 245,, 257, 389 n.44
Mercier, Jeanne, 202
Merleau-Ponty, Maurice, 18, 69, 71, 73, 76, 77, 80-82, 83, 95, 180, 192, 201, 231, 241, 265, 270, 276, 340, 349
Meyrignac, 33, 37, 95

ÍNDICE REMISSIVO

Mill, John Stuart, 26, 367 n.46
Millett, Kate, 257, 355
Mills, C. Wright, 269, 290, 391 n.83
Misticismo, 78, 113
Mitterand, François, 351, 353
MLF (Mouvement de Libération des Femmes), 315, 324, 329, 330, 351
Moffat, Ivan, 211
Moi, Toril, 14, 24, 26, 92, 93, 244 366 n.1, 366 n.4, 389 n.37
Motherlant, Henri de, 223
Mounier, Emmanuel, 239, 387 n.39
Müller, Henry, 137
Myrdal, Gunnar, 208, 218, 385 n.8

Nabokov, Vladimir, 279
Nasser, Gamal Abdel, 309
Nietzsche, Friedrich, 14, 70, 79, 104, 110, 113, 180, 246, 319, 364, 399 n.25
Nin, Anais, 327
Nizan, Henriette, 86
Nizan, Paul, 83, 124, 162
Nozière, Violette 123, 377 n.81

Operação Overlord, 179
Ordem Nacional da Legião de Honra 388
Ovídio, 16, 366 n.11

Papa Leão XIII, 74
Pardo, Geraldine (Gégé), 68, 69, 77
Parker, Dorothy, 228
Parshley, H.M., 256, 356, 389 n.38
Partido Comunista Francês, 251
Pascal, 26, 110, 195, 216, 340, 357, 398 n.40
Pattison, George, 372 n.2
Péguy, 110, 340
Pétain, 163, 168
Pflimlin, Pierre, 271
Picasso, 31, 178, 345
Piscator, Erwin, 214
Platão, 14, 78, 183, 364
Pouillon, Jean, 341, 343
Prêmio Goncourt *ver* Prix Goncourt
Prévost, Marcel, 47

Privilégio, 72, 115, 244, 267-268
Prix Goncourt, 261, 265
Protágoras, 228
Proust, Marcel, 65, 168, 180

Queneau, Raymond, 178

Racine, Jean, 340
Reciprocidade, 67, 159, 173, 231, 236, 237, 246, 255, 279, 296, 300, 364
Rey, Evelyne, 258, 293, 304
Ribowska, Malka, 340
Rich, Adrienne, 338
Rimbaud, Arthur, 370 n.51
Robert Brasillach, 287
Rolland, Romain, 149
Rouch, Marine, 243, 275, 388 n.49, 406
Roudy, Yvette, 351
Roulet, Lionel, 120, 149, 150, 186, 435
Rousseau, Jean-Jacques, 58, 87, 275, 364
Rousseaux, André, 238, 387 n.38
Rowbotham, Sheila, 373 n.4
Rowley, Hazel, 17, 110, 366 n.16, 367 n.39, 378 n.15, 386 n.41
Rubenstein, Diane, 385 n.28
Russell Tribunal, 310, 332
Russell, Bertrand, 310, 332

Sade, Marquês de, 266
Sand, George, 275, 319
Sanos, Sandrine, 366 n.6, 381 n.65, 391 n.84
Santo Agoistinho, 73, 174
Sartre, Jean-Paul *passim*; para obras específicas, consulte
A náusea, 135, 137
A prostituta respeitosa, 283
As moscas, 200
As palavras, 333
Cahiers pour une morale, 345, 350
Crítica da razão dialética, 282
Er L'Armenien, 90
Erostratus, 166
Imaginação, 125
Les communistes et la paix .252

O existencialismo é um humanismo, 187, 191, 192
O idiota de família, 324
O muro, 137, 144
O ser e o nada, 20, 21, 108, 171, 173, 174, 221, 345
Os caminhos da liberdade, 153
Os sequestrados de Altona, 275
The Childhood of a Leader, 127
Schoenman, Ralph, 332
Schopenhauer, Arthur, 107, 234, 319, 375 n.30
Schwarzer, Alice, 328, 330, 337, 351, 354, 362, 366 n.19, 375 n.20, 378 n.40, 395 n.120
Sevel, Geneviève, 381 n.82
Sexualidade, 99
Shakespeare, William, 122, 153
Shaw, George Bernard, 229
Shelley, Sally Swing, *ver* Sally Swing
Simons, Margaret, 20, 202, 269, 350, 356, 363 366 n.18, 366 n.21, 371 n.58, 382 n.33, 391 n.84
Situação, 203, 219
Sócrates, 14
Solipsismo, 221
Solzhenitsyn, Aleksandr, 293, 327
Sorokine, Nathalie, 153, 157-159, 163-165, 168, 178, 180, 197, 198, 211, 247, 305, 360
Stálin, 126, 292, 294
Stendahl, 123, 132, 180
Stevens, George, 211
Swing, Sally, 219, 222
Synge, J.M., 97

Tidd, Ursula, 381 n.63, 382 n.23, 399 n.7
Todd, Jane Marie, 366 n.18, 384 n.62, 389 n.41
Tolstói, Leo, 246
Tolstói, Sophia, 38

Vadim, Roger, 279
Valéry, Paul, 180
Vanetti, Dolores, 186-187, 194, 198-200, 206-207, 215-216, 218-219, 247, 354
Veil, Simone, 331
Veillard-Baron, Jean-Louis, 376 n.74
Verne, Jules, 277
Vian, Michelle, 230, 273, 281, 292
Victor, Pierre, *ver* Bernard Henri Levy
Ville, Marie, 156, 380 n.29
Vintges, Karen, 382 n.33
Voltaire, 28, 18, 368 n.49
Vonnegut, Kurt, 303, 394 n.80

Wahl, Jean, 156, 164, 169, 180, 192
Webber, Jonathan 384 n.29, 389 n.19
Weil, Simone, 65, 69-71, 115, 137
Weill, Kurt, 214
West, Rebecca, 113
Whitman, Walt, 113
Wilde, Oscar, 180, 327
Wolfe, Bernard, 208, 213, 215
Woolf, Virgínia, 23, 32, 47, 109, 113, 180, 206, 271, 319 367 n.31, 368 n.61
Wright, Ellen, 207, 222, 265
Wright, Richard, 214, 222, 265

Zanta, Léontine, 57
Zaza, 40-41, 51-52, 54, 67, 70-71, 75, 77, 79-80, 81-82, 83, 85, 89, 96, 105, 11-112, 117, 123, 127, 226, 231, 270, 276, 277, 340, 346, 374 n.28
Zelinsky, Anne, 315, 333, 395 n.119
Zonina, Lena, 293, 294, 307

**Acreditamos
nos livros**

Este livro foi composto em Adobe Garamond
Pro e impresso pela Lis Gráfica para a Editora
Planeta do Brasil em janeiro de 2025.